道路交通安全主动预警与智能化管控

刘建蓓 王佐 许甜·著

INTELLIGENT MANAGEMENT AND
CONTROL TECHNOLOGY OF
OPERATING RISK FOR FREEWAY

高速公路运行风险智能管控技术及应用

上海科学技术出版社

图书在版编目（CIP）数据

高速公路运行风险智能管控技术及应用 / 刘建蓓，王佐，许甜著. -- 上海：上海科学技术出版社，2023.1
（道路交通安全主动预警与智能化管控）
ISBN 978-7-5478-5918-6

Ⅰ. ①高… Ⅱ. ①刘… ②王… ③许… Ⅲ. ①高速公路－交通运输管理－风险管理 Ⅳ. ①U491

中国版本图书馆CIP数据核字（2022）第185243号

高速公路运行风险智能管控技术及应用
刘建蓓　王　佐　许　甜　著

上海世纪出版（集团）有限公司
上海科学技术出版社 出版、发行
（上海市闵行区号景路159弄A座9F－10F）
邮政编码 201101　www.sstp.cn
上海盛通时代印刷有限公司印刷
开本 787×1092　1/16　印张 23
字数 400 千字
2023年1月第1版　2023年1月第1次印刷
ISBN 978－7－5478－5918－6/U·135
定价：146.00元

本书如有缺页、错装或坏损等严重质量问题，请向印刷厂联系调换

内容提要

本书根据"新基建"下高速公路智慧化的发展要求,针对高速公路运行中存在的交通安全风险问题,利用现代化设备和技术方法,多层面管理并举,从而丰富了"新基建"下道路交通安全管理及控制的手段。

本书根据"十三五"国家重点研发计划项目"道路交通安全主动防控技术及系统集成"的子课题研究成果,针对高速公路交通安全特点,介绍了高速公路运行风险分析、运行风险实时评估与短临预警、不良驾驶行为主动干预、交通流感知与预警、匝道联动控制、异常天气智能管控、路网交通流动态分配、高速公路网络化综合智能防控体系,以及北斗高精度定位、主动管控、人工智能分析等新技术,在核心思想上注重交通安全管理的科学性。此外,本书还介绍了在全国多地开展的高速公路主动安全管控工程的应用情况。

本书将智慧交通的提升方式与主动防控管理相结合,可在提高高速公路的智慧化水平的同时,保障高速公路运行安全性能,并为高速公路运营管理与设备和谐发展提供有利的技术支持。

丛书序

安全,是交通的永恒主题。近20年来,随着智慧公路、自动驾驶、车联网、车路协同等技术的兴起,主动安全防控也成为道路交通研究的重点方向之一,旨在通过车载、路侧设备实时检测不良驾驶行为与交通风险,对驾驶员进行主动预警与干预,从而避免交通事故发生。这对降低我国交通事故发生率,维护交通运输行业安全运营具有重大意义。

我国交通安全状况总体上处于事故稳中有降阶段,而美、日、德等发达国家已处于事故全面控制阶段。主动安全防控系统涉及交通参与者行为、车辆运行状况、道路状况等交通安全组成要素,涉及面广,内容复杂。与发达国家相比,我国在道路交通安全主动防控研究方面还有一定的差距,缺乏关键技术的突破、必要的分析平台和特殊的监测手段。特别是在适合中国国情的主动安全防控系统基础理论与应用技术研究方面,存在着明显的短板。

本丛书基于"十三五"国家重点研发计划项目"道路交通安全主动防控技术及系统集成"的研究成果,全面介绍了面向人、车、路的点、线、面相结合的综合防控干预成套理论与技术体系,包括驾驶行为谱表征方法、车辆运行安全隐患在线评估与预警方法、无线激光/微波混合传输技术等一系列覆盖城市道路和等级公路的交通安全综合主动防控体系关键技术与方法,具有前沿性和引领性。丛书兼顾交通安全主动防控的理论与应用,对交通数据采集、驾驶行为建模、人工智能辨识、道路风险评估、车辆主动安全等诸多方面都进行了深入的论述,并给出了具体的研究案例,具有科学性和实用性。这些内容,对相关从业者都具有一定的参考借鉴价值。

丛书编写团队聚集了我国一批优秀的交通安全研究工作者与工程应用专家，他们为我国交通事业的发展，特别是道路交通安全主动防控技术的研发和应用付出了辛勤的努力。这套丛书，就是他们创新性研发成果的生动展现。开卷有益，希望本丛书的出版，能为致力于道路交通安全主动防控工作的各位学生、教师、科研人员及工程技术人员提供一个入门的指导和有力的工具，共同促进未来我国道路交通安全主动防控技术向高效、精准、全方位服务方向健康发展，并通过一批重大科技成果、设备和装备的研发，孵化出与之相适应的新型产业体系，为我国道路交通安全水平的提升和建设人民满意、保障有力、世界前列的交通强国做出积极贡献。

2022 年 9 月 14 日

周伟：教授，交通运输部原总工程师、交通运输部专家委员会主任委员。

前 言

高速公路在我国经济社会发展过程中扮演着特殊角色。截至 2020 年年底,我国高速公路通车里程达 16.10 万公里,高速公路对 20 万以上人口城市覆盖率超过 98%,已形成全球最大的高速公路网络。高速路网的快速发展有利于改善运输结构、提升通行效率、降低运输成本,为人们的出行提供了极大的便利。现阶段的高速公路发展不再追求大规模的基础路网建设,而是改为以"安全、快速、高效、准时"为运营管理目标。但是,我国交通事故预防、预警预报和应急救援手段仍相对落后,交通安全领域的科技应用还有待深入,科技创新对安全保障的支持作用尚未充分发挥,高速公路交通安全具有巨大的提升空间。

交通系统是一个复杂系统,依靠传统的交通管理方式,单从道路或车辆的角度考虑,很难解决日益严峻的交通拥堵、事故频发等问题。随着近些年智慧交通技术的发展,可以采用人、车、路多角度协同管理的方法,利用智慧手段,结合先进的管控方式,对高速公路的运行中可能产生的高风险进行管控,降低运营期的风险,保障道路的通行安全,进而提高交通运输系统的效率和安全性,实现交通系统的可持续性发展。

本书以国家"十三五"重点研发计划项目"道路交通安全主动防控技术及系统集成"的系列课题研究成果为基础,该项目针对高速公路运行过程中面临的风险问题,开展了高速公路运行风险分析,并采用智慧化的管理方式,从车辆、不良行为、连续交通流、关键节点、区域路网、异常天气等角度,综合面向车辆短临预警、不良驾驶行为、出入口匝道管理、异常天气主线管控、区域路网等风险管控技术研究，集成高速公路网络化综合智能防控体系，并在广东、陕西、河北等地开展了工程示范及应用，实现典型路段的主动引导防撞预警、车辆运行风险实时评估与短临预警、交通事件检测与预警预报，以期为高速公路交通安全提供新的范式。

本书共分为11章。第1章介绍高速公路运行风险智能管控技术研究的背景和开展关键技术研究面临的主要技术问题；第2章梳理高速公路风险分析理论，从微观（车辆）、中观（路段）、宏观（路网）的角度，介绍高速公路运行风险的分析方法；第3章介绍针对行驶车辆面临的风险问题，联合车路协同的智能预警技术，介绍车辆运行风险实时评估与短临预警技术的流程与方法；第4章介绍与不良驾驶行为匹配的主动干预对策；第5章结合智慧交通检测技术的发展，介绍连续交通流感知与交通事件预警技术；第6章介绍高速公路出入口匝道联动控制技术；第7章针对异常天气高速公路管理难点，介绍高速公路主线交通流智能管控技术；第8章从路网管控的角度，介绍基于运行风险的区域路网交通流动态分配技术；第9章介绍高速公路网络化综合智能防控体系；第10章介绍相关技术的应用与示范；第11章介绍相关创新的成果及前景。

全书由刘建蓓主持编撰，刘建蓓、王佐、许甜共同完成。赵超杰、刘玮蔚、孙云华、骆中斌、李国强等所做相关研究为本书提供了很大支持，周伟、邓中亮、汪双杰、郭忠印等对本书提出了许多宝贵的意见和建议，在此一并表示感谢。

感谢国家出版基金给予的支持，感谢上海科学技术出版社的专业出版。限于作者水平，书中不妥之处在所难免，恳请批评指正。

作 者
2022年9月于西安

目 录

第1章 绪论

1.1 研究背景 _3
1.2 国内外研究现状 _6
    1.2.1 高速公路风险分析研究现状 _6
    1.2.2 高速公路交通管控技术研究现状 _8
    1.2.3 高速公路智能交通管控干预体系研究现状 _10
1.3 主要研究内容 _13
1.4 技术路线 _15

第2章 高速公路交通风险分析

2.1 高速公路交通风险分析理论 _19
    2.1.1 静态风险分析理论 _21
    2.1.2 动态风险分析理论 _25
2.2 高速公路车辆运行冲突风险 _28
    2.2.1 车辆运行冲突风险的定义 _28
    2.2.2 基于多源传感器的车辆运行冲突风险识别 _29
    2.2.3 基于高精度定位的车辆运行冲突风险识别 _30
2.3 高速公路路段风险 _38
    2.3.1 风险特征因素分析 _39
    2.3.2 基于熵理论的路段风险分析模型 _44
    2.3.3 路段运行风险评估实例验证 _49

2.4 高速公路区域路网交通流风险 _52
    2.4.1 交通运行态势评估 _53
    2.4.2 关键影响因素风险评估 _57
    2.4.3 基于隐马尔可夫模型的交通运行态势预测模型 _60
    2.4.4 交通运行态势实例 _66

第 3 章 高速公路车辆运行风险实时评估与短临预警

3.1 高精度定位信息获取方法 _73
    3.1.1 高速公路沿线北斗地基增强系统 _73
    3.1.2 基站的组成 _75
3.2 高精度定位车载预警终端 _76
    3.2.1 模块选型 _77
    3.2.2 整体设计流程 _78
3.3 车路通信系统搭建 _79
3.4 风险实时评估及短临预警平台 _81
    3.4.1 开发需求分析 _81
    3.4.2 平台系统框架构建 _83
    3.4.3 数据库体系结构 _83
    3.4.4 车辆冲突风险识别模型嵌入 _87
    3.4.5 高精度地图数据采集与匹配 _87
    3.4.6 高并发数据处理与优化 _88

第 4 章 面向高速公路不良驾驶行为的主动干预

4.1 不良驾驶行为综合辨识与分析 _93
    4.1.1 不良驾驶行为综合辨识 _94
    4.1.2 典型不良驾驶行为特征分析 _94
    4.1.3 基于规则匹配的不良驾驶行为综合识别方法 _105

目 录

4.2 驾驶意图识别及驾驶行为预测 _111
    4.2.1 驾驶意图识别 _111
    4.2.2 驾驶行为与意图预测方法 _112

4.3 不良驾驶行为分级评价 _125
    4.3.1 分级评价模型 _126
    4.3.2 分级评价实例 _129

4.4 不良驾驶行为主动安全预警 _131
    4.4.1 客观评价指标 _131
    4.4.2 主观评价指标 _133

第 5 章 连续交通流感知与交通事件预警

5.1 多目标检测与数据融合 _139
    5.1.1 毫米波雷达目标检测 _139
    5.1.2 视频目标检测 _145
    5.1.3 雷视数据融合 _151

5.2 路段雷视数据组网 _154
    5.2.1 设备布设方法 _154
    5.2.2 数据组网方法 _157

5.3 交通事件预警 _164
    5.3.1 典型交通事件 _164
    5.3.2 预警设备 _168
    5.3.3 预警体系与方法 _176

第 6 章 高速公路匝道联动控制

6.1 入口自适应控制方法 _183
    6.1.1 入口控制影响因素 _184
    6.1.2 入口控制策略 _185

　　　　6.1.3　基于行车风险分析的入口控制模型 _187
　　　　6.1.4　入口控制仿真分析 _189
　　6.2　出口诱导管理 _191
　　　　6.2.1　运行状态评估模型 _191
　　　　6.2.2　出口诱导控制模型 _192
　　　　6.2.3　交通诱导信息发布方式 _196
　　6.3　出入口联动控制系统 _199
　　　　6.3.1　总体架构 _200
　　　　6.3.2　数据处理流程 _202
　　　　6.3.3　系统功能模块 _202
　　6.4　出口车辆智能管控预警装备设置 _206
　　　　6.4.1　功能定位 _206
　　　　6.4.2　新型可导向防撞垫 _206
　　　　6.4.3　系统设计 _208

第7章　异常天气下高速公路主线交通流智能管控

　　7.1　雾天高速公路主线交通流管控 _215
　　　　7.1.1　可变限速控制 _215
　　　　7.1.2　分级控制策略 _228
　　7.2　雨天高速公路主线交通流管控 _231
　　　　7.2.1　可变限速控制 _231
　　　　7.2.2　分级控制策略 _238
　　7.3　雪天高速公路主线交通流管控 _241
　　　　7.3.1　可变限速控制 _241
　　　　7.3.2　分级控制策略 _245

第8章　基于运行风险的区域路网动态交通分配

　　8.1　区域路网动态交通分配策略 _251

目 录

        8.1.1 交通事件影响 _251
        8.1.2 交通拥挤及风险发展态势 _252
        8.1.3 事件预防与疏解技术启动阈值 _252
        8.1.4 拥挤控制策略与交通拥挤的匹配关系 _253
        8.1.5 控制策略的决策流程 _254
        8.1.6 初始拥挤风险疏解控制模块 _257
        8.1.7 疏解策略转换启动模块 _258
    8.2 路网动态交通分配 _260
        8.2.1 动态交通分配流程 _260
        8.2.2 小型路网动态交通分配数值模拟分析 _261
        8.2.3 大型路网动态交通分配模型 _265
        8.2.4 大型路网动态交通分配仿真 _280
    8.3 区域路网动态交通分配应用情况 _282
        8.3.1 区域路网动态交通分配发展 _282
        8.3.2 国外区域路网动态交通分配应用 _288

第9章 高速公路网络化综合智能防控体系

9.1 高速公路网络化综合智能防控体系概述 _297

9.2 高速公路网络化综合智能防控体系服务集 _300

9.3 针对不同对象涵盖不同层次的高速公路网络化综合智能防控体系 _302

9.4 高速公路网络化综合智能防控体系的物理架构 _303
    9.4.1 信息获取体系 _303
    9.4.2 层次体系 _304
    9.4.3 实施体系 _305
    9.4.4 方法体系 _305
    9.4.5 对象体系 _306

9.5 综合智能防控体系的逻辑架构 _307

第 10 章　工程应用与示范

10.1　车辆运行风险实时评估与短临预警在示范工程中的应用 _315
　　10.1.1　示范工程概述 _315
　　10.1.2　示范工程建设 _315
　　10.1.3　示范效果评估 _317

10.2　交通事件检测与预警系统在示范工程中的应用 _326
　　10.2.1　示范工程概述 _326
　　10.2.2　设备布设 _327
　　10.2.3　系统平台搭建 _328
　　10.2.4　示范效果评估 _330

10.3　互通、服务区出口主动引导防撞预警在示范工程中的应用 _335
　　10.3.1　示范工程概述 _335
　　10.3.2　设备开发功能 _335
　　10.3.3　检测原理及设备结构 _336
　　10.3.4　系统平台 _337

第 11 章　创新成果及前景效益

11.1　科技成果与创新 _341
11.2　应用前景与效益 _344

参考文献

第 1 章
绪　论

目前,我国交通管理和控制主要从道路安全附属设施设置、车辆安全设施及设备配置和事故后应急管理救援等方面着手,这种防控管理方式属于被动的安全风险防控管理。2017年10月18日,习近平总书记在中国共产党第十九次全国代表大会上的报告中指出:"我国社会主要矛盾已经转化为人民日益增长的美好生活需要和不平衡不充分的发展之间的矛盾。"同时指出,"我国仍处于并将长期处于社会主义初级阶段的基本国情没有变,我国是世界最大发展中国家的国际地位没有变。"这是我们谋划发展的基本依据,具体到道路交通安全行业,人民群众安全出行需求的日益强烈同我国道路交通安全行业发展水平之间的矛盾,已成为我国道路交通安全的主要矛盾,人们对于交通安全的重视程度越来越高,对于交通安全的要求已经不满足于减少事故发生时造成的损失和事故发生后及时的应急救援处理,如何在事故发生前做好防控即交通安全的智能管控,越来越成为人们关注的焦点。

1.1 研究背景

随着我国机械制造水平和人民生活水平的不断提高,我国机动车保有量进入高速增长期,据公安部交通管理局统计,截至2021年年底,全国机动车保有量达3.95亿辆,其中汽车3.02亿辆;机动车驾驶员达4.81亿人,其中汽车驾驶员4.44亿人。交通事故造成的损失仍然存在,2015年到2020年,交通事故死亡人数轻微上升,但大体上仍呈下降趋势;万车死亡人数随着时间的推移逐步降低,如图1-1所示。在国际上,美、英、德、日的万车死亡人数均低于我国,与之相比,我国的道路交通安全水平仍有提升空间。

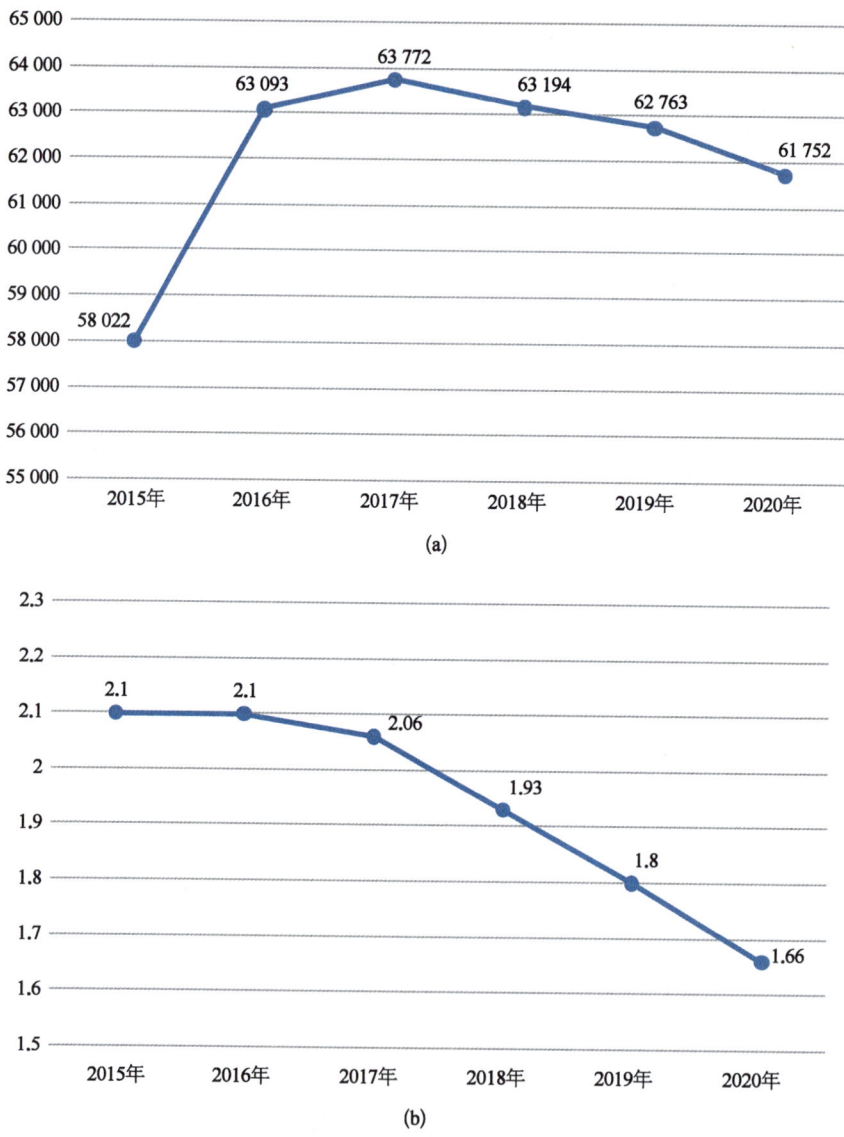

图 1-1 2015 年至 2020 年交通事故统计图
（a）交通事故死亡人数（人）；（b）交通事故万车死亡人数（人）

对于智慧交通发展而言，2014 年起，交通运输部提出了建设"综合交通、智慧交通、绿色交通、平安交通"的发展理念，将智慧交通作为国家交通运输行业的重点建设内容之一，开启了智慧交通背景下的新型基础设施建设。2021 年 8 月，为加快建设交通强国，推动交通运输领域新型基础设施建设，交通运输部在《交通运输领域新型基础设施建设行动方案(2021—2025年)》中提出,"坚持创新驱动、智慧发展,以数字化、网络化、智能化为主线,组织推动一批交通新基建重点工程,打造有影响力的交通新基建样板,营造创新发展环境,以点带面推动新基建发展,促进交通运输提效能、扩功能、增动能,不断增强人民群众获得感、幸福感、安全感"。2021年12月,国务院《关于印发"十四五"现代综合交通运输体系发展规划的通知》中提出,在"十四五"期间,"加快智能技术深度推广应用,推动互联网、大数据、人工智能、区块链等新技术与交通行业深度融合,推进先进技术装备应用,构建泛在互联、柔性协同、具有全球竞争力的智能交通系统"。近年来,高精度卫星定位系统及车载雷达定位系统已经实现民用普及,大数据、云计算技术飞速发展,使得智能管控干预技术的实现拥有了坚实的基础条件。道路交通安全智能管控干预技术可以在信息化技术发展的基础上,利用现代化设备和技术方法,多层面管理并举,宏观与微观控制并重,保障出行者的行车安全。

在智慧交通背景下,以信息化为解决手段,以移动传感为技术基础,再整合探测、摄像、移动互联技术,作为未来车路协同的基础传感器,可做到多位一体的监测和感知,实现快速交通流量采集及短期预测、快速交通管理及控制。随着道路交通环境的日益复杂及城市化进程的加速,对道路交通管理的要求越来越高。智慧交通领域的建设与规划,主要是围绕改善交通秩序、缓解交通拥堵、预防交通事故、方便交通出行等业务领域,结合高速公路交通元素相关的多维信息感知、智慧推演、精细化治理和全局服务的目标,融合交通"智"理数据智能体系,注重场景化系统的高效与实用。

在新环境下,对于高速公路的运行管理而言,需要针对高速公路实时运行中存在的交通安全风险问题,开展对应的智能管控技术研究。从安全保障的角度看,高速公路智能管控是实现道路交通安全主动防控的一种手段。不同于传统的交通管理与控制技术,源于主动防控的高速公路管控干预技术可以在危险或者事故发生前,利用雷达监控、视频识别、高精度卫星定位等高新技术支持,结合交通管理与控制技术,通过车内设备、路侧设备、交通安全执法装备及主动干预综合管控平台等,准确预判,实时预警,精准干预,达到事前预防的目的,尽可能地避免事故损失,最大程度保护人民生命财产安全。这既是道路安全智能管控干预技术与传统交通管理及控制技术的区别,也是智能管控干预技术研究的意义所在。

1.2 国内外研究现状

1.2.1 高速公路风险分析研究现状

高速公路在给人们带来现代交通高效、快捷的全新感受的同时,也以高事故率、惊人的事故伤亡困扰着公路的管理者和使用者。通过多年的经验,人们发现不发生事故不意味着安全,安全也不意味着不存在风险。因此,近年来,针对高速公路运行状态的分析不再仅限于安全状态,而是引入风险分析的概念,对高速公路进行风险分析。

1) 国外研究现状

自20世纪70年代开始,国外研究人员就对道路事故的影响因素展开了较为深入的分析和探索。研究初期,研究人员主要从人、车、路、环境四个方面对道路事故风险进行分析。

1995年,Madanat和Liu通过对高速公路事故进行似然程度分析,最早提出了高速公路事故风险实时预测概念,并基于实时采集到的交通流和天气数据,采用二元Logit模型,分析了两种类型高速公路事故的似然程度。1999年的研究发现,动态的交通流参数相比静态的交通流参数,对事故风险的预测更加准确。1998年,Weil等构建了基于神经网络和模糊控制理论的道路安全事件检测方法,并且利用事件序列法对于交通安全事件检测结果进行验证分析。1999年,Lourens等首次利用多元分析方法,以交通系统数据库相关信息为基础,重点对驾驶员特性与道路事故特性进行研究,得出驾驶员年龄与事故关联性较大,而驾驶员性别及受教育程度与事故发生与否关联性较小的结论。2004年,Thomas等认为道路环境对事故特性的影响较大,其将高速公路事故发生时的周围条件分为三类,即白天干燥环境、夜晚干燥环境、潮湿环境,并运用主成分分析方法分别分析三种条件下事故特性与交通流特性的非线性相关性。2015年,Eustace等通过分析大量事故数据资料,发现道路光照条件及路面状况对事故发生有一定的影响,其将光照条件及路面状况纳入了高速公路事故概率模型的参数中,通过建立基于负二项分布原理建立了广义线性高速公路事故风险预测模型。

2) 国内研究现状

国内学者对高速公路风险的研究起步较晚,但是研究思路与国外相同,即基于高速公路事故资料、交通流检测数据和相应的天气数据,确定特征变量,建立风险预测模型。

2003 年,王莉莉等基于高速公路事故统计分析,运用模糊评价法实时预测高速公路事故。2005 年,秦小虎等基于已有的交通事故数据对交通事故进行预测,通过贝叶斯法则对相应变量的条件概率进行预测。2007 年,吕宜生对基于实时数据的交通事故预测方法进行了研究,以事故发生前的特征变量和交通状况作为可分性判断标准,基于欧式距离构建了类间平均距离可分性判据。2010 年,王丽娟对高速公路交通安全影响因素进行了剖析,并且在此基础上利用层次分析法确定各安全指标权重,构建了基于 SVM 的高速公路交通安全综合评价模型,并对模型进行求解。2013 年,东南大学李志斌等研究了个体车辆遇到运动波前后行驶轨迹的特征,分析了追尾事故发生条件,将多个车辆轨迹进行集计分析,提出了基于集计交通流数据的追尾事故风险预测模型。2013 年,徐铖铖等提取了美国加州 I-880N 高速公路部分路段的实时交通流数据、交通事故和气象数据,采用 Logistics 模型建立了基于交通流数据和气象数据的事故风险模型,结果表明天气条件可以显著提高实时事故风险模型的预测精度。2014 年,张晨琛等采用网络分析法和最大熵模型分析风险测度在全局范围内的重要程度,考虑测度指标之间存在的递阶层次关系,采用模糊积分实现了测度集聚合,最终得到路网风险评估值。2017 年,沈静等深入分析了美国洲际 I-5 高速公路路段的事故描述数据、交通流检测数据和相应的天气数据等,构建了随机森林(Random Forest, RF)的事故预测模型,从时间和空间角度量化分析了交通事故对事故上游交通流产生的影响。2018 年,张兰芳等基于 G15 上海段某段的交通流数据和交通事故数据,选取了整体交通流参数、货车交通流参数和综合参数作为特征变量,运用遗传算法建立了货车比例较高且货车事故率较高的高速公路短期交通流风险预测模型。

目前,国内高速公路事故数据难以获取,风险研究数据来源于国外。由于交通事故风险受到驾驶员特征、车辆特性和道路条件的影响,研究模型仍需国内高速公路高精度交通流和气象数据的进一步验证。而且,风险路段的划分、道路实时动态风险及风险模型的精度验证仍是需要细化研究的方向。

1.2.2 高速公路交通管控技术研究现状

在智慧交通的大背景下,智能管控是通过集成应用传感网络技术、新一代信息技术、大数据研判等先进技术手段,优化完善高速公路安全管理机制程序,实现对高速公路运行过程中人、车、路、环境和管理各方面的全方位、全时空、精细化的主动监测、预警、干预、执法和信息服务,可营造良好的交通运行秩序,全面提高高速公路交通安全管理和服务水平,降低高速公路的运行风险,减少交通事故的发生。

1) 国外研究现状

《美国高速公路运营管理手册》作为美国政府倡导的政策性、策略性、技术性的工作指南,其中阐述的匝道管理与控制、交通事故管理、紧急疏散管理等内容为高速公路运营管理带来了许多新思考、新要求和新规定,也为新时期高速公路运营管理进一步提高管理服务质量,满足出行者需求提供了许多新思路、新措施和新案例。

在英国,高速公路管理机构在 M42 公路上应用了主动交通管理系统,主要是利用路肩来缓解交通拥堵,包括利用摄像机实现速度协调控制、利用事件检测装置实现排队预警控制等。在智能管控措施的支持下,针对 M42 公路的主动交通管理效果的研究显示:在北向方向上,车辆行驶时间缩短了 26%、在南向方向上缩短了 9%,道路的通行效率明显提升。

澳大利亚在交通管理中采用了主动交通管理系统,系统功能集中体现在雾霾预警方面,其主要实现方式为可变限车速控制,在雾霾持续过程中,系统不断调整限速值,并不断推送给驾驶员,为驾驶员在不同环境下的安全行驶创造一个良好的管理环境。

荷兰也部署了速度协调控制系统,在高速公路上布设能见度传感器来获取雾霾情况,当能见度下降至 70~140 m 时,速度限值分别控制在 80 km/h 和 60 km/h;在大雾情况下,通过该系统使驾驶员驾驶速度降低了 8~10 km/h,降低了车流运行的整体风险,保障了车辆的顺利通行。

2) 国内研究现状

目前,我国在高速公路智能管控技术的研究及应用焦点集中在事故和不同天气影响下的安全性保障中。例如,在不良天气下,以沪宁高速公路雾天条件下的道路安全管理为依托,基于雾天的交通安全管制模型、地理信息系统(GIS)等应用技术,建立了雾天高速公路安全管理系统,并提出了管理单元划分的原则、信息采集设备布设原则和动态交通设施布设原则。邹国平对高速公路的车流控制方法进行了研究,指出传统车流控制方法和交通控制策略的局限性,提出了以智能控制思想为依据的高速公路交通管制策略。冯忠祥对高速公路紧急救援系统进行研究,指出现有系统的不足之处,提出基于智能运输系统(ITS)的高速公路紧急救援系统。黄冰娥针对高速公路预警管理方案进行了研究,主要对恶劣气象下的风险源进行识别、等级划分、预警管理,从交通车辆的行驶速度控制、道路信息的发布、交通组织三方面提出了高速公路的预警方案。

在事故影响下的安全性保障中,东南大学分析了突发事件事发点各阶段的通行能力,定义了突发事件后高速公路有效通行能力系数;将案例推理的方法引入区域公路网应急预案的快速生成中,提高了应急指挥中心的响应速度;提出了应急预案生成技术,开发了应急指挥预案生成系统。

近年来,中交第一公路勘察设计研究院有限公司(简称中交一公院)针对高速公路智能管控安全保障技术也进行了深入研究。通过雷达视频融合组网高精度事件检测仪组网设备、入口自适应控制及汇入预警设备、出口危险车辆检测及防碰撞预警设备、车道级管控设备等设备,以高速公路运行安全保障、运行风险管控为出发点,从交通事件自动监测与预警、高速公路项目级交通实时管控、区域路网运行管理、准全天候通行保障的角度,依托车载、路侧设备,发布动态管控信息,提出了一整套的智能管控保障方案,为高速公路管理部门和公众出行服务提供数据基础管控依据,并为管理部门决策提供支持。

综上所述,国内外在道路安全智能管控方面,对主动交通控制方法、模型方面研究较多,但是前些年由于智能化技术水平的限制,很难将对应的防控技术应用于实际运行中。不过近年来,随着通信技术、计算机算法、软硬件开发、高精度检测设备等智慧交通辅助技术的发展,很多智能管控技术具备了实施条件。在应用中,可以依托智能管控技术,强化超宽断面高速公路整体或关键节点的运行安全,针对不同的交通流运行状态进行对应的智能管控方案定制化提升,为高速公路的运行创造良好的环境。

1.2.3　高速公路智能交通管控干预体系研究现状

1）国外研究现状

在交通安全体系研究方面，Pavel Kravchenko、Elena Oleshchenko 描述了一种多层次交通安全组织体系，该体系通过监控观测不同层级下的交通安全功能性活动的体系状态，设计交通安全体系的功能性模块，这种方法是将客体转换为系统功能预期目标的有效办法。从理论角度看，该方法在当前应用于真实的交通安全实践中能够显著地加强交通安全系统的功能，防止道路交通死亡事故的发生。

交通安全体系被认为是组织体系研究中的一部分，同时也是多功能决策系统的一部分，其运行效率受到多种因素的影响，系统设计中应同时考虑系统目标和必要功能。在交通安全体系中，包括通行目标和交通危险，交通危险包括交通违法行为和众多管理因素，管理因素是指体系中各层级管理者的不当管理行为。

在多源异构数据的处理方法研究方面，Smith 等利用聚类和分类方法对交通信号灯配时数据进行分析；Scuderi 和 Clifton 利用贝叶斯网络对调查数据进行挖掘，对土地利用和交通进行分析；Yamamoto 等采用 C4.5 算法产生决策树，对驾驶员的路径选择模型分析比较；Ceballos 和 Wang 在公交系统上采用数据挖掘技术提高公交准时率；Zhang 等采用人工神经网络的方法对单电感线圈的数据进行了车辆类型的划分研究，并取得了较好的效果。

在多源数据融合技术研究方面，华盛顿大学的智能交通研究与应用实验室等研究机构做了大量工作。由 STAR Lab 开发的 ALEDA 系统可以检测并校正电感线圈的敏感度问题，单线圈、双线圈检测技术研究取得了较大突破，并可与视频监测数据结合使用，已被美国交通运输部联邦公路局选定为需要在全美推广的新技术；在视频检测数据融合方面，各项软件开发技术也相对成熟，由 STAR Lab 开发的 VVDC 系统和 ORVDT 系统已克服恶劣天气下摄像机抖动所引起的测量困难，并可与其他检测数据相互校正，为提高检测数据的利用率、促进多源数据的融合奠定了一定的基础。

2）国内研究现状

在安全生产行业的综合防控管理体系研究方面，河南能源化工集团建立了煤矿安全综合防控管理体系，他们以事故致因理论、系统化安全管理理论为基础,搭建了由安全文化、安全管理组织结构和安全管理方法三部分组成的安全管理体系,体系框架如图1-2所示。

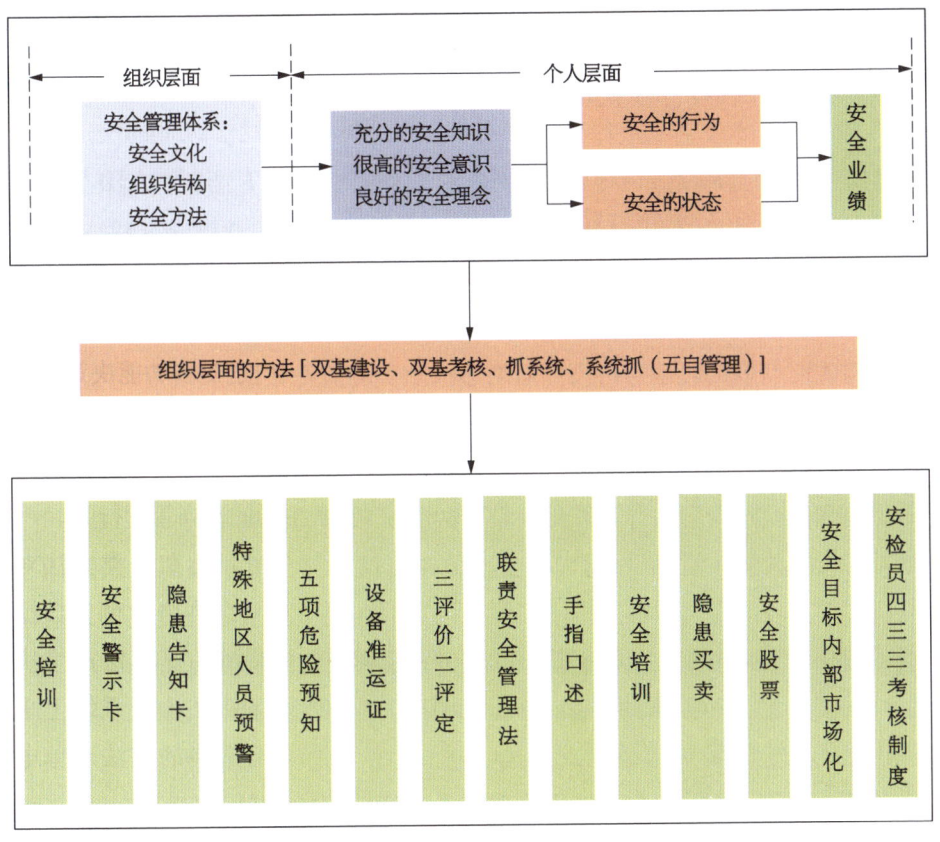

图1-2 河南能源化工集团煤矿安全综合防控管理体系总体架构

该体系结构简单,整合了以往的安全管理实践经验,通过组织层面的安全管理,达到个人层面安全知识和安全意识的提高,消除人的不安全行为和物的不安全状态,达到安全目的。该体系在技术与管理并重的同时更偏向于管理因素,管理即干预,主动管理即主动干预,该体系关于不同组织层面管理方法的综合运用对于建立道路交通安全综合防控干预体系具有一定的借鉴作用。

在社会治安防控体系方面,杨玉海提出运用理性思维和战略思维建立社会治安整体防控理论。所谓社会治安整体防控,就是以社会面的巡逻防控网络、社区防控网络、单位内部安全防控网络、重点行业场所治安防控网络为主要框架,必须处理好整体防控网与巡逻、社区、内保、治安防控网的关系,条与块的关系，打击与防范的关系，虚拟防控网与实体防控网的关系，专门机关与群众工作的关系，必须建立情报信息会商机制、联勤联动机制、弹性工作机制、考核奖惩机制和物质装备保障机制。该体系中关于不同组成之间关系的处理对于道路交通安全综合防控干预体系的构建具有参考价值。

在环保和法律风险防控体系方面，王菁菁给出了建立烟草企业法律风险防控体系的基本流程：法律风险识别→法律风险等级评估→法律风险防控措施制定→配套措施完善→编写防控预案。李德宝基于互联网的城市环境及污染源自动监测系统，以 GIS、无线和有线网络数据通信、数据库系统等作为系统基础支撑平台，设计和开发了基于环境与污染源主动监测监控系统、二三维一体化地理信息系统，融合形成城市水环境安全防控系统软件平台。该平台旨在通过实时获取的环境与污染源监测点位的实时监测数据，实现对环境突发事件的常规和预警性监测、报警提示、污染物类别溯源、事故地理位置快速定位和污染扩散缓冲分析等功能。通过环境与污染源的基础信息数据调阅和分析，准确迅速地定位污染源头并计算出污染事故的扩散影响区域范围；水污染模型对环境污染风险源附近、区域境内主要水体进行污染物三维扩散仿真模拟；依据环保部门及政府应急事件处理部门预先设定的环境突发事故处置流程，提供相应的应急预案并对相关人员、车辆、物资进行指挥调度的应急处置。

在交通检测和数据的存储、分析、利用方面，我国的工作刚刚起步，很多城市使用的检测装置都是从欧美国家进口的。由于缺少检测产品的统一标准的技术培训，很多检测装置并没有发挥出其应有的效益。国内自主开发的检测装置主要侧重于交通执法，而以系统运行效率为目的的数据采集系统还十分有限。因此，尽管在道路检测体系方面已经有了一定的投入，但系统尚不完善。张森和翁育峰根据采集到的寒冷地区冬季交通环境下的交通信息，结合寒冷地区特性，基于信息融合方法构建了智能化的交通管理和控制体系。张存保和严新平给出了固定检测器和移动检测器信息融合的框架和方法，采用 BP 神经网络对上海市南北高架道路的区间平均速度进行了信息融合。曾伟良等则基于神经网络和数据融合技术，对广州市东风路的浮动车 GPS 数据进行了路段速度估计精度的预测，精度和稳定性有了较大的提高。姜桂艳等人综述了交通事件监测中数据信息融合技术的应用现状，并将其划分为多源信息的交通事件自动检测数据级融合和检测方法决策级融合两个层面；曾钢提出基于 LVQ 网络模型和信息融合的交通事件检测算法，将

第 1 章 绪 论

主线检测器得到的信息和收费站处得到的信息进行融合来判断交通事件的发生;陈扶崑等依托人工神经网络技术,设计了固定检测器与浮动车检测器的信息融合事件检测算法,并说明了具体的检测原理和融合过程。

从总体上看,应对道路交通安全的网络化防控干预管理体系尚未形成,为此本书将系统介绍从人、车、路、环境角度建立的点、线、面三个层面的全方位、立体化、网络化的无缝干预体系,将交通安全风险防患于未然对建立安全、有序、畅通的交通秩序具有重要意义。

1.3 主要研究内容

本书以国家"十三五"重点研发计划项目"道路交通安全主动防控技术及系统集成"的系列课题研究成果为基础,针对高速公路的运行风险及智能管控层面新成果、新技术进行的梳理和总结,主要研究内容有以下几方面。

1)高速公路运行风险分析技术

针对高速公路在途车辆、路段、区域的运行状态,从微观、中观、宏观的角度,分析车辆冲突、路段运行、区域路网的风险影响因素特征及数据特征,建立风险分析模型,提出对应的交通运行风险评价指标与参数,通过相关研究,识别出高风险场景,为下一步高风险场景主动管控技术的研究提供依据。

2)高速公路车辆运行冲突风险短临预警技术

基于高精度卫星定位和物联网等主动交通安全保障技术,研发基于车载终端运行信息的道路交通流状态辨识关键技术及监测设备,实时精确地监测、获取与感知复杂路况下车辆危险状态信息和行驶环境状态,以期构建车路实时通信的交通运行状态监测和预警体系,解决人、车、路、环境协同问题,为优化配置管理道路交通流打下坚实的数据基础,从而提高高速公路交通运输系统的效率和安全性。

3)面向不良驾驶行为的主动干预技术

针对不良驾驶行为进行特征分析,基于规则匹配原则进行不良驾驶行为综合识别方法,提出基于驾驶员操控意图的驾驶行为短时预测方法,同时,针对不同风险等级制定不同类型的预警方案,相关研究成果可以用于建立面向道路交通主动安全防控的危险驾驶行为预警系统。

4）连续交通流感知与交通事件预警技术

为准确获取高速公路连续交通流运行状态及沿线事件信息，需要在新技术发展的背景下，结合智慧交通的快速发展需求，采用毫米波雷达、视频、雷视检测的方法，从设备融合、数据组网、事件检测与预警的角度，研究高速公路连续交通流感知与交通事件预警技术，为管理决策提供有力的数据支撑。

5）出入口匝道联动的高速公路运行风险主动干预策略

针对路段交通流风险，特别是高密度小间距互通区域，可以从高速公路匝道联动控制的角度，以降低主线行车风险为目标，用"限流"的方式，提出匝道控制技术及策略。在入口匝道控制方面，从单点和协同控制的角度，采用自适应控制的方法标定模型参数，在出口路段采用诱导管理的方式发布管理信息，同时在出口采用辅助危险车辆智能管控预警装置，实现降低匝道及其影响区域行车风险的目标。

6）异常天气下高速公路主线交通流智能管控

在高速公路风险分析的基础上，从高速公路运行风险的角度，对容易产生高速公路道路运行高风险情况的天气（雾天、雨天、雪天），综合考虑气象、环境、交通、道路等因素，分别分析雨、雪、雾天气下限速影响因子机理，综合考虑路网风险速度折减，建立高速公路主线段的可变限速模型，分析各类天气的速度管理方法，汇总各类可变限速实时控制管理的措施，提出不同天气下的对应限速建议。

7）区域路网交通流动态分配技术

综合高速公路风险分析情况，结合服务水平、出行时间或距离、出行费用等交通因素，采用神经网络工具建立基于交通流风险的区域路网的路径阻抗函数，并基于 DUE 建模理论，以流体动力学模型的微分代数方程改进动态网络加载（DNL）模块，建立动态交通分配模型，能够更好地捕获物理队列的形成、传播、消散、车辆后溢，总结国内外应用情况，解决大规模网络动态交通分配的用户均衡问题。

8）高速公路网络化综合智能防控体系

从点（车辆和路段）、线（交通流）、面（区域路网）三个层次，进行高速公路智能综合管控，综合高速公路智能管控干预体系应用情况，按照理论基础、技术支撑、智能管控干预的研究逻辑，从管控研究对象、管控信息获取、管控

第 1 章 绪　论

层面三个方面对高速公路综合管控的研究进行梳理,分别构建综合管控研究对象体系、综合管控层次体系、综合管控信息获取体系、综合管控实施体系、综合管控方法体系,建立综合管控的五个方面的体系构建理论方法。

1.4　技术路线

本项目研究的关键技术问题在于对高速公路的运行风险进行分析,并研究不同场景下的主动干预需求,针对车辆短临预警、不良驾驶行为、出入口匝道管理、异常天气主线管控、区域路网的管理需求,研究对应的高速公路主动管控技术,并在各环节采用智能管控的方法,形成高速公路运行风险智能管控技术,技术路线如下:

首先,开展高速公路运行风险分析,针对在途车辆、路段、区域路网的运行风险影响因素特征及数据特征,分别建立对应的风险分析模型,采用冲突分析、熵理论、深度学习等理论方法,提出高速公路微观车辆、中观路段及宏观路网的风险分析流程与方法。之后,面向不同层面的管控需求,采用不同的智能管控技术,保障高速公路的运行安全,对于在途车辆的高风险状态,以高精度定位数据为基础,联合基于车路协同的智能预警技术,开展车辆短临预警技术研究;对于不良驾驶行为,开展综合辨识与分析,短时预测驾驶意图,并进行分级评价,确定车载端智能预警声控方法;对于高速公路的路侧智能管控,基于雷达与视频融合技术,对微观交通流数据进行长距离连续检测与跟踪,实现交通流微观参数的全息感知与不良交通行为的实时动态预警。在此基础上,分别针对关键节点(出入口)、高速公路主线、路网的运行特征,提出基于运行风险的高速公路智能管控措施。在关键节点(出入口),采用入口自适应控制、出口诱导的方式,并辅助出口危险车辆智能管控预警装备,实现高速公路出入口匝道的协调管理;在高速公路主线,分别针对异常天气(雨、雪、雾)下的高速公路车辆运行特征及风险情况,结合可变限速控制、动态分流、匝道联动控制等方式,实现高速公路主线的智能管控;针对异常条件及交通事件下的区域路网运行特点,建立区域路网动态交通分配模型,形成风险分配体系,提出路网动态交通分配的实施方法。最后,将高速公路智能管控技术按照逻辑顺序串联起来,构成一个全方位、多层次的立体化的综合防控干预网络体系。具体的技术路线如图1-3所示。

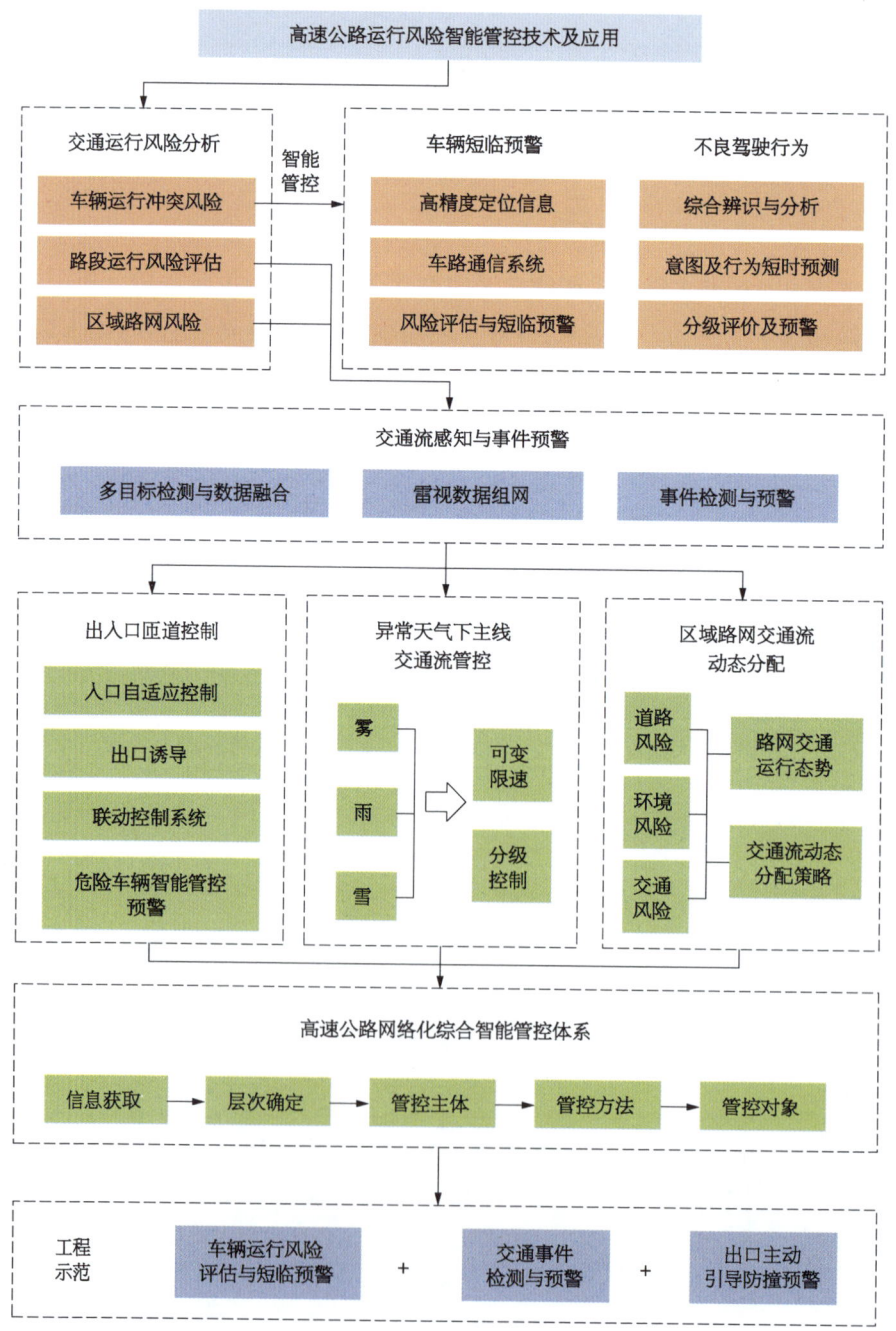

图1-3 高速公路智能管控研究技术路线图

第 2 章
高速公路交通风险分析

高速公路交通运行风险分析能够描述交通运行风险状况,即整合高速公路风险分析理论,从微观、中观、宏观的角度,分析车辆冲突、路段运行、区域路网的风险影响因素特征及数据特征,分别建立对应的风险分析模型,划分风险等级,可为后续主动干预技术的研究与智能管控技术的应用落地奠定基础。

2.1 高速公路交通风险分析理论

高速公路风险分析应与事故致因理论结合,对于风险分析而言,风险因素不一定是事故致因,可能只是一种潜在的事故致因,但事故致因一定是风险因素。风险代表道路中事故发生的可能性,研究风险主要围绕风险源展开。高风险路段风险一般来自于自然条件、线形条件及实时交通流状况,事故的产生可能由单一风险源因素导致,也有可能是综合因素的叠加作用。风险因素分析是复杂的,相关学者通过对大量交通事故致因进行分析后,得出人、车、路、环境四个风险因素对事故的影响程度及占比,如图2-1所示。

单一风险因素和多风险因素的叠加均可能导致事故的产生。通常来说,风险和隐患属于同一层次概念,事故为风险的发展后果,如果风险隐患得到了有效的控制,就容易阻止后续损失的产生;但若风险和隐患没有被及时发现,或者发现后没有采取管控措施,就会带来严重后果。

高速公路交通风险具有以下特征:

(1)客观性。风险是客观存在的,是不可能完全排除的,只有认识到风险事件的规律性,用科学的方法来预测、评估和管理各个风险事件,才能尽量避免或者减轻它的影响。针对某一路段,对其进行风险控制后,在一定时间

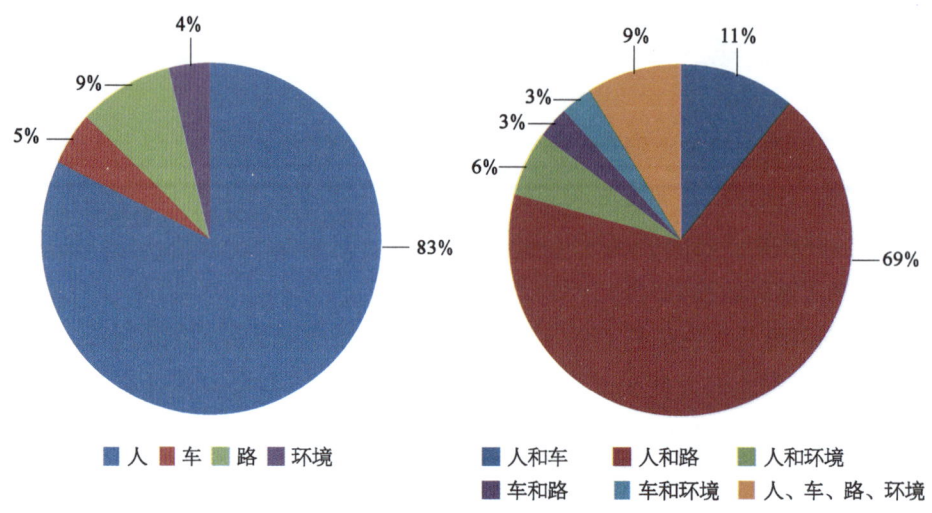

图2-1 事故风险因素比重
(a) 单一风险因素占比；(b) 多风险因素占比

范围内可以基本消除风险，但仍不可轻视，更不可忽视。

（2）突发性。风险虽然是客观存在的，它的发生也是一个从量变到质变的过程，但是由于人们认识的局限性和许多因素的影响，使得风险事件具有突发性。

（3）损害性。风险事件的发生总会造成一定的损害，这种损害可以用科学的方法折算成货币的形式来统计。

（4）随机性。道路风险的随机性体现在空间、时间和损失程度三个方面。

（5）发展性。所谓道路风险具有发展性，是因为人类社会经济在不断发展，科学技术在不断进步，道路工程技术也在迅猛发展，新的建设成果必然会带来新的风险。

综合风险特征和相关影响因素，将高速公路风险分为静态风险和动态风险两类。其中，静态风险分析可以看作基于道路静态属性数据的风险分析，动态风险分析是以交通流因素导致的动态风险场景时刻发生变化为前提，对当前或未来现象进行的研究和预测。

2.1.1 静态风险分析理论

静态风险分析从道路行车条件对道路安全的影响入手,将路上影响因素如交通量、平曲线、路面宽度、路肩宽度及路面摩擦系数对交通事故的影响程度量化,并将这些影响值综合成一个能反映该条道路交通安全状况的综合系数,以表征该条道路的道路安全状况。

静态风险分析一般是对高速公路固定不变的风险因素开展的风险分析,道路交通安全性评价就属于静态风险分析。安全性评价也可称为危险性评价或风险评价,是以实现系统安全为目的,应用安全系统工程原理和工程技术方法,对高速公路系统中固有或潜在的危险因素进行定性或定量分析,得出发生危险的可能性及对后果严重程度的评价。安全性评价相关研究始于20世纪90年代,其评价方法的探讨也经历了从单一因素评价到多因素综合评价的发展历程。

进入21世纪,由于道路交通事故死亡人数呈逐年上升趋势,道路交通安全评价引起了许多学者注意。以区域道路为划分依据,总结对其进行交通评价的过程,其中大部分学者以统计学手段为依托,借助一些关键指标因素如相对死亡率、事故发生率等,分别从不同的侧面入手进行评价。发展到后来,研究者们更倾向采用综合评价方法对区域交通进行安全评价,比较常用的如灰色理论方法、交通冲突技术、模糊数学方法、神经网络方法等,利用这些方法能够对高速公路安全状况进行更为全面合理的评价,同时也为后续的研究夯实了基础。

当高速公路沿线道路的线形条件和道路行车环境对驾驶员造成了较大的驾驶负荷时,就形成了高风险路段,这些典型的高风险路段包括互通式立交分合流区及交织区、线形组合复杂路段、长大纵坡路段、隧道路段等。随着安全性评价、安全分析技术的发展,典型高风险路段的静态风险分析技术已趋于成熟。

1)互通式立交分合流区及交织区

由相关统计可知,83%的立交相关事故发生于高速公路的出入口,其中有一半的事故发生于出口匝道上、36%发生于入口匝道上、16%发生于与两高速公路之间的相连路段上。高速公路立交区域内的事故,绝大多数是由于车辆追尾与侧撞引起的。因此,在对互通式立交进行安全性评价时,应强化对分流区、分流区上下游一定距离及出口匝道、合流区、合流区上下游一定距离及入口匝道、交织区段的分析。

对于互通式立交(图2-2)分合流区的安全性评价,应当根据分流区线形特点及重点的设计参数,选取分、合流区静态风险评估指标,具体包括主线线形、安全服务水平、出入口匝道、减速车道长度、分流区识别视距、分流鼻间距等。

图2-2 互通式立交俯瞰图

在交织区内,行驶方向相同的两股或多股车流会沿着相当长的路段不借助交通控制设施进行交叉,这很容易产生一系列的车辆的交通冲突行为,因此,在分析互通立交交织区安全性时,不仅要评估主线线形、交织车道交通量、交织比、交织段长度等设计指标,还需要强化对追尾冲突、侧击冲突的分析。

2) 线形组合复杂路段

根据《全国和省级督办公路危险路段标准》(简称《督办》),线形组合复杂路段,主要分为急弯路段、陡坡路段、平纵组合路段、视距不良路段及路侧险要路段。平纵线形、路基路面、交通安全设施等都是影响线形组合复杂路段行车安全的重要因素,分析这些线形组合复杂路段安全性时,需要从平纵线形、路基路面、交通安全设施的角度进行综合分析。

在线形组合复杂路段,线形特点是影响行车安全的重要因素。在具体分析中,应结合平纵线形中平曲线半径、纵坡坡长及坡度、视距、反向曲线间直线长度、线形均衡系数、合成坡度等指标,通过分析各单项指标与道路亿车事故率之间的关系,以及规范中的相关规定,对平纵线形设计情况进行核查。

3) 长大纵坡路段

长大纵坡路段作为高速公路事故多发段,对于我国国家经济和个人生命财产的损害是极其严重的,这也使得长大纵坡路段成为提高高速公路行车安全的重要研究对象。道路线形因素、车辆特性、路基路面、交通安全设施等都是影响长大纵坡路段的行车安全的重要因素。长大纵坡路段主要分为长大上坡路段、长大下坡路段(图2-3)。

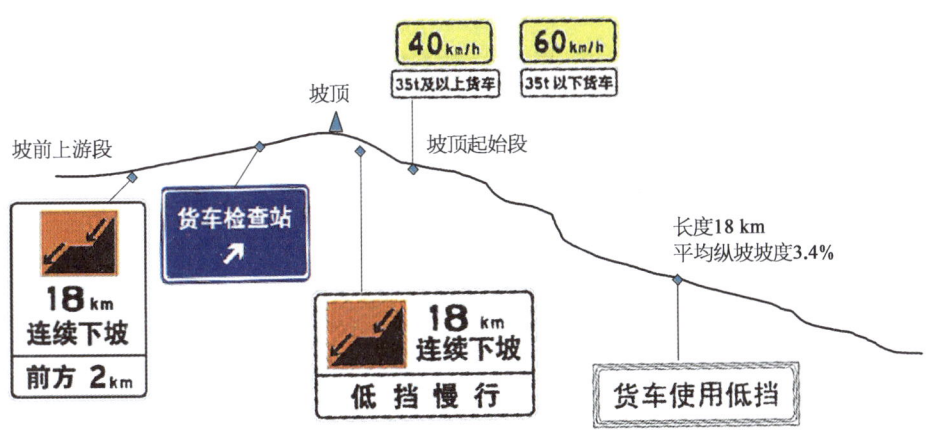

图2-3 连续长大下坡路段纵断面示意图

长大纵坡路段的线形因素主要是连续坡长及纵坡坡度,连续坡长过长时,将会影响汽车上坡时的爬坡性能及汽车下坡时的制动性能。从车辆特性的角度看,需要考虑制动鼓温度、车货总重。在连续高速下坡时,若驾驶员为了控制速度、频繁地使用行车制动器,可能因制动鼓温度过高、逐步丧失制动效能,进而引发车辆失控等安全问题。该路段路基路面对于交通安全的影响,主要体现在路面抗滑性能、中央分隔带宽度及路侧安全净区宽度三个方面。路面抗滑性能被看作是路面的表面特征,是表征路面面层安全的重要因素;中央分隔带宽度主要影响路面排水及通车视距,路面排水不足会造成部分转弯车辆产生较大的横向侧滑,对交通安全造成一定的风险;而路侧安全净区有利于减少事故的发生、降低事故的严重程度。同时,在长大纵坡路段也需要对交通标志、交通标线及防撞护栏等交通安全设施设置进行评价,对道路环境中存在的潜在危险因素进行弥补。

4) 隧道路段

对于长隧道和特长隧道,车辆从隧道进口前 200 m 开始到隧道进口处运行速度快速下降,在进入隧道后,车速逐渐上升,直到隧道进口内 300 m 左右达到相对稳定,并在隧道内以稳定速度行驶,在隧道出口处车辆加速行驶出隧道。故考虑将隧道路段分为入口段(入洞前 200 mm 至入洞后 300 m)、出口段(出洞前 300 m 至出洞后 200 m)和隧道段。驾驶员行车至隧道路段时,隧道内外行车环境发生骤变,驾驶员需要一定的适应时间,因此,较隧道内部路段,隧道出入洞口有较高的行车风险。

道路线形设计指标方面,平面线形指标可采用曲线半径、曲线转角,纵面线形指标采用纵坡、坡度代数差(竖曲线范围),其他指标包括隧道长度、路面抗滑性能。从环境角度考虑,可采用指标有隧道照明(图 2-4)、隧道通风、交

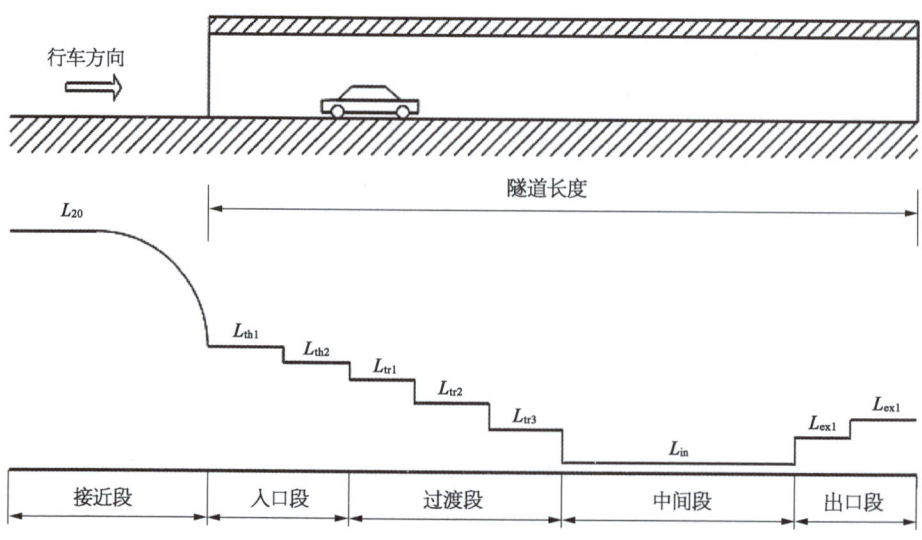

图 2-4 隧道照明系统分段图

安设施完善程度。将隧道洞口段做单独考虑,可采用的指标有洞口线形一致性、洞口横断面过渡长度与形式、洞口形式、隧道间距、桥隧相接段长度及过渡形式等指标。

2.1.2 动态风险分析理论

高速公路动态风险是由道路上实时交通流条件引起的、与交通事故或其他交通危险现象相关的一种抽象化定义。动态风险分析是对未来现象进行研究和预测的过程,考虑到由交通流因素导致的动态风险场景时刻在发生变化,因此动态风险研究主要判断在可约束的时间范围内,高速公路上是否会产生不利于行车安全的风险因素,通过对动态风险因素及时的识别与判断,避免其进一步发展为交通事故。

1）动态风险分析理论基础

对于风险科学问题的研究,拉普拉斯在 18 世纪借鉴牛顿学说,将所有事物的运动状态都用一个向量 X 来描述, $X = \{(X_1, X_2, \cdots\cdots, X_n)\}$,并提出了事物的变化和运动规律均来源于一组微分方程的初值问题:

$$\mathrm{d}x/\mathrm{d}t = f(x), x(0) = x_0 \qquad (2-1)$$

式中　$x(0)$ ——$t=0$ 时 $x(t)$ 的初始状态。当明确了 $x(0)$ 与 $f(x)$ 时,便可以获得 $x(t)$。

对于自然界中存在的多种风险,大多可以采用随机状态方程进行研究。其实,风险只是式(2-1)中 $t>0$ 情况下的一种未来状态。理论上来说,每一种风险系统都应该存在一种描述该风险系统的随机状态方程,风险研究的过程,就是找到最符合这种风险系统特点的状态方程。然而大多数的风险系统都存在复杂性、不确定性,即使对风险现象的描述进行高度简化和抽象,建立相关的风险系统方程、确定合理的边界条件和估计概率分布参数也并非易事。因此,为了对风险有进一步的认识,就需要更进一步的风险分析工作来明确风险的内涵,而不仅仅停留于对随机状态方程的研究和对现有统计资料的回归。

随着新技术的运用和信息处理能力的提升,3S(RS、GIS、GPS)、大数据、互联网等让人们的风险分析能力获得了质的飞跃,但是大量的风险问题仍然存在。例如,2020年全球大部分国家面临着严峻的新型冠状病毒肺炎疫情,众多学者通过现有的风险分析方法,在推测疫情发展趋势方面做出了尝试,但现实并没有像其研究的疫情预测趋势那样发展。这种不吻合性的根源并不来源于研究者采用研究方法上的不吻合,而是风险存在着太多的不确定性,对于随时会发生变化的疫情状况来说,利用过去数日收集到的资料预测明天即将出现的疫情状况都非易事,更何况预测出未来一周甚至整个疫情期的发展状况。复杂风险系统分析不能做,简单风险系统分析算不准,人们可以做的是利用各种统计分析工具进行统计分析。

风险分析具有极强的时效性,面对瞬息万变的风险状况,很难在短时间内找出与现实情况极其相符的状态方程,更不可能搜集到足够的数据资料来进行统计分析,这也就造成了风险分析的不准确性。使用有限的知识和资料进行当前时间点状况下的风险计算,是风险研究的基础;而为避免风险分析的不准确性,风险更新则是风险分析的活力与风险研究的必要环节。

2) 高速公路事故致因理论

在目前国内外大多数的高速公路动态风险研究中,风险源或风险因素的选取均依赖于事故致因分析,但风险和事故在本质上仍存在区别,风险注重未来预测,而事故是已经发生的结果。事故致因分析和动态风险研究的共同点为探究事故的规律性,但其仍存在较大的差异,事故致因分析依赖长时间积累的大量数据,而对于时变性较强的动态风险来说,其活力在于风险更新,对大量历史数据的依赖性则不强。但若要探讨两者的界限,则是比较模糊的,风险因素不一定是事故致因,因为可以通过控制风险因素使其不产生事故;但事故致因一定是风险因素,因为事故一定是由各方面的风险综合叠加相互作用导致的,这也是采用事故数据及其致因进行动态风险研究的重要原因。

3) 高速公路动态风险分析理论

对于某条道路而言,研究者对其风险状况的认识是随着时间发展的,这一发展的过程也是逐渐结合道路实时状况认识风险本质的过程。分析道路动态风险需要明确风险源、影响场、作用对象、测度空间及时间尺度,从最基本的元素着手,进行不确定意义下的量化分析,而风险分析的本质则是利用日益进步的技术和增加的信息来更好地管理影响人类生活的未知事件。

风险源是指导致风险情景产生的源头,对于高速公路动态风险而言,交通流整体的混乱和个别危险车辆均可以作为风险情景出现的触发因素,即风险源,这些状况均可以通过速度、流量、车道占有率等指标体现;影响场是指风险源影响范围,通常发生在交通事故以后,最直接的影响对象为该路段上的其他正常行驶车辆;作用对象是指承担风险后果的客体,最直接客体包括车辆和驾驶员;测度空间是指对风险源、影响场和作用对象进行量化描述的数学空间,简而言之就是选取何种数学模型和研究方法把这三者联系在一起;时间尺度是风险分析中的核心概念,其原本的定义为"描述风险情景的时间信息",但这里有必要对其进行补充完善,风险分析的手段是利用现在的信息对未来的风险事件做出预测,那么便产生了一个需要量化的问题:利用现在的信息对于多久以后的情景进行风险预测是有效的?同时为了避免模型预测的不准确性及精度提升的要求,应该如何对一个已经建立好的模型进行更新使之可以持续地应用于未来各个时间的风险预测?这是动态风险分析中更为重要的问题,风险模型的更新也是动态风险研究区别于一般风险研究的重要体现。

因此,高速公路动态风险的研究目的可以分为两点:

(1) 建立合适的模型完成道路动态风险隐患的识别,并研究出一套合理的动态风险等级量化标准,在发现风险到产生事故的时间范围内反馈给出行者,尽可能避免事故的发生;

(2) 建立风险判别模型后,结合高速公路动态风险的状况,对评价模型进行及时更新。

为了实现高速公路动态风险研究理论和目的,在智慧交通发展的大背景下,可以通过布设在高速公路沿线的一系列感知设施,收集路段交通流运行状态参数,并通过交通管理平台对各类采集信息进行处理,通过信息处理、匹配,建立交通流信息与风险分析等级间的关系,以实现在"设定时间范围内"对风险进行控制。由于动态风险分析具有高难度、高精度和高实用性的要求,应用于动态风险分析的模型应具备表 2-1 所示特性。

表 2-1 动态风险分析模型特性

因素	特点
数据结构	数据应来源于感应线圈等高精度设备收集的交通流参数,尽量避免人工收集对数据精确性的影响

续　表

因素	特点
计算能力	应能够快速地完成数据的计算,相应模型应尽可能地简单化,避免长时间的模型运算,以满足动态风险预测的及时性要求
输出形式	输出的形式应能直观地反映目前交通流的风险程度,以数值、等级的形式表现最为直观
时效性	为了应对交通流快速变化的特点,动态风险预测模型应不断地利用最新的数据完成模型的训练与更新,与最新的道路交通流状况相吻合
准确性	动态风险预测模型的精度验证是比较复杂的问题,因为一旦产生风险,被预测模型识别后反馈给驾驶员,这时风险便得到了控制,便不会产生之前预测的后果。因此,风险预测模型的准确性只需保证其可以准确地识别出潜在的安全隐患即可

分析不同场景下的高速公路风险时,需要结合各场景的风险特征,考虑采集的数据类型,建立与场景管理相匹配的风险分析模型,在使用有限的数据和资料进行当前时间点下风险计算的基础上,保证风险分析结果与高速公路实际场景的契合度与有效性。

2.2　高速公路车辆运行冲突风险

2.2.1　车辆运行冲突风险的定义

交通冲突是一种典型的基于非事故数据的道路交通安全评价指标,也是道路运行风险在微观层面的重要体现,表征了交通事故的潜在因素。研究表明,严重的冲突与交通事故存在必然联系,冲突越严重,发生事故风险越高。交通冲突在不同环境中,表现形式有较大差异。在交叉口,多表现为不同方向行驶车辆的时空交叉;在低等级道路,多表现为会车、超车等行为产生的车辆碰撞风险;而在高速公路,主要表现为车辆近距离跟驰、危险变道超车等不良驾驶行为导致的车辆碰撞风险。

对于交通冲突的判别,主要可分为空间距离法和时间距离法两类。以空间距离作为判别参数时,空间距离越小,事故风险越大,判别阈值通常会参考理论制动距离,空间距离小于理论制动距离时,通常认为冲突较为严重。空间距离法相对直观、判断逻辑简单,被用于早期的车辆辅助驾驶系统中,但其存在一些局限性,最突出的就是没有考虑前后车辆的动态相对关系,如空间距离较小,但两车速度差很小时,实际碰撞风险仍然较小。时间距离法能更形象地表征冲突状况,它反映冲突参与者共同作用下产生的风险结果,其最有代表性的指标是碰撞时间(TTC),TTC指假设冲突参与双方均不采取任何制动或转向措施,仍以当前速度和方向行驶时,发生碰撞的预期时间。随着研究的深入,还衍生出一些同类指标,包括 TTC^{-1}(TTC 倒数)、后侵入时间(PET)等。但由于 TTC 能够较直观地反映冲突状况的危机感和紧迫感,且具有参数易识别、易提取的突出优点,被普遍用于高智慧驾驶辅助车辆的碰撞预警系统中。

2.2.2 基于多源传感器的车辆运行冲突风险识别

随着各类车载传感器的广泛应用,车辆运行冲突风险识别的实时性和准确性不断提升。目前普遍使用的方法为在车辆上加装激光、雷达测距仪、视觉传感器等设备,通过单一方式或融合计算进行距离识别和碰撞预警。

激光、雷达测距仪主要以空间距离为指标,通过测量两车相对距离与阈值进行对比,基于视觉传感器,可在处理算法获取图像的基础上,根据图在视野里变化的情况测算出距离、速度并计算出 TTC,部分系统还会结合车辆 CAN 总线数据,利用车辆速度、加速度等进行更为精准的预警。以 Mobileye 智能行车预警系统中的防碰撞预警功能为例,根据高分辨率单目摄像头采集的图像,采用卷积神经网络对画面中的物体进行检测、识别、分类并根据对象占据的像素反推距离,再根据时间间隔算出前方车辆相对速度,然后知道距离和相对速度后,便可计算出 TCC。该系统设置为与前车碰撞前 2.7 s 时发出声音和视觉警告,给予驾驶员足够的时间来应对可能发生的事故,这一阈值也会根据车辆类型、驾驶行为等进行优化设置。

上述避撞算法均以对 TTC 的分析和车辆制动距离的推导为基础,控制系统的实现也都依赖配置的多元传感器。该方法的不足之处体现在:第一,车载传感设备易受行车条件、环境噪声的影响,导致预警可靠性降低;第二,多源数据融合计算产生的延时会导致碰撞预警实时性不足;第三,通过搭载多种传感器实现的单车智能化致使避撞预警系统的成本过高,不利于推广。

2.2.3 基于高精度定位的车辆运行冲突风险识别

近年来,北斗高精度定位技术在交通安全领域的应用,为车辆运行冲突风险的识别提出了新的技术方案。相关研究显示,相较于民用级全球卫星导航系统提供的精度为 5~10 m 的定位服务,实时动态定位技术(RTK)可使定位精度达到亚米级。利用高精度定位数据,并与高精度地图进行匹配,就可从车路协同角度,预测车辆行驶轨迹,判断车与车、车与路侧设施的碰撞风险。

1) 总体思路

根据车辆现有的行驶轨迹,预测不改变行驶状态下未来几秒之内的车辆轨迹(直线、圆曲线、回旋线),以便根据车辆计算外轮廓与其他车辆计算外轮廓之间的冲突情况判断碰撞风险,若有轮廓重叠,则判断将发生冲突,即构成碰撞,从而实现高风险路段交通安全隐患的短临预警预报。假设 A 车沿圆曲线轨迹运行,B 车沿直线轨迹运行,通过 A、B 车 $i-n$~i 时刻的位置,推算 A 车轨迹圆心(x_c, y_c)和半径 r,预测目标时刻 A、B 车的位置,并通过车辆轮廓计算判断两车位置关系,该冲突预测方法原理如图 2-5 所示。

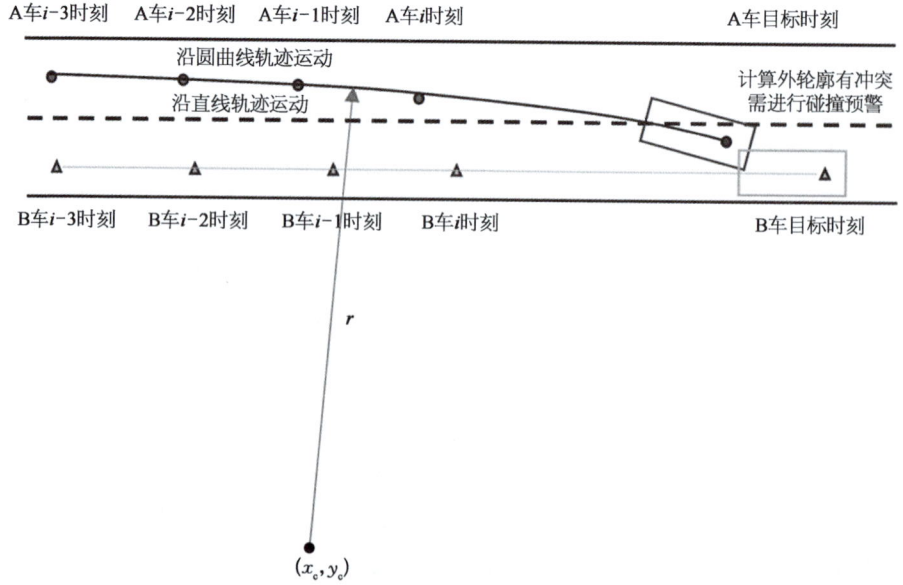

图 2-5 冲突预测模型构建流程图

模型构建原理如图2-6所示,可简述为:

(1) 根据车辆高频、连续的实时位置、速度、方位角等信息,预测本时刻至目标时刻车辆的位移;

(2) 根据包括本点的临近点的定位信息,判断车辆是沿直线还是圆曲线行驶(由于计算时间间隔较短,回旋线坐标可近似按圆曲线进行计算),根据不同行驶轨迹区别计算目标刻的车辆位置坐标;

(3) 根据车辆位置坐标及车辆尺寸,扩展计算目标时刻车辆实际外轮廓顶点坐标;

(4) 判断他车的计算外轮廓顶点坐标是否在自车四边形之内或之上,若是,则判断为目标时刻两车会发生冲突,并根据目标时刻远近确定预警等级。

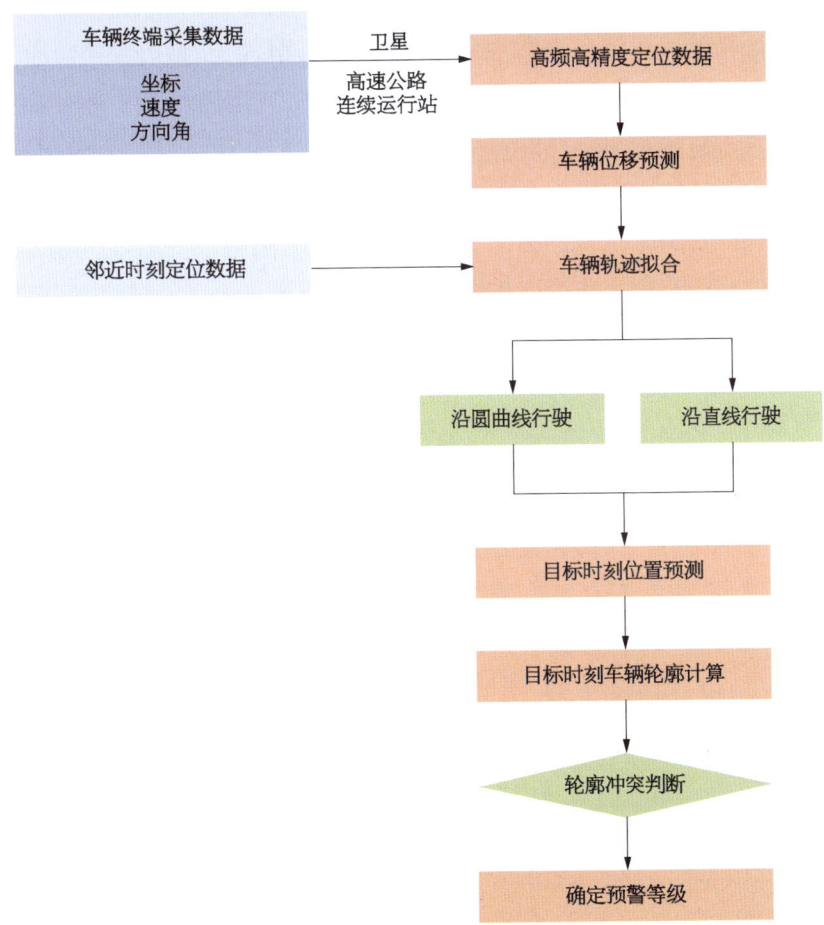

图2-6 模型构建原理

2) 车辆轨迹拟合及目标时刻位置预测

先对车辆自当前时刻至目标时刻行驶的距离进行计算,假设车辆以匀加速运动行驶:

$$a_i = \frac{v_i - v_{i-1}}{t_i - t_{i-1}} \tag{2-2}$$

$$l = v_i t + \frac{1}{2} a_i t^2 \tag{2-3}$$

式中 a_i——车辆在 i 时刻的加速度;

v_i——车辆在 i 时刻的速度;

t——目标时刻;

l——i 时至目标时刻车辆行驶距离。

然后进行车辆轨迹的预测,可采用两种方法进行,一种为基于三点位置的插值法,一种为基于多点位置的拟合法。

(1) 三点轨迹预测法(插值法)。

选取当前及历史轨迹上的两个点位,利用车载终端获取的位置信息,设其位置坐标分别为 $(x_1, y_1)(x_2, y_2)$ 及 (x_3, y_3),通过三点共线判别参数 Δ 判断三点构成的车辆轨迹符合圆曲线或直线:

$$\Delta = x_{12} y_{13} - x_{13} y_{12} \tag{2-4}$$

其中,

$$x_{12} = x_1 - x_2$$
$$y_{12} = y_1 - y_2$$
$$x_{13} = x_1 - x_3$$
$$y_{13} = y_1 - y_3$$

当 $\Delta = 0$ 时,则三点共线,车辆轨迹符合直线;当 $\Delta \neq 0$ 时,则三点构成圆曲线,车辆轨迹符合圆曲线。

若车辆沿直线运动,已知当前 i 时刻位置坐标为 (x_i, y_i),计算沿直线轨迹行驶的车辆的目标 t 时刻位置坐标 (x_t, y_t) 的方法为

$$\begin{cases} x_t = x_i + l \cos \alpha \\ y_t = y_i + l \sin \alpha \end{cases} \tag{2-5}$$

若车辆沿圆曲线运动,利用插值法计算行车轨迹的圆心坐标(x_c, y_c)及圆曲线半径r:

$$x_c = \frac{y_{12}c_{13} - y_{13}c_{12}}{\Delta} \quad (2-6)$$

$$y_c = \frac{x_{13}c_{12} - x_{12}c_{13}}{\Delta} \quad (2-7)$$

$$r = \sqrt{(x_1 - x_c)^2 + (y_1 - y_c)^2} \quad (2-8)$$

其中,

$$x_{12} = x_1 - x_2$$

$$y_{12} = y_1 - y_2$$

$$c_{12} = \frac{x_2^2 - x_1^2 + y_2^2 - y_1^2}{2}$$

$$x_{13} = x_1 - x_3$$

$$y_{13} = y_1 - y_3$$

$$c_{13} = \frac{x_3^2 - x_1^2 + y_3^2 - y_1^2}{2}$$

计算圆曲线偏向的判别式为

$$f = \text{sign}(x_1y_2 - x_2y_1 + x_2y_3 - x_3y_2 + x_3y_1 - x_1y_3) \quad (2-9)$$

当$f = 1$时,三点逆时针分布,为左偏圆曲线;当$f = -1$时,三点顺时针分布,为右偏圆曲线。

已知当前i时刻位置坐标为(x_i, y_i),计算沿圆曲线轨迹行驶的车辆的目标t时刻位置坐标(x_t, y_t)的方法为

$$\begin{cases} x_t = x_i + r\sin\phi\cos\alpha - rf(1 - \cos\phi)\sin\alpha \\ y_t = y_i + r\sin\phi\sin\alpha + rf(1 - \cos\phi)\cos\alpha \end{cases} \quad (2-10)$$

式中 r——圆曲线轨迹的半径;

ϕ——位移对应的圆心角,$\phi = \dfrac{l}{r}$;

α——当前 i 时刻方位角,由车载终端采集;

f——圆曲线偏向。

（2）多点轨迹预测法（拟合法）。

为提高预测精度,本研究提出基于多点位置信息的轨迹拟合方法,假设利用历史 n 个数据点进行拟合（如 $n=7,9,11$ 等）,圆曲线公式为

$$(x - x_c)^2 + (y - y_c)^2 - r^2 = 0 \qquad (2-11)$$

式中　(x_c, y_c)——圆心;

r——半径。

根据最小二乘法,圆曲线拟合即求解 x_c、y_c、r 使最小二乘目标函数 Q 最小,Q 的表达式为

$$Q = \sum_{i=1}^{n} [\sqrt{(x_i - x_c)^2 + (y_i - y_c)^2} - r]^2 \qquad (2-12)$$

对 Q 求偏导:

$$\begin{cases} \dfrac{\partial Q}{\partial x_c} = -2 \sum_{i=1}^{n} (x_i - x_c)\left[1 - \dfrac{r}{\sqrt{(x_i - x_c)^2 + (y_i - y_c)^2}}\right] \\ \dfrac{\partial Q}{\partial y_c} = -2 \sum_{i=1}^{n} (y_i - y_c)\left[1 - \dfrac{r}{\sqrt{(x_i - x_c)^2 + (y_i - y_c)^2}}\right] \\ \dfrac{\partial Q}{\partial r} = -2 \sum_{i=1}^{n} [\sqrt{(x_i - x_c)^2 + (y_i - y_c)^2} - r] \end{cases} \qquad (2-13)$$

并采用最速下降法求 x_c、y_c、r 的最优解,具体过程为:

任取全不为 0 的一组初值 $x_c^{[0]}$、$y_c^{[0]}$、$r^{[0]}$,多次迭代,迭代公式如下:

$$\begin{cases} x_c^{[m+1]} = x_c^{[m]} - \lambda_m \dfrac{\partial Q_m}{\partial x_c^{[m]}} \\ y_c^{[m+1]} = y_c^{[m]} - \lambda_m \dfrac{\partial Q_m}{\partial y_c^{[m]}} \\ r^{[m+1]} = r^{[m]} - \lambda_m \dfrac{\partial Q_m}{\partial r^{[m]}} \end{cases} \qquad (2-14)$$

其中:

$$\lambda_m = \frac{|\mathrm{grad}Q_m|^2}{\mathrm{grad}Q_m^T H_m \mathrm{grad}Q_m} \qquad (2-15)$$

$$Q_m = Q(x_c^{[m]}, y_c^{[m]}, r^{[m]}) \qquad (2-16)$$

$$\mathrm{grad}Q_m = \left(\frac{\partial Q_m}{\partial x_c^{[m]}}, \frac{\partial Q_m}{\partial y_c^{[m]}}, \frac{\partial Q_m}{\partial r^{[m]}}\right)^T \qquad (2-17)$$

$$H_m = \begin{pmatrix} \dfrac{\partial Q}{\partial x_c \partial x_c} & \dfrac{\partial Q}{\partial x_c \partial y_c} & \dfrac{\partial Q}{\partial x_c \partial r} \\ \dfrac{\partial Q}{\partial x_c \partial y_c} & \dfrac{\partial Q}{\partial y_c \partial y_c} & \dfrac{\partial Q}{\partial y_c \partial r} \\ \dfrac{\partial Q}{\partial x_c \partial r} & \dfrac{\partial Q}{\partial y_c \partial r} & \dfrac{\partial Q}{\partial r \partial r} \end{pmatrix}_{[m]} \qquad (2-18)$$

$$|\mathrm{grad}Q_m|^2 = \left(\frac{\partial Q_m}{\partial x_c^{[m]}}\right)^2 + \left(\frac{\partial Q_m}{\partial y_c^{[m]}}\right)^2 + \left(\frac{\partial Q_m}{\partial r^{[m]}}\right)^2 \qquad (2-19)$$

当满足以下条件时，迭代终止：

$$|\mathrm{grad}Q| = \left(\frac{\partial Q_m}{\partial x_c^{[m]}}\right)^2 + \left(\frac{\partial Q_m}{\partial y_c^{[m]}}\right)^2 + \left(\frac{\partial Q_m}{\partial r^{[m]}}\right)^2 < \varepsilon \qquad (2-20)$$

其中，$\varepsilon = 10^{-8}$。

求解出 (x_c, y_c)、r 后，按照式(2-18)、式(2-19)计算目标时刻位置，若无解，则说明车辆沿直线进行运动，按照式(2-2)计算目标时刻位置。

3) 车辆轮廓顶点坐标计算

由于获取的车辆定位信息实质上是车辆天线安装点位的位置信息，但判断车辆碰撞条件，需将点位的定位信息扩展为车辆轮廓顶点坐标。因此，需建立以目标时刻天线位置 (x_t, y_t) 为原点，以车辆轴向(指汽车平面投影左右对称轴的方向)为 x 轴的车辆局部坐标系，如图 2-7 所示。图中 F、B、L、R 分别为天线与车辆前、后、左、右轮廓的垂直距离，可在安装天线时测量得到。

采用旋转平移公式可进行车辆外轮廓在实际坐标系下的坐标计算：

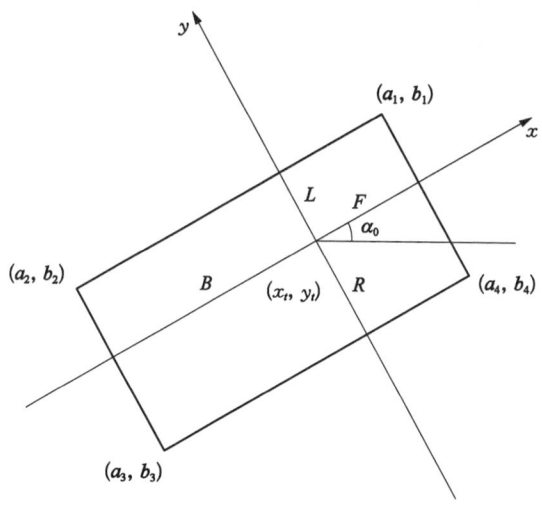

图 2-7 车辆局部坐标系

$$\begin{pmatrix} a_1 \\ b_1 \end{pmatrix} = \begin{pmatrix} x_t \\ y_t \end{pmatrix} + \begin{pmatrix} \cos\alpha_0 & -\sin\alpha_0 \\ \sin\alpha_0 & \cos\alpha_0 \end{pmatrix} \begin{pmatrix} F \\ L \end{pmatrix}$$

$$\begin{pmatrix} a_2 \\ b_2 \end{pmatrix} = \begin{pmatrix} x_t \\ y_t \end{pmatrix} + \begin{pmatrix} \cos\alpha_0 & -\sin\alpha_0 \\ \sin\alpha_0 & \cos\alpha_0 \end{pmatrix} \begin{pmatrix} -B \\ L \end{pmatrix}$$

$$\begin{pmatrix} a_3 \\ b_3 \end{pmatrix} = \begin{pmatrix} x_t \\ y_t \end{pmatrix} + \begin{pmatrix} \cos\alpha_0 & -\sin\alpha_0 \\ \sin\alpha_0 & \cos\alpha_0 \end{pmatrix} \begin{pmatrix} -B \\ -R \end{pmatrix}$$

$$\begin{pmatrix} a_4 \\ b_4 \end{pmatrix} = \begin{pmatrix} x_t \\ y_t \end{pmatrix} + \begin{pmatrix} \cos\alpha_0 & -\sin\alpha_0 \\ \sin\alpha_0 & \cos\alpha_0 \end{pmatrix} \begin{pmatrix} F \\ -R \end{pmatrix}$$

(2-21)

在车辆沿直线轨迹运行时,式中的 α_0 等同于车辆行驶方位角 α,在沿圆曲线轨迹运行时,需对 α 进行校正,如下:

$$\alpha_0 = \alpha + \Delta\alpha \tag{2-22}$$

$$\Delta\alpha = -f\frac{d}{r} \tag{2-23}$$

式中 f——圆曲线偏向,左偏时取 1,右偏时取 -1;
d——定位点至汽车后轴的距离;
r——车辆轨迹圆曲线半径。

4）目标时刻车辆外轮廓冲突判断

目标时刻车辆外轮廓顶点坐标可通过上述步骤计算得出,每个车辆可作为一个四边形考虑,判断两车轮廓是否会发生冲突可转化为判断两四边形是否相交,具体可分解为判断其中一个四边形的 4 个顶点与另一个四边形的位置关系。

判断点与四边形的位置关系,可以采用射线法,即从目标点出发引 1 条射线,计算这条射线和四边形 4 条边的交点数目。如果交点个数为奇数,则说明目标点在四边形内部(包括在边上);如果交点个数为偶数,则说明目标点在四边形外部,如图 2-8 所示。

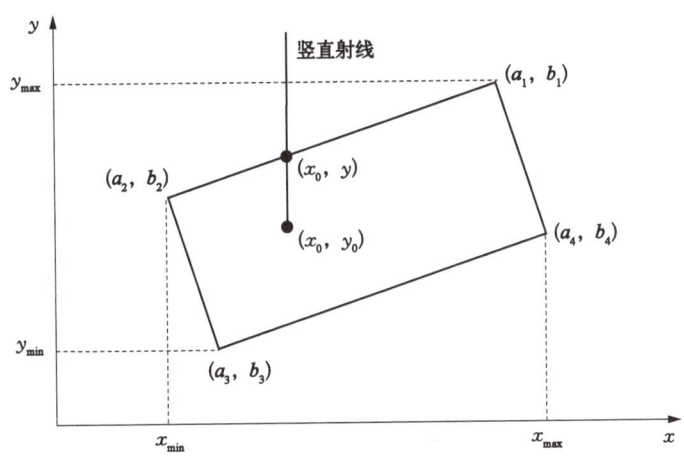

图 2-8　射线法判定轮廓冲突示意图

判定时一般采用竖直射线,具体计算方法如下:

（1）判断目标点 (x_0, y_0) 横纵坐标是否均小于最小值或大于最大值,若是,则不会发生轮廓冲突,无须进行后序判断。

（2）判断目标点 (x_0, y_0) 是否与多边形顶点重复,重复则认为该点在多边形内部,即发生轮廓冲突。

（3）若目标点横坐标 x_0 位于任一边的两点横坐标之间,则计算竖直射线与轮廓边交点的纵坐标 y:

$$y = b_i + \frac{b_{i+1} - b_i}{a_{i+1} - a_i}(x_0 - a_i) \qquad (2-24)$$

其中, $i = 1, \cdots, 4$; $a_5 = a_1$; $b_5 = b_1$。

若 $y \in [\min(b_i, b_{i+1}), \max(b_i, b_{i+1})]$, 则存在1个交点, 否则无交点。

(4) 统计交点个数, 若为奇数, 则两车将会发生轮廓冲突, 若为偶数则不会发生冲突。

5) 目标时刻确定

为了避免车辆之间发生碰撞, 需在判断得出目标时刻将会发生轮廓冲突时, 向相关风险车辆发出预警信息。目标时刻选取的合理性对预警的有效性具有决定性作用。若目标时刻与初始时刻间隔过短, 驾驶员虽收到碰撞预警, 但由于反应不及时, 仍无法避免碰撞发生; 若目标时刻与初始时刻间隔过长, 则易造成误报, 即把正常行驶状态预测为可能发生碰撞的状态。

根据《中华人民共和国高速公路交通管理办法》, 在正常情况下, 当车速达到100 km/h时, 车间间距应达到100 m以上; 当车速达到70 km/h时, 车间间距应达到70 m以上。以此估算, 目标时刻可取为3.6 s, Mobileye选择2.7 s阈值作为碰撞前预警时间, 并且根据车型将该值放宽。胡远志等基于PreScan仿真对TTC碰撞预警效果进行验证, 结果显示在70~80 km/h速度区间内, 设置2.9 s的预警时间阈值能够成功避免碰撞。宋晓琳等研究发现, 一般情况下, 驾驶员正常跟车、开始制动和最危险时的TTC分别为2.9 s、2.0 s和1.0 s。综合以上研究成果, 本研究分别选取3 s、2 s、1 s作为轮廓冲突预测的目标时刻, 分别对应低、中、高三个风险等级, 由预警平台向相关风险车辆的车载定位预警终端发出相应等级的预警信号。

2.3 高速公路路段风险

针对高速公路路段风险变化特征及数据采集特征, 在引入安全熵模型的安全风险评估中, 对道路几何线形、交通流、外部环境等因素的影响进行定量化分析, 用以分析高速公路路段风险变化状态。

2.3.1 风险特征因素分析

现实生活中影响交通安全的因素比较复杂,既包括道路基础设施的差异、管控的差别,也存在天气因素、事故发生的影响,这些因素都可以看作是影响道路交通安全的风险因素。在风险因素研究中,将各类风险因素进行归类,从道路风险因素、交通流风险因素、环境风险因素三个角度,对各因素进行聚类分析。

1) 道路风险因素

选择运行速度协调性、线形连续性、视距作为道路风险因素评价指标。

(1) 运行速度协调性。

运行速度是指在行汽车的实际行车速度。实际中,通常用自由交通流状态下各类小汽车在车速累计分布曲线上第 85 位百分点的车辆行驶速度 V_{85},作为确定限制在行车辆最大运行速度的依据。

根据测算的运行速度、梯度数据,以运行速度 V_{85} 为纵坐标,路线长度为横坐标,绘制公路沿线运行速度变化曲线,即沿线的"运行速度分布图""运行速度梯度变化图",并输出运行速度数据表格。利用运行速度及其梯度图表得到不同路段运行速度协调性测算结果,采用相邻路段运行速度差值的绝对值 $|\Delta V_{85}|$ 及运行速度梯度的绝对值 $|\Delta I_V|$ 进行评价。当 $|\Delta V_{85}| < 10 \text{ km/h}$ 且 $|\Delta I_V| \leq 10 \text{ km/(h·100 m)}$ 时,则认为相邻路段运行速度协调性好;当 $10 \text{ km/h} \leq |\Delta V_{85}| < 20 \text{ km/h}$ 且 $|\Delta I_V| \leq 10 \text{ km/(h·100 m)}$ 时,则认为相邻路段运行速度协调性较好;当 $|\Delta V_{85}| \geq 20 \text{ km/h}$ 或 $|\Delta I_V| > 10 \text{ km/(h·100 m)}$ 时,则认为相邻路段运行速度协调性不良。对于路段,以运行速度协调性不良率 γ_i(即运行速度协调性不良路段的数量与运行速度各种组合路段总数量的比值)为评价指标,对道路的运行速度协调性相关运行风险的影响进行分析,见表 2-2。

表 2-2 基于运行速度协调性不良率的道路交通安全风险划分

风险划分	γ_i	影响系数
高风险	50%~100%	0.6
中等风险	20%~50%	0.3
低风险	0~20%	0.1

（2）线形连续性。

在公路设计中,线形应保证行车安全、快速、经济、舒适,这就要求公路设计具有良好的连续性。相关研究表明,平曲线曲率变化率(CCR)越大,道路的事故发生率越高,当 CCR>180°/km 时,事故率开始高于平均水平;当 CCR>720°/km 时,事故率是 CCR=180°/km 时的 5 倍。可以认为,CCR 越大,道路的运行风险越大,见表 2-3。因此,以相邻路段 CCR 为指标,对道路的线形连续性对高速公路运行风险的影响进行分析。

平曲线曲率变化率:

$$CCR = \frac{\sum \Delta_i}{\sum L_i} \qquad (2-25)$$

相邻路段平曲线曲率变化率:

$$\eta_i = |CCR_{i+1} - CCR_i| \qquad (2-26)$$

式中　Δ ——平曲线偏角(°);

　　　L ——路段长度(m)。

表 2-3　基于 CCR 的道路交通安全风险划分

风险划分	η_i/(°/km)	影响系数
高风险	[360, +∞)	0.6
中等风险	(180, 360)	0.3
低风险	[0, 180]	0.1

（3）视距。

视距是保证行车安全的一项重要设计指标,公路沿线的每一车道应有足够的视距,使驾驶员能及时察觉潜在的危险,并做出正确的反应,保证行车安全。在分析高速公路运行风险时,是从车流动态运行的角度进行评估的,因此,选择停车视距保证率 χ_i（即视距良好路段数量与路段平曲线数量的比值）作为视距角度的风险因素指标,停车视距采用纬地漫游软件结合运行速度进行分析,可根据建立的三维 BIM 精准模型,提取全线三维视距状态,见表 2-4。

表 2-4　基于停车视距保证率的道路交通安全风险划分

风险划分	χ_i	影响系数
高风险	0~40%	0.5
中等风险	40%~80%	0.3
低风险	80%~100%	0.2

2）交通风险因素

从交通安全的角度看，选择评价交通风险的指标时，需要选择能够综合反映流量、密度、速度的数据作为评价指标。为使驾驶员有足够的反应时间应对突发事故，车辆之间需要保证合理的安全距离，车辆速度越大所需要的车辆间距越大，合理的车辆间距可以明显降低碰撞事故的发生概率。同时，对驾驶员加速度的控制情况可以间接地体现车辆运行风险，加速度过大则说明存在一定安全隐患。因此，综合风险评估指标分析的研究成果，在评估交通风险状态时，需要将能够反映车辆距离和加速度的指标作为关键评估指标。另外，在研究面向车流的交通运行风险时，考虑到宏观车流的整体运行特征，将车头间距作为车辆距离控制指标。

但是，仅用两项指标无法全面反映宏观车流运行中的交通风险状况。因此，在确定交通风险因素时，进一步整理调研得到的高速公路运营期的交通流数据，采用 Python 软件中的随机森林模型，将常见的交通流风险因素对运行风险的影响重要度进行了划分，结果如图 2-9 所示。参考随机森林分析结果，将加速度作为中间指标同车头间距指标进行计算，得到交通流量、速度差、拥挤度、大型车比例等指标，作为交通风险因素。

(1) 交通流量。

交通流量为路段单位时间内通过的标准车当量(pcu)。相关研究结果表明，相同道路环境条件下，在不超过交通饱和状态时，交通流量越大，如果有车辆出现不良驾驶，道路的运行安全性能就越差，道路交通运行风险也就越高。

(2) 速度差。

此处的风险因素是宏观交通流运行的风险因素，分析速度差时采用大型车与中小型车的宏观流速度差为分析指标。考虑到在宏观车流中，如果所有

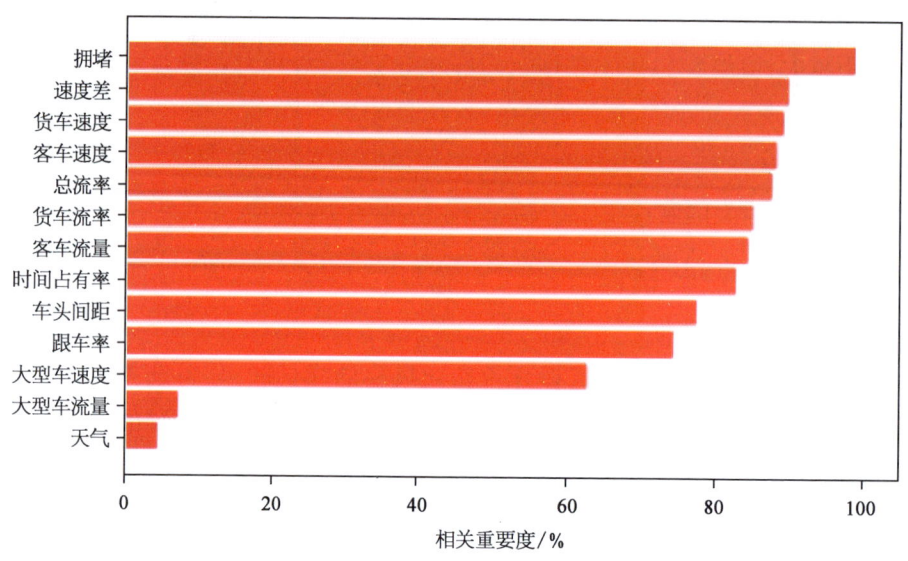

图 2-9　交通流风险因素重要度排序图

车辆在高速公路按照差别不大的速度行驶，则道路整体的行驶状态较为安全，但是由于车辆性能的不同，大型车的行驶速度偏低，中小型车的行驶速度偏高，即使在分车道、分车型的组织方式中，将大、中小型车分车道行驶，道路运行仍然面临着较高的风险，而且各车型的车流速度差越大，风险越高。

（3）拥挤度。

拥挤度为路段的某判断时段内当量中型车平均交通量 q'_m 与日当量中型车交通适应量 q_m 的比值。拥挤度既可以反映交通流量，也可以反映车流密度情况。在交通适应量相同的前提下，将抽象的拥堵量化，以拥挤度作为评价指标，拥挤度越大，交通流量越大，车流密度越大，道路运行风险也就越高。

（4）大型车比例。

大型车比例表示在统计的单位时间内，大型车辆占总交通量的比值。与中小型车相比，大型车车身尺寸大、载重量大、操纵稳定性弱、制动性能差，同时，部分大型车还属于危化品运输车辆，在车辆设计差异性的影响下，大型车的行车风险比中小型车高。另外，相关数据统计显示，因大型车引发的交通事故严重程度比因中小型车引发的严重程度高。

（5）车头间距。

车头间距为一条车道上同向行驶的一列车队中，前后相邻两车车头之间的间隔距离。从一定程度上看,车头间距可以反映道路的车流密度情况。车头间距越大,留给驾驶员的操作空间和反应空间就越大,驾驶员的风险处理空间也就越充足;反之,车头间距越小,风险处理空间随之减小,宏观交通流运行面临的风险也就越大。

3) 环境风险因素

影响高速公路运行的环境风险因素包括道路交通事故和天气两部分。

(1) 道路交通事故。

道路交通事故能够从空间、时间角度反映驾驶员行车环境的安全性,事故的频率、严重程度也会在一定程度上影响对应路段安全性的判断。事故空间特性可根据交通管理部门统计的历史数据对应至相关路段。

事故严重程度可根据道路运输安全事故的等级进行划分,对于路段 i 而言,若该路段共发生 n 起事故,则路段 i 事故评估指标:

$$I_i = \sum_1^n a_n \tag{2-27}$$

式中　a_n——第 n 起事故的事故等级影响系数。

不同事故等级对应的不同影响系数见表 2-5。

表 2-5　不同事故等级对交通安全影响系数

事故等级	影响系数	事故等级	影响系数
无事故	0	重大事故	0.8
轻微事故	0.2	特大事故	1
一般事故	0.5		

(2) 天气。

在天气方面,不同的天气条件对交通安全的影响程度不同。天气晴好时,气象条件对交通安全的影响较小;暴雨、强风等恶劣天气时发生的交通事故占总交通事故数的 5%～10%。可见气象条件对交通安全的影响较大。参考美国得克萨斯大学对交通拥堵来源分类的数据研究结果,标定了不同气象预警等级对交通状态的影响,见表 2-6。

表2-6 不同气象预警等级对交通安全的影响系数

气象预警等级	影响系数	气象预警等级	影响系数
无预警	0.1	橙色预警	0.7
蓝色预警	0.3	红色预警	0.9
黄色预警	0.5		

2.3.2 基于熵理论的路段风险分析模型

在分析风险情况时,将安全熵模型引入安全风险评估中,对道路几何线形、交通流、外部环境等因素的影响进行定量化分析,提出风险熵的概念,用风险熵值对高速公路运行风险进行评价。熵值越大,系统面临的风险越大。模型的建立思路如图2-10所示。

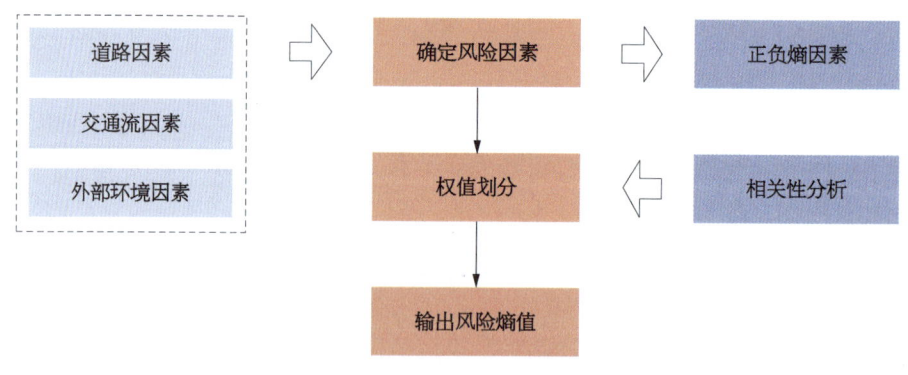

图2-10 模型建立思路图

1) 熵值模型

熵是描述系统状态的函数,熵值与系统如何达到状态的过程没有关系,在安全研究领域,安全熵是安全因素自身状态混乱程度的度量值。利用安全因素判断安全功能的状态概率,安全熵越大,风险也就越大。

在计算高速公路运行风险时,将道路的运行情况看作一个由不同因素影响的系统。通常情况下,不同因素影响的系统熵值为

$$S_i = \pm K_i \sum_{j=1}^{n} p_j \ln p_j \quad (2-28)$$

式中　i——各子系统的编号，i 的值为 1~4；

　　　j——子系统中包含的因素；

　　　S_i——各子系统的熵值，驾驶员心理子系统和驾驶员生理子系统产生的是正熵值，车辆子系统和环境子系统产生的是负熵值；

　　　K_i——各子系统的权重；

　　　p_j——各影响因素的熵值权重，$\sum_{j=1}^{n} p_j = 1$。

影响系统熵值的因素可分为正熵因素和负熵因素，对应式（2-28）中的"±"。从统计学的角度看，正熵因素使整个系统趋于无序化，负熵因素使整个系统趋于有序化。即正熵值越大，系统的风险越高，负熵值越大，系统的风险越小。对于公路行车系统而言，车头间距和视距属于负熵因素，其他因素属于正熵因素。因此，需要从多因素系统分析的角度，研究有 n 个评价等级，m_A 个正熵因素、m_B 个负熵因素影响下的公路运行系统风险熵值。

系统整体风险熵值：

$$M = A + B \qquad (2-29)$$

式中　A——正熵值；

　　　B——负熵值。

熵的各求值项见表 2-7。

表 2-7　熵的各求值项

求值项	正熵	负熵
熵值	$A = E_A = \sum_{i=1}^{m_A} \lambda_{A_i} e_{A_i}$	$B = E_B = \sum_{i=1}^{8} \lambda_{B_i} e_{B_i}$
第 i 项指标的权重	$\lambda_{A_i} = \dfrac{g_{A_i}}{\sum_{i=1}^{m_A} g_{A_i}}$	$\lambda_{B_i} = \dfrac{g_{B_i}}{\sum_{i=1}^{8} g_{B_i}}$
各评价指标的熵值	$e_{A_i} = -\dfrac{1}{\ln n} p_{A_i} \ln p_{A_i} (i = 1, 2, \cdots, m_A)$	$e_{B_i} = \dfrac{1}{\ln n} p_{B_i} \ln p_{B_i} (i = 1, 2, \cdots, m_B)$
各因素的差异系数	$g_{A_i} = 1 - e_{A_i}$	$g_{B_i} = 1 + e_{B_i}$

续 表

求值项	正熵	负熵
各因素熵值比重	$p_{A_i} = \dfrac{n_{A_i}}{\sum_{j=1}^{5} n_{A_j}} (i=1,2,\cdots,m_A)$	$p_{B_i} = \dfrac{n_{B_i}}{\sum_{j=1}^{5} n_{B_j}} (i=1,2,\cdots,m_B)$

注：λ_i——第 i 项指标的权重；n——各因素共有的评价等级；e_i——各评价指标的熵值；g_i——各因素的差异系数；p_i——各因素熵值比重；n——第 i 个因素的重要度评价值。

2）确定熵值权重

确定熵值权重的过程就是对风险因素进行相关性分析及归一化处理的过程。在事故数据分析的辅助下，可以将数据分析的结果作为安全熵值权重。但是需要注意的是，大多数的事故分析是从事故发生时的交通流情况和环境特征的角度进行分析的，很少有事故分析或安全分析可以将道路几何线形与事故或安全分析相联系。因此，在确定各因素权重时，采用数据分析的方法，标定交通流因素和外部环境因素的权重；采用模糊评价的方法，标定各风险因素的权重。

（1）道路风险因素。

从模糊分析的角度看，影响道路运行安全的因素集可分为两级，道路风险因素、交通流因素、外部环境因素为影响运行风险的一级指标因素，即运行风险 $U = \{u_1, u_2, u_3\}$；运行速度、线形连续性、不良路段、视距为道路风险因素下的二级指标因素，即 $U'_1 = \{u_{11}, u_{12}, u_{13}\}$。一级指标因素和二级指标因素对道路运行安全的影响权重见表 2-8。

表 2-8　各因素对高速公路运行风险的影响权重

一级指标	道路几何线形 u_1(0.3)			交通流因素 u_2(0.4)	外部环境因素 u_3(0.3)
二级指标	运行速度协调性 u_{11}(0.4)	线形连续性 u_{12} (0.3)	视距 u_{13} (-0.3)		

综合道路几何线形因素的两层指标，折算得到各类道路风险因素的影响权重：

$$U_1 = U'_1 \times u_1 = [0.4, 0.3, -0.3] \times 0.3 = [0.12, 0.09, -0.09]$$

$$(2-30)$$

（2）交通风险因素及环境风险因素。

将事故看作高风险情况,使用 Python 软件中的 panadas.DataFrame.corr 模块进行各因素对高风险情况影响的相关性分析,并结合 seaborn.heatmap 中的矩阵绘图集,可以直接得到各交通流、外部环境因素与高速公路运行风险情况的相关性,分析结果如图 2-11 所示。

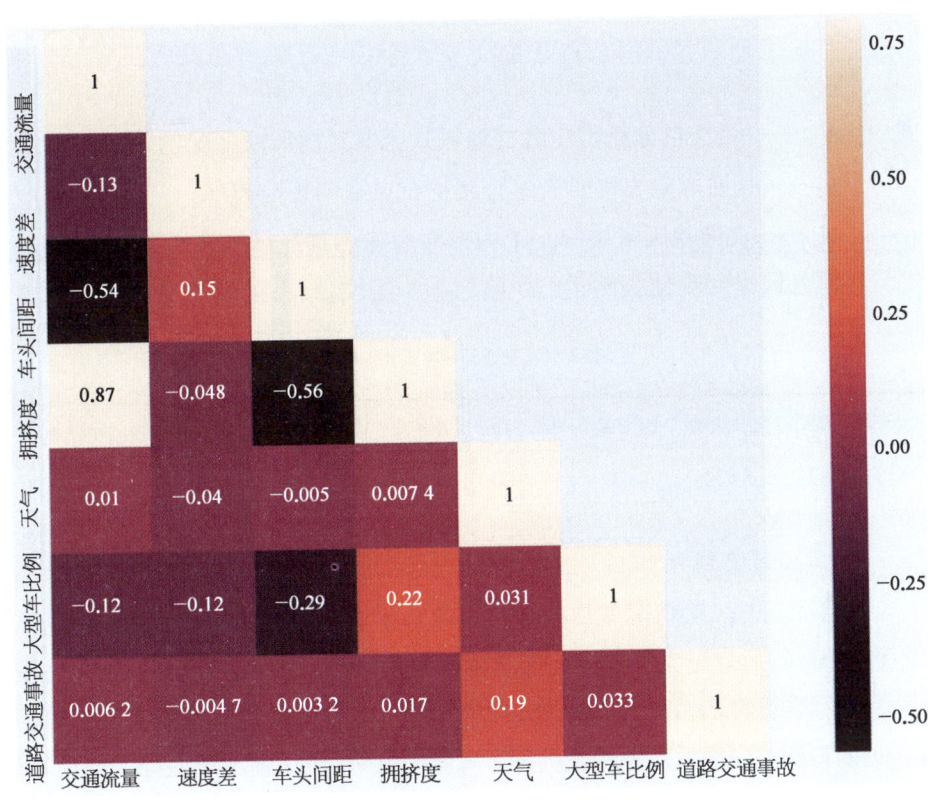

图 2-11 交通流因素及外部环境因素相关性分析图

软件输出结果中不同颜色代表不同的影响程度及对运行风险影响的正负性。从相关性分析结果可以看出,各因素对高速公路运行风险都有一定的影响,其中交通流量、车头间距、拥挤度、天气为正相关因素,速度差为负相关因素。由于输出结果为所有因素间的相关性,需要折算各因素对高速公路运行风险的相关性。

环境风险因素对运行风险的影响程度：

$$u_{32} = u_3 - u_{31} \tag{2-31}$$

式中 u_{31}——环境因素中天气因素对高速公路运行风险的影响程度；

u_{32}——环境因素中交通事故因素对高速公路运行风险的影响程度；

u_3——环境风险因素对高速公路运行风险的影响程度。

各交通风险因素对高速公路运行风险影响程度：

$$u_{2n} = \alpha_{2n} \frac{u_2}{\sum_{n=1}^{4} |\alpha_{2n}|} \quad (n = 1, 2, 3, 4) \quad (2-32)$$

式中 α_{2n}——相关性分析图中各交通风险因素对高风险情况的影响程度；

u_2——交通风险因素对高速公路运行风险的影响程度；

u_{2n}——交通流因素中第 n 个因素对高速公路运行风险的影响程度。

计算各因素对高速公路运行风险的影响程度，结果见表 2-9。

表 2-9 交通及环境因素权值表

风险因素	交通流量	速度差	车头间距	拥挤度	大型车比例	天气	道路交通事故
相关性系数	0.039	0.029	-0.020	0.106	0.206	0.16	0.11

3）风险等级划分

道路运行的风险情况是由系统的风险熵值表现出来的，风险熵值越大，系统面临的运行风险越大。根据上文计算的熵值，结合风险等级定理表，定义安全熵值所属的风险范围，由风险熵的数值判断该运行情况是否属于某风险区间，进而得到对应的风险范围及类别。风险熵值对应的风险等级见表 2-10。

表 2-10 风险熵等级划分表

等级	风险熵值区间	影响描述
低风险	[0, 10)	危害程度微乎其微，几乎可以不考虑
中低风险	[10, 15)	危害只会造成很小的影响，只需要较小的调整即可弥补
中等风险	[15, 20)	会影响系统的安全运行，需要进行及时调整
中高风险	[20, 30)	可能导致安全事故的发生
高风险	[30, ∞)	安全事故发生，并会引起巨大的损失

2.3.3 路段运行风险评估实例验证

1) 风险分析区域

以我国某市绕城高速作为典型路段进行运行风险分析,该高速是双向六车道的全封闭、全立交、控制出入的城市高速公路,全线设施配备良好,除一般高速公路功能外,绕城高速还同时承担着城市周边主干道的运输任务,车流量大,且宏观车流的时变性明显。

进行风险分析时,在对不同区段道路风险因素评估及检测器数据分析基础上,结合气象部门发布的天气信息,可以对其运行风险进行综合评估分析。因此,选择该路段进行风险熵模型分析,分析不同路段运行风险时变特性及风险的差异性。由于绕城高速全线长度较长,在验证中选取局部典型路段进行分析。

2) 上行方向运行风险时变性分析

从道路风险因素的角度,根据 A 区段、B 区段、C 区段的道路几何线形特征,分析得到运行速度协调性、线形连续性、视距的取值,具体数值见表 2-11。

表 2-11 上行方向不同区段道路风险因素取值汇总表

区段名称	运行速度协调性	线形连续性	视距
A 区段	5%	20°/km	95%
B 区段	8%	16°/km	90%
C 区段	6%	25°/km	98%

在道路几何因素和事故因素标定的基础上,整理历史交通流数据,得到每 5 分钟的交通流量、大小型车速度差、车头间距、拥挤度、天气数据。使用 MATLAB 软件进行运行风险分析,得到上行方向三个区段 24 h 的运行风险值,并绘制对应的运行风险时变图如图 2-12 所示。

分析输出的上行方向高速公路运行风险时变图,可以得到如下结论:

(1) 从道路运行的角度看,上行的运行风险随时间变化,整体呈现波动状态;

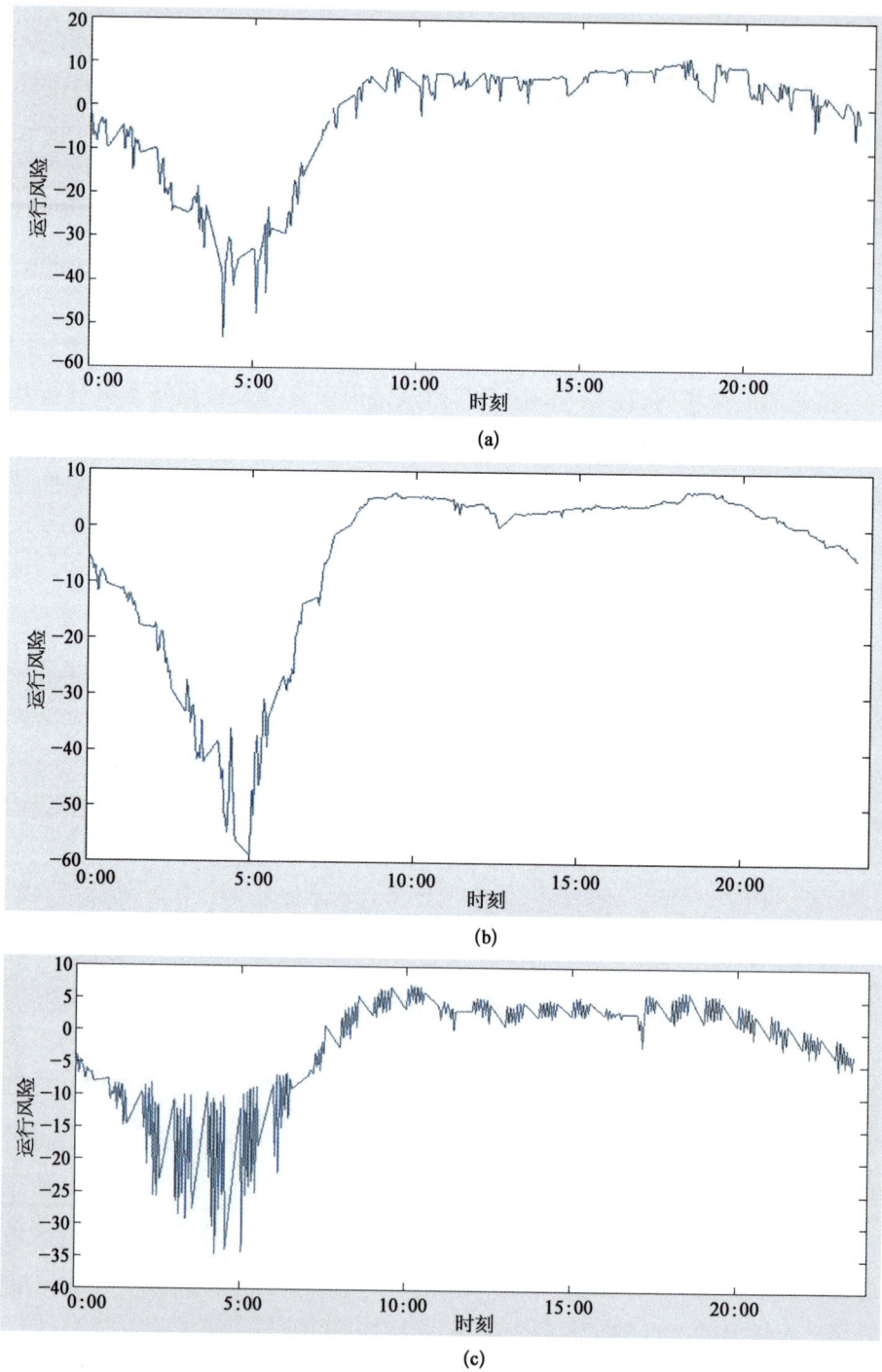

图 2-12 上行方向高速公路运行风险时变图
(a) A 区段上行;(b) B 区段上行;(c) C 区段上行

(2) 夜间的运行风险为负,白天风险值为正(或绝对值较小的负值),说明夜间的运行风险主要受负熵因素的影响,白天主要受正熵因素的影响,负熵因素的影响较弱;

(3) 不同位置的风险数值存在一定的差别,但是总体趋势相同,夜间的上行风险高于白天,呈现出两边低中间高的状态,白天风险状态整体比较稳定,除白天的高峰时间段,其他时段的风险变化较为平缓;

(4) 汇总不同区段的高速公路运行风险情况,可以发现 2:00—6:00 为全天上行方向运行风险最高的时段。

3) 下行方向运行风险时变性分析

下行方向与上行方向时变性分析的思路一致,在道路风险因素方面,下行方向运行速度协调性、线形连续性、视距的取值见表 2-12。

表 2-12 下行方向不同区段道路风险因素取值汇总表

区段名称	运行速度协调性	线形连续性	视距
A 区段	6%	23°/km	93%
B 区段	7%	22°/km	92%
C 区段	9%	20°/km	96%

在此基础上,融合交通风险因素、环境风险因素,使用 MATLAB 软件,得到下行方向高速公路运行风险时变图如图 2-13 所示。

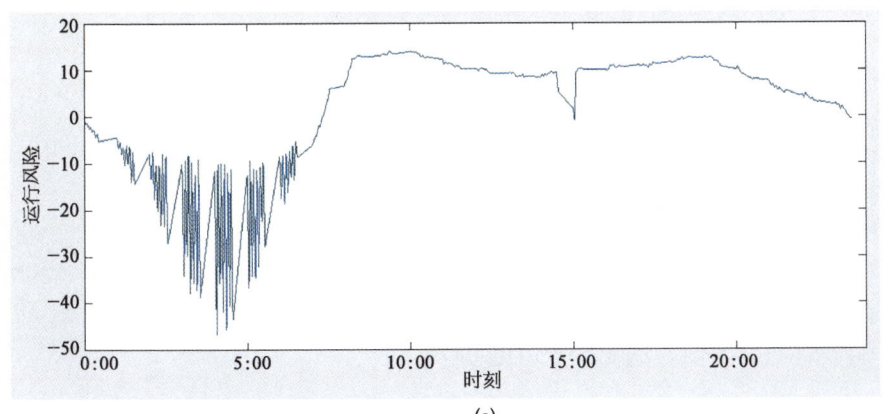

(a)

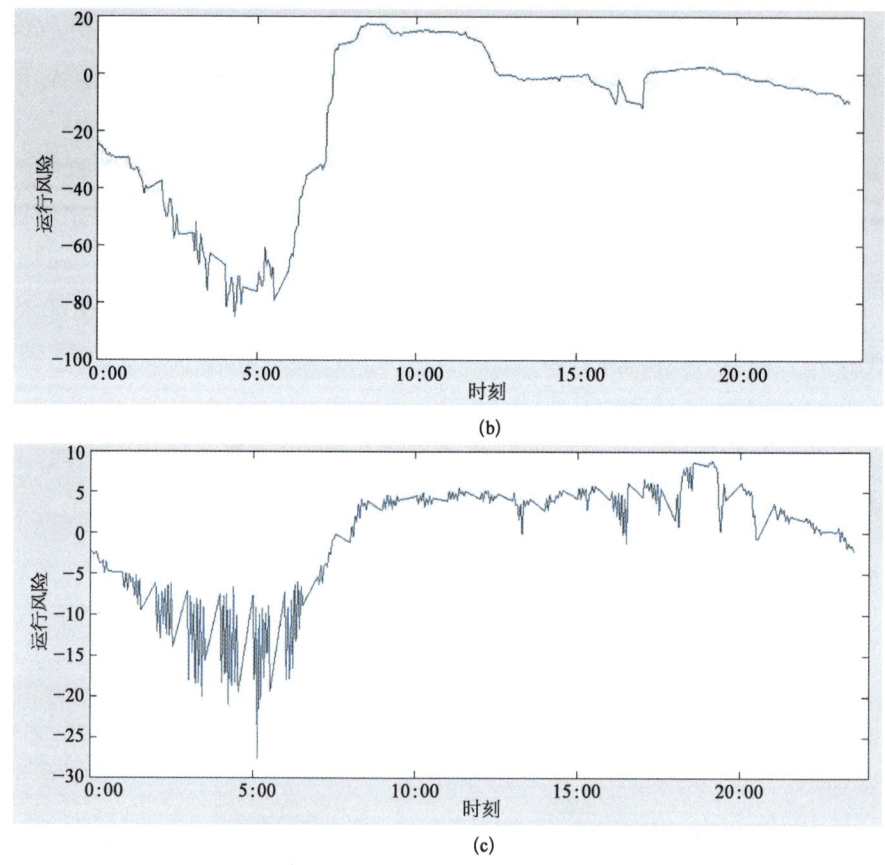

图 2-13 下行方向高速公路运行风险时变图
(a) A 区段下行;(b) B 区段下行;(c) C 区段下行

分析输出的下行方向运行风险时变图,可以得到如下结论:

(1) 下行的运行风险与上行方向的变化趋势一致,随时间变化呈现波动状态,夜间和白天的变化趋势与上行一致;

(2) 下行方向运行风险最高的时段为 2:30—6:00,在这一时段内,三个区段的运行风险都比较高。

2.4　高速公路区域路网交通流风险

通过对交通运行态势的科学评估及预测,能够为区域路网如高速公路与平行干线公路的诱导分流、交通组织提供基础支撑。考虑对区域路网交通流进行风险分析时,区域路网数据量非常大,因此需要采用深度学习的方法开展研究。首先选取交通运行态势的关键影响因素,然后利用 FAHP 和 Fine Kinney 相结合的方式对交通运行态势各关键影响因素进行评估,最后使用 HMM 模型对交通运行态势进行预测,根据态势感知的三要素方法,建立完整的交通运行态势感知模型,如图 2-14 所示。

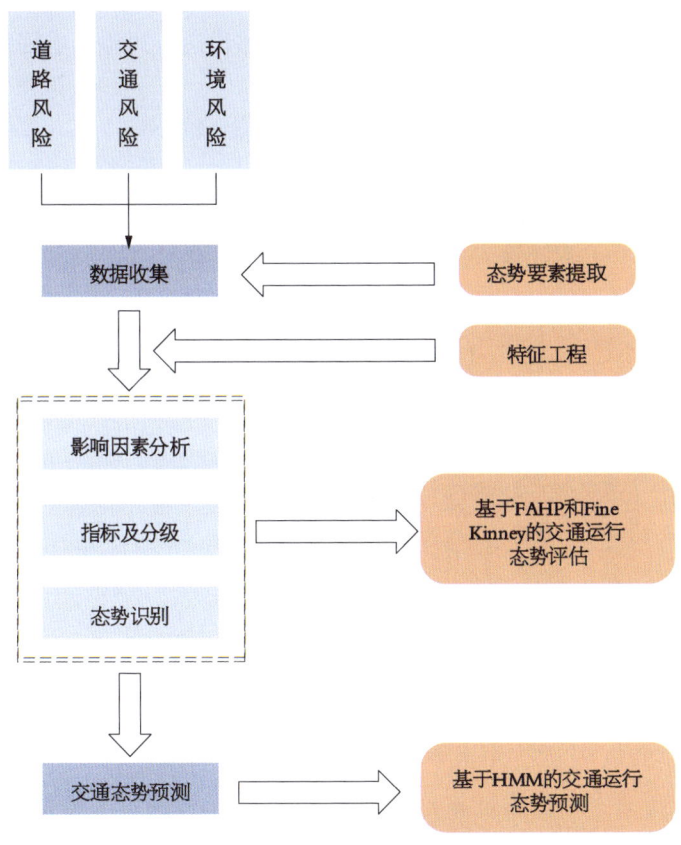

图 2-14　交通运行态势感知模型

2.4.1　交通运行态势评估

在交通运行态势关键影响因素的基础上,研究交通运行态势的评估技术,初步建立一个分层分级的构型,然后掌握 FAHP 分析法,并使用此方法建立一个有层级构型的交通运行态势评估模型,并对态势值和各关键影响因素进行量化分级。最后对各关键影响因素的风险进行评估,为交通管理部门提供决策依据。

1) 影响因素的选取

根据获取的关键影响因素,交通系统的运行态势层次关系可以从道路风险、交通风险和环境风险三个方面来建立,然后从最下面一层到最上面一层、从最下层的单个指标到上一层的综合指标,逐个逐层研究,最终对交通运行态势进行评估,如图2-15所示。具体影响因素与路段运行风险影响因素一致。

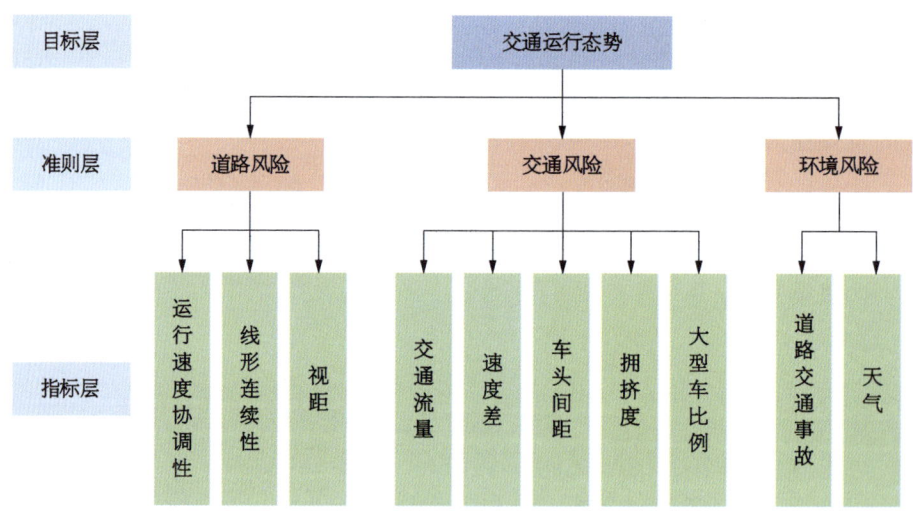

图2-15 交通运行态势层级结构图

2) 特征重要度的计算

特征重要度(权重)用来表征某一因素或指标相对于另一事物的重要程度,不仅仅体现某一因素或指标所占的百分比,还强调了一种相对重要性,甚至是贡献度或重要性。

采用随机森林算法中"平均不纯度减少法"来选取特征,以Gini指数为评价指标,具体为:用"VIM"表示变量重要性评分,通过Gini指数计算评分,假设有m个特征X_1,X_2,X_3,…,X_c,现在要计算出每个特征X_j的Gini指数评分,亦即第j个特征在随机森林模型中的所有决策树中,节点分裂不纯度的平均改变量。

Gini指数的计算公式为

$$GI_m = \sum_{k=1}^{|K|} \sum_{k' \neq k} p_{mk} p_{mk'} = 1 - \sum_{k=1}^{|K|} p_{mk}^2 \qquad (2-33)$$

式中 K——K 个类别；

p_{mk}——节点 m 中类别 k 所占的比例，直观地说，就是随便从节点 m 中随机抽取两个样本，其类别标记不一致的概率。

特征 X_j 在节点 m 的重要性，即节点 m 分枝前后的 Gini 指数变化量为

$$VIM_{jm}^{(Gini)} = GI_m - GI_l - GI_r \qquad (2-34)$$

式中 GI_l 和 GI_m 分别表示分枝后两个新节点的 Gini 指数。

如果特征 X_j 在决策树 ii 中出现的节点在集合 M 中，那么 X_j 在第 i 棵树的重要性为：

$$VIM_{ij}^{(Gini)} = \sum_{m \in M} VIM_{jm}^{(Gini)} \qquad (2-35)$$

假设 RF 中共有 n 棵树，那么

$$VIM_j^{(Gini)} = \sum_{i=1}^{n} VIM_{ij}^{(Gini)} \qquad (2-36)$$

最后，把所有求得的重要性评分做归一化处理即可：

$$VIM_j = \frac{VIM_j}{\sum_{i=1}^{c} VIM_i} \qquad (2-37)$$

平均准确率的减少即对每个特征加噪，看对结果准确率的影响。影响小说明这个特征不重要，反之重要，算法具体步骤如下。

（1）对于随机森林中的每一棵决策树，使用相应的 OOB 数据（袋外数据）来计算它的袋外数据误差，记为 errOOB1。

（2）随机地对 OOB 数据所有样本的特征 X 加噪（即随机的改变样本在特征 X 处的值），再次计算它的袋外数据误差，记为 errOOB2。

（3）假设随机森林中有 N tree 棵树，那么对于特征 X 的重要性＝$\sum$（errOOB2-errOOB1）/N tree，之所以可以用这个表达式来作为相应特征重要性的度量值，是因为若给某个特征随机加噪后，OOB 的准确率大幅度降低，则说

明这个特征对于样本的分类结果影响很大，也就是说它的重要程度比较高。然后剔除重要性较低及存在线形共线的特征，针对选择的特征采用 FAHP 方法进行权重计算，见表 2-13。

表 2-13　交通运行态势量化指标体系及 FAHP 权重值

目标层	准则层	关键影响因素	FHAP 分数
交通运行态势	道路风险因素	运行速度协调性	0.1
		线形连续性	0.1
		视距	0.1
	交通风险因素	交通流量	0.039
		速度差	0.029
		车头间距	0.02
		拥挤度	0.106
		大型车比例	0.206
	环境风险因素	道路交通事故	0.15
		天气	0.15

3）态势值的计算

（1）交通运行态势的定量表达。

交通运行态势值是指把具有一定相关性的、能够反映影响交通运行信息的因素归纳并融合的一组有意义的数值，是具有表征交通运行状况特性的数值，是交通运行态势的定量表达，见式（2-38）。

$$I(w_i, n_i) = \sum_{i=1}^{n} w_i \cdot n_i \quad (2-38)$$

式中　I——态势值；

　　　w_i——关键影响因素 i 对应的权重；

　　　n_i——关键影响因素 i 的值。

（2）交通运行态势关键影响因素的分级。

公路运行态势可划分为三类，见表 2-14。

表 2-14 公路运行态势等级描述

等级	描述
1	畅通无阻,不受任何环节影响
2	运行稍微不畅,某些环节之间相互影响,对交通安全影响不大
3	运行不畅,拥堵严重,安全风险较大

态势值和各特征序列的等级划分结果见表 2-15。

表 2-15 态势值和各特征序列的等级划分结果

分级指标	等级 3	等级 2	等级 1
运行速度协调性	(0, 0.2]	(0.2, 0.5]	(0.5, 1]
线形连续性	(0, 180]	(180, 360]	(360, +∞)
视距	(0, 0.4]	(0.4, 0.8]	(0.8, 1]
交通流量	(0, 0.2]	(0.2, 0.5]	(0.5, 1]
速度差	(0, 10]	(10, 20]	(20, 100]
车头间距	(0, 0.2]	(0.2, 0.5]	(0.5, 1]
拥挤度	(0, 0.2]	(0.2, 0.5]	(0.5, 1]
大型车比例	(0, 0.2]	(0.2, 0.5]	(0.5, 1]
道路交通事故	(0, 0.2]	(0.2, 0.5]	(0.5, 1]
天气	(0, 0.3]	(0.3, 0.7]	(0.7, 1]
态势值	(0, 18.5]	(191.9, 37.2]	(37.2, 1]

2.4.2 关键影响因素风险评估

1) 风险评估方法

(1) Fine Kinney 方法。

Fine Kinney 方法是 1976 年由 Kinney 和 Wiruth 开发的 MIL-STD-882 标准的一种定量风险评估方法。在这种方法中,每个检测到的危害都考虑了三个参数(可能性、曝光因子和可能的后果),然后通过乘以这些参数得到风险评分：

$$RS = L \times E \times P \quad (2-39)$$

式中　RS——风险评分；

　　　L——危险事件的可能性；

　　　E——曝光因子；

　　　P——可能的后果。

风险评估和风险评分见表 2-16 和表 2-17。

表 2-16　风险评估

危险事件可能性		曝光因子		可能后果价值	
可能性	值	可能性	值	可能后果	值
不妨期望	10	连续	10	灾难（许多人死亡，或大于 107 美元的伤害）	100
相当可能	6	频繁（每日）	6	灾难（少数人死亡，或大于 106 美元的伤害）	40
不寻常但可能	3	偶尔（每周）	3	非常严重（致命，或大于 105 美元的伤害）	15
可能很小	1	不寻常（每月）	2	严重（严重伤害，或大于 104 美元的伤害）	7
非常罕见	0.5	稀有（每年）	1	重要（残疾，或大于 103 美元损害）	3
				明显的（轻微急救事故，或大于 100 美元的损害）	1

表 2-17　风险评分定义

风险评分	风险状况
>400	有非常高风险，考虑交通管制
200~400	有高风险，立即预警
70~200	有重大风险，及时预警
20~70	可能有风险，注意表示
<20	有风险，也许可以接受

（2）随机森林、FAHP 方法和 Fine Kinney 方法结合。

随机森林被用来确定特征向量的重要度及是否存在共线性，FAHP 经常被用作确定危害的重要程度，而 Fine Kinney 作为一种风险评估方法，主要用于对风险的等级进行度量，并给出一些政策建议。将几种方法结合，可以对危害进行优先级划分和分类，对其风险评估并给出实质性的决策建议，从而更好地避免危险的发生。两种方法结合使用的步骤如下：

① 风险类别的形成。对所研究对象进行深入分析，查找相关专业文献，咨询某些专家的意见，确定风险类别并分层次确定给研究对象造成风险的因素。

② 用随机森林进行特征工程计算，确定风险因素及其优先级。确定风险因素后，使用 FAHP 方法确定各层级因素的权重。

③ 用 Fine Kinney 方法评估风险。为了得到每个风险类型的风险评分，应该先计算该风险类型包含的每个类别的 Fine Kinney 分数，然后通过平均每个类别的分数得到各自类型的 Fine Kinney 最终分数。

④ 基于 Fine Kinney 类间隔归一化的 FAHP 分数分类，FAHP 风险优先级可以以实践中经常用来分类的 Fine Kinney 风险分析方法为基础，将 FAHP 和 Fine Kinney 分数在相同的最小数 0 和最大数 1 之间分布。

⑤ 基于 Fine Kinney 确定 FAHP 分类间隔。对于所有风险的 FHAP 和 Fine Kinney 得分采用 KNN 进行聚类分析。

2）风险评估结果

由于交通运行态势的各层级权重分数是在 0 和 1 之间，Fine Kinney 分数是由事件的可能性、曝光因子和可能的后果三个数的乘积所得。对 FAHP 和 Fine Kinney 分数进行归一化处理，同时除以 1 000，结果见表 2-18。

表 2-18 交通运行态势体系 FAHP 分数和 Fine Kinney 分数

层级	指标	FAHP 分数	Fine Kinney 分数	归一化后数据
准则层	道路风险	0.3	278	0.278
	交通风险因素	0.4	235	0.235
	环境风险因素	0.3	283	0.283
目标层	运行速度协调性	0.1	142	0.142

续 表

层级	指标	FAHP 分数	Fine Kinney 分数	归一化后数据
目标层	线形连续性	0.1	142	0.142
	视距	0.1	142	0.142
	交通流量	0.039	312	0.312
	速度差	0.029	353	0.353
	车头间距	0.02	426	0.426
	拥挤度	0.106	139	0.139
	大型车比例	0.206	126	0.126
	道路交通事故	0.15	133	0.133
	天气	0.15	133	0.133

然后采用 KNN 聚类方法,进行运行态势的聚类分析,结果表明:通过迭代最优聚类运算方法以两种方式进行聚类,两种方式均得到 5 类最适风险等级,且分类所得各个区间特征类型相同。结果表明 FAHP 分数和 Fine Kinney 分数的两组数据无显著差异,并且在 0 和 1 之间属于同一种分布,即 Fine Kinney 风险等级可以用作 FAHP 风险等级。表 2-19 是根据 FAHP 聚类结果得出的风险分级。

表 2-19 基于 FAHP 聚类的风险等级

类别	风险评分	风险状况
5	>0.4	非常高风险,考虑交通管制
4	0.2~0.04	高风险,立即需要干预
3	0.007~0.2	重大风险,需要干预
2	0.002~0.007	可能的风险,注意表示
1	<0.002	风险,也许可以接受

2.4.3　基于隐马尔可夫模型的交通运行态势预测模型

交通是一个动态的系统,在运行过程中,会以不同的态势呈现,也难免会出现一些与理想状态有出入的情况。每一种运行态势的表现状态,都可以视为交通运行态势的特征表征参数,即观测值序列;态势等级1、态势等级2和态势等级3问题是无法直接获取或观测的隐藏状态,三者之间的相互转移概率即为隐藏状态的相互转移概率,特征表征状态的概率即为受隐藏状态影响而可观察的状态的概率,可以通过观测序列来推测或估计隐藏状态;并且观测值序列和隐藏状态序列都是随机的。这满足了隐马尔可夫过程的四个特点,即交通运行态势具有隐马尔可夫性。

1) HMM 模型设计

用获取的十个交通运行态势关键影响因素作为表征参数,即对应的运行速度协调性、线形连续性、视距、交通流量、速度差、车头间距、拥挤度、大型车比例、道路交通事故、天气组成的特征参数组,表征交通运行态势等级1、态势等级2和态势等级3三种运行态势。一个完整的 HMM 模型可以用一个五元组 $\{N, M, \pi, A, B\}$ 表示。

(1) 模型的状态数目(N)。

从整体上对交通运行态势定级是一个值得探索的问题,因为交通运行态势等级1、态势等级2和态势等级3是不能直接看到的,即它是 HMM 系统中无法被观察的状态。用参数 N 作为这种不能被观察到的情况的数量,而需要预测的交通运行态势包括态势等级1、态势等级2和态势等级3三种,故 $N=3$。

(2) 模型中每个状态相应的可观察特征的数量(M)。

模型中的每个状态即交通运行态势的态势等级,虽然态势等级不能直接通过观察获得,但是当已知观测序列时,就能推测出隐藏的态势等级的状态,选取可以观察的序列来表征交通运行态势,选出来的10个交通运行态势表征参数即为可以观察状态的数量,所以 $M=10$。

(3) 初始化状态概率分布(π)。

π 参数代表不可见状态即隐藏状态最初所处的状态概率,由于选择的是"左-右型"结构的 HMM 来建立模型,代入本模型中,表示某个运行态势等级的初始概率矩阵,由概率论知识可得:

$$\pi = \begin{bmatrix} 1 & 0 & 0 \end{bmatrix} \quad (2-40)$$

(4) 状态转移概率的分布矩阵(A)。

A 表示态势等级 1、态势等级 2 和态势等级 3 的三个不能通过观察得到的状态之间相互转移形成的概率矩阵，经过多次训练可知 A 的取值对模型的训练结果即预测效果不会造成很大的影响，运行 HMM 程序可得到一个具体的值，先采用均值法取一个值：

$$A = \begin{bmatrix} \frac{1}{3} & \frac{1}{3} & \frac{1}{3} \\ \frac{1}{3} & \frac{1}{3} & \frac{1}{3} \\ \frac{1}{3} & \frac{1}{3} & \frac{1}{3} \end{bmatrix} \quad (2-41)$$

（5）可观察特征处于各个状态的概率分布矩阵（B）。

B 为可以观察到的状态所处的概率，需要注意的是，这个概率是受隐藏状态的影响的，也可以叫可观察状态之间转移形成的概率矩阵。代入本模型中，表示由运行速度协调性、线形连续性、视距、交通流量、速度差、车头间距、拥挤度、大型车比例、道路交通事故、天气十个参数观测值相互之间转移的概率组成的概率矩阵。

交通运行态势预测整体设计流程如图 2-16 所示。

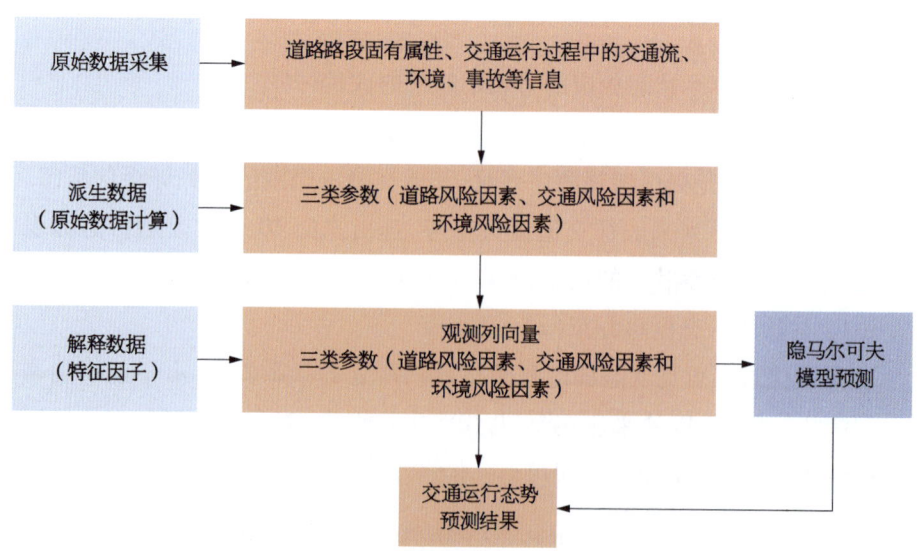

图 2-16　交通运行态势预测逻辑流程

2）算法验证

（1）交通运行态势预测原理。

① 参数学习——Baum‑Welch 算法。

上述内容建立了预测交通运行态势等级的隐马尔可夫模型 $\lambda = \{N, M, \pi, A, B\}$（其中 π、A 和 B 为未知参数）。模型训练学习得到参数的大致框架是：利用 HMM 模型中的 Baum‑Welch 算法（向前向后算法），寻找 K 个交通运行态势等级数值序列样本 $\chi = \{O^k\}_{k=1}^{K}$，使得似然 HMM 模型 λ^* 不能再大，也就是让 $P(\chi|\lambda)$ 值最大的 λ^* 值。利用选择的态势等级可以被观察到的序列构成一个训练样本集 χ，训练学习后得到的最大值即计算的结果——具有最大概率解释这个样本集的 HMM 模型 λ^*。

Baum‑Welch 算法学习过程本质上是属于 EM 方法的一种，而 EM 方法有一个特点就是需要重复计算。

第一步，当 $t = 0$ 时，赋予一些参数先验值，需要满足三个具体的条件：

$\sum_{i=1}^{N} \pi_i = 1$；$\sum_{j=1}^{N} a_{ij} = 1$，$1 \leq i \leq N$；$\sum_{k=1}^{N} b_j(k) = 1$，$1 \leq j \leq N$。

第二步，在 λ 和观测 O 都已知的条件下，计算 $\xi_t(i, j)$ 和 $\gamma_t(i)$。

$$\xi_t(i, j) = P(q_t = s_i, q_{t+1} = s_j, O, \mu)$$
$$= \frac{\alpha_t(i)^* a_{ij}^* b_j(O_{t+1})^* \beta_{t+1}(j)}{\sum_{i=1}^{N} \sum_{j=1}^{N} \alpha_t(i)^* a_{ij}^* b_j(O_{t+1})^* \beta_{t+1}} \quad (2-42)$$

$$\gamma_t(i) = \sum_{j=1}^{N} \xi_t(i, j) \quad (2-43)$$

其中，

$$a_t(j) \left[\sum_{i=1}^{N} a_{t-1}(i) a_{ij} \right] b_{jt} \quad (2-44)$$

$$\beta_t(j) = \sum_{i=1}^{N} a_{ij} b_{j_{t+1}} \beta_{t+1}(j) \quad (2-45)$$

第三步，如果可观察到的序列有 K 个样本，记为 $\chi = \{O^k\}_{k=1}^{K}$ 时，独立同分布是它们的前提假设，那么计算公式为 $P(\chi|\lambda) = \prod_{k=1}^{K} P(O^k|\lambda)$。最后计算的参数结果是对组成态势等级的所有能被观察到的序列上的值之和除以

观察序列的总数目。重复计算下面三个公式,直到满足要求为止:

$$\pi_i = \frac{\sum_{k=1}^{K}\gamma_k^k(i)}{K}$$

$$a_{ij} = \frac{\sum_{k=1}^{K}\sum_{t=1}^{t_K-1}\gamma_t^k(j)\cdot(O_t^k = v_m)}{\sum_{k=1}^{K}\sum_{t=1}^{t_K-1}\gamma_t^k(i)}$$

$$\hat{b}_{jm} = \frac{\sum_{k=1}^{K}\sum_{t=1}^{t_K-1}\gamma_t^k(j)\cdot(O_t^k = v_m)}{\sum_{k=1}^{K}\sum_{t=1}^{t_K-1}\gamma_t^k(i)}$$

② 预测算法——Viterbi 算法。

在使用 Baum-Welch 算法学习计算出 $\lambda = (A, B, \pi)$ 后,使用 Viterbi 算法来解决预测问题,通过可以被观察到的序列来预测不能直接被观察到的状态。此方法与动态规划的方法类似,求出一个最有可能的路径即为预测结果。在这里,每一条指定的路径是与某一状态序列一一对应的。设定两个变量 δ、ψ,利用公式计算某一路径 $(i_1, i_2, \cdots, i_t)$ 最大的可能性,其中前提假设是在时刻 t,状态为 i,见下式:

$$\delta_t(i) = \max_{i_1,i_2,\cdots,i_{t-1}} P(i_t = i, i_{t-1}, \cdots, i_1, o_{t+1}, \cdots, o_1 \mid \lambda) \quad (2-46)$$

根据上述内容,进一步推理 $t+1$ 时刻的公式为:

$$\begin{aligned}\delta_{t+1}(i) &= \max_{i_1,i_2,\cdots,i_t} P(i_{t+1} = i, i_{t-1}, \cdots, i_1, o_{t+1}, \cdots, o_1 \mid \lambda)\\ &= \max_{1\leqslant j\leqslant N}[\delta_t(t)a_{ji}]b_i(o_{t+1})\end{aligned} \quad (2-47)$$

与上面两式相同的前提假设条件下,可能性最大的路径 $(i_1, i_2, \cdots, i_{t-1}, i)$,此时,它的第 $t-1$ 个结点计算式如下:

$$\Psi_t(i) = \arg\max_{1\leqslant j\leqslant N}[\delta_{t-1}(j)a_{ji}] \quad (2-48)$$

除此之外,这里还给出 Viterbi 算法的原理及计算过程。

输入:$\bar{\lambda} = (\pi, A, B)$ 和 $O = (o_1, o_2, \cdots, o_3)$。

输出：可能性最大的序列为 $I^* = (i_1^*, i_2^*, \cdots, i_T^*)$。

第一步，$t = 1$ 时，对变量赋初始值：$\delta_1(i) = \pi_i b_i(o_1)$，$\psi_1(i) = 0$。

第二步，当 $t = t + 1$ 时，循环进行 ($t = 2, 3, \cdots, T$)：

$$\delta_t(i) = \max_{1 \leq j \leq N} [\delta_{t-1}(j) a_{ji}] b_i(o_t) \qquad (2-49)$$

$$\psi_t(i) = \arg\max_{1 \leq j \leq N} [\delta_{t-1}(j) a_{ji}] \qquad (2-50)$$

第三步，循环结束，得出结果：

$$P^* = \max_{1 \leq i \leq N} \delta_T(i) \qquad (2-51)$$

$$i_T^* = \arg\max_{1 \leq i \leq N} [\delta_T(i)] \qquad (2-52)$$

第四步，向后寻找选择的最适合路径：此时 $t = T-1, T-2, \cdots, 1$，$i_t^* = \psi_{t+1}(i_{t+1}^*)$，同时得到的最好状态序列是 $I^* = (i_1^*, i_2^*, \cdots, i_T^*)$。

HMM 的预测过程示意如图 2-17 所示。

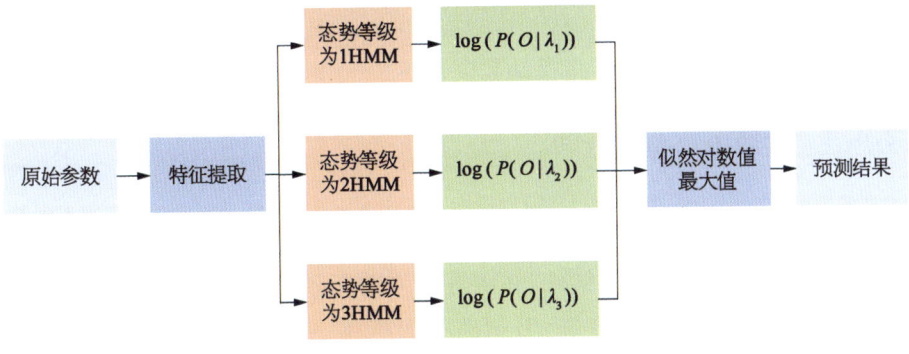

图 2-17　HMM 预算过程示意图

（2）预测准确率和误差计算方法。

衡量预测结果的准确性有很多方法与指标，选取比较有代表性的 *Accuracy*、*MAPE*、*RMSE* 和 *RE* 四个指标，它们的计算公式如下：

$$Accuracy = \frac{TRN}{TON} \times 100\% \qquad (2-53)$$

$$MAPE = \frac{1}{N} \sum_{i=1}^{N} \frac{|y_i - y_i^*|}{y_i} \qquad (2-54)$$

$$RMSE = \sqrt{\frac{1}{N}\sum_{i=1}^{N}(y_i - y_i^*)^2} \qquad (2-55)$$

$$RE = \frac{\sum_{i=1}^{N}(y_i - y_i^*)^2}{\sum_{i=1}^{N}y_i^2} \qquad (2-56)$$

式中　$Accuracy$——预测结果的准确率；

TRN——正确预测的样本数；

TON——总样本数；

$MAPE$——平均绝对误差；

$RMSE$——均方根误差；

RE——相对均方误差；

y_i——序列预测的数值；

y_i^*——样本序列的原始数据；

N——序列数据的长度。

2.4.4　交通运行态势实例

通过收集绕城高速某段 2019 年 6 月 1 日至 30 日道路几何指标基础数据（运行速度协调性、线形连续性、视距等）、线圈交通流观测数据（交通流量、密度、速度、车头时距、饱和度等）及道路交通事故、天气等资料。选定 10 个特征序列（运行速度协调性、线形连续性、视距、交通流量、速度差、车头间距、拥挤度、大型车比例、道路交通事故、天气），并采用 7 月 1 日至 10 日的 10 组数据作为测试数据（预测数据）。训练数据与测试数据共 40 组的态势值和等级序列值如图 2-18 所示。

根据各特征序列值及态势变化图可以看出：

（1）交通运行态势值的大小或等级与影响它所占权值较大的因素有关，所占权值大的因素等级越高，态势的等级越高。

（2）态势等级为 1 的交通运行态势，主要受天气和交通事故的影响。

（3）即使所占权值较小的影响因素等级为 1，只要所占权值较大的影响因素等级较低，交通运行态势的等级就不会是 1。

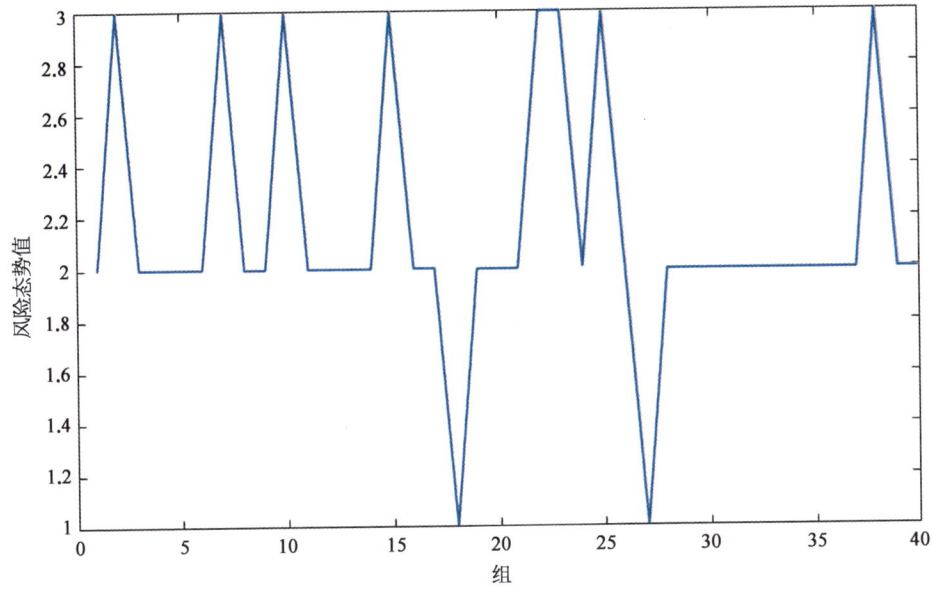

图 2-18　态势值和等级序列值分布图

通过以上的规律,当有多种影响因素影响交通运行时,在进行优化处理的过程中,应当优先处理所占权值较大的因素,当然只有一种影响因素时,即使权值再小,也应当及时处理,以提高整个交通运行的效率,使路段的服务水平得到提升。

1) 参数学习

根据获取的交通运行态势值的基础数据,分别将符合三种交通运行态势的基础数据进行 HMM 训练,得到模型参数,并保留到各个 HMM 预测模型中。预测算法的实现可使用 MATLAB 编程软件,将编辑的程序输入到软件中,将得到的数据结果转化为解决的实际问题,从而达到研究目的。通过 K 个样本序列 $\chi = \{O^k\}_{k=1}^{K}$ 来训练学习隐马尔可夫模型直到达到收敛条件,计算得到似然模型参数 λ,就能确定这 3 个参数。通过训练分别得到态势等级数为 1、2 和 3 的三组似然模型参数,并保存三组模型参数,其学习曲线如图 2-19 所示。

2) 预测结果

7 月 1 日至 10 日的 10 组测试样本,1 组态势等级为 1,7 组态势等级为 2,2 组态势等级为 3。将数据代入上述训练好的三个 HMM 模型中,计算出这 10 组测试样本对应的三个模型的 $\log(P|\lambda_i)$ 值,值越大的即为预测的该模型,

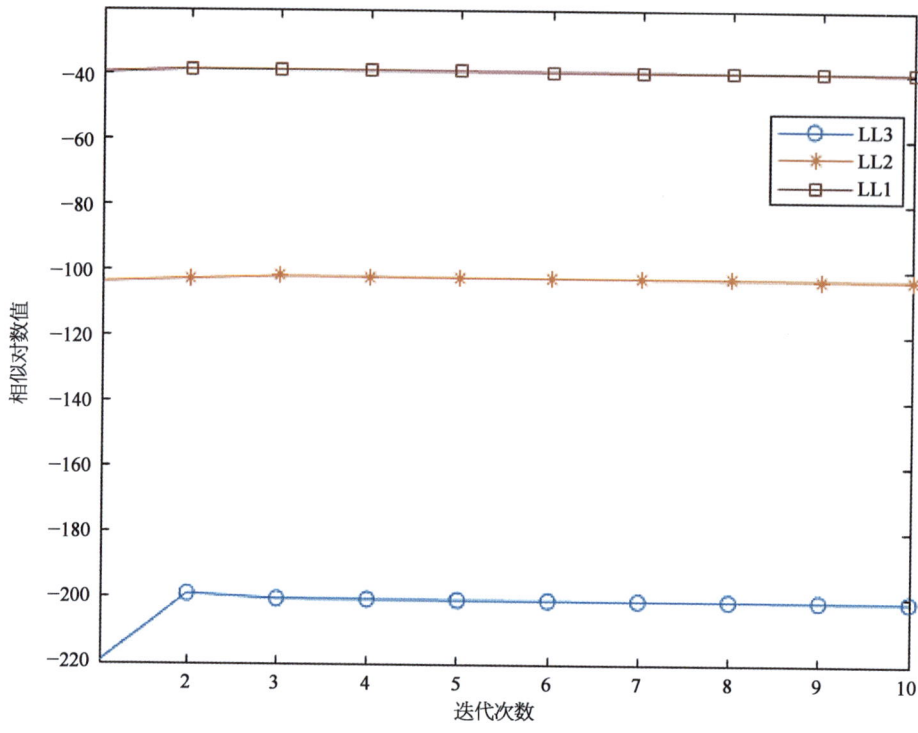

图 2-19　HMM 随迭代次数变化的学习曲线

也即为对应的态势等级。对比预测结果与实际情况是否相符,如果相符,则证明此方法合理。交通运行态势等级预测结果及下一时间对应的最可能状态序列见表 2-20,加粗的即为对应的态势等级,故预测方法是可行的。

表 2-20　交通运行态势预测结果

样本	态势等级 1	态势等级 2	态势等级 3
态势等级 1 样本	**-15.286 4**	-15.362 8	-15.753 4
态势等级 2 样本	-10.561 0	**-10.306 4**	-10.856 2
态势等级 2 样本	-8.253 5	**-8.102 5**	-8.756 2
态势等级 2 样本	-9.265 8	**-9.125 0**	-9.354 6
态势等级 2 样本	-10.583 5	**-10.256 5**	-10.426 3
态势等级 2 样本	-11.423 2	**-11.356 8**	-11.574 1
态势等级 2 样本	-10.875 4	**-10.543 5**	-10.765 2

续 表

样本	态势等级1	态势等级2	态势等级3
态势等级2样本	−12.057 2	**−12.005 6**	−12.032 5
态势等级3样本	−14.125 3	−14.256 1	**−14.085 3**
态势等级3样本	−11.253 8	−11.364 2	**−11.102 3**

在此基础上,检验模型使用过程中的准确率 Accuracy、平均绝对误差 MAPE、均方根误差 RMSE 和相对均方误差 RE,并且与传统的态势预测方法自回归移动平均模型 ARMA、灰色马尔可夫模型 GM 进行对比可以发现,无论从准确率还是从预测值的误差方面,HMM 模型都能更好地描述交通的运行态势(图 2-20),进一步验证 HMM 模型的正确性,见表 2-21。

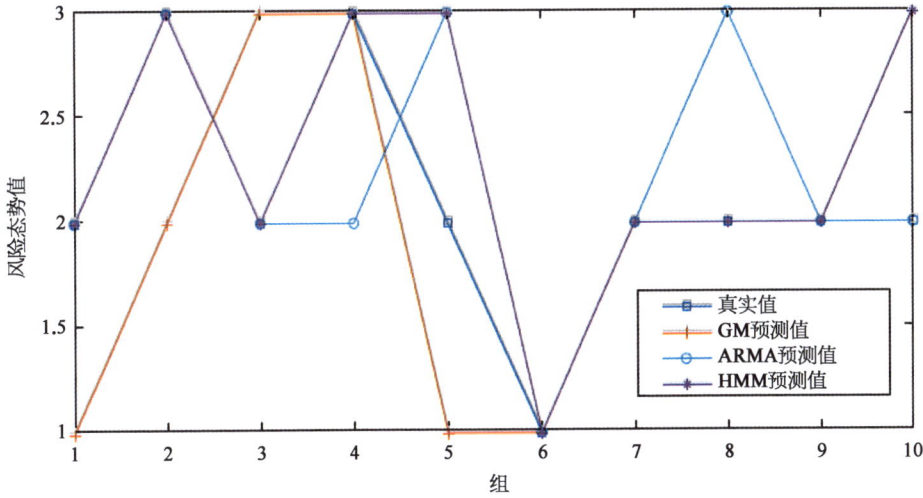

图 2-20 态势等级序列预测对比图

表 2-21 不同模型的准确率和误差对比表

指标	GM	ARMA	HMM
Accuracy	65%	40%	95%
MAPE	4.265%	6.823%	2.142%
RMSE	10.235	6.328	5.279
RE	0.005	0.000 4	0.000 2

第 3 章

高速公路车辆运行风险实时评估与短临预警

研究表明,如果驾驶员能够提前 1 s 感知危险并及时采取预防措施,大约 40%的正面碰撞事故、60%的与路面状况相关的事故和 70%的追尾事故可以避免发生。随着物联网、大数据、人工智能、卫星导航等技术的快速发展,碰撞预警、高智慧辅助驾驶等车辆主动安全防控技术得以实现。本章将基于高精度定位数据,结合车路协同的智能预警技术,介绍车辆运行风险实时评估与短临预警技术的实现流程与方法。

与基于单车智能的碰撞预警相比,该技术具有以下优势:一是不依赖视线条件,在弯道、有遮挡、恶劣气象导致视线不良的条件下识别度不受影响;二是不同于车对车通信(V2V)模式,海量数据可汇聚于平台,与高精度地图相匹配,进行风险监控、评估和预警,可提升总体风险管控水平;三是相较多类传感器、海量视频处理所需的软、硬件装备,该类车载设备造价较低。该技术尤其适用于高速公路上的车辆防撞预警,因为高速公路机电设施、网络覆盖条件相对完善,可为建设路侧地基增强系统提供有利条件,且可有效弥补在高速条件下各类传感设备易失效和发生误判的不足。另外,海量的车辆定位数据也可为交通流监控与管理提供强有力支持。

3.1 高精度定位信息获取方法

3.1.1 高速公路沿线北斗地基增强系统

采集高频率、高精度车辆定位信息,首先需要在路侧建立北斗地基增强系统,该系统由四部分组成,分别为高速公路连续运行参考站(CORS)、数据传输网络、数据中心、终端用户。其基本原理为：CORS连续观测卫星信号，通过网络传输系统将信号传回数据中心，数据中心进行综合处理，生成差分信号，并在终端附近形成虚拟参考站，车载终端根据内部集成的差分定位算法，利用参考站差分信息，解算出高精度车辆位置信息，并按既定协议发送到预警平台，为平台内嵌的轮廓冲突模型提供数据源。系统组成及碰撞预警原理如图3-1所示。

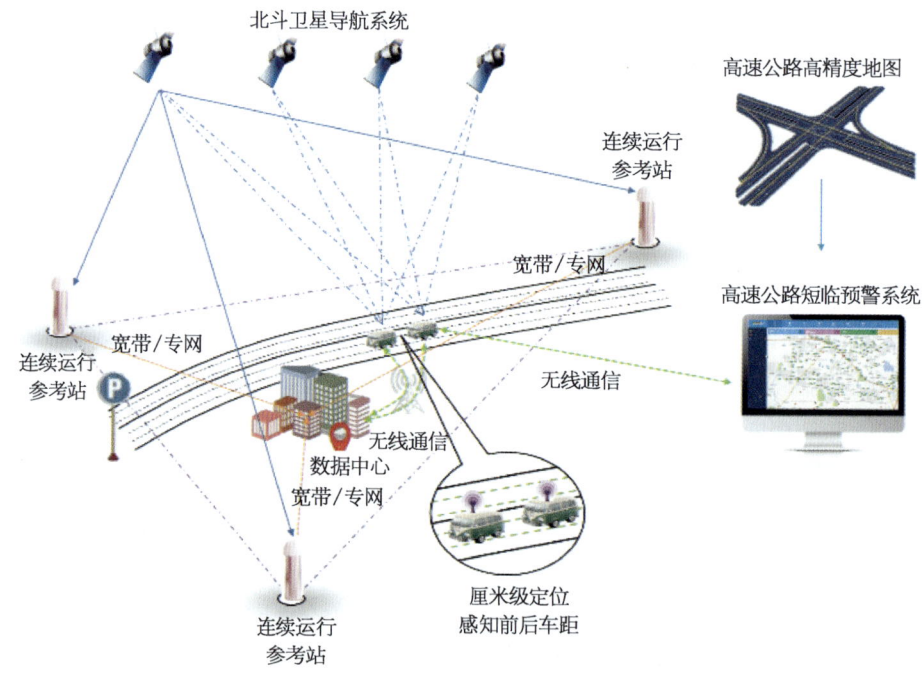

图3-1 北斗地基增强系统组成及碰撞预警原理

路侧基准站网的主要功能是连续采集导航卫星的原始观测量，并将原始观测量实时传回数据中心。建设时，一般采用三角形组网，网内均有条件通过接收差分信息来获取高精度位置信息。

按照国家及行业等规范要求，基准站的选址应满足以下要求：

（1）参考站与产生多路径效应地物的距离≥200 m，避开高大建筑物、高大树木、河湖。

（2）具备10°以上高度角。

（3）距离电磁干扰区≥200 m，避开微波站、高压线穿梭地带、无线电发射台等。

（4）避开采矿区、铁路沿线、机场等易产生振动的地带。

（5）数据有效率应大于85%。

另外，由于基准站需要稳定的电源及网络，而高速公路沿线电、网并非全覆盖，因此在布设时需重点考虑该条件限制，尽量选取靠近互通收费站、服务区或路线周边方便取电、用网的行政单位等作为建设基站的用地。

基准站位置确定前，要进行连续24小时静态观测，以数据有效率、各个频点的多路径效应、周跳比、卫星高度角、PDOP值、信噪比等作为评价指标，对选址数据质量进行分析评估。

3.1.2 基站的组成

1）接收机

接收机全天候24 h×365 d连续实时采集北斗卫星导航系统（BDS）、全球定位系统（GPS）、格洛纳斯（GLONASS）等卫星系统的卫星导航信号，包括载噪比、码伪距、载波相位、多普勒辅助、导航电文等数据，并将这些原始数据实时转发给数据中心。

2）接收机天线

接收机天线的主要功能是接收导航卫星的信号，并将信号通过射频线缆传递给接收机。为保障卫星信号的捕获质量，要选取性能较好的扼流圈天线作为基准站接收机天线。

3）其他设备

其他设备主要包括VPN、UPS、避雷针等。

4）数据中心

数据中心主要由硬件设备和服务软件组成，其中硬件设备主要包括服务器、VPN、UPS等设备，服务软件主要由数据接入模块、数据质量分析模块、数据处理模块、数据播发模块组成，如图3-2所示。

基站及服务器效果如图3-3所示。

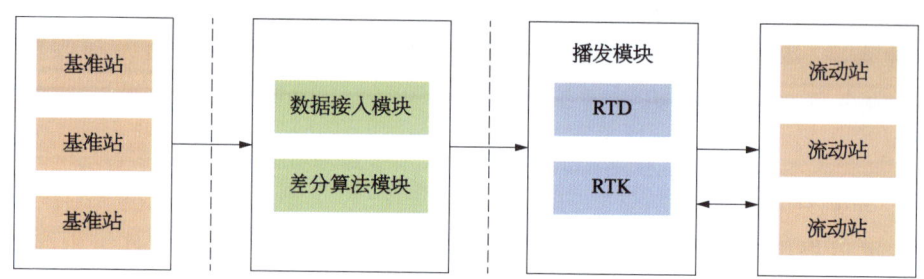

图 3-2 数据处理软件架构图

图 3-3 基站及服务器

3.2 高精度定位车载预警终端

车载终端是安装在车辆上的设备,是集 GNSS 定位模块、无线通信模块、预警响应模块、电源管理单元、主控单元及信息收发天线等于一体的设备,可以采集车辆的高精度位置信息,以实现车辆的风险预警,是风险预警平台信息的接收与响应装置。

3.2.1 模块选型

车载终端的 GNSS 定位模块使用全系统多频高精度 RTK 定位定向模块,可以提供毫米级载波相位观测值和 RTK 定位精度及板载 MEMS 组合导航,解决卫星失锁情况下的定位连续性。无线通信模块分 4G 通信模块与微波通信模块,两者互为补充,在 4G 公网覆盖不到的地方用微波方式通信,当车载终端进入微波基站覆盖范围后,通信将切换至微波通信,以保证链路有效畅通。4G 通信模块采用串口转 4G 的网络透明传输模块,支持域名解析服务,支持套接字分发协议等,适用于移动、联通、电信 4G 和移动、联通 3G 和 2G 网络制式(五模十二频),支持 4 路 Socket 连接,具有高速率、低延时的特点。微波通信模块内嵌无线自组网通信协议和 TCP 传输控制协议,工作频率在 450~470 MHz,最大输出功率可达 30 dBm。预警响应模块由一个语音合成芯片与喇叭组成,通过异步串行通信方式,接收待合成的文本数据,实现文本到语音的转换,芯片具有文本智能分析处理、多音字处理、16 级数字音量控制及 6 级词语语速控制等功能。终端还集成了 1.54 in OLED 显示屏输出单元与 3×4 矩阵键盘的输入单元。输入单元可完成对设备定位天线相对位置的配置,保证定位数据对预警碰撞算法的准确支撑;显示屏输出单元在配置输入时可显示要配置的项目,在正常工作时,可显示车辆的实时经纬度、速度、航向角等信息。终端还有 4 个指示灯指示设备的一些工作状态。主控单元是控制、协调车载终端正常运行的核心部分,采用 ARM 架构的 32 位单片机作为主控芯片,可实现车载终端与 RTK 基站的互联,实时提取车辆的位置、速度等数据,控制无线通信模块发送车辆信息,控制预警响应模块执行响应等。

3.2.2 整体设计流程

车载终端按硬件、软件、结构三大部分设计,最后总装成一台成品设备,其设计流程如图 3-4 所示。

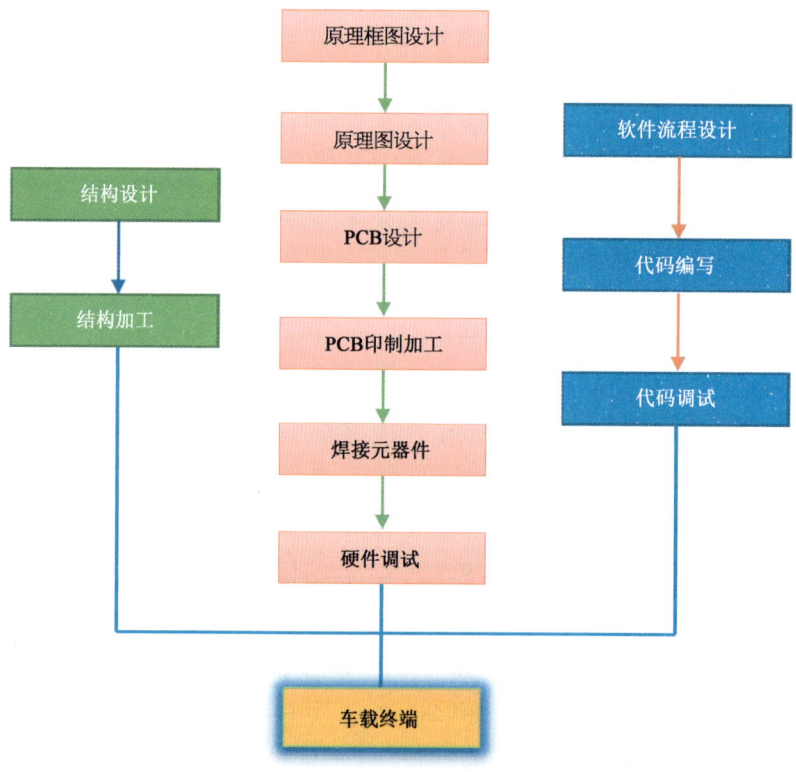

图 3-4 车载终端设计流程图

为实现车载终端的功能,需要不同功能的模块间相互协调。为了形象地展现出各模块间的关系,硬件设计首先需要一个结构框图,简单反映出各模块的连接关系、数据流向等。车载终端的结构框图如图 3-5 所示。

车载终端采用 STM32 单片机为主控单元,程序在 Keil 环境下开发,程序开发的流程如图 3-6 所示。

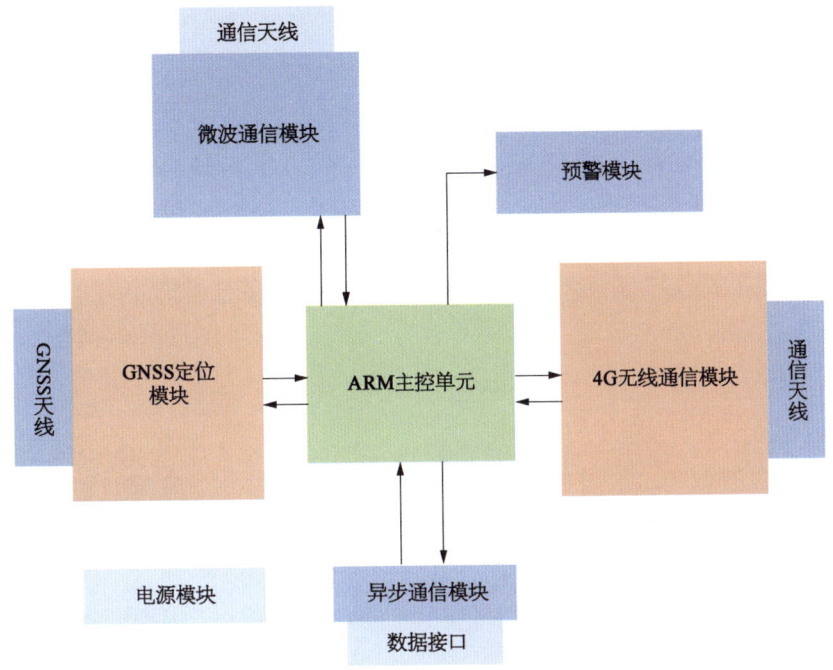

图 3-5 车载终端结构框图

3.3 车路通信系统搭建

根据车载设备、北斗基站、预警平台的通信要求,考虑不同通信状态,设计了"无线+有线"集成的高效通信链路。

预警系统涉及的数据通信包括差分基站与车载终端之间的卫星载波相位观测数据的通信、车载终端上传到预警平台的位置信息的通信,以及预警平台下发到车载终端的预警信息的通信。

为减少通信延时、提高通信稳定性,路侧 RTK 基站与平台之间的通信尽可能通过高速公路的专网来完成,无法接入专用光纤的基站可通过公网进行通信。

在移动公网 4G 网络条件良好的情况下,车载终端与平台之间的通信可以采用移动公网通信。但为避免网络信号不稳定、网络拥塞等情况造成通信延

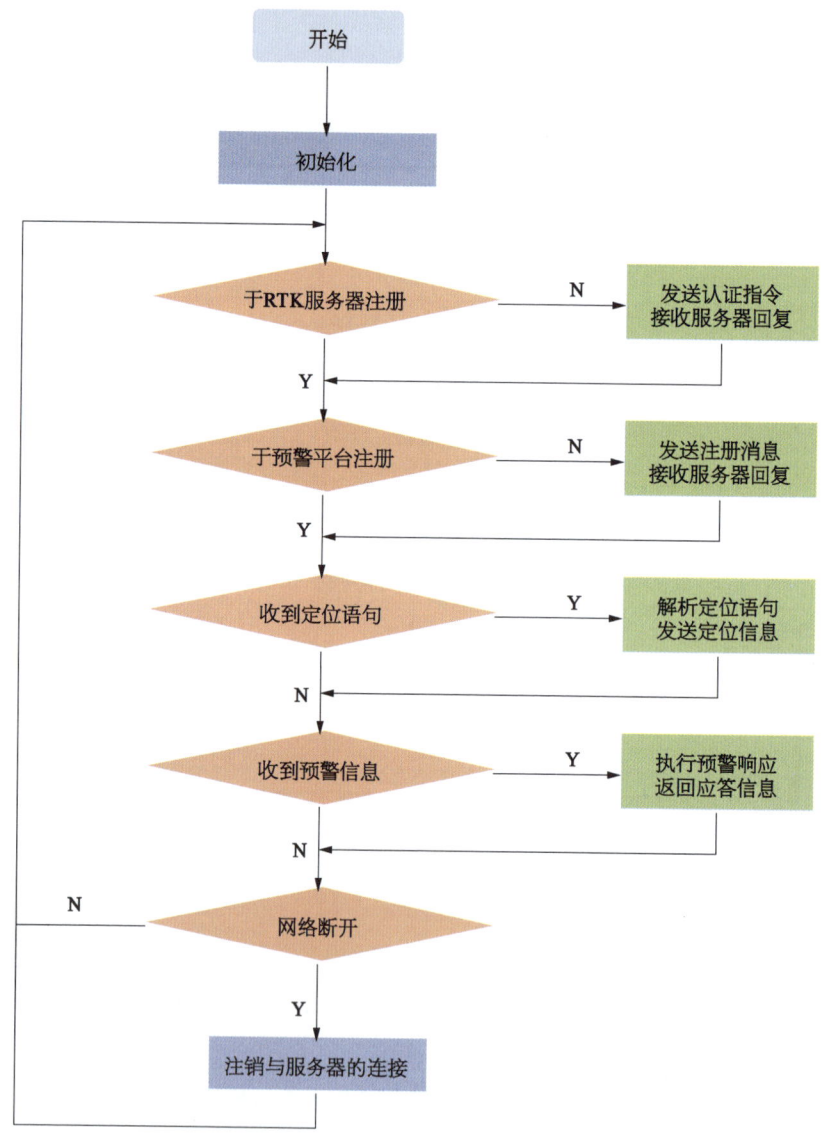

图 3-6　车载预警终端工作流程

时、解算位置不准确等现象,拟采用微波通信方式作为补充,如图 3-7 所示。

采用微波通信模式时,车载终端将解算后的高精度位置信息传输至路侧微波基站,再通过高速公路专网传输至设置于监控中心的短临预警平台服务器(上行);平台根据内嵌的风险模型在线评估车辆运行状态,将避撞预警信息原路下发至风险车辆的车载终端(下行),如图 3-8 所示。

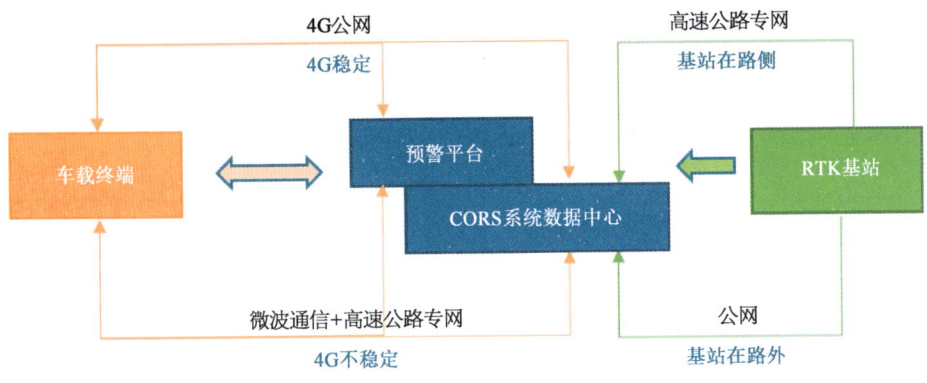

图 3-7 通信链路设计方案

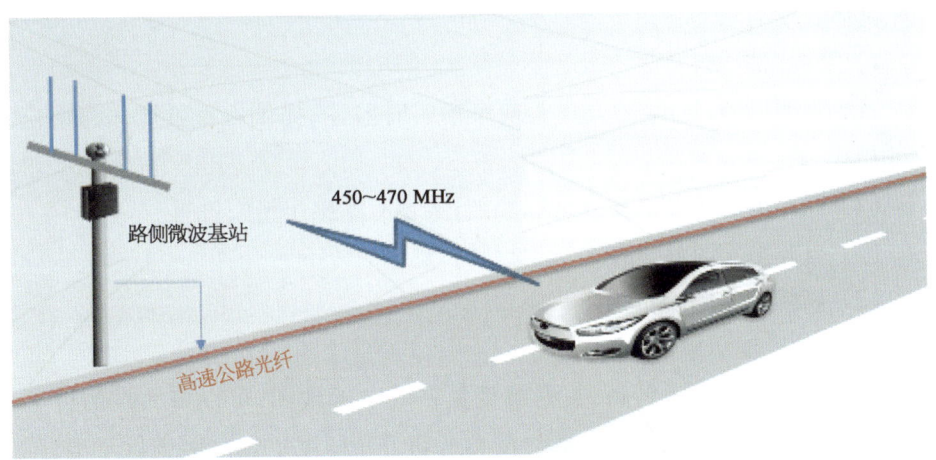

图 3-8 基于微波的通信链路示意图

3.4 风险实时评估及短临预警平台

3.4.1 开发需求分析

本平台的主要任务为利用在途车辆的高精度定位数据及风险评估模型实现车辆安全隐患分析,对存在风险的车辆进行预警,如图 3-9 所示。

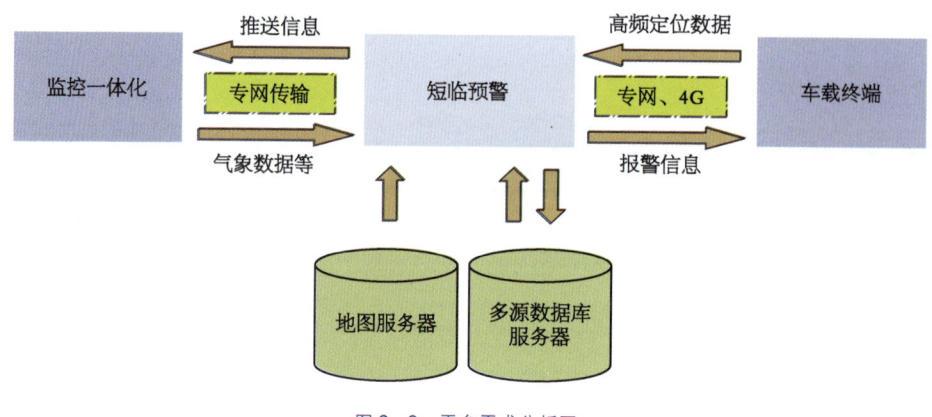

图 3-9 平台需求分析图

具体开发需求为：

1）平台门户

系统主要以 WebGIS 的方式实现车辆实时监控，提供一种可视化的用户交互模式。

（1）高精度定位与高精度地图叠加，实现 GIS 操作相关功能。

（2）分车型实时显示在途车辆行驶轨迹。

（3）高精度地图发布。

2）高精度地图采集

高精度地图是精度更高、数据维度更多的电子地图，可以将大量的行车辅助信息存储为结构化数据。平台核心是基于高精度定位数据进行车车、车路运行轨迹分析预测的，因此为了保证预测结果的准确性，必须有高精度地图的支持。

3）地图匹配

采集的车辆定位数据是基于 WGS84 的经纬度数据，而所需要的是基于西安 80 高斯投影的平面坐标系，需要实时进行坐标转换，以达到定位数据与高精度地图的匹配。

4）数据库功能

（1）平台采用 MySQL+Redis 相结合的数据库存储方式，实现永久数据和使用频繁数据的存储，从而提高后台的执行效率。

（2）数据库主要包含的内容有终端设备索引表、车辆属性信息表、高精度定位数据表、预警信息数据表和用户表。

5) 管理功能

管理功能主要包括用户管理、车辆管理、设备管理、预警预报信息管理和其他管理功能。

(1) 用户管理:登录用户设置,权限管理,以及兼容一体化平台用户。

(2) 车辆管理:管理注册车辆属性信息。

(3) 设备管理:管理车载设备的属性、安装位置及车辆绑定信息。

6) 风险分析算法

利用风险分析算法,可以根据在途车辆高精度定位数据,结合风险评估模型,实现风险评估技术的软件化。该方法可根据车辆实时定位数据预测车辆轮廓运行轨迹,并根据预测值判断车车、车路相互关系,从而判断存在风险的可能性及风险的等级,最终通过软件编程技术实现风险分析。

7) 相关接口的开发

(1) 与监控一体化平台集成。

(2) 提供外网和内网访问接口。

采用的体系结构为 Arcgiserver for Linux(地图发布)+j2ee/springboot(后台)+nodejs(后台数据访问)+vue.js(web 前端)+Arcgis_api_for_js(地图加载模块)。

3.4.2 平台系统框架构建

平台系统主要采用 J2EE 技术 javaWeb 应用框架开发完成,服务端应用构建在 Linux 系统环境下,客户端主要采用基于 WebGis 的展示界面进行数据管理和维护。

根据系统功能需求分析构建平台系统框架,如图 3-10 所示。

3.4.3 数据库体系结构

1) 数据分类

按照系统时效性的要求对平台所涉及的数据类型进行梳理分类。通过总结分析,把数据大体分为静态数据和动态数据两大类,见表 3-1。

静态数据:更新频率低,数据量大小一般保持不变,一般通过专业人员后

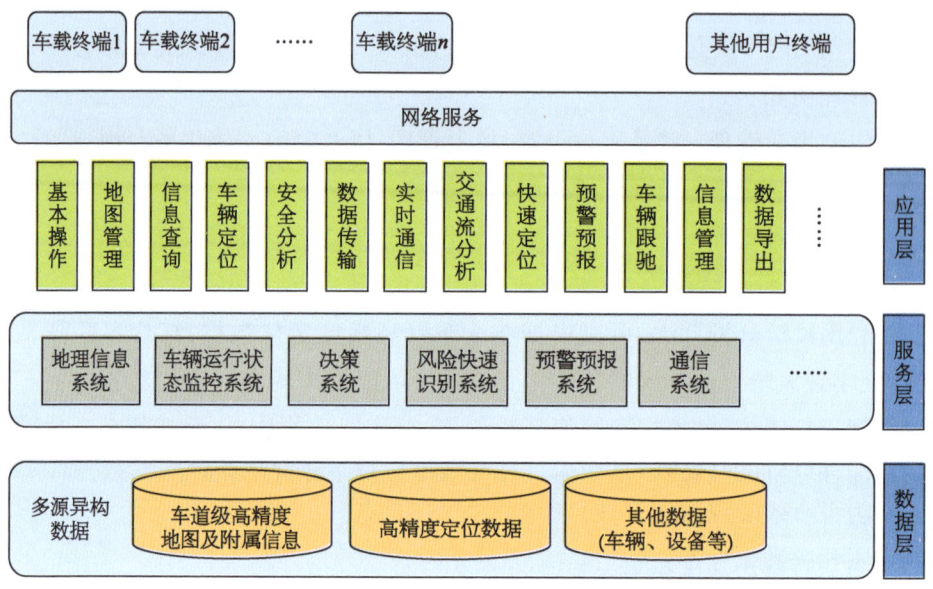

图 3-10 平台系统框架图

台更新。

动态数据:更新频率高,随着时间推移数据量会逐步增多,这类数据的存储方式多为分时段多表存储,所有更新工作由系统自动完成。

表 3-1 数据分类表

数据大类	数据类型	特点	备注
静态数据	高精度地图数据		单独存储,用于地图发布
	辅助驾驶信息数据		
	路线数据		
	车辆信息		
	驾驶员信息		
	设备安装信息		
	……		
动态数据	车辆实时定位数据	刷新频率高、数据量大	按时间分表存储
	预警信息		

续　表

数据大类	数据类型	特点	备注
动态数据	推送信息	向监控一体化平台推送的信息	
	与终端交互信息		例如与终端交互延时信息等
	……		
其他数据	统计数据		
	中间数据		
	……		

2）数据标准及编码

为了有效实现数据管理及各端口间的数据交互，我们对不同类型的数据制定了相关数据标准（表3-2）及编码规则。

表3-2　定位信息数据标准

字段	数据类型	描述
ID	long	
设备标识（ID）	int	终端标识
坐标 x	double	
坐标 y	double	
高程	float	
速度	float	
航向角	float	
时间	time	用来计算延时的时间标记

为了实现后台与终端有效通信，研究制定了数据传输协议，通信数据类型见表3-3。

3）风险关系数据库

构建高速公路风险关系数据库体系结构，主要以道路、车辆数据作为数据库基础数据，以此为基础对数据进行扩容，构建相关路线几何数据、车辆属性、驾驶员、设备、速度及预警信息等关系数据库表格结构，如图3-11所示。

表 3-3　终端与后台通信数据类型

消息 ID	长度	上传/下发	名称
0x0100	18	上传	终端注册消息
0x8100	2	下发	终端注册应答
0x0200	20	上传	位置信息
0x8300	7	下发	预警信息
0x0300	3	上传	延时信息（预警从数据采集到下发终端的时间差）

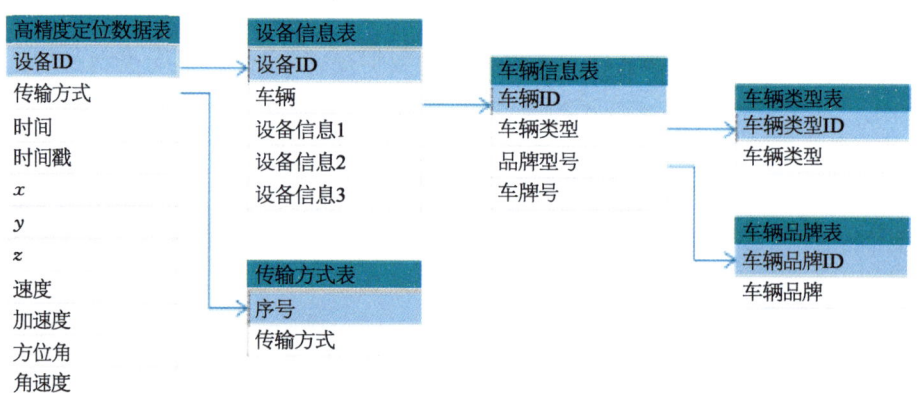

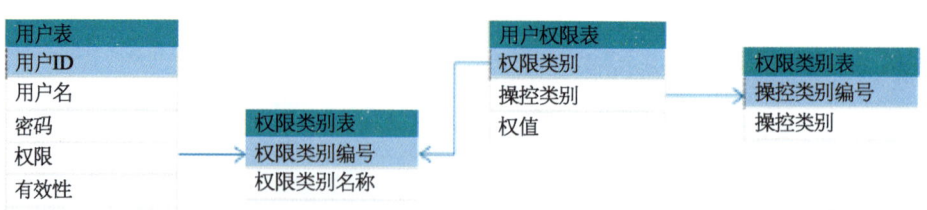

图 3-11　部分关系数据库表格结构示意图

在关系数据库表格的构建过程中，按照数据标准与编码规则的要求，在满足系统需求的前提下，兼顾效率及稳定性的问题，使系统能够快速实现调用、数据处理。其中高精度地图采用 ArcgisServer 的方式进行发布，其他数据采用标准数据库进行数据的管理和存储。

3.4.4　车辆冲突风险识别模型嵌入

将基于高频高精度车辆实时位置信息的高速公路车辆运行冲突识别算法写入短临预警平台,采用C/C++语言开发完成,并在CentOS7.6系统下编译成.so共享文件供javaEE调用。该算法可实现两种功能:一是识别临近车辆的冲突风险;二是将车辆位置信息与高精度矢量地图进行匹配,将车辆轮廓与车道线、路缘带、隧道入口等的距离关系抽象为点与矩形的位置关系,进而判断车辆是否存在危险变道、驶入应急车道等风险行为。

3.4.5　高精度地图数据采集与匹配

高精度地图数据通过专用设备采集基本数据,再通过后台处理并叠加地理信息及矢量数据而成。高精度地图数据采集方法主要分为三种:高清卫星影像、航拍、采集车及人工测点。为了实现基于高精度定位的车辆运行风险预警,需配以高精度地图,地图精度指标见表3-4。

表3-4　高精度地图精度指标

指标	误差范围
曲率	2%
杆	±50 cm
车道标线宽度	±3 cm
立交跨越	±1 m
绿化带	±3 cm
车道宽度	±3 cm
导流带	±3 cm
信息牌	±50 cm
护栏	±3 cm

针对高速公路道路路面及道路边界的特点,在分析车载激光扫描目前存

在的问题的基础上,提出一种从车载激光点云中精确检测高速路面及道路边界的方法,该方法首先通过基于扫描线的自适应滤波滤除路面点,然后使用在平滑度约束下的欧式聚类分割点云,最后针对聚类后的点云进行优化和跟踪,可以完整地提取出道路边界和路面点云。通过对高速公路点云数据中的各个地物的空间分布特征和形态几何特征进行分析,使用自适应扫描线滤波算法滤除路面点云,然后利用平滑度欧式聚类算法将离散的点云数据进行分割,最后对每一聚类进行分析、筛选和优化,得到道路边界和路面点云,从而提高地图的总体精度,如图3-12所示。

图3-12　车辆实时位置在预警平台高精度地图的显示

地图与车辆坐标匹配的过程主要分为五步。

第一步,将WGS84坐标转换为对应的空间直角坐标。

第二步,通过七参数转换法,将空间直角坐标转换为西安80空间直角坐标。

第三步,将西安80空间直角坐标转换成经纬度坐标。

第四步,通过高斯投影的方法,将经纬度坐标转换成平面直角坐标。

第五步,进行四参数坐标转化后最终与地图坐标匹配。

3.4.6　高并发数据处理与优化

后台开发主要采用springboot+MySQL+Redis的方式,其中内置碰撞算法。springboot框架简化了java项目的构建及配置过程,能够快速构建项目,大大提高了开发效率。

数据处理访问采用了 MySQL+Redis 的方式，Redis 基于内存，读写速度快，也可进行持久化读写，但是内存空间有限，当数据量超过内存空间时，需扩充内存，而内存成本较高；MySQL 基于磁盘，读写速度没有 Redis 快，但是不受空间容量限制，性价比高；在这个过程中以 MySQL 做为主存储，Redis 用于缓存，加快访问速度。需要高性能的地方使用 Redis，不需要高性能的地方使用 MySQL。在本平台系统中，为了提高后台计算效率，在途车辆信息即相关最新定位等数据存储在 Redis 缓存数据库中，而其他数据存储在 MySQL 数据库中，必要时从 MySQL 提取即可，所以在计算碰撞风险的时候只与 Redis 交互，大大提高了后台计算效率。

多车高频率与平台通信，如果后台数据处理效率小于接收频率，就会形成数据阻塞，若处理不及时，会造成延时的现象。为了解决延时问题，主要采用地图切片、数据缓存、消息队列、分表、优化表等多种方式来提高系统处理速度。

地图切片：地图动态加载必定实时消耗服务器大量资源，因此要对地图进行预先切片，这样用户访问地图可实时调用这些切片地图，而不需要进行实时的渲染，大大减少了服务器压力，提高了用户体验并缩短了访问时间。

数据缓存：主要采用 Redis 缓存数据的方法，把访问频次比较高的数据存放在 Redis 中，以达到快速读取。

消息队列（MQ）：后台运行的过程中，车辆终端实时上传了大量定位数据，所以数据存储给服务器带来了很大压力，采用 MQ 的方式，当大量的上传请求涌入服务器时，让请求在 MQ 中排队等候，待系统消化后再慢慢写入处理，把整个过程控制在平台承载范围之内。

分表：这是实际在数据库层面处理高并发的问题。一般地，表格创建得越复杂，数据访问速度越低，所以在建表的时候，尽可能把一个大表拆分成一个一个小表，每个表数据量少一点，以提高性能。

优化表：在数据类型、字符编码、索引等方面都做了优化，尽量选用占用空间小的数据类型，字符编码方式也采用占用内存比较小的样式，对各个表格增加对应的索引，这样能够减少数据量的大小以提高 I/O 效率及遍历速度。

后续当入网车辆继续增多，还可以从硬件性能及软件、硬件结构上进行优化与提升。

第 4 章

面向高速公路不良驾驶行为的主动干预

不良驾驶行为屡见不鲜,为降低高速公路中由不良驾驶行为引发的风险,需要研究与不良驾驶行为匹配的主动干预对策,并采用智能管控的方式,实现对高速公路不良驾驶行为的主动安全预警。根据管理需求,建立不良交通行为识别和预测模型,并根据预测结果进行主动干预预警,及时遏制不良交通行为,提高道路交通安全性。

在研究中,以车辆高速公路在途行驶过程中常见的危险驾驶行为状态为研究对象,以智能车载终端、毫米波雷达和 GPS 采集的驾驶行为数据为基础分析数据,分析典型不良驾驶行为的类型与特征,构建不良驾驶行为综合辨识模型;建立驾驶员驾驶意图识别模型和驾驶行为短时预测模型。在此基础上,辨识行车过程中存在的危险驾驶状态,并对其危险态势等级做分级评价。最后,采用智能化的管控模式,从车载端和监控中心端分两级对车辆驾驶员的不良驾驶行为、超速、未保持安全车距和车道偏离等危险驾驶行为进行监管,并利用车载端预先设定的不同等级、不同形式预警方式对驾驶员所处的危险驾驶状态进行及时、有效的预警。

4.1 不良驾驶行为综合辨识与分析

不良驾驶行为主要是指驾驶员为实现自己的驾驶意图而产生的不规范、违反交通规则等侵犯其他交通参与者的利益,并导致或者可能导致交通秩序紊乱、危害他人或自身安全的驾驶行为,例如超速行驶、违规超车等。驾驶员的不良驾驶行为与车辆状态存在映射对应关系,因此,可以通过分析典型危险驾驶行为数据特征和指标变化范围设定合理的界定阈值,建立不良驾驶行为判断的定量指标体系。根据不良驾驶行为的数据特征,建立基于规则匹配的部分不良驾驶行为判别算法,同时根据毫米波雷达、GPS信息等采集的车辆运行状态,基于车辆运动矢量场分析,标定未保持安全车距、车道偏离、超速等危险状态下的识别算法,实时分析车载监控设备和路侧设备收集的车辆运动状态与驾驶员操纵数据,及时辨识不良驾驶行为,并做出主动干预。

4.1.1 不良驾驶行为综合辨识

面向不良驾驶行为的主动干预技术的具体研究路线如图4-1所示。

4.1.2 典型不良驾驶行为特征分析

据统计,在日常的行车过程中,驾驶员往往容易出现以下十种典型不良驾驶行为:越级挂挡、空挡滑行、先踩离合踏板后制动、转弯不打转向灯、转向同时制动、长时间脱手驾驶、错误的方向盘操作手势、车辆行驶中猛踩加速踏板、急速制动和长时间停车不熄火等。

为了实现对上述不良驾驶行为的准确识别,需要建立不良行为识别与分析的框架,并对驾驶员的驾驶动作数据进行收集与汇总;通过分析各种动作数据指标的变化特征,选定合理的界定阈值,设计典型的不良驾驶行为识别算法;通过采集传感器提供的驾驶行为信息,将其与不良驾驶行为特征进行比对,从而较为准确地对典型不良驾驶行为进行识别与判断。

车辆正常安全行驶往往涉及以下几个重要车辆操作机构:方向盘、换挡杆、加速踏板、离合踏板、制动踏板、转向灯拨杆等。在操控车辆的同时,驾驶员也需要获取车辆的相关信息,如车辆的时速信号、发动机转速信号、熄火信号、水箱温度与油量信号等。这些信息可以为驾驶员操控车辆提供信息支持。驾驶员为了达到行驶目标而需进行组合车辆操作动作,因此准确地获取传感器信号与车辆状态信息是进行驾驶行为分析的前提与载体。

通过对上述十种不良驾驶行为进行特征分析与动作分解,可以获得以下驾驶行为特征分析表(表4-1),主要涉及挡位信息、离合踏板深度信息、加速踏板深度信息、制动踏板深度信息、车速信息、方向盘转角信息、方向盘触摸信息、转向灯信息、熄火信息与加速度信息。

第 4 章 面向高速公路不良驾驶行为的主动干预

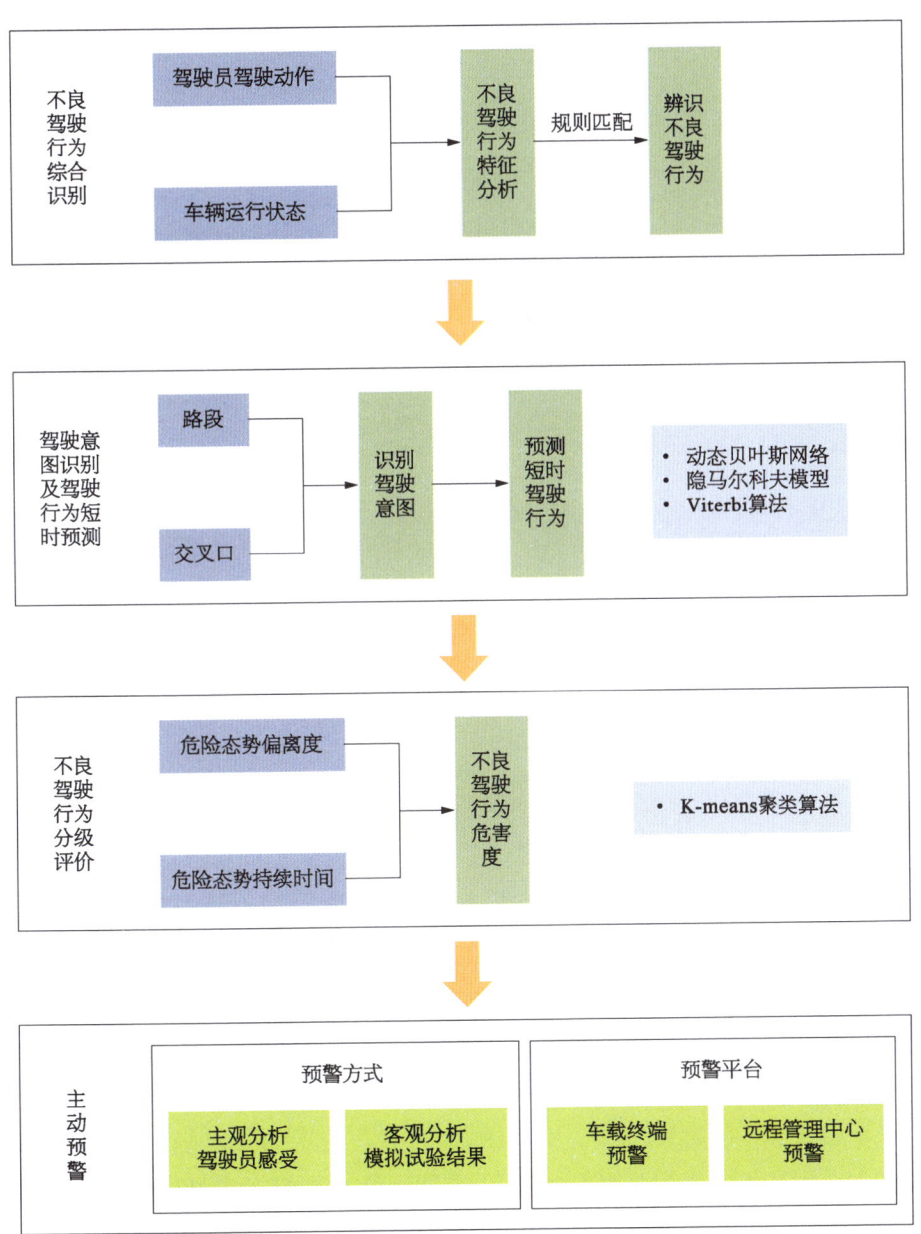

图 4-1 面向不良驾驶行为的主动干预技术研究路线

表 4-1 十种不良驾驶行为特征分析表

信息	越级挂挡	空挡滑行	先踩离合踏板后制动	错误的方向盘操作手势	长时间脱手驾驶	转弯不打转向灯	转向同时制动	车辆急速制动	行驶中猛踩加速踏板	长时间停车不熄火
挡位信息	√	√								
离合踏板深度信息	√	√	√							
加速踏板深度信息									√	
制动踏板深度信息			√				√	√		
车速信息		√		√	√					√
方向盘转角信息				√		√				
方向盘触摸信息				√	√					
转向灯信息						√				
熄火信息										√
加速度信息								√	√	

在获取所需信息的同时，为了实现对上述十种不良行为的准确检测，还需对每种行为的实施过程与时序特征进行分析，结合实车测试获得的阈值数据进行逻辑判断识别方法的设计，需要兼顾处理单元的运算性能，合理安排传感器信息识别的步骤与层次，为移植至嵌入式终端做好算法上的准备。以下对十种不良驾驶行为的危害、特征进行分析，并提出具体的判别方法。

1）越级挂挡行为特征分析与判别

在日常的驾驶过程中，很多驾驶员为了贪图方便，缩短加速或减速时间，会采取越级挂挡的操作方式。不可否认，在某些特定的气候与地形条件下，比如在遇到冰雪或泥泞路面的情况下，采取越级减挡的方式可以有效地降低车速，防止车辆侧滑，有效地保障行车安全；但对于大多数在正常道路情况下行驶的小型车辆而言，经常性的越级挂挡会对车辆的运行状况造成明显的不良影响。与正常的变挡方式相比，越级挂挡会增加 25% 左右的燃油消耗，造成发动机怠速不准、火花塞积炭过多、工作不正常、润滑油消耗增大、关闭点火开关后发动机不易熄灭、发动机熄火后又不易启动等现象。频繁越级挂挡的车辆,发动机在检修时,往往会出现气门推杆弯曲,甚至大小轴瓦合金剥落的现象,会明显缩短车辆的使用寿命。

越级挂挡涉及车速信息、离合踏板踩踏深度信息、挡位信息等。通常换挡操作首先需要明确车辆当前的发动机转速与车速的大小,根据转速表与时速表的读数判断加减挡时机。而有些驾驶员往往忽视了这个步骤,在发动机转速出现骤升时或车辆速度明显降低时就匆忙越级加挡或减挡。初步调研后考虑利用发动机转速对应挡位的变化来判断是否越级变挡。

经调查发现,发动机转速在未换挡时变化是连续的,在换挡后会呈现阶梯状变化。在当前不同的速度下,挂不同挡位对应的速度值有较大差别,所以实现难度较大。故从挡位具体数值的变化来判断是否越级变挡较为稳妥与便捷。

如图 4-2 所示,越级挂挡行为的特征为:车速为非零,在离合到达脱离动力深度的情况下,未出现制动信息与空挡信息,通过获取当前挡位值与上次挡位值,将两者的数值进行相减,若结果非 0、-1 或 1,则为越级挂挡行为。由于在每次换挡过程当中,会出现空挡的情况,因此在设计检测方法过程中,需要排除撤挡返回空挡的情况影响。

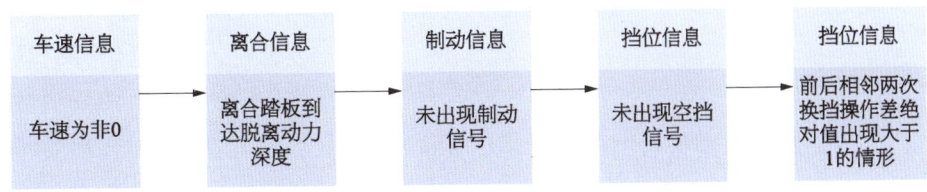

图 4-2 越级挂挡行为分析

2) 空挡滑行行为特征分析与判别

所谓空挡滑行,是指在行车过程中不挂任何前进挡或倒挡,将挡位置于空挡位置,利用汽车的惯性滑行,等车辆的速度降低后再挂挡加速提高速度,很多驾驶员利用空挡滑行以节省燃油。然而在省下燃油的同时,却容易出现较大的安全隐患。车辆在行驶过程中,遇到紧急情况制动时,必须松开加速踏板踩踏制动踏板,由于此刻汽车处于正常的行驶中,车轮、传动系统与发动机紧密结合,由于发动机转速变慢会对行驶中的车辆产生一种制动力,这种制动力一方面可以有效地防止瞬间制动片压力使制动鼓咬死而降低制动效果现象的出现,另一方面也可使左右两个车轮制动的作用保持平衡,使车辆平稳停驻。而如果此时换成空挡,一旦紧急制动,在没有发动机制动作用帮助的情况下,制动效果不佳,会增大制动距离,在车辆超载超重时,车辆容易失去平衡而左右滑行,从而导致事故的发生。

在遇到长下坡的情况时,如果采用空挡滑行,失去发动机制动,会减弱制动效果,在紧急情况下制动,制动片温度急剧升高,制动性能急剧下降甚至失灵,造成的后果将不堪设想。另外,空挡滑行时发动机经常性处于怠速运转状态,燃料燃烧不完全,导致一氧化碳和氮氧化物含量过高,排出的废气不仅会对空气环境造成污染,也容易导致燃烧室和火花塞积炭,影响发动机点火和正常功率的输出。

空挡滑行涉及车速信息、离合踏板踩踏深度信息、制动信息、挡位信息等。如图4-3所示,在车辆时速处于非零状态时,在检测到驾驶员将挡位挂至空挡后,在规定的时间内,若检测发现挡位始终处于空挡,则判断该行为是空挡滑行。

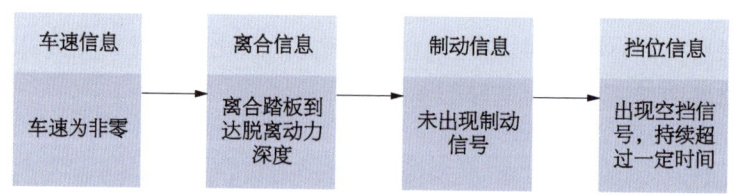

图4-3 空挡滑行行为分析

3) 先踩离合踏板后制动行为特征分析与判别

很多人在驾驶手动挡车辆的时候,遇到需要制动的情景时往往会选择制动前踩离合踏板切断动力,认为这样会使制动更为有效。其实这是一个严重的错误。在踩下离合踏板的同时,发动机的转速迅速降低到怠速状态,发动机的动力输出和驱动桥的连接脱离,汽车只能靠制动系统来减速,车辆在失去辅助制动力的作用下,容易由于制动距离过长而产生事故。

先踩离合踏板后制动的行为涉及车速信息、离合踩踏深度信息与制动信息。如图4-4所示,其判断特征为:当车辆速度为非零时,踩踏离合使其脱离动力的情况下,若此时出现制动信号,则判断该行为是先踩离合后制动。

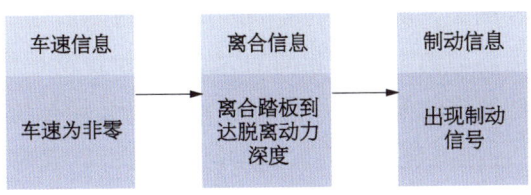

图 4-4　先踩离合踏板后制动行为分析

4）不打转向灯行为特征分析与判别

车辆的转向灯是车辆行驶意图的一种灯光语言,是对其他机动车驾驶员、行人等做出提醒的一种方式,用以告知上述人员注意车辆的行驶状态与意图。有些驾驶员在超车、等候红绿灯转弯、靠边停车等情况下贪图方便省事,心存侥幸心理,不开转向灯,给前后方的车辆与行人造成极大不便与危险,同时也是对自身和他人安全的极度不负责。驾驶员不打或迟打转向灯,极易造成追尾、刮擦与碰撞事故。

一般来说,机动车向左转向、向左变更车道、准备超车、车辆起动或掉头时应提前开启左转向灯;向右转向、向右变更车道、超车完毕驶回原车道、靠路边停车时,均应提前开启右转向灯。不打转向灯主要涉及车速信息、方向盘转向信息、制动信息与转向灯信息,如图4-5所示。该行为的判断特征为:当车辆速度为非零时,方向盘向左或向右转超过一定角度,证明其转向幅度达到转向状态,且未出现制动信号,若此刻方向盘转向方向对应的转向灯未开启,则判断为转向不打转向灯行为。

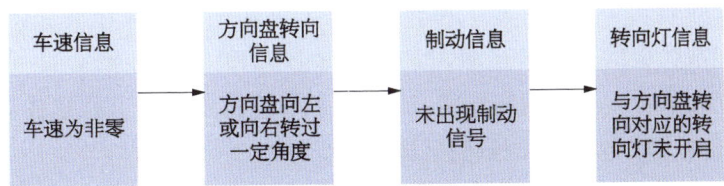

图 4-5　不打转向灯行为分析

5）转向同时制动行为特征分析与判别

部分驾驶员喜欢在过弯的同时制动减速,认为这样不会影响直道的速度,可以走得更快些,其实这种认识是错误的。在弯道上制动会影响出弯的速度,并不能达到更快捷的目的。尤为重要的是,车辆经过弯道的时候,车辆本身会产生一个向外的离心力,此时汽车四个轮胎的受力程度有所不同,一般情况下受力最大的是外侧前轮,受力最小的是内侧后轮,内侧前轮和外侧后轮受力居中。而制动的力度是相同的,故前轮和后轮是相同的,这样就会造成制动器和轮胎磨损的偏差。如果制动力度过大,会把压力集中到外侧前轮上,同样增加了悬挂系统的压力。如果速度过快,弯道减速还会有翻车的危险。另外,弯道处视线一般不清,驾驶员可能不清楚转弯之后的情况,高速入弯再减速会大大增加驾驶的危险系数,所以应该杜绝在进入弯道后才制动。转向同时制动行为主要涉及车速信息、方向盘转向信息、制动信息。如图4-6所示,该行为的判断特征为:车辆在行驶过程中,方向盘向左或向右转超过一定角度时,证明其转向幅度达到转向状态,若此时检测到制动信号,则判断为转向同时制动行为。

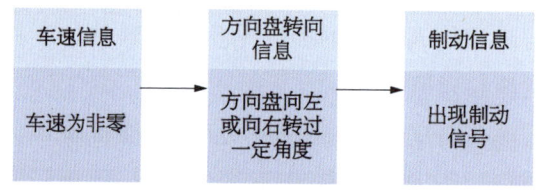

图4-6 转向同时制动行为分析

6) 长时间脱手驾驶行为特征分析与判别

有部分驾驶员在开车过程中,感觉自己驾驶技术熟练,贪图放松舒适,双手时常不握稳方向盘,有的驾驶员在开车时有手持手机打电话、吸烟、进食、单手扶换挡杆或与乘员打闹等行为,这些与脱手驾驶的情形相似,也可归结为较长时间的脱手驾驶行为。脱手驾驶行为极易被驾驶员忽视,但造成的危害却是非常严重的。例如在遇到紧急情况时,如突发的车辆爆胎、道路情况发生变化或前方突然出现车辆等,往往由于手不在方向盘上而造成对车辆控制不及时,从而产生极其严重的后果。

长时间脱手驾驶行为需要结合驾驶双手的位置进行判断,即需检测双手同时脱离方向盘的情况,也要检测出任何一只单手脱离方向盘的情况,这就要求驾驶员的双手都触及方向盘。采集方向盘各个位置的触摸感应点的信息,通过对应方向盘具体位置的触摸信号来判断是否驾驶员双手触及该位置。长时间脱手驾驶行为的判别过程如图4-7所示,判断的思路是:按照通常的驾驶习惯,驾驶员标准的双手握把位置应时刻处于方向盘的两个半圆弧内,所以通过检测对称两侧是否都有触摸信号可以判断是否出现脱手驾驶行为。由于脱手驾驶检测点的位置与方向盘安装点的位置是固定的,可以通过按位检测点的序号是否有间隔的触摸信号来实现,在单手或双手脱离方向盘超过设定的时间后,判断为长时间脱手驾驶行为。

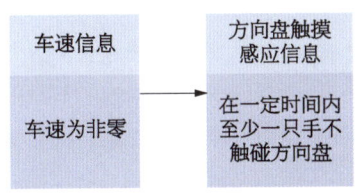

图 4-7　长时间脱手驾驶行为分析

7）错误的方向盘操作手势行为特征分析与判别

驾驶员方向盘的握法五花八门,刚拿到驾照的新手会选择四、九点式即左手握住方向盘对应时钟盘面的九点钟位置,右手握四点钟位置;驾驶较为熟练后,有些人会选择左手搭在方向盘的顶端,右臂靠在中间的扶手箱上;有人会选择把座椅向后调一些,身体半躺着,用手握着方向盘的下端。而上述的这些握法都是错误的。错误的方向盘握法,不利于迅速将方向盘转至恰当的位置,不利于对紧急情况的快速反应,错误的方向盘握法也会增加驾驶员的疲劳,不利于安全驾驶。正确的握法握在方向盘的九、十点钟位置之间（左手）和三四点钟位置之间（右手）,即"三九点"位置,在发生碰撞时,这样的姿势更有利于支撑身体,而且这种握盘方式更舒适,不易造成驾驶员的疲劳。

错误的方向盘操作手势是对上述脱手驾驶行为检测的一个详细量化的过程。由于对方向盘的对应位置进行了输出编码,从硬件条件来说,可以实现对方向盘操作全程的动作检测与识别,但为提高效率,仅对较普遍出现的错误方向盘操作手势进行检测与识别。车辆行驶过程中正确的握方向盘位置应为"三九点",在方向盘回正的车辆直线行驶过程中,驾驶员的双手应在一段时间间隔内处于上述位置,故为了准确地检测以上指标,需结合方向盘转向信息与双手触点检测信号进行判断。为了便于识别触点信息,以方向盘安装 12 个触碰检测点计算,将每个触碰点分别编号,方向盘回正时正上方为 0 号,依次按顺时针从 0 至 11 编号,则要求左手触碰的传感器应为 9 号或 10 号触点,而右手的触碰点应为 3 号或 4 号触点。具体的识别算法为:在方向盘回正后,经一定的时间,当方向盘仍为回正状态时,判断 9 号或 10 号触点与3号或4号触点是否有信号输出,如图4-8所示,即可较为便捷地识别出长时间直线行驶时是否有操作方向盘的错误行为,以提醒驾驶员注意改进。

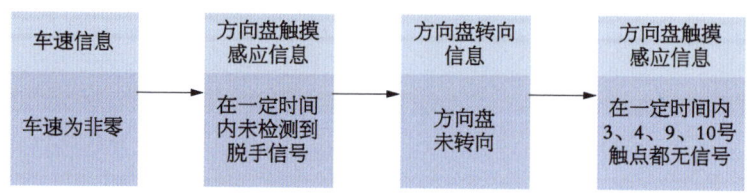

图4-8　错误方向盘操作手势行为分析

8) 车辆行驶中猛踩加速踏板行为特征分析与判别

不少驾驶员在驾驶中为了追求驾驶快感与乐趣,喜欢一味地加速,这种行为既会对车辆本身造成损害,也会危及道路安全。在车辆的起步阶段中,如果踩加速踏板过深,会加深离合器的磨损程度,增加变速箱与传动轴承负荷,同时会增加轮胎与路面的摩擦,从而加剧轮胎的磨损。在行驶过程中突然加速,一旦出现突发状况,会来不及采取措施而发生事故。在驾驶过程中,如需加速应当逐渐施力,避免急踩急收,这样做也会减少燃料消耗,达到节能环保的目的。

车辆行驶中踩踏加速踏板过猛的识别方法拟从检测车辆纵向加速度的变化与加速踏板是否被踩下进行识别,如图4-9所示。通过分析动作过程可以发现,在驾驶员迅速踩踏加速踏板时,由于节气门开合增大,车辆的加速度会发生突变,车辆会出现纵向加速度的突变从而可以被加速度传感器检测到,由于驾驶员踩踏动作的实施与加速度改变有一定的滞后,故检测到车辆的纵向加速度数值发生改变后,驾驶员踩踏加速踏板的动作并没有实施完毕,通过这两项指标可以检测出猛踩加速踏板造成车辆加速度变化过大的行为。

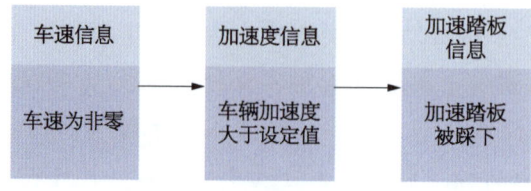

图4-9　车辆行驶中猛踩加速踏板行为分析

9) 车辆行驶中急速制动行为特征分析与判别

在紧急情况下,及时迅速踩下制动踏板来制动是必要也是必需的。而有些驾驶员在不必要的时候为了贪图方便,直接踩下制动踏板来进行减速,这样做不仅会使乘员感到不舒适,容易造成后方车辆来不及制动而发生追尾,同时也会对车辆的悬挂系统、制动系统造成影响。

车辆中的悬挂系统起着缓冲作用,在制动时,大量的反作用力作用于悬挂系统上,会对悬挂系统造成一定的损伤。猛踩制动踏板还会增大制动片的摩擦力度,加剧制动片的磨损,对制动的灵敏度造成影响。在制动时,由于大力地制动在短时间内抑制了发动机的动力输出,从而变相地加大了油耗。另外,也不是所有场合都适合急踩制动踏板来制动,在天气比较炎热的情况下,由于轮胎受热会引发膨胀,在制动时,轮毂与轮胎都会因急剧的摩擦而产生高温,从而引发爆胎造成事故。因此,合理的方式应该是控制好车速,适度采取制动措施,同时避免使用不必要的制动器制动。

车辆行驶中急速制动行为的检测采集数据与踩踏加速踏板类似,主要通过判断制动信号与车辆纵向加速度来实现。检测的重点集中于分析驾驶员的减速幅度和是否发生剧烈减速行为来实现,如图4-10所示。车辆通过比对纵向加速度的输出数值判断减速幅度的大小,若属于剧烈减速行为则检测制动踏板行程是否有变化,如踏板被踩下,则判断为急速制动行为,依据原理与猛踩加速踏板类似。

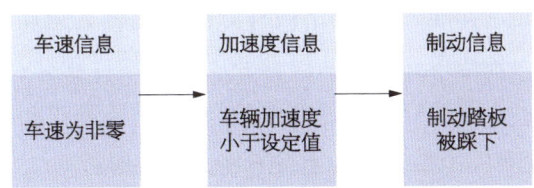

图4-10 车辆行驶中急速制动行为分析

10) 长时间停车不熄火行为特征分析与判别

很多驾驶员在出现堵车或临时停车时,为了方便和省时,往往停车不熄火,急速停驶,等道路通畅后开动汽车。这是一种既浪费燃料又污染环境且危及驾驶员安全的行为。从有关的节油试验证明,发动机空转3 min的油耗就可让汽车行驶1 km,除了浪费燃料之外,按一辆2.0 L排量的普通小轿车计算,每燃烧1 L的汽油至少会排放2 kg以上的一氧化碳,而这一数值还是对行驶中的汽车计算得来的,并没有计算热量对环境的影响,如果是停驶状态,这个数值将更高。有关部门测试表明,一辆怠速运转的汽车,一氧化碳的排放量要比行车状态下高出 100 倍左右。所以停车不熄火对周围的环境造成的污染也是十分严重的。在夏季,很多人喜欢停车开着空调,由于车内空间狭小,门窗紧闭,发动机长时间运转,会排出大量的一氧化碳,加上车内乘员不断呼出二氧化碳,导致车内氧气减少,可能会使得乘员不知不觉中毒而失去知觉,严重时会危及生命。

该项驾驶行为的检测主要涉及车辆发动机转速信息、车辆熄火信号与车轮转速信息。具体的检测方法是在检测到车轮转速为 0 时,判断熄火信号与发动机转速,经过一段时间后,若检测到车辆仍未熄火且发动机仍在运转则判定为停车不熄火,启动报警程序,如图 4-11 所示。

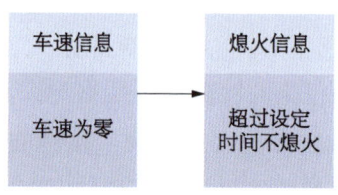

图 4-11 长时间停车不熄火行为分析

由于目前的国家道路安全法规中没有规定某些具体的驾驶员违规操作行为定量标准,对于不良驾驶行为判断的定量指标界定也是空白的。为了明确评判的指标和界定标准,通过以下两种方法确定相关错误驾驶行为的鉴定标准。一是通过与各地市交警支队民警开展大量的互动交流活动,向他们征求驾驶过程中的不良驾驶行为的评判经验与心得,并制作相关的问卷进行调研,获取部分考试项目违规的定量界定标准;二是通过对大型客车进行实车测试,获取车辆运行状态对应的数值信息。调研的结果与实车试验确定的数值见表 4-2。

表 4-2 部分不良驾驶行为界定

相关指标	界定阈值	备注
方向盘判定为左转弯	小于 35°	
方向盘判定为右转弯	大于 35°	

续　表

相关指标	界定阈值	备注
猛踩加速踏板加速度阈值	大于+0.7 m/s^2	乘员感觉明显不适,身体后倾明显
急速制动加速度阈值	小于-0.4 m/s^2	乘员感觉明显不适,身体前倾明显
空挡滑行时间	大于 10 s	车速大于零即可
停车不熄火界定时间	大于 1 min	
脱手驾驶延时检测时间	小于 5 s	考虑单手进行换挡、开关窗等驾驶过程中必要操作

4.1.3　基于规则匹配的不良驾驶行为综合识别方法

在驾驶员的典型不良驾驶行为的类型与特征分析的基础上,对典型的不良驾驶行为进行分类,具体可分为挡位类、方向盘转向类、方向盘操作手势类、加速离合制动脚踏类、停车熄火类、驾驶员人脸姿态类等六类,并基于规则匹配思想对典型不良驾驶行为进行检测识别。同时,从车辆运动状态特征的角度辨识异常驾驶行为特性(未保持安全车距、车道偏离、超速),通过分析车辆运动状态对驾驶员操纵特性进行评估,进而准确判断当前的行车安全状态,为道路交通主动安全监控方法提供基础。

1)挡位类不良驾驶行为检测

典型不良驾驶行为中,以越级挂挡与空挡滑行为代表。在驾驶员对挡位的操控中,往往涉及以下几个相关的指标,包括离合踏板踩踏、实时车速的大小、发动机当前转速、加速踏板踩踏程度等信息。越级挂挡行为主要依据挡位具体数值的变化来判断,当主控系统循环一个周期后,如出现非加 1 或减 1 的突变,则可判定为越级挂挡行为。

空挡滑行行为通过检测空挡挡位与车辆当前速度来组合判断,识别方法是在检测到驾驶员将挡位挂至空挡后,启动延时程序,若检测时挡位仍处于空挡且车辆速度高于某一阈值时,则判断为空挡滑行行为。图 4-12 给出了判别该类不良驾驶行为的规则匹配流程。

2)方向盘转向类不良驾驶行为检测

与方向盘转向类行为相关的是不打转向灯、长时间脱手驾驶、错误的方

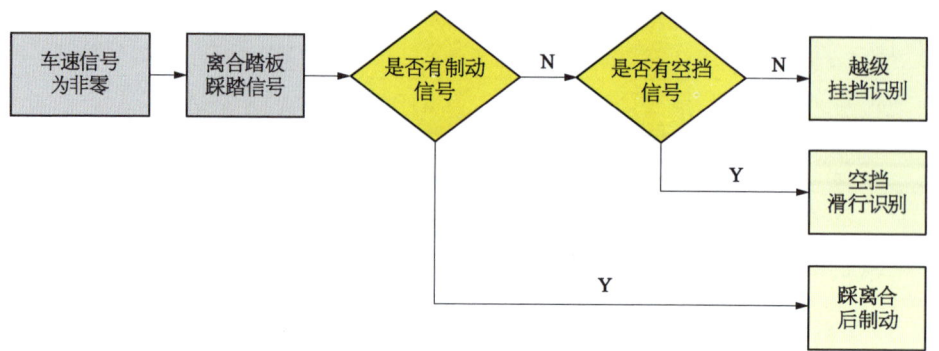

图 4-12　挡位类不良驾驶行为判别

向盘操作手势三种行为。与方向盘相关的检测指标主要包括方向盘的转向信息、方向盘转向的角度信息、转向灯信息、触碰方向盘的位置信息等几种。通过对这几种指标的组合判别可以实现上述三种行为的判别。

转向不打转向灯行为的分析按实施过程进行识别。当驾驶员的方向盘转向信息发生变化时，按此时方向盘的转向方向判断对应的转向灯是否开启，经过数次执行周期仍未开启的，则判断为转向不打转向灯行为。图 4-13 给出了判别该类不良驾驶行为的规则匹配流程。

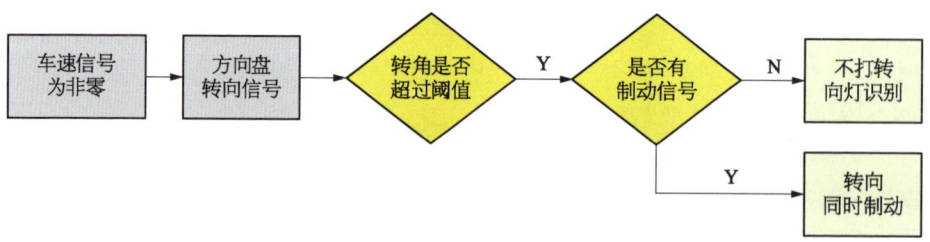

图 4-13　车辆转向类不良驾驶行为判别

3）方向盘操作手势类不良驾驶行为检测

方向盘操作手势类不良驾驶行为包括长时间脱手驾驶行为和错误的方向盘操作行为。长时间脱手驾驶行为需要结合驾驶时双手的位置进行判断，既需检测双手同时脱离方向盘的情况，也要检测单手脱离方向盘的情况。因此需要采集方向盘各个位置的触摸感应点的信息，通过对应方向盘具体位置的触摸信号来判断是否驾驶员双手触及该位置。由于脱手驾驶检测点的位置与方向盘安装点的位置是固定的，可以通过识别检测点序号是否有间隔的触摸感应信号来实现。图4-14给出了判别该类不良驾驶行为的规则匹配流程。

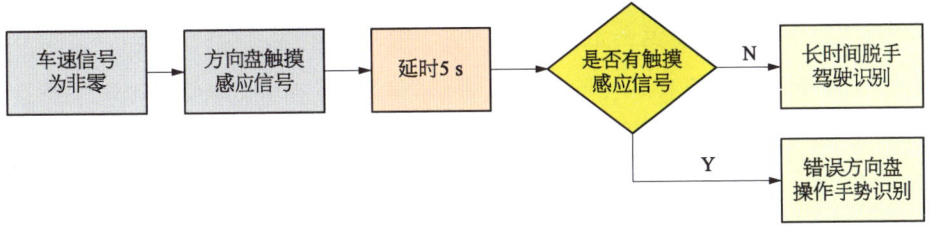

图4-14 方向盘操作手势类不良驾驶行为判别

4）加速、离合、制动、脚踏类不良驾驶行为检测

车辆行驶中急加速主要通过检测加速踏板与车辆纵向加速度的变化进行识别。

车辆行驶中急减速的行为检测采集数据与踩踏加速踏板类似，主要通过判断制动信号与车辆纵向加速度实现。为了区别于正常的制动方式,如红灯停车等临时且平缓的减速行为,检测的重点应该集中于分析驾驶员的减速幅度和发生剧烈减速行为次数的累加,即通过判断驾驶员在一定时间内出现剧烈减速行为的频率来考量。当车辆出现制动信号后,通过比对纵向加速度的输出数值判断减速的幅度大小,若属于剧烈减速行为则进行累加,在设定的时间范围内超过预设次数则通过语音提示驾驶员注意。图4-15给出了判别该类不良驾驶行为的规则匹配流程。

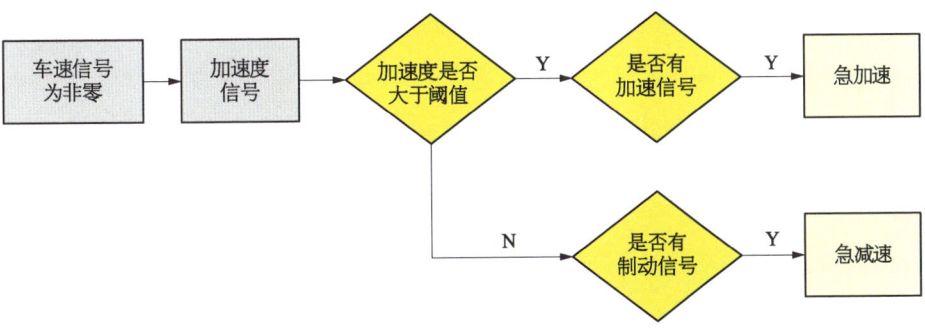

图4-15 加速、离合、制动、脚踏类不良驾驶行为判别

5）停车熄火类不良驾驶行为检测

该类驾驶行为的检测主要涉及车辆发动机转速信息、发动机熄火信号与

车轮转速信息。具体的检测方法是在检测到车轮转速为 0 时,判断熄火信号与发动机转速,经过一段时间后,若检测到车辆仍未行驶且发动机仍在运转则判定为停车不熄火。

6) 驾驶员人脸姿态类不良驾驶行为检测

驾驶员人脸姿态存在正脸、左偏、右偏、低头、看挡等几种状态,这些信息可以反映驾驶员的当前状态是否出现异常。如换挡时经常看挡、头部姿态经常变换等,可能说明驾驶员出现某种分神或疲劳情况。图 4-16 给出了判别该类不良驾驶行为的规则匹配流程。

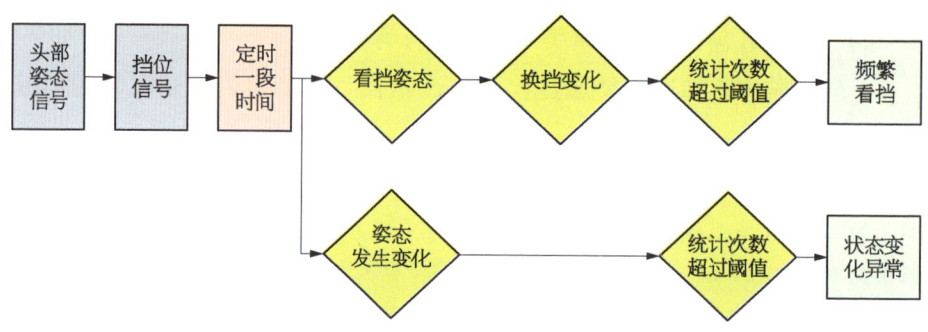

图 4-16 驾驶员人脸姿态类不良驾驶行为判别

7) 未保持安全车距状态检测

大型车辆未保持安全车距预警判别中,根据检测车辆与前、后、左、右四个方向最近车辆的相对距离综合判断。

(1) 根据毫米波雷达提供的数据得到同车道最近车辆的相对距离 d_0 和速度 v,与从车载网络上得到的本车速度相减后得到相对速度 v_r。以 d_0 和 v_r 为输入变量,根据经验法则得到危险程度值 C_{warn}(值在 0~1 之间),然后设定三个阈值将前向危险程度分为四级:安全(1级)、预警(2级)、较危险(3级)和危险(4级)。

(2) 比较检测车与后侧向最近车辆的相对距离。由于超声波模块测距的范围比较小,首先比较不同的超声波探头所捕获的距离值,得出最小值 d。设定一个阈值 D 将危险等级分为两级:安全(1级)和危险(4级)。

(3) 根据前向和后侧向的危险等级按照表 4-3 中的规则得出整车的危险等级,整车的危险等级也分为四级。

表 4-3 全向危险等级规则表

后侧向危险等级	前向危险等级			
	安全	预警	较危险	危险
安全	安全	预警	较危险	危险
危险	危险	危险	危险	危险

（4）比照预先根据驾驶员特性数据统计出的限定值,判断出检测车辆的危险等级是否超出阈值,若是,则说明检测车辆在行驶过程中未保持安全车距。

8）车道偏离状态检测

车道偏离预警定义如图 4-17 所示,图中的车身未与车道保持水平,车头在行驶途中偏向车道边界,当满足报警条件且没有抑制请求时,则发出车道偏离报警。

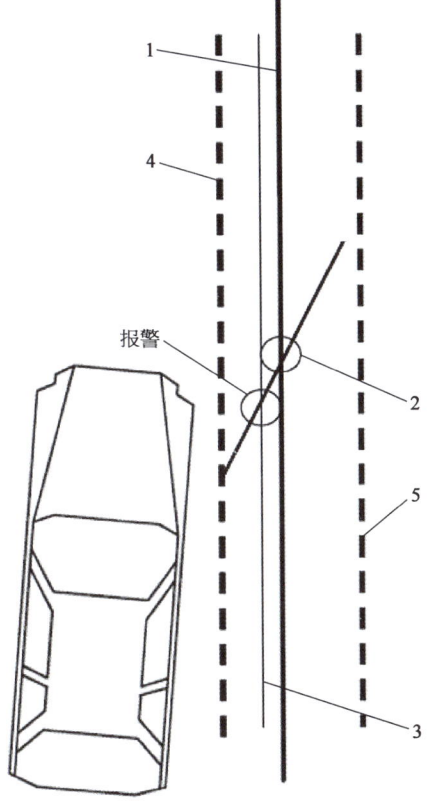

图 4-17 车道偏离预警的定义

1—车道边界;2—车道偏离;3—报警临界线;4—最早报警线;5—最迟报警线

(1) 直线道路上的偏离检测：

① 探测车道边界；

② 确定车辆实时速度 v；

③ 探测目标车辆相对车道边界的横向距离 D；

④ 设置越界时间阈值 $TTLC_0$ 并计算出实际越界时间 $TTLC = D/v$；

⑤ 比较阈值与实际结果，看是否处于偏离状态。

(2) 弯道上的偏离检测：

① 根据弯道半径及速度判断属于哪一类系统；

② 探测到车道边界；

③ 确定车辆实时速度 v；

④ 确定最早预警阈值及最晚预警阈值，以车道边界向外测量，设定最早越界时间阈值 $TTLC_{01}$ 和最晚越界时间阈值 $TTLC_{02}$；

⑤ 探测目标车辆相对车道边界的横向距离，并计算出实际越界时间 $TTLC = D/v$；

⑥ 判断该距离与预警阈值 $TTLC_{01}$ 和 $TTLC_{02}$ 的关系，确定是否处于危险状态。

9) 超速状态检测

超速状态检测方法如下：首先根据 GPS 信息或标志标牌摄像头识别当前车道限速值，再根据 GPS 信息判断车辆自身车速信息，校对当前车辆速度是否超过超速阈值，若超过则判定为超速，具体识别如图 4-18 所示。

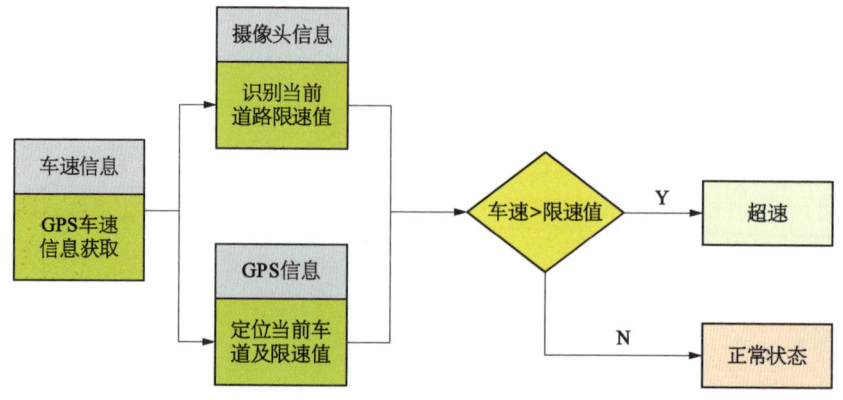

图 4-18 超速状态识别

4.2 驾驶意图识别及驾驶行为预测

驾驶员在驾驶过程中进行的每一个操作都有其对应的驾驶意图。例如，车辆前方出现红灯，驾驶员意图在停车线前停车，则驾驶员此时应踩制动踏板减速，而非踩加速踏板加速。由上述例子可以看出，驾驶意图和驾驶行为之间应该存在某种联系，通过驾驶行为可以识别出驾驶员当前的驾驶意图，而根据识别出的驾驶意图又能推测驾驶员下一步的驾驶行为，若该行为属于危险行为，则可通过预警等方式提示驾驶员，避免危险行为发生。因此，研究驾驶意图和驾驶行为对道路交通安全有着十分重要的意义。

4.2.1 驾驶意图识别

驾驶员产生驾驶意图的最终目的是为了指导后续的驾驶行为，使车辆能够按照驾驶员的意愿行驶，驾驶意图的实现可通过车辆的位置、姿态的变化反映出来。驾驶员要使自己控制的车辆实现位置、姿态变化，可通过多种驾驶操作实现。车辆在同一意图的驱使下，驾驶操作序列具有多样性，具体使用何种操作序列则要根据实际道路环境和驾驶员驾车习惯而定。对于车辆传动机构操控行为，如某踏板的踩下或放开、方向盘偏转方向和幅度等，在可观测的驾驶行为范围内无规律性前兆信息，其识别结论对安全预警无实际作用。而从车辆传动机构操控的结果分析发现，车辆在某一特定时刻的状态，是决定其前面一定时长内驾驶员操控动作的基础。譬如车辆在实现转弯之前，驾驶员会实施减速、降挡、打开转向灯等相关操作，随着转弯动作实施临界点(方向盘开始向左或向右运动)的临近，用于识别的观测信息量也随之增多，与驾驶意图的关联度也随之增大，在数据方面有利于驾驶意图识别模型的建立。从安全预警角度分析，车辆处于某种驾驶状态时，识别出驾驶员当前的驾驶意图等同于获取到驾驶员对未来车辆运行状态的需求，由于车辆运行状态与驾驶员操作动作紧密相关，针对危险驾驶态势下的驾驶意图进行提前报警，可有助于及时阻止或纠正驾驶员实施的危险行为。

本节所探讨的驾驶意图识别与驾驶员关注的外部环境事物变化紧密相关。在高速公路主线段处，车道中行驶的车辆处于"自由行驶""跟车行驶""变道行驶"等状态中的一种，并在上述状态之间相互切换。当驾驶员周边有其他车辆对驾驶员产生刺激时，比如发现前方有低于自身车辆速度的其他车辆，驾驶员将产生"跟车"和"变道"两种意图中的一种；即使自身车辆前方无其他车辆，驾驶员同样会注视前方保持速度行驶，并随时谨防前方突然出现车辆。此种情形可认为驾驶员在头脑中虚拟了一部车辆位于自身所在车辆前方，且自车与虚拟车辆之间的距离远大于驾驶员所设定的安全距离。因此可将"自由行驶"状态视作"跟车行驶"状态的特殊情况，并将路段上的驾驶员所具有的驾驶意图，仅归纳为"跟车"和"变道"两种，如图 4-19 所示。

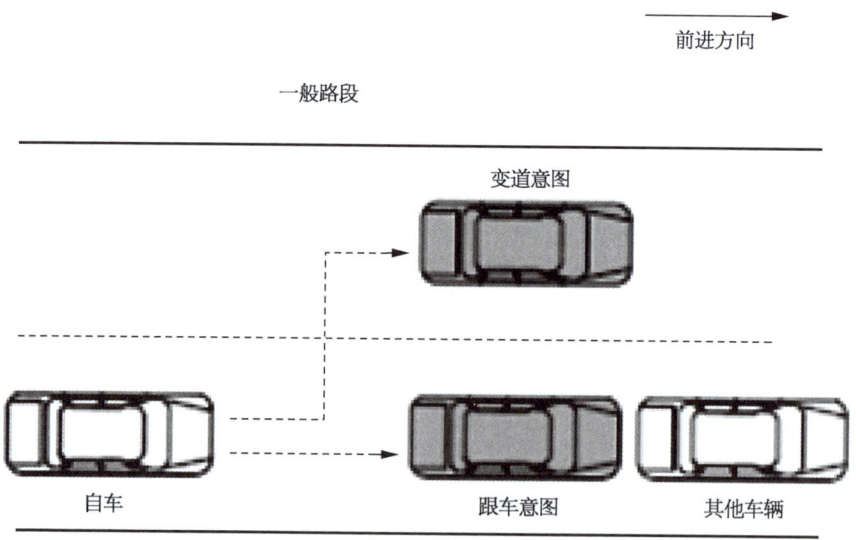

图 4-19 两种驾驶意图对应的驾驶行为及车辆位置

4.2.2 驾驶行为与意图预测方法

通过对 10 名被试驾驶员进行实车驾驶试验，对获取的车辆地理位置信息、车速信息及驾驶动作信息进行统计分析，可获得驾驶员在路段内变道意图和跟车意图的驾驶行为特征，已获得的统计数据可在一定程度上对驾驶员在路段的驾驶意图进行识别和推测。但随着驾驶员对车况路况熟悉程度的不断加深,驾驶员在道路上所表现的变道及跟车驾驶行为会发生变化,使用初期行为数据构建的意图模型来对后期的驾驶行为进行分析及意图识别会产生偏差。

上述特点要求选用的驾驶意图建模方法应具有如下功能:① 使用实车驾驶试验阶段采集的驾驶行为数据进行驾驶意图建模;② 建立的驾驶意图模型可对最近获得的表征驾驶意图的驾驶行为数据进行置信度评估;③ 建立的驾驶意图模型具有相应的优化算法,即可以根据最近获得的驾驶行为数据对整个驾驶意图模型参数进行更新和改进。据此,选用动态贝叶斯网络(DBN)来构建路段上的驾驶意图与驾驶行为之间的关系模型,并在此基础上探讨驾驶意图识别和驾驶行为预测方法。

1) 驾驶行为及意图 DBN 构建

路段内的驾驶员在有某种驾驶意图的前提下实施的驾驶行为动作具有不确定性。相邻时间的驾驶行为概率变化过程平稳且与时间无关,不同时间下的驾驶意图转移概率可通过建立驾驶意图空间模型表征,驾驶员在某一时刻的驾驶意图,只能为意图空间模型内的有限意图类型中的 1 种,驾驶意图发生转移的规律遵循意图空间模型参数,在本研究中,处于不同地段的驾驶员所持意图转移规律可通过车辆地理位置、车速等信息进行构建。对实车驾驶试验中的驾驶动作(序列)数据进行统计发现,"使用转向灯""踩踏制动踏板""踩踏离合踏板""踩踏加速踏板""切换挡位"5 种驾驶动作与变道驾驶意图、跟车驾驶意图之间的对应关系(以概率值表现)波动较小,可视作在有限的时间内其变化过程随时刻状态的转移一致平稳。在实车驾驶试验过程中,部分驾驶动作如"使用转向灯""切换挡位"分别与变道驾驶意图、跟车驾驶意图直接对应(概率值为 1.0);而在日常驾驶过程中,驾驶员在"使用转向灯"后,可能因周边车流量的影响导致变道操作无法实施而直接转为跟车操作,或者驾驶员为缩短变道操作时间,使用"切换挡位"操作使车辆速度得到提升从而尽早变道而非跟车。因此,使用图模型方式表达 5 种驾驶动作与变道驾驶意图、跟车驾驶意图之间的对应关系时,需对"使用转向灯""切换挡位"与 2 种驾驶意图对应关系概率值进行小范围调整。为了便于图模型表达,对路段内的 2 种驾驶意图种类及其转移概率,5 种特征驾驶动作与意图之间的观测概率进行表 4-4 所示的定义。

表4-4　图模型节点及关系概率定义

行为意图	节点名称	图模型节点定义	实车驾驶试验下关系概率值
驾驶意图	变道	Q^1	$P_{11}\|Q^1 \to Q^1$ $P_{12}\|Q^1 \to Q^2$
	跟车	Q^2	$P_{21}\|Q^2 \to Q^1$ $P_{22}\|Q^2 \to Q^2$
驾驶行为	使用转向灯	A	$P_{1A}\|Q^1 \to A$ $P_{2A}\|Q^2 \to A$
	踩踏制动踏板	B	$P_{1B}\|Q^1 \to B$ $P_{2B}\|Q^2 \to B$
	踩踏离合踏板	C	$P_{1C}\|Q^1 \to C$ $P_{2C}\|Q^2 \to C$
	踩踏加速踏板	D	$P_{1D}\|Q^1 \to D$ $P_{2D}\|Q^2 \to D$
	切换挡位	E	$P_{1E}\|Q^1 \to E$ $P_{2E}\|Q^2 \to E$

上表内 $Q^B(B \in \{1,2\})$ 为路段内驾驶员所持有的驾驶意图状态,在某一时刻只能为变道驾驶意图或跟车驾驶意图中的1种,相邻时刻 t 与 $t+t'$ (或称相邻采样点 T 与 $T+\Delta T$)之间,驾驶意图状态 Q^B 会发生概率性转移或保持状态不变,上述"转移"在表4-4内以 $Q^B \to (Q^B$ 或 $Q^{B'})(B \in \{1,2\}, B=1$ 时 $B'=2$)形式表示。Q^B 向 Q^B 或 $Q^{B'}$ 转移概率分别使用 P_{BB} 和 $P_{BB'}$ 表示,具体值则通过在实车驾驶试验阶段中统计有效变道及跟车行为之间转换的次数获得。

由于在该路段内驾驶意图存在互斥性,在 Q^B 已确定为某意图状态的前提下,一般认为 $P_{BB} + P_{BB'} = 1.0$ 和 $P_{BB} + P_{B'B} = 1.0$,然而在实际驾车过程中发现,处于路段内不同位置的车辆,其变道驾驶意图状态向跟车驾驶意图转移或保持不变的概率不同。

使用 $Q^B(B \in \{1,2\})$ 表征驾驶员在路段内所持驾驶意图的状态时,须明确 Q^B 不能被外界直接获取,它必须通过能被外界获取的状态所映射。表

4-4 所列 5 种驾驶动作 A、B、C、D、E 可被外界获取,其执行实施与 Q^B ($B \in \{1, 2\}$) 之间的映射关系即构成驾驶员在路段内的驾驶行为及意图的图模型,图模型结构如图 4-20 所示。该图模型与隐马尔科夫模型(HMM)结构类似,其中 $Q^B(B \in \{1, 2\})$ 可作为 HMM 隐含层节点,其转移概率集合可构成隐状态转移矩阵;A、B、C、D、E 可作为 HMM 观测层节点,与 $Q^B(B \in \{1, 2\})$ 之间的映射关系亦可通过概率值表示,集合可构成观测状态矩阵(也可称为两态混淆矩阵)。HMM 是图模型体系中的重要形式,但由于其隐状态转移矩阵和观测状态矩阵内概率值不变,因此并非真正意义上的 DBN,需针对 HMM 内部各概率值演变方面开展模型改进。

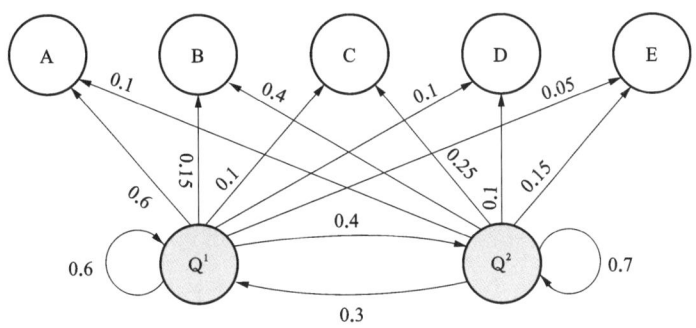

图 4-20　路段驾驶行为及意图的图模型结构

2) 路段驾驶意图 HMM 参数

HMM 模型表示为 $\lambda = (A, B, \pi)$,其中 A 为隐状态转移矩阵,B 为观测矩阵,π 为初始隐状态分布矩阵。在隐状态节点和观测状态节点及其映射关系已确立的前提下,对路段驾驶意图建模的重点转向前述 3 个矩阵的构建。

(1) 时变概率函数。

考虑车辆驶过的道路长度不同及周边车流量对车辆行驶速度的影响,对车辆驶过单条道路的时间进行有效分段,可使驾驶员执行的驾驶动作序列中各个动作分属不同的时段内。根据实车驾驶试验数据特征,本研究把车辆驶过单条道路的时间分为 10 个时段。由于实车驾驶试验获得的驾驶行为数据受上午时间段城市道路交通流量影响较大,被试车辆驶过同一条道路的时长不一致,因此每条道路上的分段时刻点须根据车辆在该条道路上的平均速度及道路长度计算获得。

隐状态的驾驶意图种类包括变道驾驶意图和跟车驾驶意图,在车速均衡的条件下,驾驶员从变道意图 Q^1 转移至跟车意图 Q^2 具有随机性,因此 Q^1 向 Q^2 转移概率 q_t^{12} 将以取值范围为(0,1)的随机数形式出现,应用时通过调用编程语言的随机生成函数(譬如 C++ 中的 rand 函数)直接获取具体的随机数值;但一般认为随着时间的推移,驾驶员从变道意图 Q^1 转移至跟车意图 Q^2 的可能性会逐渐增大,以 0.95 作为峰值概率并使用 Exponential 函数对 Q^1 向 Q^2 转移概率进行非线性拟合,得出 q_t^{12} 表达式为

$$q_t^{12} = -0.07 + 0.0946 e^{t/4.21} \quad (4-1)$$

相应地,Q^1 向 Q^1 的转移概率 q_t^{11} 利用算式($1-q_t^{12}$)即可获得,其表达式为

$$q_t^{11} = 1.07 - 0.946 e^{t/4.21} \quad (4-2)$$

驾驶员从变道意图转移至跟车意图则具有统计规律性,Q^2 向 Q^1 转移概率 q_t^{21} 在不同时段的变化规律可参考 R_N 值统计规律,以 0.9 作为峰值概率并使用 sin 函数对 Q^2 向 Q^1 转移概率进行非线性拟合,得出 q_t^{21} 表达式为

$$q_t^{21} = 0.495 - 0.233 \sin[(t + 0.369)\pi/5668] \quad (4-3)$$

相应地,Q^2 向 Q^2 转移概率 q_t^{22} 随时段推进变化的表达式为

$$q_t^{22} = 0.505 - 0.233 \sin[(t + 0.369)\pi/5668] \quad (4-4)$$

在实际应用中,上述 q_t^{21}、q_t^{22} 数值也可通过查询比对的形式获得。作为观测状态的驾驶意图种类——"使用转向灯""踩踏制动踏板""踩踏离合踏板""踩踏加速踏板""切换挡位"(A、B、C、D、E)5 种驾驶动作与隐状态变道驾驶意图 Q^1、跟车驾驶意图 Q^2 对应关系均具有统计规律性,其中 A 在实施 Q^1 过程中的映射关系概率 a_t 影响 b_t、c_t、d_t、e_t 取值,B 在实施 Q^2 过程中的映射关系概率 b_t 影响 c_t、d_t、e_t 取值,不影响 a_t 取值。为区别起见,将 A、B、C、D、E 与 Q^2 的映射关系概率改写为 a_t'、b_t'、c_t'、d_t'、e_t',按时段对实车驾驶试验数据中 A、B、C、D、E 与 Q^1、Q^2 的映射关系概率进行统计,得出各个时变概率可用分段函数形式表现,与 10 个时段对应的具体值见表 4-5 和表 4-6。在实际应用中,a_t、b_t、c_t、d_t、e_t 及 a_t'、b_t'、c_t'、d_t'、e_t' 具体值可通过查表方式获得。

表4-5　A、B、C、D、E与Q^1的映射关系时变概率分布

Q^1								
a_t	b_t		c_t		d_t		e_t	
0.619	0.071	0.316	0.198	0.205	0.102	0.308	0.010	0.171
0.693	0.069	0.217	0.211	0.193	0.018	0.437	0.009	0.153
0.607	0.073	0.278	0.154	0.335	0.155	0.312	0.011	0.075
0.621	0.213	0.339	0.073	0.247	0.084	0.324	0.009	0.090
0.752	0.101	0.314	0.049	0.203	0.087	0.363	0.011	0.120
0.587	0.192	0.366	0.044	0.106	0.127	0.468	0.012	0.100
0.607	0.155	0.330	0.047	0.113	0.172	0.387	0.019	0.176
0.711	0.084	0.375	0.036	0.163	0.146	0.319	0.023	0.143
0.707	0.107	0.409	0.058	0.215	0.091	0.296	0.037	0.080
0.714	0.085	0.437	0.104	0.235	0.048	0.282	0.049	0.046

表4-6　A、B、C、D、E与Q^2的映射关系时变概率分布

Q^2								
a_t'	b_t'		c_t'		d_t'		e_t'	
0.003	0.407	0.251	0.326	0.014	0.381	0.325	0.293	
0.007	0.395	0.272	0.425	0.028	0.292	0.298	0.283	
0.010	0.334	0.315	0.378	0.037	0.316	0.304	0.306	
0.020	0.430	0.284	0.398	0.042	0.377	0.276	0.225	
0.037	0.609	0.211	0.450	0.012	0.379	0.131	0.171	
0.052	0.503	0.212	0.297	0.110	0.494	0.123	0.209	
0.013	0.557	0.107	0.526	0.176	0.280	0.147	0.194	
0.011	0.548	0.175	0.654	0.080	0.177	0.186	0.169	
0.009	0.589	0.191	0.661	0.023	0.164	0.188	0.175	
0.009	0.633	0.128	0.654	0.029	0.129	0.201	0.217	

（2）隐状态转移矩阵。

路段驾驶意图 HMM 隐状态转移矩阵 A 表达如下：

$$A = \begin{bmatrix} q_t^{11} & q_t^{12} \\ q_t^{21} & q_t^{22} \end{bmatrix} = \begin{bmatrix} 1 - q_t^{12} & q_t^{12} \\ q_t^{21} & 1 - q_t^{21} \end{bmatrix}$$

$$= \begin{bmatrix} 1.07 - 0.0946e^{t/4.21} & -0.07 - 0.0946e^{t/4.21} \\ 0.495 + 0.233\sin[(t + 0.369)\pi/5.668] & 0.505 + 0.233\sin[(t + 0.369)\pi/5.668] \end{bmatrix}$$

(4-5)

相应的初始隐状态分布矩阵 π 可定义为 $\pi = 0.5 \times 0.5$。

（3）观测矩阵。

驾驶意图 HMM 隐状态转移矩阵 B 表达如下：

$$B = \begin{bmatrix} a_t & b_t & c_t & d_t & e_t \\ a_t' & b_t' & c_t' & d_t' & e_t' \end{bmatrix} \qquad (4-6)$$

3）基于 Viterbi 算法的路段驾驶意图识别方法

HMM 模型使用矩阵组的形式来表示隐状态节点之间及隐状态节点与观测状态节点之间的对应关系，而对观测状态的评估及隐状态推理识别则使用了一系列算法进行解算。驾驶员在路段内所持的驾驶意图 $Q^B(B \in \{1, 2\})$ 属于隐状态节点，而在不同时段内执行的驾驶行为或驾驶动作序列构成了观测状态序列 Y，设 n 为单个驾驶动作在序列 Y 中的位置号且 $Y_n \in \{A, B, C, D, E\}$。由于观测状态序列 Y 中的单个观测状态 Y_n 与每个隐状态 Q^1 或 Q^2 均有映射关系，因此由 n 个驾驶动作构成的观测状态序列 Y 对应映射了 1 个由 n 个 $Q^B(B \in \{1, 2\})$ 构成的隐状态序列 X，设 n 为单个驾驶意图在序列 X 中的位置号且 $X_n \in \{Q^1, Q^2\}$。根据观测状态序列 Y 解算最有可能的隐状态序列 X 可利用 Viterbi 算法，使用该算法求解路段驾驶意图（序列）的流程如图 4-21 所示。

驾驶员在路段实施的驾驶动作序列 Y，序列中各个驾驶动作 $Y_n \in \{A, B, C, D, E\}$ 的执行时间设为 t_n，n 为单个驾驶动作在序列 Y 中的位置号且 t_n 可随机分布在 10 个时段内。设 y_{tn} 为 $Y_n \in \{A, B, C, D, E\}$ 在 t_n 时刻与 Q^1 映射的概率值，设 y_{tn}' 为 $Y_n \in \{A, B, C, D, E\}$ 在 t_n 时刻与 Q^2 映射的概率

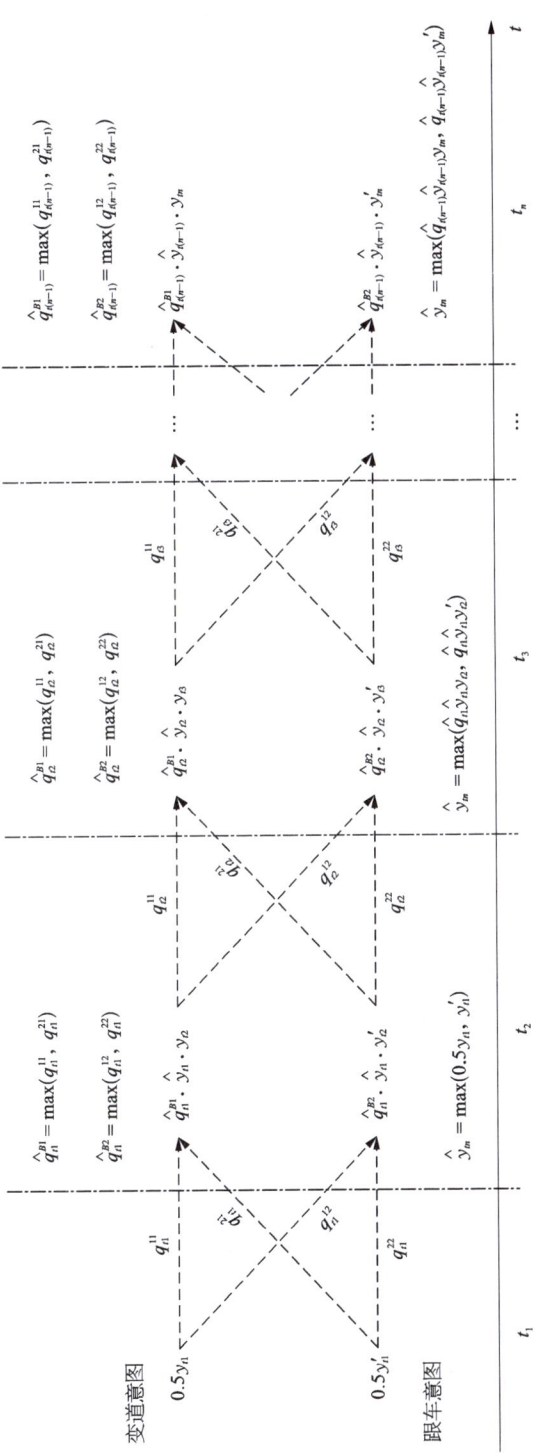

图 4-21 路段驾驶意图识别流程

值,在应用时具体值可通过查询获得;设 q_{tn}^{BB}、$q_{tn}^{B\bar{B}}$ 为 Q^1 和 Q^2 在 t_n 时刻相互转移的概率值,在应用时具体值可通过计算获得,$\hat{q}_{tn}^{B1}$、$\hat{q}_{tn}^{B2}$ 为 t_n 时刻分别向 Q^1 和 Q^2 转移较大值,$\hat{y}_{tn}$ 则为 t_n 时刻最有可能的隐状态出现概率,其表达式为

$$\begin{cases} \hat{y}_{tn} = \max(\hat{q}_{t(n-1)}\hat{y}_{t(n-1)}y_{tn}, \hat{q}_{t(n-1)}\hat{y}_{t(n-1)}y'_{tn}) & (n > 1) \\ \hat{y}_{t1} = \max(0.5y_{t1}, y'_{t1}) & (n = 1) \end{cases} \quad (4-7)$$

由于 Viterbi 算法在推理识别过程中的每处环节均采用最大取值法,最终可获得驾驶动作序列 Y 对应的最有可能的隐状态序列 X 及其出现概率 P^*。隐状态序列 X 表达形式是若干 Q^1 和 Q^2 排序,若 Q^1 个数多于 Q^2 个数,则可认定驾驶动作序列 Y 所映射变道驾驶意图的可能性要大于跟车意图;同理,若 Q^1 个数少于 Q^2 个数,则认定驾驶动作序列 Y 所映射跟车驾驶意图的可能性要大于变道驾驶意图。

4)路段驾驶行为预测方法

在一定时效范围内对驾驶员的驾驶行为进行预测,是当前机动车驾驶安全预警系统研究与开发的热点。由于驾驶员的行为受车内外交通环境及自身需求等综合因素影响较大,要对驾驶员尚未实施的驾驶行为进行准确预测,具有相当大的难度。而从统计理论和随机过程理论的角度分析,对驾驶员即将实施的若干种驾驶动作进行归纳和统计并形成概率网络模型,使用此类模型对每种驾驶动作出现的概率进行评估,得出已有统计样本内可信度最高的"出现概率最大"的驾驶操作行为,在一定程度上也可实现对驾驶员的行为预测。本节仍将使用 HMM 理论与方法对路段的驾驶行为预测方法进行构建,预测的驾驶行为类型为驾驶员在路段实施的驾驶动作。

驾驶员在路段中执行的驾驶动作具有不确定性,从已观测到的驾驶动作序列 Y 直接推算经过 Δt 时间后执行的驾驶动作 Y_m,得出的结论缺乏目的性及评判标准。相对驾驶行为动作的不确定性,驾驶员在路段中所持有的驾驶意图则比较稳定,不同的驾驶意图之间转移规律及对应驾驶动作的映射关系,也可通过实车驾驶试验数据统计获得。已执行驾驶动作构成的序列 Y、根据 Y 识别出的驾驶意图序列 X、经过 Δt 时间后可能执行的驾驶动作 Y_m 三者之间的关系如图 4-22 所示。其中 X 作为 Y 和 Y_m 的中间环节而存在,由 Y 对 Y_m 进行预测需经历"观测状态序列识别最大可能隐状态序列(Y→X)""隐状态转移概率计算(X→X_m)""隐状态映射观测状态概率计算(X_m→

Y_m)"三个步骤,第一步可根据利用 Viterbi 算法求解,第二、三步可直接从驾驶行为与意图 HMM 模型参数中获取。

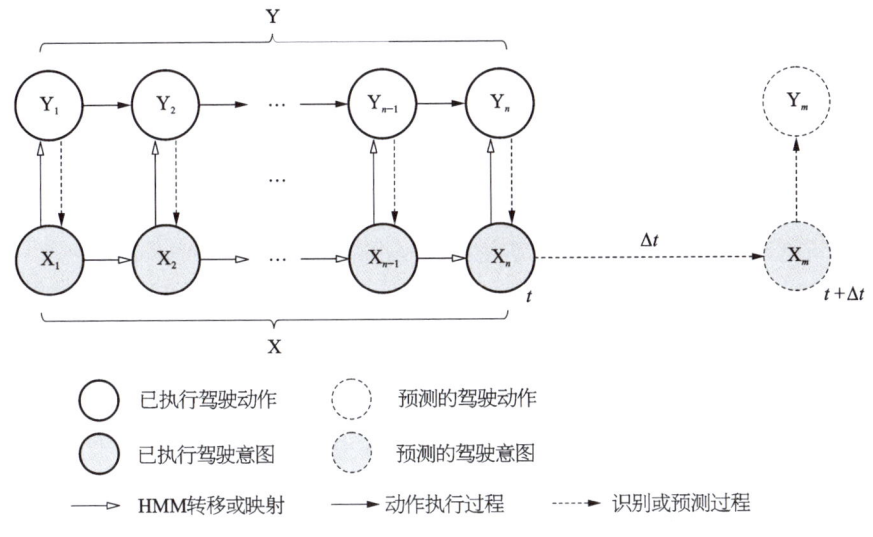

图 4-22 基于驾驶意图识别的驾驶行为预测过程

需要注意的是,通过驾驶意图对其驾驶行为动作进行预测,其预测时长受驾驶员将意图转化为实际驾驶动作时刻的限制,即预测的驾驶动作 Y_m 执行时间 $t + \Delta t$ 不能超出与驾驶意图对应的驾驶行为的执行时间。驾驶行为预测系统在实际应用过程中应具有预测时长调整机制,系统应根据已识别出的驾驶意图类型、已执行的驾驶动作序列 Y 的最后驾驶动作 Y_n 所在时段情况,以及驾驶意图在该时段转移概率等综合决定预测时长 Δt,一般认为与 Y_n 同处一个时段或紧邻的下一时段内的 Y_m,其预测准确度较高。

设 Y_n 为序列 Y 中的驾驶动作,$n(n = 1, 2, \cdots, N)$ 为单个驾驶动作在序列中的位置号,在路段内 $Y_n \in \{A, B, C, D, E\}$;设 X_n 为 Y_n 对应的驾驶意图类型,在路段内 $X_n \in \{Q^1, Q^2\}$。在已知驾驶行为与意图 HMM 为 $\lambda = (A, B, \pi)$ 及预测时间间隔设置为 Δt 的前提下,可按如下步骤对路段驾驶员的动作行为预测进行建模。

(1)根据车辆所在道路路段长度 l、车辆驶入路段时间 t_0、已驶过的距离 s 及该路段上的平均车速 $\bar{v}$,推算在 t 时刻执行驾驶动作 Y_n 时所在时段 t'_n,其函数表示为

$$t'_n = f_1(l, s, \bar{v}, t_0, t) \qquad (4-8)$$

（2）记录已执行的驾驶动作序列 Y 中每个驾驶动作所在时段,形成由时段 t'_1,t'_2,…,t'_N 组成的时段序列 T;对 T 内元素进行合并,使已有的时段值只出现一次,记录同一时段内的驾驶动作并形成子序列 Y_u(u = 1,2,…,N'),则 Y 可表示为(Y_1,Y_2,…,$Y_{N'}$),将 Y =（Y_1,Y_2,…,$Y_{N'}$）中每一个元素对应时段值代入相关公式并查表可求解出 N' 个不同模型参数的驾驶行为与意图 HMM,记为 λ_1,λ_2,…,$\lambda_{N'}$。

（3）对 λ_1,λ_2,…,$\lambda_{N'}$ 分别使用 Viterbi 算法,得到可观察的驾驶动作序列 Y =（Y_1,Y_2,…,$Y_{N'}$）中每个子序列最大可能对应的隐状态序列,即不同时段内的驾驶意图子序列,记为 X =（X_1,X_2,…,$X_{N'}$）。将驾驶意图子序列 X_1,X_2,…,$X_{N'}$ 逐个展开,分别统计不同类型的驾驶意图节点个数（隐状态节点个数）;计算各种驾驶意图节点个数所占总个数 n 的比例值 ε_i（i 为驾驶意图种类个数,在路段时 i 值为 2）以确定整个驾驶动作序列 Y =（Y_1,Y_2,…,$Y_{N'}$）所代表的驾驶意图。

（4）设 Y_m 为预测的驾驶动作对象,其执行时间为 $t + \Delta t$,求出驾驶动作 Y_m 所在时段 t'_m;然后求解驾驶意图 HMM 隐状态转移矩阵 A 中各个转移概率值,若前面识别出整个驾驶动作序列 Y =（Y_1,Y_2,…,$Y_{N'}$）所代表的驾驶意图为 Q^1,则保留 q_t^{11} 和 q_t^{12};若 Y 所代表的驾驶意图为 Q^2,则保留 q_t^{21} 和 q_t^{22};Y_m 对应的驾驶意图 X_m 类型与 $q_t^{BB'}$（$B \in \{1,2\}$,B = 1 时 B' = 2,B = 2 时 B' = 1）取值范围相关,一般认为在 Δt 较小的情形下,驾驶员所持的驾驶意图不会发生转移,即认为 X_m 与 Y 所代表的驾驶意图相同,而在 Δt 较大的情形下,驾驶员所持的驾驶意图有可能发生转移,即认为 X_m 与 Y 所代表的驾驶意图不同。据此,可设立阈值 ξ（$0 < \xi < 1$）作为 X_m 是否发生转移的判定依据,若 $q_t^{BB'} \leq \xi$ 则认为未发生转移,若 $q_t^{BB'} > \xi$ 则认为发生转移,由此确定需预测的驾驶动作 Y_m 对应的驾驶意图 X_m 具体类型。

（5）在确定 Y_m 对应的驾驶意图 X_m 具体类型后,可根据 t'_m 值在表中查找出与 X_m 之间具有最大映射关系概率的驾驶动作类型,此驾驶动作类型即可认为是预测驾驶动作对象 Y_m 的具体形式。

5）驾驶行为预测实例

提取某被试车辆在实车驾驶试验区域内采集的驾驶行为数据作为路段

驾驶行为预测测试样本。根据采集得到的车辆地理位置信息,使用软件确定一处长约为 804 m 的道路进行试验,车辆位于道路中央地段,距后方交叉口中心点约 487 m。统计样本数据中的车速信息,获知驶过该距离时车辆平均速度为 30 km/h。统计样本数据中的时间信息,获知车辆驶入试验道路的时间为 09:08:35AM。对已驶过路段内的试验数据进行分析,甄别出 5 个与驾驶意图相关的驾驶动作,分别为"踩踏制动踏板 B(09:09:14AM)""使用转向灯 A(09:09:17AM)""踩踏制动踏板 B(09:09:20AM)""踩踏加速踏板 D(09:09:26AM)""踩踏制动踏板 B(09:09:33AM)",括号内为驾驶动作的执行时间。设由上述 5 个驾驶动作组成的驾驶动作序列 $Y = (Y_1, Y_2, Y_3, Y_4, Y_5)$,根据已知条件求解 Y 中 $Y_n (n = 1, 2, 3, 4, 5)$ 的时段值 t'_n 及其对应 HMM 模型参数情况,见表 4-7。

表 4-7 各驾驶动作时段值及其 HMM 模型参数

	$Y_1=B$	$Y_2=A$	$Y_3=B$	$Y_4=D$	$Y_5=B$
t'_n	4	5		6	
q_t^{11}/q_t^{12}	0.827/0.173	0.760/0.240		0.323/0.677	
q_t^{21}/q_t^{22}	0.649/0.351	0.533/0.467		0.407/0.593	
a_t/a'_t	—	0.752/0.037	—	—	—
b_t/b'_t	0.213/0.430	—	0.314/0.609	—	0.366/0.503
d_t/d'_t	—	—	—	0.468/0.494	—

根据已构建的基于驾驶意图 HMM 的驾驶行为预测模型,可首先对已执行的驾驶动作序列 $Y = (Y_1, Y_2, Y_3, Y_4, Y_5)$ 最大可能对应的驾驶意图序列 $X = (X_1, X_2, X_3, X_4, X_5)$ 进行推断,根据此得出执行此动作序列的驾驶员的确切意图类型。将表 4-7 中 HMM 模型参数依次代入 Viterbi 算法中求解 Y_n 最有可能对应的驾驶意图类型,得出 Y_1 和 Y_5 可能为驾驶员在"跟车意图"支配下执行的驾驶动作,Y_2、Y_3 和 Y_4 可能为驾驶员在"变道意图"支配下执行的驾驶动作,驾驶意图类型变化如图 4-23 中粗实线箭头方向所示。根据上述驾驶意图状态类型占优及在一定时间内具有稳定性原则,判定已执行的驾驶动作序列 $Y = (Y_1, Y_2, Y_3, Y_4, Y_5)$ 是驾驶员在"变道意图"支配

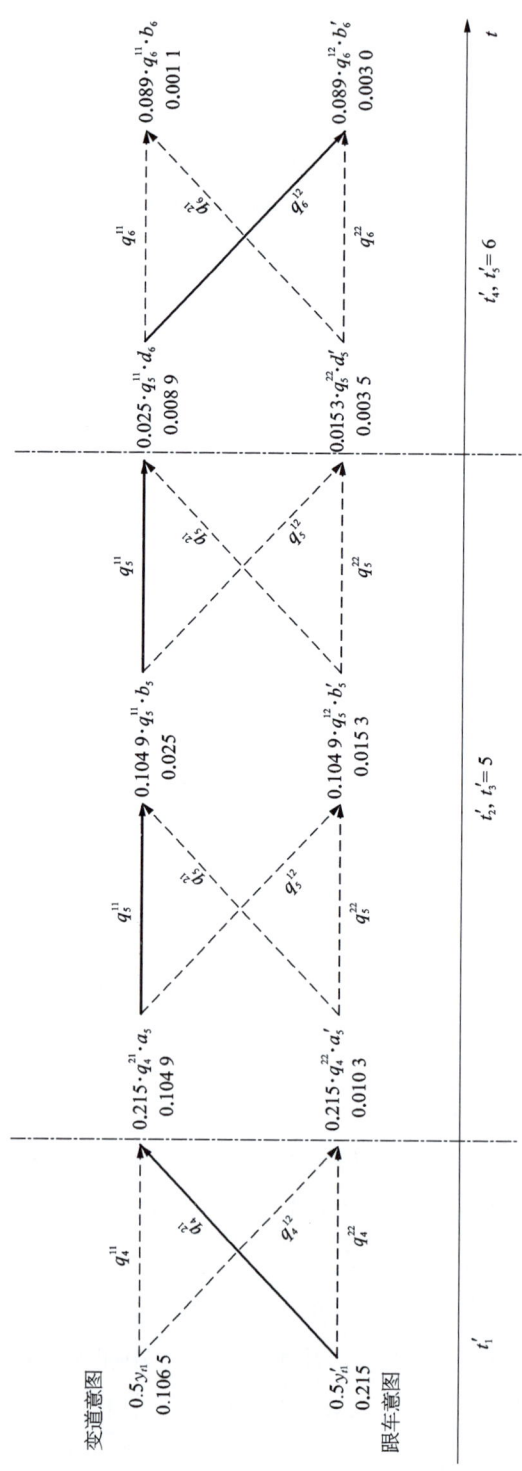

图 4-23 基于 Viterbi 算法的变道驾驶意图识别过程

下执行的驾驶动作。基于 Viterbi 算法的变道驾驶意图识别过程如图 4-23 所示。

在确立驾驶员已持有变道驾驶意图之后，可根据查表方式获知驾驶员在第 6 时段内最有可能执行的驾驶动作仍为"踩踏制动踏板 B"（$b_6 = 0.366$，为同比最大值）。考虑到驾驶员在持有变道驾驶意图后一般会尽快实施变道驾驶行为，且在第 6、7 时段内变道驾驶意图向跟车驾驶意图转移的概率在增大，因此预测时长不宜超过第 7 时段。持有变道驾驶意图的驾驶员在第 7 时段内最有可能执行的驾驶动作为"踩踏加速踏板 D"（$d_7 = 0.387$，为同比最大值）。

4.3 不良驾驶行为分级评价

以智能车载终端获取的车辆运行状态数据为基础，结合前两节的不良驾驶行为综合辨识模型、驾驶意图识别和驾驶行为短时预测模型，识别出车辆行驶途中发生的不良驾驶行为。针对同一种不良驾驶行为，实时提取与该驾驶行为有关的车辆状态特征指标，估算该指标与正常值的绝对偏离程度并记录该不良驾驶行为引发的危险状态持续时间。根据指标偏离度和持续时长对单一驾驶状态的危险态势进行分级评价，为实现不良驾驶行为的分级管控提供支持。分级评估步骤如图 4-24 所示。

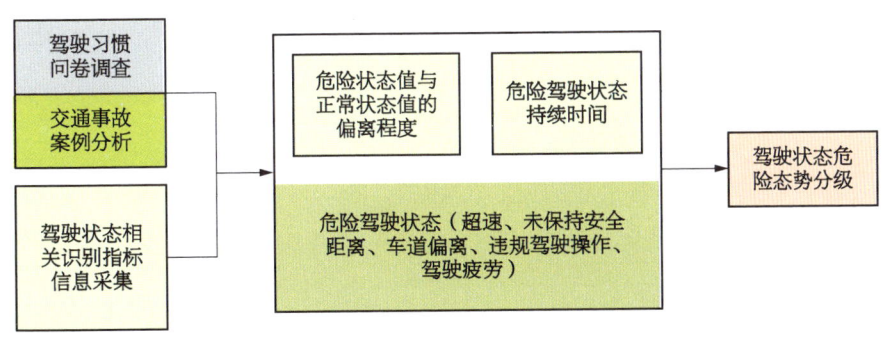

图 4-24 危险驾驶状态分级评估步骤

由统计数据可以看出，若两辆车出现了相同的不良驾驶行为，但车辆实时运行状态存在差异，则最后会造成不同的消极影响。例如，当车辆行驶途中出现猛踩加速踏板类不良驾驶行为时,可以通过检测加速踏板与车辆纵向加速度的变化进行识别。加速过程中,车辆会出现纵向加速度的突变,为了确保行车安全,会设定一个加速度临界值,一旦加速度超出预先设定的临界值,车辆可能会因为车速过高出现侧翻或无法正常制动。很显然,加速度超出临界值越多,车速就越高,出现交通事故的可能性就越大,一旦发生事故,造成的不良后果也会越严重。因此,不良驾驶行为的特征指标偏离程度会影响其产生的危险态势严重程度。此外,不良驾驶行为的持续时间越长,出现交通事故的可能性也会提升。例如,当通过驾驶员脸部识别监测到驾驶员出现精神异常、疲劳驾驶时,持续的时间越长,驾驶风险越大,反之,若能及早发现,及时调整,则能极大地降低事故发生的可能性。故不良驾驶行为的持续时间也会对其产生的危险态势严重程度造成影响。

为了合理地描述这些差异,将相同的不良驾驶行为进行细化分级,这里选择指标偏离度和持续时间为分级指标,通过 K-means 聚类实现单一不良驾驶行为危险态势分级评价。

K-means 算法是一种常用的无序聚类算法,算法核心思想是将距离更近的对象聚集在一起。算法首先随机选取 K 个对象作为分类初始质心,初始质心的选取将影响到最后分类结果,然后将其余对象分配到距离最近的质心,形成一个个对象簇,用重心法计算出所有对象簇的新质心,设前后质心之间的距离变动为 J。如果迭代前后 J 的值没有发生变化或者改变值小于设定阈值,说明算法已经收敛,如果 J 值发生改变且改变值大于设定阈值,则重复上述迭代。

K-means 算法的处理流程如下:

(1) 随机选取 K 个点,作为聚类中心。

(2) 分别计算每个点到 K 个聚类中心的聚类,然后将该点分到最近的聚类中心,这样就行成了 K 个簇。

(3) 再重新计算每个簇的质心(均值)。

(4) 重复以上三步,直到质心的位置不再发生变化或者达到设定的迭代次数。

4.3.1 分级评价模型

根据 K-means 聚类算法的原理,单一不良驾驶行为分级评价模型的建立步骤如下：

第一步，采集目标车辆的驾驶数据，根据不良驾驶行为识别模型辨识出某不良驾驶行为，统计该不良驾驶行为在目标车辆的持续时间 T_i：

$$T_i = T_i^{end} - T_i^{start} \tag{4-9}$$

式中 T_i^{start}——车载终端检测到不良驾驶行为 i 的时间点；

T_i^{end}——车载终端检测到不良驾驶行为 i 消失的时间点。

同时，计算目标车辆的驾驶动作状态特征指标 R_i，与预设的不良驾驶行为阈值 C_i 进行对比，得到指标偏离度 Q_i：

$$Q_i = \frac{R_i - C_i}{C_i} \tag{4-10}$$

通过上述公式计算出不良驾驶行为的危险偏离程度是一个 0 到正无穷之间的正数，当 Q_i 越大，表明该不良驾驶行为越危险。

第二步，将持续时间 T_i 和偏离度 Q_i 作为特征向量，形成特征完备数据集 $X' = \{X'_i\}_{i=1}^N$，其中 $X'_i = \{x'_{i,1}, x'_{i,2}\}$ 为第 i 个特征完备的数据样本，$x'_{i,1}$ 为第 i 个特征完备的数据样本的持续时间特征向量，$x'_{i,2}$ 为第 i 个特征完备的数据样本的偏离度特征向量。考虑到这两个特征向量均为数值型特征，为了提高算法的求解速度和精度，对完备数据样本的特征向量做最大最小归一化处理。处理后的数据特征向量 $x_{i,j}$ 为

$$x_{i,j} = \frac{x'_{i,j} - \min\limits_{1 \leq i \leq n}(x'_{i,j})}{\max\limits_{1 \leq i \leq n}(x'_{i,j}) - \min\limits_{1 \leq i \leq n}(x'_{i,j})} \quad \forall j \in \{1, 2\} \tag{4-11}$$

得到归一化后的数据集 $X = \{X_i\}_{i=1}^N$，$X_i = \{x_{i,1}, x_{i,2}\}$。

第三步，基于 K-means 算法对数据集进行聚类，根据聚类结果获取各级不良驾驶行为的数据特征。

（1）采用网格搜索算法，分别计算 Calinski-Harabaz(CH) 与簇内误方差 (SSE) 确定聚类中心个数 K。

其中，CH 由簇间散度与簇内散度作商得到，其中分离度等于每一簇内各点与其中心点的距离平方和，紧密度等于各簇中心点与样本数据中心点的距离平方和。所以 CH 越大，表示各簇间越分散，而簇内越紧密。

簇内散度：

$$W_K = \sum_{j=1}^{K} \sum_{p_j \in C_j} (p - m_j)(p - m_j)^T \qquad (4-12)$$

簇间散度：

$$B_K = \sum_i p_j (m_j - c)(m_j - c)^T \qquad (4-13)$$

$$CH(K) = \frac{Tr(B_K)(N-K)}{Tr(W_K)(K-1)} \qquad (4-14)$$

式中　K——簇类个数；

　　　C_j——第 $j(j = 1, 2, \cdots, k)$ 个簇的数据集；

　　　p_j——簇 C_j 里的样本点；

　　　m_j——簇的质心，为簇类 j 的样本数；

　　　c——所有数据集的中心；

　　　N——数据集样本数；

　　　$Tr(B_K)$——簇间散度矩阵的迹；

　　　$Tr(W_K)$——簇类散度矩阵的迹。

SSE 等于簇内各点到中心点的距离误差平方和，理论上 SSE 越小，表示簇内各点越紧密，聚类性能越好。一般来讲，SSE 会随着簇数增加而降低，但对于有一定区分度的数据进行聚类，会有一个临界点，在临界点之前 SSE 迅速下降，在临界点之后降速变缓，则这个临界点就是聚类效果较好的点。

$$SSE = \sum_{p_j \in C_j} |p - m_j|^2 \qquad (4-15)$$

（2）从 N 个数据样本中任意选择 K 个样本作为初始聚类中心 $C_0 = \{C_j^0\}_{j=1}^{k}$，并初始化迭代器 $m = 0$。

（3）计算数据集中每个数据样本与聚类中心之间的欧氏距离，以最大化簇间距离，最小化簇内距离为目标，设置目标函数，划分数据集的类别。

$$\phi_{\min} = \min \sum_{j=1}^{k} \sum_{i=1}^{N} w_{i,j} \cdot \| X_i - C_j \|^2 \qquad (4-16)$$

式中　$w_{i,j}$——0-1 变量；

　　　$w_{i,j} = 1$——数据样本 X_i 属于聚类中心 C_j 内；

　　　$w_{i,j} = 0$——数据样本 X_i 不属于聚类中心 C_j 内。

（4）根据更新后的簇内数据，计算每簇聚类中心，更新 $m = m + 1$ 与聚类中心 $C_m = \{C_j^m\}_{j=1}^k$。

（5）计算聚类方差，判断方差是否满足最小标准，若满足，输出 K 个聚类中心及簇内数据样本，否则，继续执行(3)。

第四步：根据聚类结果得到同一种不良驾驶行为不同等级的数据特征，包括每个等级下偏离度的范围和持续时间的长短。随后可以将实时监测到的不良驾驶行为驾驶状态特征与各级数据样本特征进行比较，从而确定该不良驾驶行为的危险态势严重度等级。

4.3.2 分级评价实例

以不良驾驶行为中的"猛踩加速踏板行为"为例，进行危险态势严重度分级评价。根据问卷调查和实车测试，当出现"猛踩加速踏板"类不良驾驶行为时，加速度阈值为 0.7 m/s^2，此时乘员身体后倾，会感觉明显不适。

以山区公路营运车辆记录的 300 条"猛踩加速踏板"类不良驾驶行为数据为样本数据，统计每条样本数据中不良行为产生和消失的时间点，计算出驾驶员猛踩加速踏板的持续时间 T_i，同时记录猛踩加速踏板时产生的加速度，与加速度阈值比较，得出加速度偏离度 Q_i，然后对原始样本数据进行最大最小归一化处理，得到的标准化数据见表 4-8。

表 4-8 "猛踩加速踏板"类不良驾驶行为统计数据

编号	产生时间	消失时间	持续时间/s	加速度/(m/s²)	阈值偏离度
1	09:45:32	09:45:52	20	0.92	0.32
2	10:03:58	10:05:18	80	1.60	1.28
3	13:24:39	13:24:49	10	3.09	3.41
4	11:07:21	11:08:21	60	0.83	0.19
...	...	...	...	...	...

将样本数据输入 K-means 聚类模型中，根据评价指标 CH 和 SSE，可以看出，当 $K = 4$ 时，聚类效果最好（图 4-25），因此将该不良驾驶行为的危险态势严重度划分为 4 级。

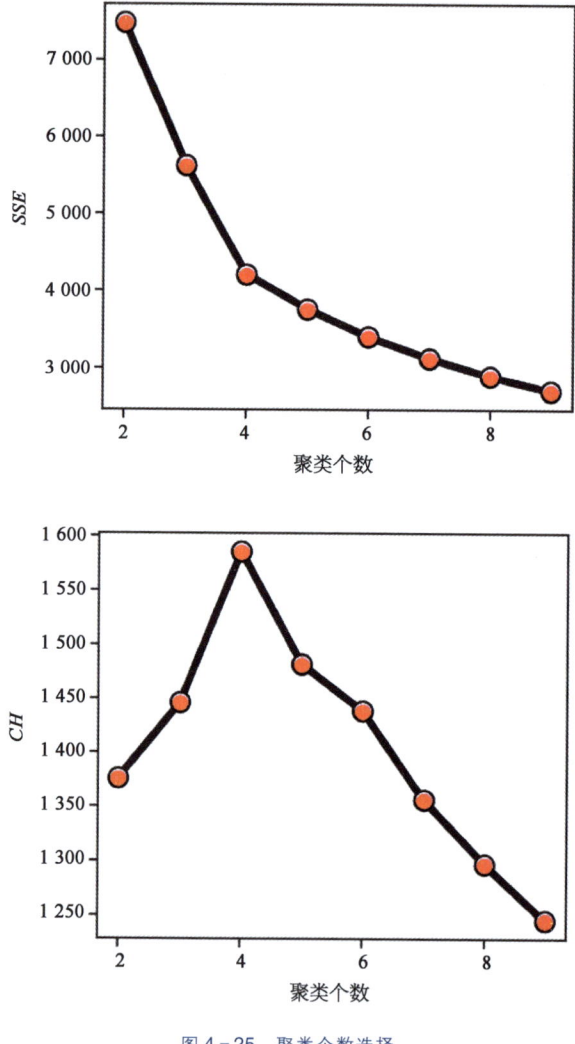

图 4 - 25 聚类个数选择

考虑到阈值偏离度越大，持续时间越长，行车就越危险。因此，检测到"猛踩加速踏板"类不良驾驶行为时，只需满足任何一个条件，即可划分为该级别。

例如，车载终端实时记录了一条猛踩加速踏板的不良驾驶行为，产生于 08:23:34，消失于 08:23:50，加速度为 0.8 m/s^2，经过计算，该行为持续时间为 16 s，偏离度为 0.14。由于行为持续时间超过 8 s，则危险态势严重度定位为 2 级，见表 4 - 9。

表 4-9 "猛踩加速踏板"类不良驾驶行为危险态势分级

危险态势严重度	持续时间/s	阈值偏离度
1 级	$T_i < 8$	$Q_i < 0.43$
2 级	$8 \leqslant T_i < 35$	$0.43 \leqslant Q_i < 1.86$
3 级	$35 \leqslant T_i < 62$	$1.86 \leqslant Q_i < 3.29$
4 级	$T_i \geqslant 62$	$Q_i \geqslant 3.29$

4.4 不良驾驶行为主动安全预警

考虑到在非自动驾驶或高辅助驾驶模式下,不能直接更改车辆的驾驶状态,因而只能采用智能预警的方式,对识别出的不良驾驶行为进行提示。对于安装在车辆中的车载预警装置,采用声音预警的方式最为直接。但是,声音的影响因素很多,采用何种频率、何种频次的预警声音对驾驶员的刺激性最好,这是在面向不良驾驶行为的主动安全预警中需要确定的。

针对不同等级的驾驶行为危险态势,设计并开展驾驶模拟试验,监测不同频率、不同时长的声音(蜂鸣器音、语音提示)预警方式下驾驶员的生理反应、操作信息,从客观的角度分析驾驶员对预警方式的接受程度;根据行为心理学理论设计调查问卷,对被试驾驶员进行调查,从主观的角度研究驾驶员对各种预警方式的接受程度;根据主客观综合评价结果选取适合各种危险驾驶状态等级的预警提示方式,具体的评价指标设置包括客观评价指标和主观评价指标。

4.4.1 客观评价指标

1) 心率增长率

心率是指心脏每分钟跳动的次数,一般情况下为 60~100 次/min。心率由交感神经系统和副交感神经系统组成的自主神经系统进行控制,当驾驶员精神紧张时,交感神经系统活跃,心率变高、血压升高、呼吸短促;当驾驶员存有放松状态时,副交感神经系统活跃,心率变慢、血压下降、呼吸平缓。因此,可以采用心率变化程度来衡量驾驶员的生理紧张程度。心率增长率指的是驾驶员在接受预警信号时的心率增量和静止时心率的比值。借鉴日本的研究成果,当驾驶员的心率增长超过20%,会明显感到紧张;当超过30%,此时驾驶员的心理相对紧张,容易引发交通事故;一旦驾驶员心率增长率超出40%,驾驶员心里会非常紧张,甚至出现惊慌,这是应该避免的情况。

$$\eta_{HR} = \frac{HR_a - HR_{mean}}{HR_{mean}} \quad (4-17)$$

式中 η_{HR}——心率增长率;

HR_a——接受预警信号时的心率值;

HR_{mean}——静止状态下被试人员的平均心率值。

2)反应时间

反应时间是衡量驾驶员对预警信号察觉程度的主要指标之一,它指从预警信号产生到驾驶员把操作肢体从原位置移动到需要操作的车辆部件上并刚刚接触到部件时所经历的时间总和。驾驶员认知、判断和执行的能力越强,则驾驶员的反应时间越短,越有利于把握时机避免交通事故发生,而反应时间过长则可能错过制动有效时间,导致交通事故。一般情况下,驾驶员的反应时间为0.5~1.2 s,如果在脑力资源不足情况下,则可能导致反应时间增加,有试验显示,若驾驶员能提早1 s发现交通危险并做出准确判断,则可以避免90%的交通事故。

$$t_{response} = t_{act} - t_{occure} \quad (4-18)$$

式中 $t_{response}$——反应时间;

t_{occure}——预警信号产生的时间;

t_{act}——驾驶员开始操作的时间。

3)操作准确度

操作准确度是衡量驾驶员对预警信号理解程度的主要指标之一,它指预警信号产生后,驾驶员能正确理解预警提示,并及时采取正确操作的概率。信号的可理解性越高,驾驶员的判断力和执行力越强,则操作的准确度越高,越有利于避免交通事故发生。

$$\varepsilon_i = \frac{N_i^{\text{right}}}{N_i} \quad (4-19)$$

式中 ε_i——操作准确度；

N_i——预警方式 i 的总试验次数；

N_i^{right}——预警方式 i 下驾驶员操作正确的次数。

4.4.2 主观评价指标

心理学家詹姆斯·拉塞尔等人认为情绪在两个维度上变化：低唤醒和高唤醒、积极和消极。驾驶员在预警方式下的情绪反应属于高唤醒，但同时产生积极情绪和消极情绪。积极情绪以紧张为主，驾驶员的紧张感有利于驾驶员生理唤醒，迅速反应；消极情绪以烦恼为主，预警信号以突然刺激产生，驾驶员在听到预警信号后被迫改变原来状态，会产生厌烦感，消极情绪对驾驶员的身心健康会造成影响，并可能引起不良驾驶操作。因此选用紧迫度和烦恼度作为心理变化的主观评价指标。

1) 紧迫度

紧迫度表示驾驶员接受预警信号的紧张感。采用数字等级量表方式衡量驾驶员听到预警信号的紧迫度，用 0~10 评分，0 表示完全没有紧迫感，10 表示紧迫感非常强烈，见表 4-10。

表 4-10 紧迫度量表

驾驶员：		时间：		内容：						
紧迫度数字等级量表：请在下列选择栏划"√"										
完全没有					至					非常强烈
0	1	2	3	4	5	6	7	8	9	10

2) 烦恼度

烦恼度表示驾驶员接受预警信号刺激后的舒适性。采用数字等级量表方式衡量驾驶员听到预警信号的烦恼度，用 0~10 评分，0 表示完全没有烦恼，很舒适，10 表示非常烦恼，并且厌恶，见表 4-11。

表 4-11 烦恼度量表

驾驶员：		时间：		内容：						
烦恼度数字等级量表：请在下列选择栏划"√"										
完全没有					至					非常强烈
0	1	2	3	4	5	6	7	8	9	10

理论上来说,人耳的听觉频率范围是在 20～20 000 Hz,但实际上 4 000～8 000 Hz 之间的声音对人来说已经属于高频率声音,人耳对高音频段感受到的声音响度较小。人的外耳道是一段一端封闭一端开口的管道共振器,管道长度不同有不同的共振峰,范围一般是在 2 000～7 000 Hz,峰压点在 2 500～3 500 Hz,增益效应可达 11～12 dB。所以一般说人耳最敏感的频率范围是 1 000～4 000 Hz。一般,火灾等危险情况下各种蜂鸣器发出的警报声的基频都在 1 000～3 000 Hz 之间。结合实际生活,本试验以 500 Hz 为间隔,将 1 000～4 000 Hz 划分为 7 个刻度：1 000 Hz、1 500 Hz、2 000 Hz、2 500 Hz、3 000 Hz、3 500 Hz、4 000 Hz。听觉预警信号的工作频率用一次作用时长来表示,两次作用时间间隔与一次作用时长相同,作用时长越小则工作频率越高,将作用时长划分为 6 个刻度,分别为 0.1 s、0.2 s、0.4 s、0.6 s、0.8 s、1 s,总时长 5 s。

国家交通事故统计数据显示,20～35 岁为事故高峰年龄,因此本试验选取中青年驾驶员,最大年龄为 35 岁,最小年龄为 21 岁,平均年龄为 25.7 岁,年龄标准差为 3.5 岁。为了控制驾驶员性别、驾龄和性格因素对试验的影响,本次试验选择 200 名男性驾驶员作为试验对象,都拥有合格的驾驶证,平均驾龄 2.3 年(最短 1 年,最长 5 年),且驾驶员在以往驾驶过程中没有超速、闯红灯、剐蹭其他车辆等暴力违法行为。参与试验的驾驶员在试验前身体状态良好,没有视觉或听觉障碍,试验前 24 h 未服用过刺激性药物和酒精类饮品。

① 试验准备。单调和联调试验设备,保证试验能够顺利进行。

② 被试驾驶员静坐 5 min,记录这 5 min 内驾驶员的静态生理数据,作为驾驶员基准生理数据,并确保相关指标均在医学认可的健康范围内。

③ 适应性试验。向驾驶员解释试验目的、方法和具体要求,为被试驾驶员佩戴智能手环。被试驾驶员进行约 1 h 练习,熟悉模拟驾驶的操作和预警信号作用方式,适应道路环境,并测量正常驾驶时平均声音频率。

④ 预警信号参数优化试验。驾驶员正常模拟驾驶，调节预警信号的强度和一次作用时长参数，给以预警信号，预警信号时长 5 s，记录信号产生时间和驾驶员制动产生时间，每次预警后询问驾驶员的紧迫度和烦恼度，填写量表。每个驾驶员进行两次试验，第一次控制声音频率、改变一次作用时长，第二次控制一次作用时长、改变声音频率，取两次数据平均值。数据分析后得到听觉预警方式的最优预警信号参数。

⑤ 设定最优预警信号参数，驾驶员正常模拟驾驶，随机给以听觉预警信号，记录信号产生时间、驾驶员制动产生时间、驾驶员心率值和操作是否正确，每次预警后询问驾驶员的紧迫度和烦恼度，填写记录表。

⑥ 数据汇总及试验结束。试验结束后汇总每位参与试验的驾驶员的主客观评价数据，见表 4-12～表 4-15。

表 4-12 主观评价记录表

试验编号	烦恼度	紧迫度	预警方案
1	3	6	2 500 Hz, 0.1 s
2	8	7	3 000 Hz, 0.2 s
…	…	…	…

表 4-13 心率变化记录

试验编号	平均心率/(次/min)	预警时心率/(次/min)	心率增长率	预警方案
1	75	93	24%	2 500 Hz, 0.1 s
2	69	91	32%	3 000 Hz, 0.2 s
…	…	…	…	…

表 4-14 反应时间记录表

试验编号	预警信号触发时间/s	制动触发时间/s	反应时间/s	预警方案
1	47.76	48.54	0.78	2 500 Hz, 0.1 s
2	43.65	44.28	0.63	3 000 Hz, 0.2 s
…	…	…	…	…

表 4-15 操作准确度记录表

预警方案	操作正确次数	操作准确度
2 500 Hz, 0.1 s	113	56.5%
3 000 Hz, 0.2 s	142	71%
…	…	…

从客观指标数据来看,预警声音频率和一次作用时长的增加会激活更多大脑皮层细胞,大脑处理能力提升,有利于驾驶员动作反应,但声音频率超过一定范围时,会影响驾驶员的脑力集中和预警信号识别。从主观指标数据来看,预警声音频率和一次作用时长的持续增加,紧张和烦恼情绪会刺激激素分泌,加强对中枢系统的生理唤醒作用,有利于驾驶员的动作反应;但过强烈的情绪使中枢系统处于高度唤醒状态,因负诱导作用而抑制了大脑的皮层活动,以致驾驶员的注意力狭窄,处理信息过少,反应时间增加,操作准确度下降,不利于安全驾驶。

综合试验结果产生的各项指标,3 500 Hz 0.2 s/次、4 000 Hz 0.2 s/次的预警方式产生的烦恼度和紧迫度适中,心率变化小、平均反应时间较低,且准确度较高,是最佳的听觉预警方式,见表 4-16。

表 4-16 最佳听觉预警方案

统计	烦恼度	紧迫度	心率增长率	平均反应时间	操作准确度
3 500 Hz 0.2 s/次	4.3	5.4	14%	0.56	75.5%
4 000 Hz 0.2 s/次	4.9	5.9	18%	0.54	78.5%

由于超速现象在驾驶行为中存在较为普遍,车载端预警对驾驶员难以有效约束。因此,对各种危险驾驶状态的预警终端分为车载端预警和远程管理中心端预警;其中,车载端预警主要针对未保持安全车距、车道偏离、违规操作三种危险驾驶状态,远程管理中心端预警主要针对超速及驾驶疲劳两种危险驾驶状态。

第 5 章

连续交通流感知与交通事件预警

为了进一步提升高速公路管理水平,迫切需要开展交通状态精准感知及交通事件实时监测预警工作,为管理决策提供有力的数据支撑。近年来随着科技水平的不断提高和智慧交通的快速发展,越来越多的新技术应用于交通领域,交通流感知的技术手段也在不断迭代。相比于传统的感知手段,如视频监控、线圈等,雷视设备具有检测精度高、检测距离长、环境适应能力强的特点,近年来在我国多条高速公路得到了应用。

5.1 多目标检测与数据融合

5.1.1 毫米波雷达目标检测

毫米波雷达是一种使用短波长电磁波的特殊雷达。雷达系统发射的电磁波被其发射路径上的物体阻挡发生反射,通过捕捉反射信号,雷达系统可以确定物体的距离、速度和角度。

毫米波雷达发射的信号波长为毫米量级,在电磁频谱中,这种波长被视为短波,这也是该技术的优势之一。一方面,短波长使得处理毫米波信号的系统组件(如天线)的尺寸很小,易于集成。另一方面,短波长有更高的准确度,工作频率为 76~81 GHz(对应波长约为 4 mm)的毫米波系统能够检测精度小至零点几毫米的移动。

完整的毫米波雷达系统包括发射(TX)、接收(RX)、射频(RF)、时钟等模拟组件,还有模数转换器(ADC)、微控制器(MCU)和数字信号处理器(DSP)等数字组件。

常见的交通流感知毫米波雷达采用调频连续波(FMCW)技术。FMCW

雷达连续发射调频信号以测量距离、角度和速度,与周期性发射短脉冲的传统脉冲雷达系统不同。

1) 距离测量

雷达系统的基本原理,是电磁波信号发射过程中被其传播路径上的物体阻挡,发生反射,其接收组件接收到了电磁波,通过计算收到与发送电磁波信号的时间差与波的特征,可以推算出该物体的空间信息。FMCW 雷达系统所用信号的频率随时间变化呈线性升高。这种类型的信号也称为线性调频脉冲,其频域波形如图 5-1 所示。

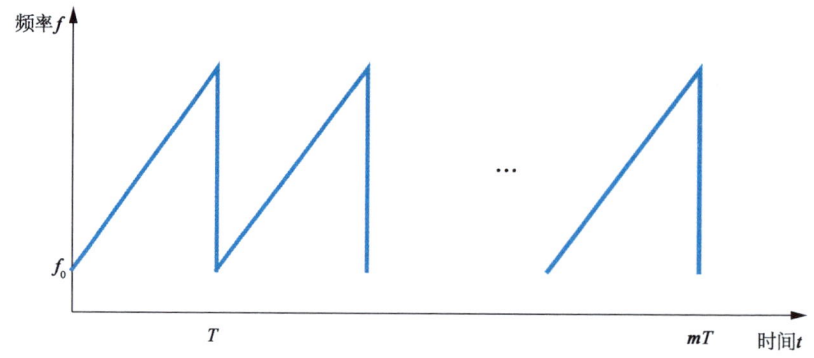

图 5-1 线性调频脉冲

图 5-2 为一个线性调频脉冲信号(频率时间函数),图中显示了该线性调频脉冲的起始频率(f_c)、带宽(B)和持续时间(T_c)。该线性调频脉冲的斜率(S)表示频率的变化率。

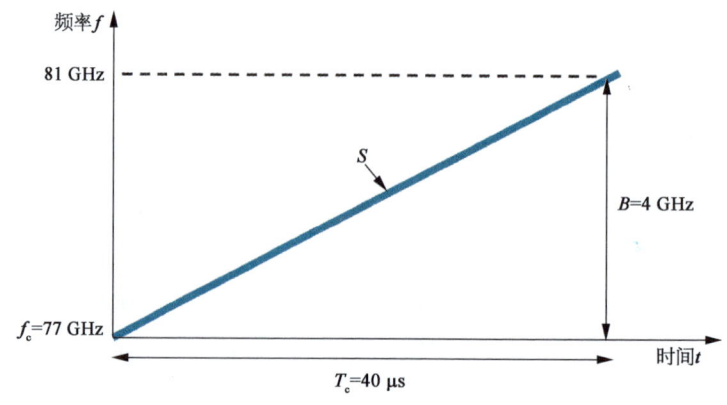

图 5-2 线性调频脉冲信号

在图 5-2 的示例中，$f_c = 77\ \text{GHz}$，$B = 4\ \text{GHz}$，$T_c = 40\ \mu\text{s}$。

$$S = \frac{B}{T_c} = 100\ \text{MHz}/\mu\text{s} \qquad (5-1)$$

FMCW 雷达发射线性调频脉冲信号，并捕捉其发射路径中的物体反射的信号。图 5-3 所示为 FMCW 雷达主射频组件的简化框图。

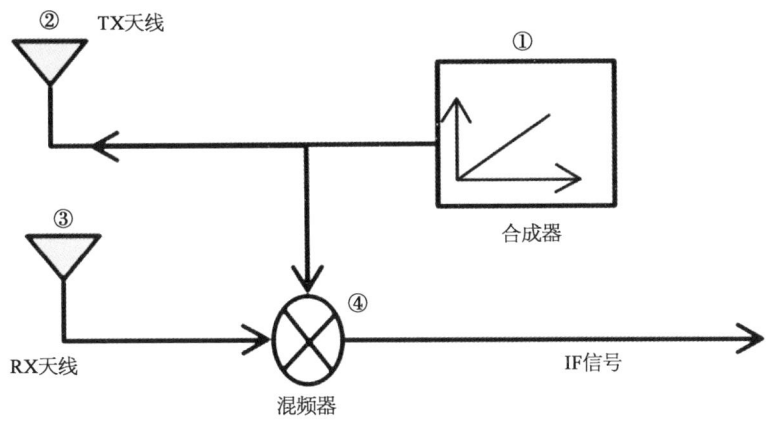

图 5-3　FMCW 雷达主射频组件简化框图

合成器生成一个线性调频脉冲(图 5-1)，该线性调频脉冲由 TX 天线发射，物体对该线性调频脉冲的反射生成一个由 RX 天线捕捉的反射线性调频脉冲。"混频器"将 RX 信号和 TX 信号混频生成一个中频(IF)信号。

对于两个正弦输入(发射信号和接收信号) x_1 和 x_2：

$$x_1 = \sin(\omega_1 t + \varphi_1) \qquad (5-2)$$

$$x_2 = \sin(\omega_2 t + \varphi_2) \qquad (5-3)$$

输出 x_{out} 有一个瞬时频率，其等于两个输入正弦函数的瞬时频率之差，输出 x_{out} 的相位等于两个输入的相位之差：

$$x_{\text{out}} = \sin[(\omega_1 - \omega_2)t + (\varphi_1 - \varphi_2)] \qquad (5-4)$$

混频器的运行方式还可以用图形方式表示。图 5-4 中的上半部为检测到的单个物体的 TX 线性调频脉冲和 RX 线性调频脉冲与时间相关的函数。需要注意的是，该 RX 线性调频脉冲是 TX 线性调频脉冲的延时"版本"，延时

(τ)可通过数学方法推导:

$$\tau = \frac{2d}{c} \quad (5-5)$$

式中 d——与被检测物体的距离；

c——光速。

由图 5-4 可知,两条脉冲线之间的距离是固定的,这表示 IF 信号包含一个频率恒定的单音信号。

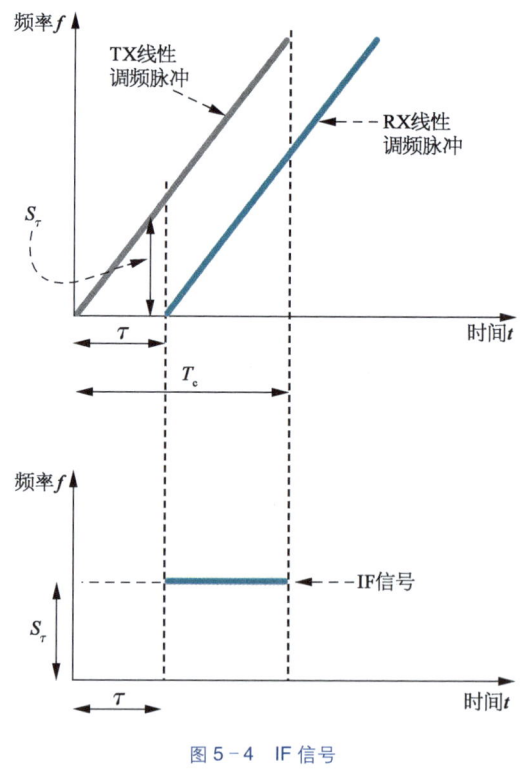

图 5-4 IF 信号

因为混频器的输出信号频率恒定,所以其作为时间的幅度函数是一个正弦波。IF 信号的初始相位（$\emptyset_0$）是 IF 信号起点对应时间点(即图 5-4 中左侧垂直虚线表示的时间点)的 TX 线性调频脉冲相位与 RX 线性调频脉冲相位之差(λ 代表调频脉冲波长):

$$\emptyset_0 = \frac{4\pi d}{\lambda} \text{ 或 } d = \frac{\lambda \emptyset_0}{4\pi} \quad (5-6)$$

2）速度测量

为了测量速度，FMCW 雷达会发射两个间隔 T_c 的线性调频脉冲，每个反射的线性调频脉冲通过快速傅里叶变换（fast Fourier transform，FFT）加以处理，以便检测物体的距离（与 FFT 的距离），对应于每个线性调频脉冲的距离 FFT 将在同一位置出现峰值，但相位不同，该测得的相位差对应于速度为 v_{T_c} 的物体的移动，如图 5-5 所示。

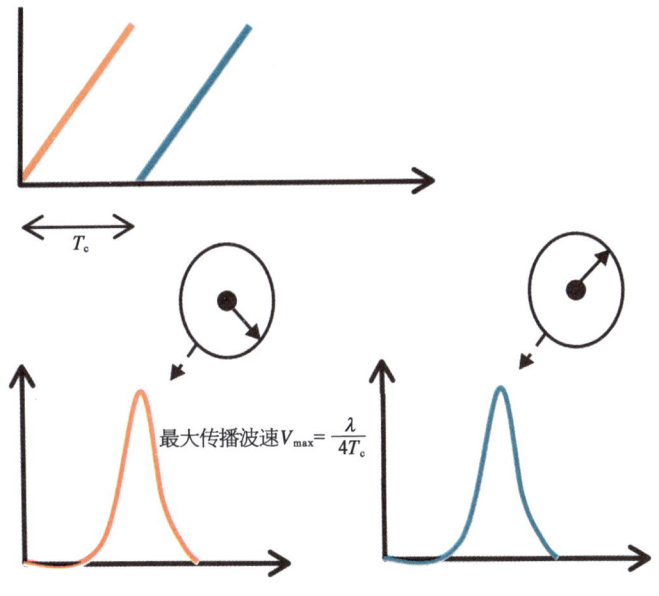

图 5-5 双线性脉冲速度测量

相位差可通过式(5-6)推导出式(5-7)：

$$\Delta \varnothing = \frac{4\pi v T_c}{\lambda} \quad (5-7)$$

可通过式(5-7)推导出速度：

$$v = \frac{\lambda \Delta \varnothing}{4\pi T_c} \quad (5-8)$$

3）角度测量

FMCW 雷达系统可以使用水平面估算反射信号的角度，如图 5-6 所示。该角度也称为到达角（AoA）。

角度估算基于下面的观测：物体距离的微小变化即可导致距离 FFT 或多

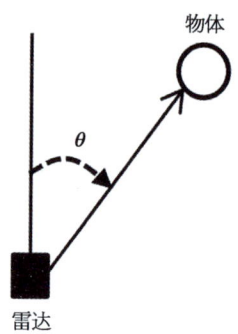

图 5-6 到达角

普勒 FFT 峰值的相位变化。该结果被用于进行角度估算,该估算使用至少两个 RX 天线,如图 5-7 所示。物体与两个天线的距离差会导致 FFT 峰值的相位变化,相位变化即可用于计算 AoA。

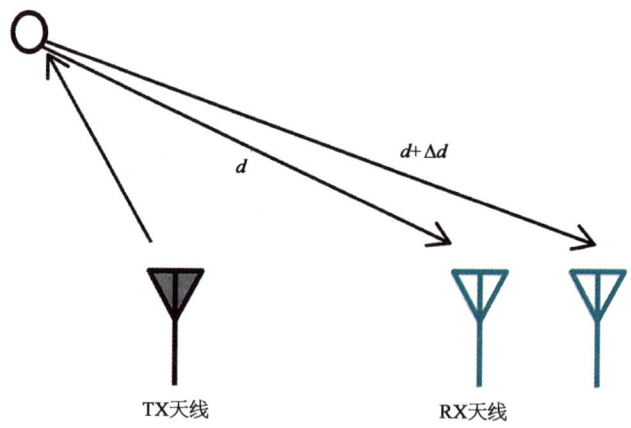

图 5-7 AoA 计算

在此配置中,相位变化在数学上可以推导出式(5-9):

$$\Delta\varnothing = \frac{2\pi\Delta d}{\lambda} \quad (5-9)$$

$\Delta d = l\sin\theta$,其中 l 是天线之间的距离。因此,到达角 θ 计算公式为

$$\theta = \sin^{-1}\left(\frac{\lambda\Delta\varnothing}{2\pi l}\right) \quad (5-10)$$

4）目标聚类

毫米波雷达想要精准地跟踪计算每个目标的信息,包括距离、速度、到达角等,就必须根据目标位置变化和速度变化设计跟踪算法,确定哪些目标为值得跟踪的真目标。对于确定需要跟踪的目标,毫米波雷达通过发射脉冲信号启动自动跟踪过程。启动过程需要在目标进入雷达可探测范围后,对全部目标进行3~5次扫描(即3~5个时钟周期)。

采用相邻帧信息比较来确定场景内的目标,在处理过程中要解决两个问题:① 场景内静止物体及突然出现的噪点不是关注的对象,需要从点云数据中剔除;② 对于同一目标的多个反射点,当认为是同一物体时,需要将所有点云聚类为一个点替代。

经过目标聚类算法处理,毫米波雷达系统即可输出有效目标信息,用于后续多目标跟踪算法。

5）多目标跟踪

多目标跟踪算法用于对聚类目标进行连续跟踪,需要同时满足位移相对较小目标的跟踪和快速移动或部分或完全遮挡目标的跟踪。

对同一帧聚类信息进行匹配处理后,数据量大大降低了,并提取了有效目标信息,再进行帧间处理即可实现目标跟踪。计算毫米波雷达系统帧时间差,通过前一帧内目标速度信息可以推算其在下一帧的位置信息,并与下一帧目标坐标信息匹配即可实现简单目标跟踪。

利用扩展卡尔曼滤波算法预测下一周期目标信息:计算本周期目标的状态预测值和实际测量值的差值,判断两者是否为同一目标,如果为同一目标,则继续跟踪;如果不是同一目标则在保留有限次周期后进行删除。此方法主要用于跟踪部分或完全遮挡的目标。

至此,毫米波雷达的目标检测跟踪已完成,可输出结构化的连续目标数据,包括距离、速度、方位角,用于后续数据融合及目标检测。

5.1.2 视频目标检测

目标检测是计算机视觉领域的一个经典的任务,是进行场景内容分析和理解等高级视觉任务的基本前提。视频中的目标检测任务更是和现实生活的需求贴近,现实生活中的智能视频监控、机器人导航等应用场景都需要对视频进行处理,对视频中的目标进行检测。视频中的目标检测需要在静态图像目标检测的基础上对目标因运动产生的各种变化进行处理,这是视频目标检测的难点。目标检测主要分为传统视频目标检测技术和基于深度学习的视频目标检测技术,发展时间大致为:传统视频目标检测算法时期(1998—2014年)和基于深度学习的视频目标检测算法时期(2014年至今),如图5-8所示。

1) 传统视频目标检测

传统的视频目标检测主要使用方向梯度直方图、尺度不变特征变换对滑动窗口进行判别,主要代表方法为部位形变模型及其扩展。由于滑动窗口需要大量的计算,基于候选窗口的目标检测方法后来居上。目前较通用的候选窗口产生方法包括选择提取、边缘窗口等。

传统的视频目标检测方法虽然取得了一些成就,但同时也存在一些弊端。基于手工提取特征的传统目标检测算法主要有三个缺点:识别效果、准确率较低;计算量较大,运算速度慢;可能产生多个正确识别的结果。因此,传统的视频目标检测方法已经不能满足现代社会的需求。学界提出了多种深度学习模型,深度学习就是通过建立一个多层网络,应用此网络使计算机能够自主学习并获得数据中蕴含的内部关系,从而提取出更多的数据,使计算机学习更有表现力。

2) 基于深度学习的视频目标检测

深度学习是基于流向图的方式来描述从输入到输出的全部计算过程。而深度是这个流向图的特别属性,指从一个输入到另一个输出最长的长度。深度学习是一种通过构建多层神经网络来实现对人脑数据信息的自主学习方法,可以通过同时对大量的数据信息进行训练来实现人脑的模拟与分析。深度学习通过训练学习数据信息并提取特征来满足不同领域的服务要求。深度学习模型具有高度的分层结构和较强的自主学习能力,能够很好地执行识别、检测和分类等操作,适用于处理各种复杂数据分析问题。一般情况下,非监督学习包含受限玻尔兹曼机、深层玻尔兹曼机、深度信念网络等。而监督学习有卷积神经网络、循环神经网络、深层堆叠网络等。其中,基于卷积神经网络的图像分类、目标检测水平已经远超人类识别的水平,基于计算机的翻译能力也已经达到人类正常水平。

而基于深度学习的目标检测算法又发展成了两条技术路线:基于锚框的方法(一阶、二阶)和无锚框方法,如图5-9所示。

第 5 章 连续交通流感知与交通事件预警

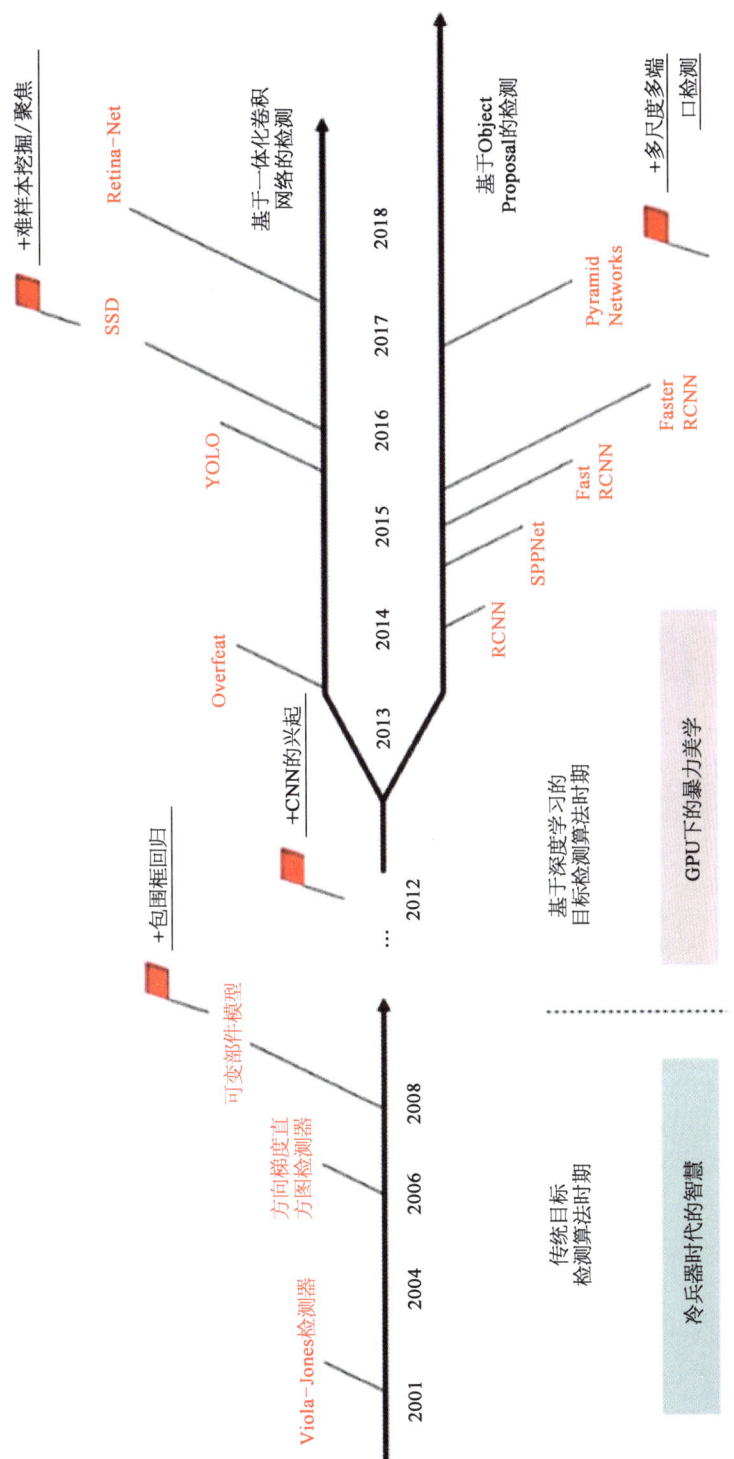

图 5-8 目标检测发展过程

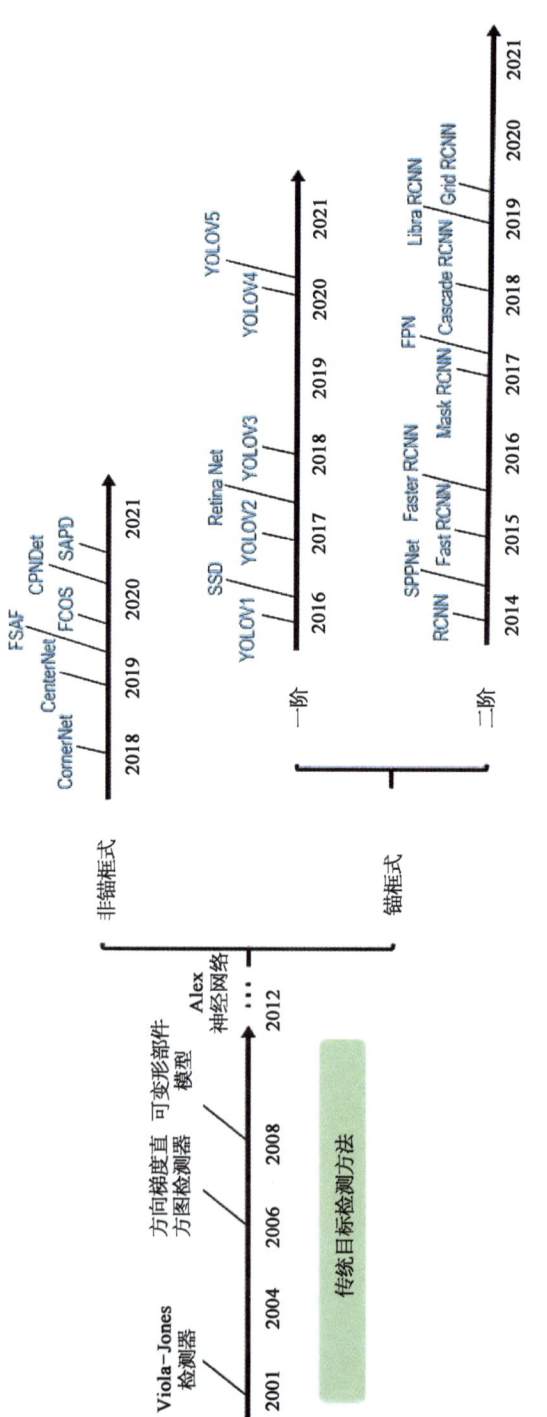

图 5-9 基于深度学习的目标检测发展过程

（1）基于锚框的方法。

基于锚框的方法主要有一阶段目标检测算法和二阶段目标检测算法（二阶段目标检算法一般比一阶段目标检测算法精度要高，但一阶段目标检测算法速度会更快）。

二阶段目标检测算法（RCNN、SPPNet、Fast RCNN、Faster RCNN 等）主要分为以下两个阶段：

阶段 1：从图像中生成区域候选。

阶段 2：从区域候选生成最终的物体边框。

一阶段目标检测算法不需要区域候选阶段。直接产生物体的类别概率和位置坐标值，经过一阶段即可直接得到最终的检测结果，因此有着更快的检测速度，主要算法包括 YOLOV1 – V5、SSD 等。其优势为：使用锚框机制产生密集的锚框区域，使得网络可直接在此基础上进行目标分类及边界框坐标回归。加入先验，训练稳定密集的锚框区域可有效提高网络目标召回能力，对于小目标检测来说提升非常明显。

同样一阶段目标检测算法也存在一些缺点：

① 锚框的大小、数量、长宽比对于检测性能的影响很大（通过改变这些典型参数，使得基准目标的准确性提升了 4%），因此基于锚框的检测性能对于锚框的大小、数量和长宽比都非常敏感。

② 固定的锚框极大地损害了检测器的普适性，导致对于不同任务，其锚框都必须重新设置大小和长宽比。

③ 为了匹配真实框，需要生成大量的锚框，但是大部分的锚框在训练时标记为负样本，所以就造成了样本极度不均衡问题（没有充分利用前景）。

④ 在训练中，网络需要计算所有锚框与真实框的 IoU，这样就会消耗大量内存和时间。

（2）无锚框的方法。

基于锚框的物体检测问题通常被建模成对一些候选区域进行分类和回归的问题，在一阶段检测器中，这些候选区域通过滑窗方式产生锚框区域，而在二阶段检测器中，候选区域是 RPN 生成的候选框，但是 RPN 本身仍然是对滑窗方式产生的锚框进行分类和回归。基于锚框的检测算法由于锚框太多导致计算复杂，其所带来的大量超参数也会影响模型性能。近年的无锚框技术则摒弃锚框,通过确定关键点的方式来完成检测,大大减少了网络超参数的数量。主要算法包括 CenterNet、CornerNet、SAPD、YOLO－X 等。无锚框具有更大、更灵活的解空间、避免了使用锚框带来计算量的问题从而让检测和分割都进一步走向实时高精度。

其缺点主要有:
① 正负样本极端不平衡。
② 存在语义模糊性(两个目标中心点重叠)。
③ 现在基于锚框和无锚框方法大多是采用注意力损失和 FPN 来缓解的,但并没有真正解决。
④ 检测结果不稳定,需要设计更多的方法来进行重新加权。

3) 基于深度学习的视频多目标跟踪技术

视频多目标检测需要建立各帧之间的特征关系,从而进行帧间连续检测跟踪。基于深度学习的多目标跟踪算法的主要任务是优化检测之间相似性或距离度量的设计。根据学习特征的不同,基于深度学习的多目标跟踪可以分为基于深度表观特征学习的多目标跟踪、基于深度相似性度量学习的多目标跟踪,以及基于深度高阶特征匹配的多目标跟踪,如图 5－10 所示。

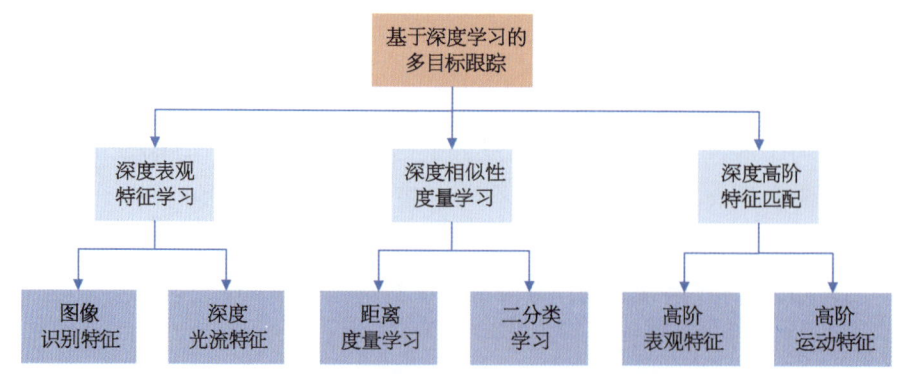

图 5－10　基于深度学习的多目标跟踪算法

深度表观特征学习:利用图像识别任务中学习到的深度特征直接替换现有多目标跟踪算法框架中的表观特征,或者采用深度神经网络学习光流运动特征,计算运动相关性。

深度相似性度量学习:学习检测之间的特征相似性,比如设计深度网络计算不同检测的距离函数,相同目标的检测距离小,不同目标的检测距离大,从而构造关于检测距离的代价函数。也可以设计二类分类代价,使相同目标的检测特征匹配类型为 1,而不同目标的检测特征匹配类型为 0,从而学习并输出(0,1)之间的检测匹配度。

深度高阶特征匹配:如果考虑已有轨迹与检测之间的匹配或者轨迹之间的匹配,采用深度学习方法可以设计并计算轨迹之间的匹配相似度,这种方法可以认为是基于深度学习的高阶特征匹配方法。采用深度学习计算高阶特征匹配可以学习多帧表观特征的高阶匹配相似性,也可以学习运动特征的匹配相关度。

5.1.3 雷视数据融合

视频的可视化效果好,可实时录像并且回放,因此在高速公路交通流状态监测中得到了广泛的应用。但视频的缺点也非常明显,视频画面的清晰度受光线影响较大。在正常的天气条件下,将视频图像画面中的车辆采用人工智能方法进行识别,获取车辆的行驶位置及速度等参数,有效的检测距离一般在 200 m 之内,在光线不良的条件下,检测效果会变得更差。与视频相比较,雷达可在不同的天气条件下稳定工作,但无法获得道路交通实际运行画面,可视化效果较差,只能将车辆检测结果传回,无法直观显示实际的交通流规律。而将雷达数据与视频数据进行有效融合,可以实现优势互补,最终实现在不同光线及气象条件下车辆轨迹的连续追踪,尤其是夜间、雨天、雪天、雾天及雾霾等条件下车辆轨迹的追踪,这就是雷达视频(简称雷视)数据融合。

雷达检测得到的目标信息是基于真实世界的坐标信息,目标的坐标以米为单位;而视频检测得到的目标信息是基于图片的,目标的坐标是图片的像素坐标。需要将雷达检测得到的基于真实世界的目标信息与视频检测得到的基于图片像素的信息在同一个坐标系进行统一,这涉及两个坐标系的转换和标定。

将世界坐标系下的目标数据转换成像素坐标,可采用如下坐标转换方程:

$$\begin{pmatrix} X_\mathrm{p} \\ Y_\mathrm{p} \\ Z_\mathrm{p} \end{pmatrix} = \begin{bmatrix} h_{11} & h_{12} & h_{13} & h_{14} \\ h_{21} & h_{22} & h_{23} & h_{24} \\ h_{31} & h_{32} & h_{33} & h_{34} \end{bmatrix} \begin{pmatrix} X_\mathrm{w} \\ Y_\mathrm{w} \\ Z_\mathrm{w} \\ 1 \end{pmatrix} \quad (5-11)$$

式中 X_p，Y_p，Z_p——像素坐标；

X_w，Y_w，Z_w——世界坐标。

摄像头的单应性矩阵 H：

$$H = \begin{bmatrix} h_{11} & h_{12} & h_{13} & h_{14} \\ h_{21} & h_{22} & h_{23} & h_{24} \\ h_{31} & h_{32} & h_{33} & h_{34} \end{bmatrix} \quad (5-12)$$

摄像头的单应性矩阵由摄像头的内部参数和安装位置角度等因素决定。从转换方程可知，只要获得 H 矩阵，就能完成世界坐标（雷达目标信息）和像素坐标（视频目标信息）的互换。

坐标转换完成之后，需要进一步结合其他参数对两个坐标系的目标进行匹配。在每一个检测周期，获得雷达检测目标数据和视频检测目标数据，先对数据有效性进行核查，剔除无效数据，进一步将检测得到的两种目标数据与已经在跟踪的目标进行匹配，匹配的依据可以是位置、速度和车型等。如果两者参数相一致，则说明检测得到的数据属于已跟踪的目标，可以用新检测到的数据更新跟踪目标。所有已跟踪目标都匹配过后仍然匹配不上的有效数据，可以依据该数据新建跟踪目标，最终实现雷达与视频数据的有效融合。

图 5-11 中，同一个车辆上有蓝色、绿色两个框。蓝色框是视频检测得到的车辆目标信息，绿色框则是雷达检测到的车辆目标信息，通过转换方程，再将视频识别得到的目标信息（以像素为单位）转换到以米为单位的世界坐标信息。也就是说，在完成摄像头标定并求得摄像头的单应性矩阵后，视频目标和雷达目标就可以直接进行相互转换。

此外，由于雷达自身算法缺陷或受环境影响出现虚假目标，会在交通行为检测识别和跟踪中造成困扰，特别是对于车辆间的遮挡、同一半挂车辆被误判成两个独立车辆等问题。此时就需要结合视频图像属性对车辆外廓、颜色等特点，对雷达采集交通数据进行进一步的分析，优化检测算法，排除虚假

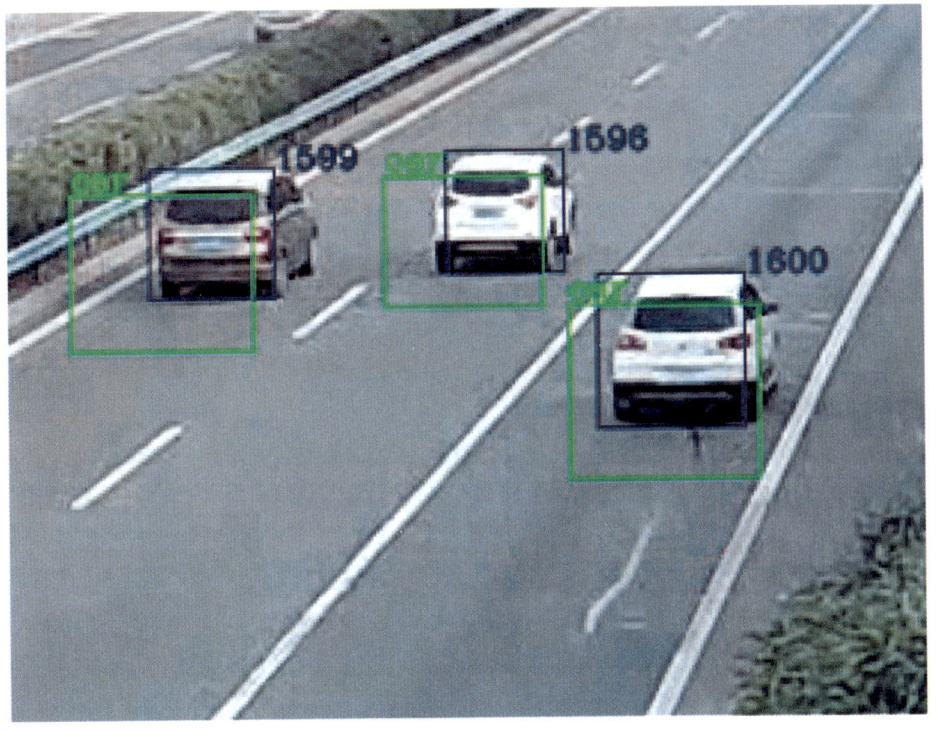

图 5-11 雷达与视频融合效果

目标。

本书介绍的技术方案融合了雷达与视频的优势,有效地克服了单一检测器的缺点,具体技术优势介绍如下:

(1) 实时感知交通运行状态,提升运算速度。

检测器将检测结果直接传回监控中心,克服了传统视频图像需要进一步分析计算的缺点,极大地提升了数据处理的实时性,为交通安全分析、预警及控制决策提供了有力的技术支撑。

(2) 检测距离长。

传统的线圈检测器是以断面形式进行检测的,检测的有效距离约为 100 m。本技术方案中的车检器,在保证精度的条件下,检测范围最大可达 500 m,有效地延长了检测范围,对分析交通流的连续动态变化规律提供了有力的数据支撑。

(3) 受光线影响较小。

在夜间或者光线较差的环境,如雨、雪、雾等条件下,雷达可以继续工作,对动态交通流状态进行实时采集,克服了视频检测器的缺点。

（4）提供可视化影像。

检测器不仅可以直接传回车辆运行状态数据,还能对交通流状态进行实时监控录像。通过调用融合型车检器的视频影像,可以获知现场真实情况,有利于指控中心做出准确决策。

5.2 路段雷视数据组网

5.2.1 设备布设方法

毫米波雷达的体积小、重量轻、空间分辨率高、抗干扰力强,将多台雷达组网形成连续的监测路段,对车辆运行状态进行动态监测,可适应高速公路交通环境的复杂性及高速公路管理的全天候和实时性要求。事件检测的有效性和雷达布设位置、高度、角度的关系密不可分,能够适应当地的交通环境,包括道路条件和环境条件,尽可能降低系统误差,发挥雷达优势才能达到最佳的检测算法。

1）单雷达布设

交通运行状态感知雷达不同于视频监测设备,由于微波的工作特性,在遇到遮挡或周围物不同时,会产生衍射、反射和散射,进而对雷达的监测范围和精度产生影响。

首先,需要确定单台雷达安装高度与方位。雷视设备的安装高度一般为 10 m 左右,如图 5-12 所示,可适当降低高度,但不宜过低。先按照设备尽可能位于检测区域中间位置的安装原则选择安装位置。理想的布设位置即中央分隔带,仅用一台设备即可实现双向交通流观测,如图 5-13 所示。但在非道路建设阶段施工,中央分隔带处设置的波形梁护栏或混凝土护栏会影响设备及其立柱的安装,后期供电与数据传输也存在一定的困难,因此大多是安装在路侧护栏外的立柱上。

其次,选择立柱。在路侧植物茂盛的情况下,植物枝叶可能造成检测车辆被遮挡,尤其是当车辆在应急车道行驶时,遮挡会造成检测无法进行,如

图 5-12 单雷达安装高度

图 5-14 所示,因此同样需要在路侧护栏外设置 F 型立柱,其伸出长度一般在 2.5~5 m。

若大型货车尤其是六轴铰接货车在车流中的比例较高时,会对小型车造成遮挡,造成无法检测的情况,如图 5-15 所示。在对检测路段的交通组成进行分析后,认为一般当六轴铰接货车占比在 15% 以上时,需要在路侧护栏外设置 F 型立柱,伸出长度一般在 2.5~5 m。

再次明确沿线设施具体位置。标志牌、可变信息板、龙门架、跨线桥等沿途构造物(图 5-16)可能会对雷达波造成遮挡以致雷达检测范围缩小,因此需要尽量使雷达检测的末端或起点位于以上设施附近,尽量避免检测范围的损失。因此要以上述设施作为控制点,确定雷达布设位置。

最后,微调雷达位置。基本确定雷达的布设位置后,还需要进一步对雷达位置进行微调,避免雷达间距过近造成浪费或过远造成检测效果差,以达到最优检测效果。

选定雷视设备安装位置并初步固定后(此时还不能完全固定),须先上电,上电后要仔细调整设备的方位角和俯仰角,待方位角和俯仰角调整完成后,才能完全固定。安装前需要确认是否具备上电条件(移动电源也可以)。

图 5-13 雷达布设位置

2）多雷达组网布设

雷达组网效果环境因素复杂多变,影响因素难以具体描述。环境因素对于雷达监测范围和监测精度的影响程度不一,影响因素的位置又对影响程度的影响大。因此,实现高速公路交通运行状态感知雷达环境影响可从不同道路类型入手。

在直线路段,按照 400 m 等间距布设即可。

在曲线路段,要根据曲线半径的大小,布设间隔适当缩小,最小间隔可达 200 m。同时要根据曲线偏向采取不同的措施,对于右偏曲线,当布设在前进方向右侧时,由于遮挡会使检测效果变差,所以设备尽量布设在前进方向左

图 5-14　路侧植物遮挡车道

侧,为了提高检测精度,在缩小间隔的基础上,设置 F 型立柱,其伸出长度一般在 2.5~5 m。类似地,左偏曲线尽量布设在前进方向的右侧。

在曲线挖方段,如果挖方造成检测距离遮挡,一方面需要缩小布设间隔,另一方面同样需要在路侧护栏外设置 F 型立柱,其伸出长度一般在 2.5~5 m。

5.2.2　数据组网方法

现有雷达大多是单台雷达检测,只能对其检测范围(常见为 300 m)以内的交通状况进行监测,无法实现广域全路段的实时交通监测。而多雷达跨区域多目标的跟踪组网可以将高速公路雷达的检测范围无限延长,实现车辆在

图 5-15 大车遮挡

整个范围内的全路段跟踪检测,并对外实时提供全路段车辆行驶状态信息及车辆行驶关键数据,用于全路段的交通事件检测和交通行为分析。

高速公路多雷达跨区域组网多目标跟踪方法是指沿待检测路段布设 N 个雷达,使 N 个雷达的检测区域覆盖整个待检测路段,每个雷达具有自身的ID,然后分别建立每个雷达自身的坐标系和全局坐标系。每个雷达实时检测待检测路段上的目标车辆信息,中心处理器并行接收多个雷达的数据并进行全局坐标转换和数据聚类关联,生成全局目标信息。

1) 坐标系建立

如图 5-17 所示,建立单一雷达坐标系的具体步骤为:以每个雷达作为原点,以该雷达的辐射波束在地面的投影区域的对称轴为 Y 轴,车辆行驶方

图 5-16 沿线设施

向为 Y 轴正方向，Y 轴绕原点顺时针旋转 $90°$ 为 X 轴，建立雷达坐标系。雷达检测到的数据为在雷达坐标系中的数据。

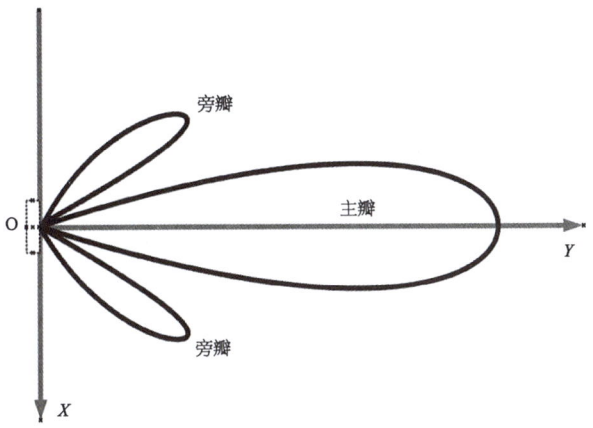

图 5-17 雷达坐标系

如图 5-18 所示，建立全局坐标系具体步骤为：以第一个雷达在地面的

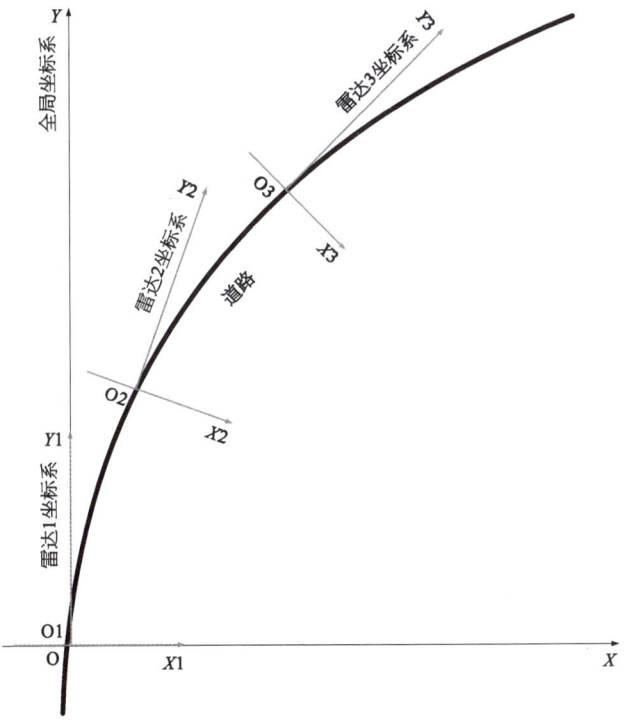

图 5-18 全局坐标系

投影点为坐标原点,以第一个雷达的辐射波束在地面投影区域的对称轴为 Y 轴,车辆行驶方向为 Y 轴正方向,Y 轴绕原点顺时针旋转 90°为 X 轴,建立全局坐标系。管控中心的数据为全局坐标系中的数据,全局坐标值为全局坐标系下的坐标值。

2) 坐标转换

将雷达坐标系下的数据转换成全局坐标系下的数据,其实质就是将位置坐标数据先进行旋转变换,再进行平移变换。

旋转变换如图 5-19 所示,根据三角形相似原理进行：

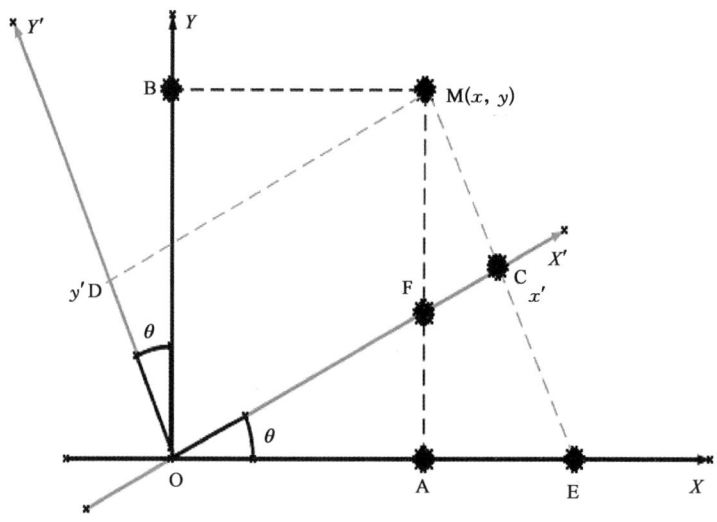

图 5-19　旋转变换

由 △MCF∽△OAF 知 OA/CM = OF/FM,即

$$\frac{x}{y'} = \frac{\dfrac{x}{\cos\theta}}{y - x\tan\theta},\ y' = y\cos\theta - x\sin\theta \tag{5-13}$$

又由 △OCE∽△OAF 知 OC/OA = CE/AF,即

$$\frac{x'}{x} = \frac{\dfrac{y}{\cos\theta} - y'}{x\tan\theta},\ x' = y\sin\theta + x\cos\theta \tag{5-14}$$

其中,x'、y' 为雷达坐标系中的平面横、纵坐标数据,x、y 为全局坐标系中的平面横、纵坐标数据。

平移变换如图 5-20 所示,利用向量加减法即可完成。

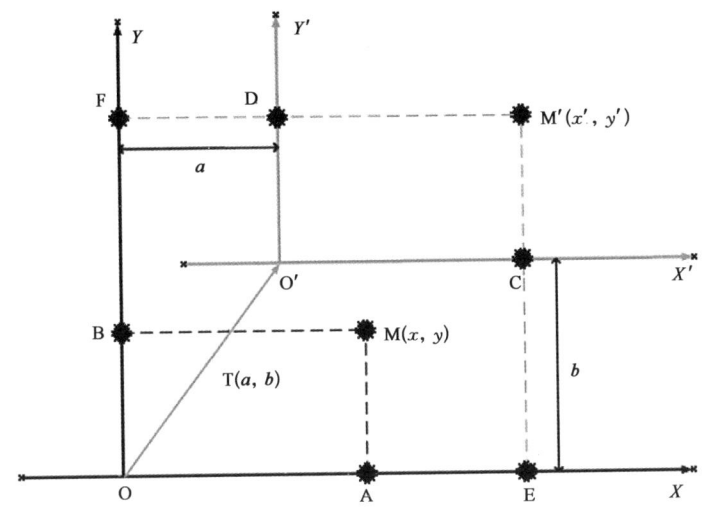

图 5-20 平移变换

先旋转再平移的过程如图 5-21 所示。

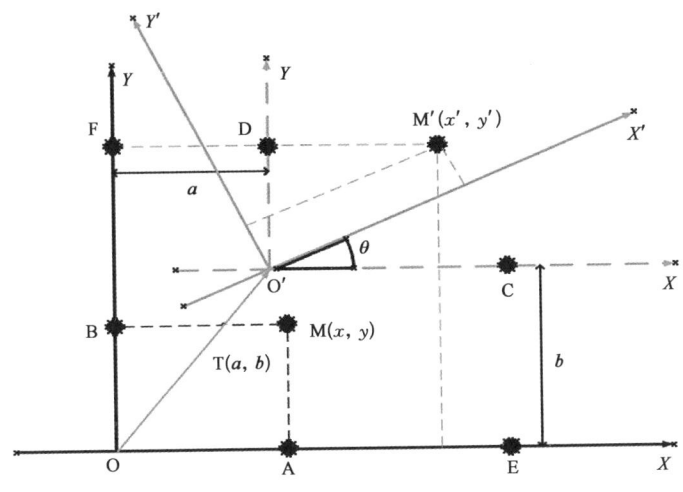

图 5-21 旋转平移变换

最终得到的坐标转换公式为:设某一雷达坐标系中的任一点 M′ 的坐标为 (x', y'),则对应的全局坐标系下的点 M 的坐标 (x, y) 的计算公式为

$$\begin{aligned} x &= x'\cos\theta + y'\sin\theta + a \\ y &= y'\cos\theta - x'\sin\theta + b \end{aligned} \quad (5-15)$$

式中　θ——该雷达坐标系与全局坐标系两者的 Y 轴正向之间的夹角；
　　　a——全局坐标系原点指向该雷达坐标系原点形成向量的横坐标；
　　　b——全局坐标系原点指向该雷达坐标系原点形成向量的纵坐标。

然后中心处理器将本次坐标转换后的传输数据与上一次的数据再次进行聚类关联，比较相邻两次数据来确定场景内的目标：① 对于突然出现的目标，需要判断是新进入目标还是噪点，如果为噪点则从数据中剔除，如果为新目标则赋予目标编号；② 对于同一目标的多个数据，当认为是同一目标，则需要将所有数据化为一个目标替代。如此处理即可获得全局目标跟踪信息。

该方法可将高速公路雷达的检测范围无限延长，实现车辆在整个组网范围内的全路段跟踪检测，用于全路段的交通事件检测和交通行为分析。

5.3　交通事件预警

5.3.1　典型交通事件

高速公路中典型交通事件的实时检测对交通安全管理至关重要，尤其是对行车道停车及交通事故的第一时间检测。管理者及时开展预警、采取管控措施，可避免二次交通事故发生，有效地减小事故数量与严重程度，提升道路通行效率。

高速公路中典型的交通事件类型包括：事故、拥堵、停止、逆行、占用应急车道、超速、低速、强行变道、跟驰过近、压线行驶、抛洒物等十余类。

国家标准《视频交通事件检测器》（GB/T 28789—2012）对典型交通事件的定义进行了明确规定，部分典型事件的定义如下。

（1）停止事件：车辆在道路上由行驶改变为静止状态，且静止时间不小于某一设定值的交通事件。在高速公路上停车一般是由于车辆发生故障，与其他车辆发生碰撞，或者车辆燃油减少、电量不足等原因引起的。停车的位置主要在行车道或应急车道，如图 5-22、图 5-23 所示。

在高速公路上，停止事件极有可能引发追尾事故，因此对于停止事件的检测至关重要，一方面要提升检测的实时性，另一方面需要提高检测的准确

图 5-22 行车道停车

图 5-23 应急车道停车

率。在实际应用中,为了尽可能在第一时间发现停止事件,有可能会降低检测的准确率,因此两者之间需要进行适当的平衡。为了提高事件检测的准确率,在判定算法方面,设定了多个限制条件,包括对虚假目标的排除,对速度的连续变化、时间长度等都需要进行适当的限制,并且基于实际数据,要进行反复测试,优化相关的限制条件,达到最优的检测效果。

（2）逆行事件：车辆在道路上的行驶方向与规定方向相反,且行驶距离不小于某一设定值的交通事件。高速公路逆行事件一般发生在互通立交的出口处,由于驾驶员错过出口,冒险采用倒车或者逆行的方式驶离出口,该种行为极易引发交通事故,如图 5-24 所示。

图 5-24 逆行事件

(3) 抛洒物事件:车道上物体从行驶车辆上遗落,干扰车道通行,且其状态持续时间不小于某一设定值的交通事件。抛洒物被称为"隐形杀手""定时炸弹",随时可以引发交通事故。我国《公路安全保护条例》第四十三条:公路上行驶车辆的装载物掉落、遗洒或者飘散的,车辆驾驶人、押运人员应当及时采取措施处理;无法处理的,应当在掉落、遗洒或者飘散物来车方向适当距离外设置警示标志,并迅速报告公路管理机构或者公安机关交通管理部门。

高速公路抛洒物的检测存在一定的技术难点,检测的准确率较低,主要与抛洒物的大小、颜色及掉落的位置等有一定的关系。目前关于抛洒物的检测主要采用高清摄像头,通过对比路面状态的变化来判定是否存在抛洒物,另外还可以通过沿线驾驶员的电话举报获取抛洒物的实际位置。为了降低抛洒物对交通安全的影响,我国部分公路管理中心制定了抛洒物举报奖励政策,市民在高速公路行驶过程中发现路面有抛洒物,拨打12122报警且提供准确信息的,经核实后将根据抛洒物有奖举报管理办法给予一定奖励。

(4)拥堵事件:道路上出现单车道或多车道拥堵状况,影响道路畅通的交通事件。拥堵事件是高速公路上较为常见的交通事件,交通拥堵(图5-25)分为偶发性拥堵与常发性拥堵。常发性拥堵的分布时间与地点具有一定的规律性,主要是由于交通量的变化及道路环境的变化所引起,例如城市外围高速公路在上下班期间容易发生交通拥堵,在节假日期间,部分道路也会发生拥堵。而偶发性拥堵发生的时间与地点不确定,一般由于交通事故、路段施工等原因所引起。偶发性拥堵的发生可能会引发追尾事故的发生,因此第一时间开展交通拥堵检测,并实施相关的管控策略,可以有效降低交通事故率。

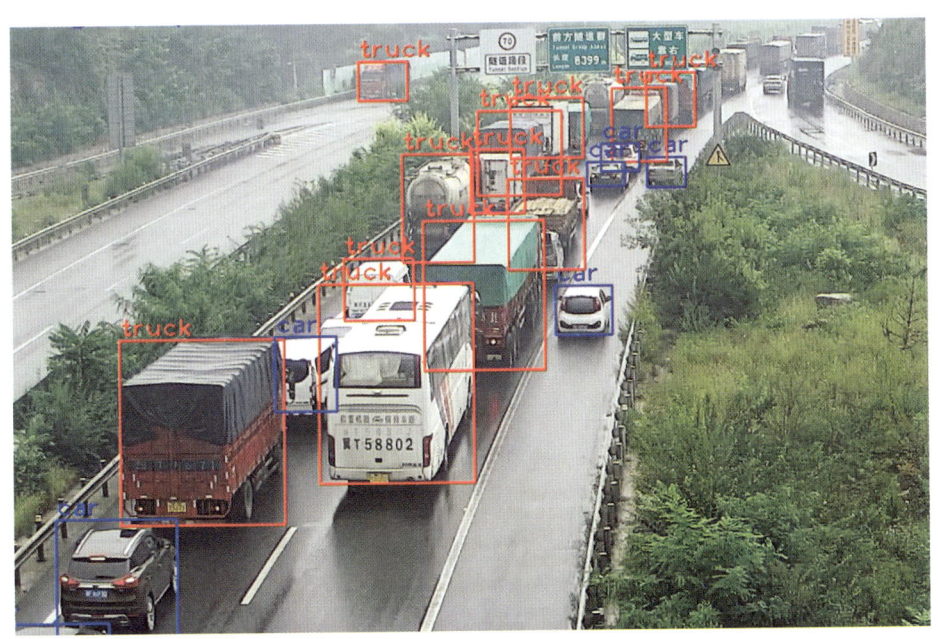

图5-25 交通拥堵

针对交通拥堵的判定,公安部的行业标准《道路交通拥堵度评价方法》(GA/T 115—2020)对拥堵及拥堵程度的定义进行了进一步的限定。交通拥堵是指由于车辆的通行需求超过道路通行能力,或受交通事件等影响车辆被迫降低车速行驶或停止,并造成车辆积压超过一定程度的交通现象。交通拥堵程度分为Ⅰ级、Ⅱ级、Ⅲ级和Ⅳ级,分别表示严重拥堵、中度拥堵、轻度拥堵和畅通,见表5-1。

表5-1 公路或城市快速路区间路段平均行程速度与交通拥堵度的对应关系

单位:km/h

限速	平均行程速度			
120	≥70	[50,70)	[30,50)	[0,30)
110	≥65	[45,65)	[25,45)	[0,25)
100	≥60	[40,60)	[20,40)	[0,20)
90	≥55	[35,55)	[20,35)	[0,20)
80	≥50	[35,50)	[20,35)	[0,20)
70	≥45	[30,45)	[20,30)	[0,20)
60	≥40	[30,40)	[20,30)	[0,20)
<60	[40,限速值)	[30,40)	[20,30)	[0,20)
交通拥堵度	畅通	轻度拥堵	中度拥堵	严重拥堵
颜色表示				
交通拥堵度分级	Ⅳ级	Ⅲ级	Ⅱ级	Ⅰ级

5.3.2 预警设备

交通事件预警是指在检测到道路上发生交通事件后,以一定的规则向事件上游的车辆司乘人员发出提醒与警告,以避免在不知情或准备不足的情况下发生危害,从而尽可能减轻危害所造成的损失。预警方式可以是声、光、文字、图形等单一或组合的形式。预警设备是预警信号的载体。

交通事件预警系统的构成如图5-26所示。

预警系统通过一系列传感器获得天气状况、路面状况、道路通行状况、车型车速等数据,通过有线或无线的通信方式,将数据传输到决策端;决策端集成智能算法,针对不同数据生成不同风险等级的预警信息及诱导信息,并将这些信息通过通信网络发布到预警端,完成事件预警。

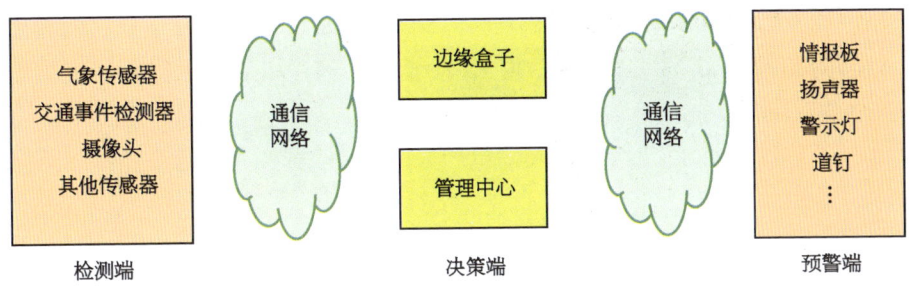

图 5-26 交通事件预警系统构成

决策端分边缘盒子决策与管理中心决策。边缘盒子是内嵌某种算法、具有一定算力的设备,是融合网络、计算、存储、应用核心能力的开放平台。一般安装在靠近数据源头的边缘侧,可就近提供数据计算服务,满足行业在实时业务、应用智能、安全与隐私保护等方面的需求。边缘端决策的通信方式可以是基于 RS232、RS485 接口的串行通信,也可以是基于 RJ45 的网络通信,还可以是基于 UHF、LoRa、DSRC 等的短程无线通信。边缘端决策适用于小范围内数据量较小的场景,一般无人值守。

中心决策一般面向大范围、多设备的应用,是将外场监控数据、车辆检测数据、气象数据等海量数据汇总到距离较远的服务器群,服务器集成复杂、智能的算法,能快速对所采集的数据运算、决策,再将决策结果下发到外场的警告设备。中心决策的数据收发大部分是基于 TCP/IP 协议的。

1) LED 显示设备

高速公路 LED 显示设备包括可变信息板、可变限速标志、车道控制标志等,在高速公路信息发布系统中作为信息显示终端为过往车辆提供路况、临时限速、气象路面信息、交通事件、交通法规、宣传标语等交通信息,保证交通行车安全,如图 5-27 所示。

可变信息板的安装方式有立柱式、悬臂式和门架式三种,颜色可采用单基色、双基色和全彩色。所显示的图像和文字可以事先编制、存储在可变信息板控制器内,也可在可变信息板计算机上随时进行编制、再发布,即异步控制与同步控制。异步控制的信息可根据设定好的显示时间,多条信息轮流播放,同步控制的信息通过网络远程实时控制。

可变信息板的像素间距建议选择 10~25 mm,具体根据视认距离、行驶速度、成本等因素综合考虑。高速公路一般选用像素间距 20 mm、25 mm,国道

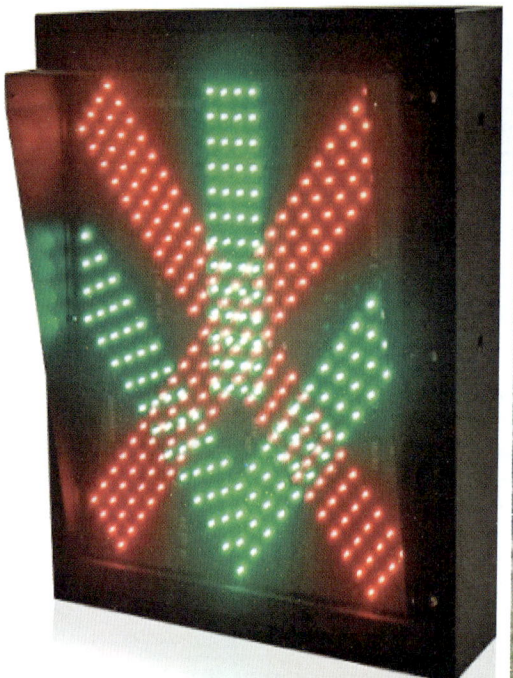

图 5-27 LED 显示板

及其他等级道路选用像素间距为 10 mm、16 mm。

2) 雾天诱导灯

高速公路交通事故在大雾、团雾、雨雪天、疲劳驾驶、夜间等情况下发生的概率占 90%。当在雾天或夜间等环境下时,视线容易产生断层从而使车辆驾驶员安全预视距离快速下降,易导致交通事故发生。雾天诱导灯可以在能见度不良的情况下强化道路轮廓、指示道路上车辆分布情况,增加行车的安全性。

雾天诱导灯(图 5-28)安装在道路硬路肩外侧与中央隔离带内,由发光显示组件、通信模块、同步闪烁模块、车辆检测模块、控制模块及电源模块组成。发光显示组件由黄色和红色 LED 阵列组成,用于诱导车辆安全行驶;通信模块用于诱导装置间相互通信及接受和传递上位控制指令;同步闪烁模块用于支持实现发光显示组件的同步闪烁;车辆检测模块用于检测车辆通过情

图 5-28 诱导灯

况,辅助实现防止追尾警示工作;控制模块用于将各器件连接集成并负责实现各种工作模式及处理各种指令;电源模块用于实现稳定供电及蓄电池充放电管理。

诱导灯一般具有道路轮廓强化模式、行车主动诱导模式、防止追尾警示模式等三种工作模式。

当能见度在400~500 m时,诱导灯在道路轮廓强化模式下工作,此时黄色诱导灯开启,红色警示灯关闭。

当能见度在200~400 m时,诱导灯在行车主动诱导模式下工作,即黄色诱导灯同步闪烁来标示道路线形,引导车辆前行,红色警示灯关闭。

当能见度小于200 m时,诱导灯在防止追尾警示模式下工作,此时系统进入车距控制模式,无车辆经过时,黄色诱导灯同步闪烁;当有车辆经过时,在车后一段距离的黄色诱导灯转换成红色警示灯,车辆驶过一定时间后,再由红色警示灯切换为黄色诱导灯,红色警示区间会随着车辆向前移动,从而在车辆后形成一段尾迹灯,警示后车避免驶入尾迹区域,防止追尾等严重交通事故发生。

雾天诱导灯的一些参数可以根据控制策略调整,其中黄色诱导灯的同步闪烁频率可以为30次/min、60次/min、120次/min;显示组件的发光亮度可在500~7 000 cd/m^{2}的范围进行调整;红色警示的尾迹长度可在60~100 m的范围进行调整。

3) 声光预警一体机

声光预警一体机(图5-29)是将雷视一体机、无线网桥、警示灯和预警屏融为一体,集语音、文字、指示灯预警于一体,应用于弯道、长坡、无信号平交路口等场景,以实现道路安全预警。

该设备采用高频段毫米波雷达来检测车辆与车速,用低照度摄像机来识别车牌及车道线;5G无线网桥支持长距离无线通信,用来实现设备间数据交互;LED显示屏用于警示信息发布,无预警时,屏幕显示"减速慢行",预警时显示"左侧来车"或"前方来车",显示屏亮度可调;内置音柱,用于播报语音预警,播放语音的时间段与音量可以配置,避免噪声扰民;指示灯在有预警时变成红色,没有预警时显示为黄色,用来警示危险。

当声光预警一体机安装在无信号交叉口时,雷达与摄像头检测主路的移动目标,当检测到有车辆驶来时,会对车辆目标进行跟踪,并对支路的车辆、

图 5-29　声光预警一体机

行人等进行声、光、文字警示,显示车辆的行驶速度。

当声光预警一体机应用在无中央隔离带且不通视的弯道场景时,需要两台或多台设备协调工作,设备安装在弯道的上游 100~150 m 处,当雷达和摄像头检测到车辆驶近设备后,5G 无线网桥会把检测到的信息发送到另一台设备上,另一台设备会做出预警,警示驶入弯道的车辆谨慎驾驶,避让对向驶来的车辆。同理,这台设备也可以收到另一台发送的数据,提醒这一侧驶入弯道的车辆注意危险。

4）扬声器

扬声器是高速公路常用的一种声音预警设备,一般会全线安装,包括隧道内,在外场通常跟监控共杆安装。扬声器由设备箱的功放驱动,语音信号通过 TCP/IP 协议下发到功放。扬声器通常用来广播道路上、隧道里的突发情况,以及驱离非法停车的车辆、占用应急车道的车辆及人员。

普通扬声器的声音在发生源释放出来后呈球形波向四面八方传播,在喇叭周围基本都能听到,而定向扬声器(图 5-30)先将低频声音信号载于指向性很强的高频信号之上,再经过放大、发射到空气中,而后空气会把高频信号迅速过滤,其上的可听声音信号便会自然滤出,实现像光束一样定向传播。

图 5-30　定向扬声器

有源定向扬声器能够把声波控制在特定区域内,在这个区域内的声波很强,而出了这个区域,声波就会很弱。具有很高的指向性,把大部分声音集中在设备正前方,周边声压级明显降低。高声压级声音能够穿透车窗清晰传播,高速管理人员可以通过高速公路定向喇叭喊话系统及时发布语音信息,朝指定路段、指定车辆精准传播预警信号,及时组织疏导车辆及人员的紧急调度,减少人员伤亡和财产损失,平时也可利用此系统灵活地发布公路养护施工状况或交通信息、天气预报等,为高速公路道路安全建设赋能,解决传统道路广播不清晰、扰民、传播距离近等问题。

5) 智慧信标

智慧信标沿公路车道线埋入式部署,内置多种智能传感器,可以实现车道级交通状况监测、路面状况监测及预警功能(图 5-31)。智能灯光闪烁,可以为公路驾乘人员在恶劣环境下的出行提供安全导引与警示。采用可充电电池与太阳能电池板联合供电,电池饱和状态下不供电,设备可连续正常工作不少于 30 天。

图 5-31 智慧信标

智慧信标硬件原理如图 5-32 所示,系统基于低功耗场景设计,由低功耗 MCU、数据采集单元、LoRa 通信单元、发光单元、电源模块五个部分组成。系统架构一般由数据平台、边缘基站、信标终端组成。

智慧信标通过对传感器数据的实时采集并分析,可以采集附近驶过车辆的数据并通过 LoRa 模块将数据上报到边缘基站,数据在基站汇集和关联,最终实现车速、车流量、异常行驶等交通状况监测。

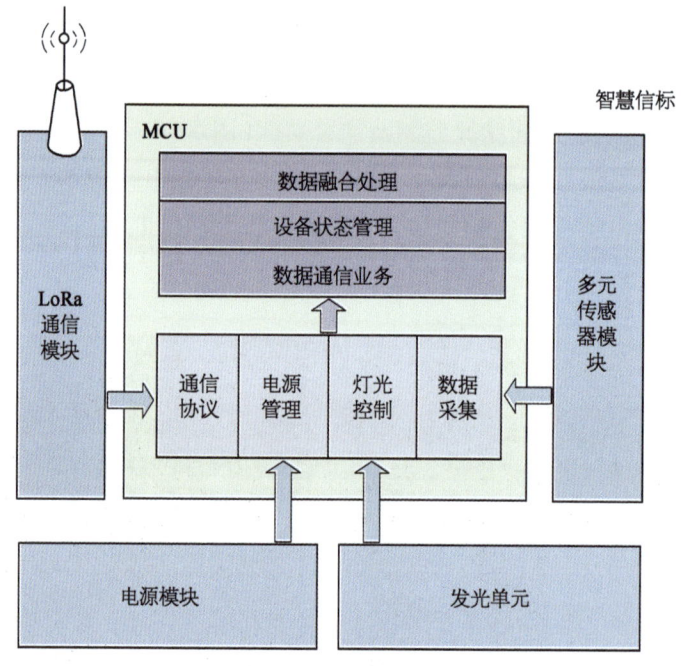

图 5-32　智慧信标架构

边缘基站还集成了温度、光强度等传感器,可以实现道路环境状况监测,并将监测数据通过有线通信或 4G 网络上传到大数据平台;可以记录每一路段的温度、光照等信息,给道路运营、养护部门提供翔实的数据支持。在夜晚或雾天等恶劣环境下,通过智能灯光模块边缘基站的协调可以完成车道级的路廊灯光指示、车距灯光警示,同时可以对车辆异常行为进行灯光告警,确保行车安全。

智慧信标的安装要沿白线外侧(不破坏白线)用钻孔机打一定深度的圆形孔并取芯,会对路面结构造成一定的破坏,不利于后期道路的管养维护。

5.3.3　预警体系与方法

1) 交通事件预警体系

由于高速公路交通事件预警(图 5-33、图 5-34)要在交通活动规律基础上反映高速公路在特定情形下的安全运行状态,因此高速公路交通事件预警体系需要构建以下功能。

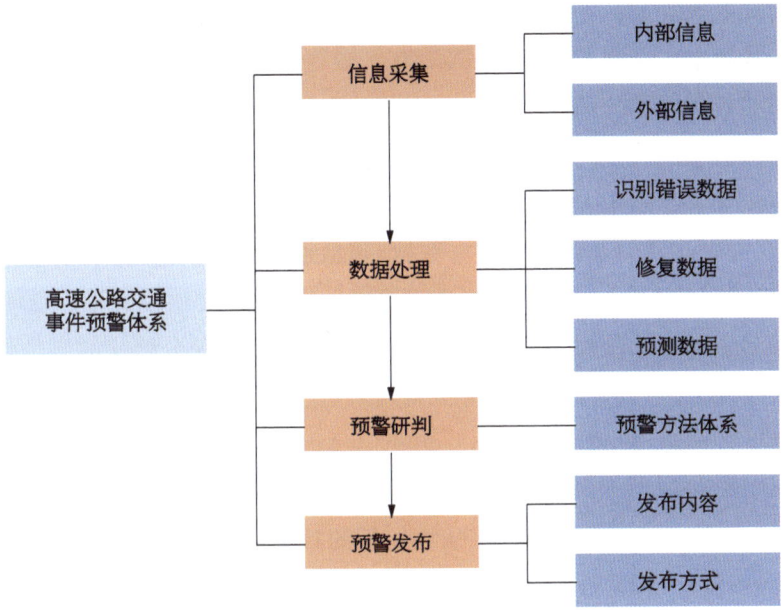

图 5-33 交通事件预警体系结构图

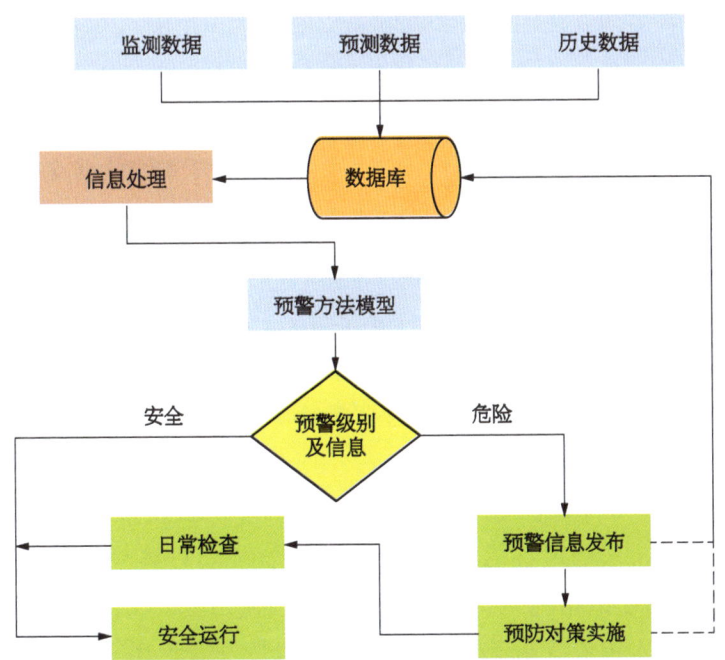

图 5-34 交通事件预警体系网路流程图

（1）监测功能：主要针对高速公路交通事件的重要影响因素（如高速公路运行过程中的交通流状态、外部环境状态等），通过高速公路交通流感知系统（雷达、视频、卡口、气象站等）实时获取高速公路全域全息感知数据。

（2）信息录入、存储与查询功能：高速公路交通事件预警体系的数据接口中应包含信息的录入及查询接口，确保相关人员可以将新的信息存入并存储，并在需求时能够及时获取所需数据，包括道路基本信息、历史交通流相关信息、相关环境信息，以及历史交通突发事件信息、历史预警发布信息等。

（3）交通状态研判功能：交通安全状态研判是高速公路交通事件预警体系的重要环节，一般来说，通过对相关数据信息进行分析，应用精度较高的方法模型进行预测，得到交通事件的预警信息，便可对高速公路交通运行状态进行识别诊断。

（4）预警信息发布功能：将研判得到的具体预警信息通过一定方法传递给需要的对象。预警信息发布的及时性是确保整个预警体系正常工作的关键点之一。

2）交通事件预警方法

高速公路交通事件预警体系研究的关键在于如何准确及时识别危险，即预警方法的实时性和准确度。

现有交通预警的相关研究中已有较多研究成果，如常见的人工神经网络预警模型、Logistic 回归分析法预警、粗糙集预警模型、故障树分析预警、卷积神经网络及图神经网络等。

通过对预警模型分析可以看出，每种预警模型都有各自的适用条件和优点，但在预警实时性和准确度上并不能兼顾。应充分考虑高速公路交通事件实际情况，针对不同类型的高速公路交通事件，采用指标评价法、单因素法、事故概率法、风险评价法来构建预警方法体系，以求在突出实时性的同时提高预警精度。

（1）指标评价法是指通过对交通事件影响因素的分析确定各项指标，然后利用层次分析法确定各指标权重，建立评价模型，计算对比预警规则并发布预警信息。此外，指标评价法也适用于可直接判定的交通事件，如违规停车、违规变道、占用应急车道、超速、低速、占用三角端部、逆行、起火、团雾等，当检测结果超出阈值，即可根据对应预警规则通过对应预警设备发布预警信息。

（2）单因素法是指通过计算某些影响因素可能导致交通事件发生的阈值，从而确定预警规则。此方法主要针对致灾机理明确且可忽略其他影响因素的情况，如雾、雨、雪、路面结冰和大风等。依据道路交通安全状态水平将预警度分为五个级别：Ⅰ级红色、Ⅱ级橙色、Ⅲ级黄色、Ⅳ级蓝色和Ⅴ级绿色，对应的危险水平分别为危险、较危险、一般、较安全、安全。

（3）事故概率法是指通过某一种模型预测某类事故发生的概率,通过与以往数据对比得到预警信息。采用基于贝叶斯网络、深度神经网络、图卷积神经网络的事故概率预测方法实现交通事故类突发事件预警。此方法充分利用大量的先验知识,结合部分实时采集信息与预测数据,在确保准确度的前提下提高了时效性。

（4）风险评价法指通过大数据综合分析及研判,融合各类交通要素信息,对道路交通运行风险状态进行实时研判。

单因素法只针对雾、雨、雪、路面结冰和大风五种因素,若其影响较大(红色或橙色时),可忽略其他因素影响进行直接预警;若其影响较小,需要融合道路线形、交通流数据等进行综合研判,预测事故概率。交通事件预警方法体系如图5-35所示。

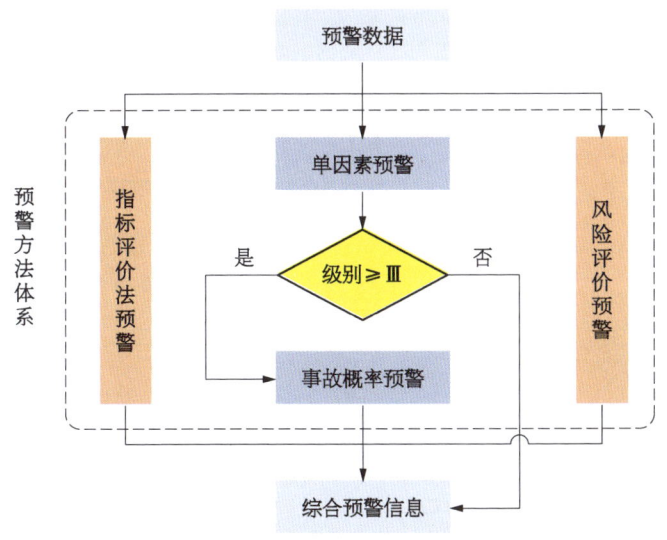

图5-35 交通事件预警方法体系

第 6 章
高速公路匝道联动控制

高速公路出入口路段车流行驶稳定性差,在交通流理论中,小节点的不稳定会影响到大区域的行驶安全,特别是高密度小间距互通区域的交织车辆多、纵向行驶空间有限、冲突频发、易产生紊流状态,从而影响高速公路整体的通行效率和行车安全。为保证主线车流行驶的稳定性,可以采用出入口匝道联动控制的方法,控制转向(即流入流出)交通量,保障高速公路主线行驶稳定性。

高速公路出入口联动控制的目标是通过控制匝道进入主线的流量,使主线的流量不超过某个值,让主线交通流能够连续稳定,高速公路能够高效安全运营,防止交通陷入瘫痪。匝道联动控制以降低主线行车风险为目标,减少或避免主线交通流风险过高而引起的一系列运行问题,统筹考虑主线状态与匝道约束下的协调控制,基于匝道实行单点(ALINEA算法)和高风险路段相协调的双层调控策略,开发算法模型及系统,降低匝道及其影响区域的行车风险。同时,结合出口危险车辆智能管控预警装备,进一步保障出口区域的行车安全。

6.1 入口自适应控制方法

入口匝道控制是保障主线畅通、提高主线通行能力的重要方法,国外研究最多、应用效果最好的匝道控制即为此方法。入口匝道控制指运用交通信号、交通标志及自动栏杆等交通控制设备调节进入高速公路主线车辆的数量,通过平衡入口匝道上游交通需求和下游主线通行能力的方法,防止高速公路运营陷入瘫痪状态,并改善通过匝道进入主线车辆的汇合安全性,让高速公路系统以最优效率运行。

6.1.1　入口控制影响因素

实行匝道控制是为了平衡局部路网乃至整个路网的交通流,通过延长部分道路使用者的等待时间,来保证主线道路服务水平,减少拥堵的产生或降低拥堵程度,减少路网行驶的整体延误。影响入口匝道控制的因素主要有主线交通状态、入口匝道交通需求、匝道容量3个方面。

(1) 主线交通状态。

主线交通状态是进行匝道控制的首要依据。由宏观交通稳定流模型可知,检测器所在路段上游交通状态是下游交通状态的一部分输入,特别在无出入口匝道影响的路段上,上游的交通状态会对下游交通状态产生直观影响。由交通波理论可知,当下游速度降低时,会影响到上游车辆的速度,产生反向交通波的传播,其速度为

$$\omega = (q_b - q_a)/(k_b - k_a) \qquad (6-1)$$

式中　ω——波速;

q_a、q_b——下游、上游车流的流量;

k_a、k_b——下游、上游车流的密度。

如果 $\omega>0$,则代表两个过程,一是拥堵的形成,二是拥堵的消散。拥堵的形成过程为:交通流从低流量、低密度、高速度状态进入到高流量、高密度、低速度状态,下游变得拥堵且这种状态沿下游传播。拥堵消散过程为:高流量、高密度、低速度状态进入到低流量、低密度、高速度状态,下游变得畅通且这种状态沿下游传播。同样如果 $\omega<0$,也代表两个过程,拥堵的形成过程为:交通流从高流量、低密度、较高速度进入到低流量、高密度、较低速度状态,下游变得拥堵且这种状态反向传播,影响到上游状态。拥堵的消散过程为:交通流从低流量、高密度、较低速度进入到高流量、低密度、较高速度状态,下游变得畅通且这种状态反向传播,影响到上游状态。在主线交通状态受到入口匝道影响,尤其主线交通状态处于不稳定状态时,入口匝道如果不能平滑汇入到主线中或大车较多,都会造成拥堵。

(2) 入口匝道交通需求。

选择从哪个匝道进入高速公路是由道路出行者的出行目的所决定的。从

个体上看,由于出行者的出行表现有一定的随机性,因此从统计上看,其交通出行量(OD)会随时空特性呈现出一定的规律,并且,受当地经济条件、地理位置等方面的影响,可能还会产生更多的交通出行量,影响入口匝道的交通需求量。

(3)匝道容量。

匝道容量由匝道长度决定,也可从车辆排队时的车辆数来反映。匝道长度越长,其可容纳的车辆越多,匝道控制也就越容易实施,同时匝道排队长度也在约束着匝道容量。匝道排队长度本身对主线交通流并没有影响,但是随着长度的增加,最后进入排队队伍中车辆的延误时间会不断增加,不但抵消了由匝道控制节约的主线行驶时间,而且如果排队过长,还会影响车辆进入入口匝道上游相关路段。因此在入口交通需求量较大的情况下,一要确立适当的入口匝道调节率,在尽可能不影响主线交通状态的情况下确保更多的车辆能够进入主线;二是利用交通诱导,降低主线的交通需求量。

6.1.2 入口控制策略

(1)入口单点控制策略。

单点的入口控制能有效提高入口匝道附近的服务水平,减少拥堵。采用控制理论中的积分调节器作为入口匝道控制模型 no – u1,并对积分调节器做如下改进:

设 ρ_i^d 可为第 i 个路段的交通流期望密度,ρ_i 为第 i 个路段的当前交通密度,对为第 i 个路段的预测交通密度,ρ_i^a 为第 i 个路段的交通流临界密度。如果 $\rho_i^a > \rho_i^d$,则对第 i 个路段实施匝道控制,如果 $\rho_i^a < \rho_i^d$ 则不实施控制。应在匝道入口处设立信息板以提醒道路使用者,防止反应时间过短造成事故。加入匝道控制启动系数 ε_1,ε_1 为 1 表示启动匝道控制,ε_1 为 $q_{r,\max}/T$ 表示不实施控制,$q_{r,\max}$ 为通过入口匝道的最大车辆数目。

$$\varepsilon_1 = \begin{cases} 1, & \rho_i^a > \rho^d \\ \infty, & \rho_i^a < \rho^d \text{ 且 } \rho_i < \rho^d \end{cases} \quad (6-2)$$

$$r_i(t) = \varepsilon_1[r_i(t-1) - \mu_i(t)(\rho_i^a(t) - \rho^d)] \quad (6-3)$$

式中 $r_i(t)$ ——入口匝道流量,指在 $[t, t+T]$ 时间内从第 i 个入口匝道进入高速公路主线的车辆数除以 T，$T = 2$ min；

$\mu_i(t)$——转移系数。

$$\mu_i(t)(\rho_i^a(t) - \rho^d) = (\rho_i - (\rho_i^a(t) - \rho^d)) \cdot \lambda \cdot L \quad (6-4)$$

在考虑入口匝道控制的约束条件时：

$$r_i(t) = \min\left[\varepsilon_1[r_i(t-1) - \mu_i(t)(\rho_i^a(t) - \rho^d)], d_i(t)\right] \quad (6-5)$$

$$0 \leqslant r_i(t) \leqslant \frac{q_{r,\max}}{T} \quad (6-6)$$

式中　$d_i(t)$——匝道需求流率；

$r_i(t) = 0$——入口匝道关闭；

$r_i(t) = \dfrac{q_{r,\max}}{T}$——不实施控制。

（2）入口协调控制策略。

面对早晚高峰时刻，主线道路交通处于高流量、中高密度的不稳定状态，这时如果仅考虑单点匝道控制，不但平衡交通流的效果不明显，而且各个匝道控制调节相对独立，一旦有一处或几处匝道控制失效，反而会影响到整个道路的交通状态，使其交通状态更为恶化。为此，要采用断面关联系数和密度关联综合确立的加权系数。采用这些系数的多入口匝道协调控制模型如下：

$$r_j(t) = r_j(t-1) - m_j\mu_j(t)(\rho_i^a(t) - \rho^d(t)) \quad (6-7)$$

式中　$m_j\mu_j(t)$——加权转移系数；

m_j——加权系数，$m_j \in (0,1)$。

当 $j<i$ 时，说明入口控制匝道在预测路段上游：

$$m_j = \frac{r_{ji}(\rho_i^a(t) - \rho_j(t))}{\sqrt{\sum_{n=j}^{i} r_{ni}^2(\rho_i^a(t) - \rho_j(t))^2}} \quad (6-8)$$

当 $j>i$ 时，说明入口控制匝道在预测路段下游，不进入协调控制，则 $m_j = 1$。

在考虑入口匝道控制的约束条件时：

$$r_j(t) = \min[r_j(t-1) - m_j\mu_j(t)(\rho_i^a(t) - \rho^d(t)), d_i(t)] \quad (6-9)$$

$$0 \leqslant r_i(t) \leqslant \frac{q}{T} \tag{6-10}$$

最后将单点入口控制与多入口协调控制结合起来：

$$r_j(t) = \begin{cases} \min[\varepsilon_1[r_i(t-1) - \mu_i(t)(\rho_i^a(t) - \rho^d)], d_i(t)], 当 j = i \text{ 或} \bar{u} < 0.5 \\ \min[r_j(t-1) - m_j\mu_j(t)(\rho_i^a(t) - \rho^d(t)), d_i(t)], 当 j \neq 1 \text{ 或} \bar{u} > 0.5 \end{cases}$$
$$\tag{6-11}$$

式中　$\bar{u}$ ——整个路段平均交通拥挤度。

在进行匝道控制时应结合具体的交通特征，将单点控制与多匝道联合控制结合起来，这样才能进行有效的协调控制。

6.1.3　基于行车风险分析的入口控制模型

结合数学线性规划的思想及 ALINEA 算法，设置合理的约束条件来计算入口匝道的调节率，尽可能利用高速公路通行能力，可使高速公路充分发挥其最大的经济和社会作用。

在研究中，以高速公路系统各个入口匝道最大通过量的总额为目标函数，以匝道合流行车风险、匝道车辆跟驰风险、路段交通运行参数（车辆运行速度差、车辆密度、车道占有率、碰撞时间、交通量构成）、路段通行能力、匝道入口排队长度为约束条件，建立基于高速公路风险分析的入口匝道控制模型。

（1）目标函数。

$$Q_{\max} = \sum_{i=1}^{n} \theta_i r_i \tag{6-12}$$

式中　$Q_{\max}$ ——入口匝道最大输入总交通流量；

　　　θ_i ——匝道 i 对主线贡献的权重；

　　　r_i ——匝道 i 的驶入流量；

　　　n ——匝道数量。

本模型中的 θ_i 为一个与 OD 相关的量，反映系统交通量中本入口匝道的利用率。

（2）约束条件。

匝道合流行车风险约束：

$$P'_{r_i}(t_c) \leq p'_0 \qquad (6-13)$$

式中　$P'_{r_i}(t_c)$——匝道 i 汇入车辆所承受合流风险大小；

　　　p'_0——匝道承受风险大小阈值。

p'_0 应根据高速公路实际情况对交通事故统计数的影响或管理者意愿进行选择，管理者意愿可以理解为交通安全控制目标或国内相同等级道路的平均水平。$P'_{r_i}(t_c)$ 与第 3 章 $P'_{g\&kh}(t_c)$ 含义及计算方法一致，只是针对匝道通行交通量而言，取值范围更为确定。

匝道跟驰行车风险约束

$$P_{r_i}(t_c) \leq p_0 \qquad (6-14)$$

式中　$P_{r_i}(t_c)$——i 匝道汇入车辆于交织区跟驰变道行驶所承受风险大小；

　　　p_0——匝道承受风险大小阈值，处理方法与 p'_0 相似，亦可为特定路段统计数据取值。

主线道路通行能力约束：

$$q_{t-1} + r_i - o_i \leq c_j \qquad (6-15)$$

式中　q_{t-1}——上周期上游主线到达流量；

　　　o_i——匝道 i 驶出流量；

　　　c_j——断面 j 的道路通行能力。

由于模型的假设前提条件为交织情况仅存在于匝道区段内，因此，对于车辆在高速系统中的驶入和驶出行为，均视为匝道范围内行为。

匝道入口排队约束：

$$u_i^{t-1} + d_i - r_i \leq u_{\max} \qquad (6-16)$$

式中　u_i^{t-1}——匝道 i 未成功汇流车辆数；

　　　d_i——入口匝道 i 饱和交通量；

　　　$u_{\max}$——匝道的最大排队长度。

其他条件约束：

$$0 \leq r_i \leq d_i \qquad (6-17)$$

参照实际情况,各个匝道 i 的驶入流量均为自然数。

在计算中,具体计算流程如图6-1所示。

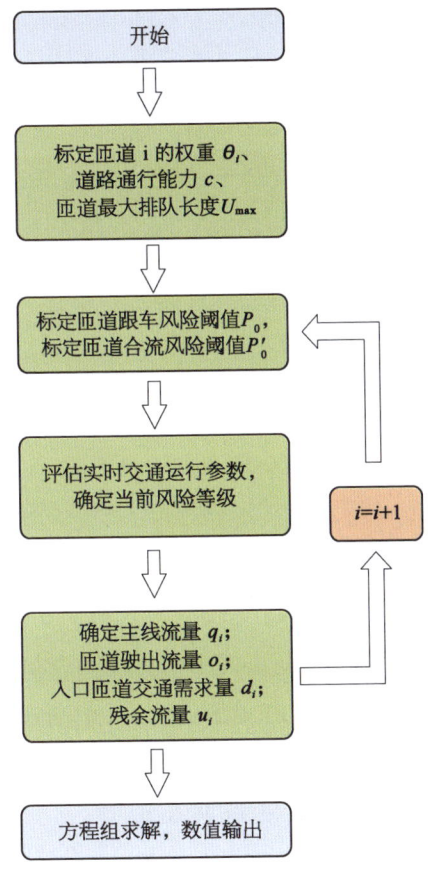

图6-1 计算流程图

6.1.4 入口控制仿真分析

通过入口匝道自适应控制可改善高速公路交通运行状况。入口匝道调节控制的主要原理是检测高速公路上下游占有率,以高速公路的通行能力为约束条件,并通过入口处信号控制作为手段调节驶入交通量,使驶入车辆充分利用主线上车辆间距,以保证主线车辆运行的畅通。

检测器及信号控制器在研究对象上的布设如图6-2所示。

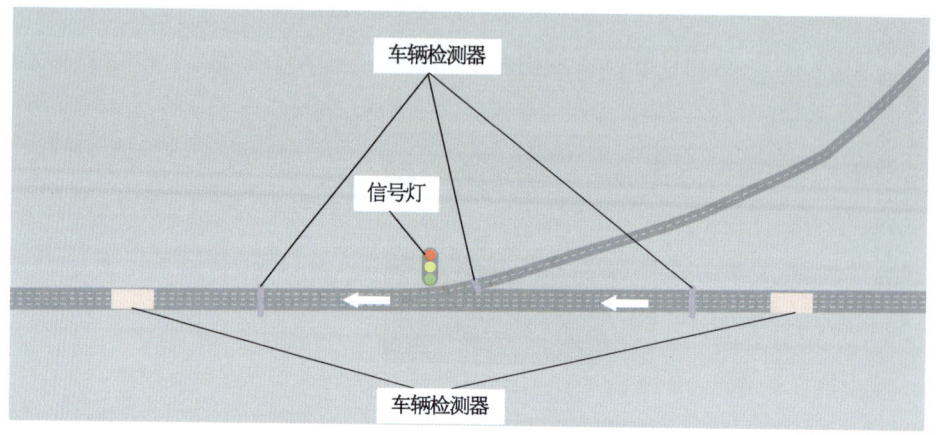

图 6-2　检测器布设

设置主线上游交通量分别为 2 500 辆/h、3 500 辆/h、4 500 辆/h、5 500 辆/h，入口匝道交通量分别为 500 辆/h、1 000 辆/h、1 500 辆/h、2 000 辆/h。对 16 种工况进行仿真。

通过分析可知，在未对入口匝道进行控制前，由于入口匝道的交通流波动较大，使高速公路主线外侧道路交通流与入口匝道的交通流相互影响，高速公路主线外侧道路交通流随着其波动明显。因受到入口匝道汇入车辆影响，高速公路外侧车道车辆会向内侧车道合流，使高速公路内侧交通量产生偶发性增大。通过入口匝道自适应控制后，高速公路主线外侧交通量趋于平稳，呈周期性波动，主线内侧交通量明显提升。交通量仿真变化折线如图 6-3、图 6-4 所示。

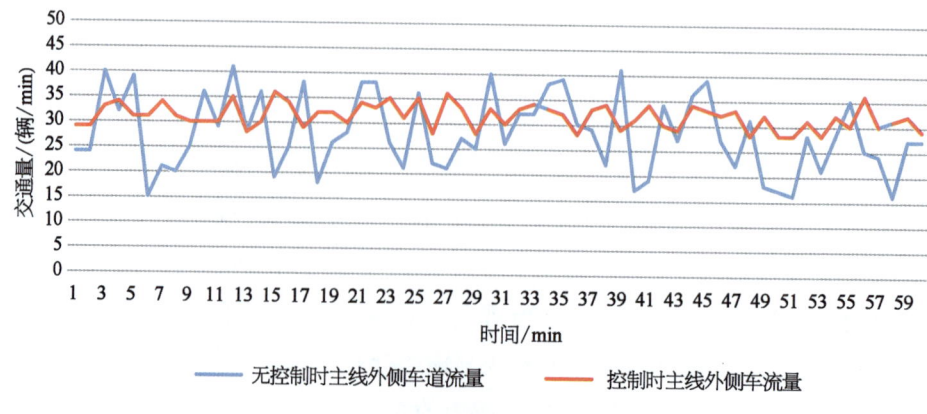

图 6-3　主线外侧交通量仿真变化折线

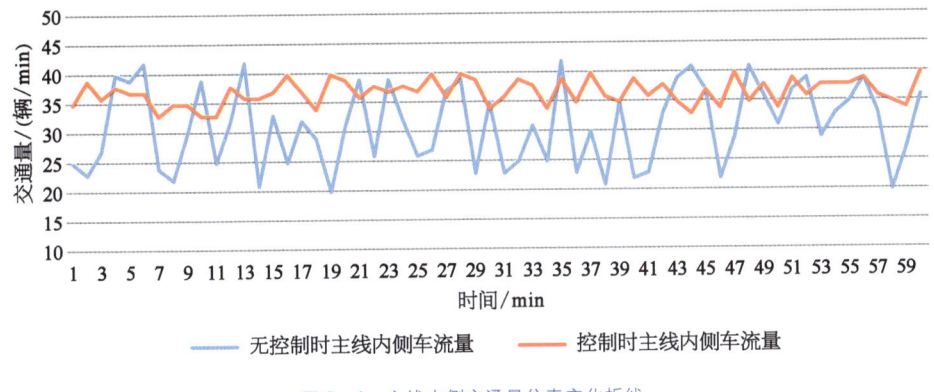

图 6-4　主线内侧交通量仿真变化折线

6.2　出口诱导管理

研究高速公路出口诱导信息发布策略,要:对高速公路的用户进行角色需求分析,明确高速公路路网需要发布的信息内容;分析目前可用的高速公路信息发布技术和各类信息发布手段的技术特点及应用优势;从用户使用的角度,归纳高速公路路网交通诱导信息的分类和发布需求;从系统最优的角度,对道路使用者可能遇到的场景进行信息需求分析,并通过可用技术手段,确定在各场景下的信息发布策略;归纳在高速公路路网内通过信息板显示交通诱导信息的模板。

6.2.1　运行状态评估模型

匝道是立体交叉及高速公路出入口不可缺少的组成部分,又是道路交通体系中车辆通过的瓶颈路段。匝道通行能力的计算与分析对立体交叉、公路路段及收费站等交通设施的运行分析及规划设计均有重要意义。匝道的通行能力在某种意义上制约着立体交叉和公路路段的通行能力。

交通运行指数用量化方法表达道路交通运行拥堵程度,是道路交通状态的数字化表达,类似于用温度表达天气冷热程度。道路交通指数反映了一定范围内道路的平均车速和人们对道路交通拥堵程度的感受,具体数据规定见表6-1。

表6-1 道路交通指数具体数据规定

交通指数	级别对应路况	出 行 时 间
0~2	畅通	交通运行状况良好,基本没有道路拥堵,可以按道路限速标准行驶
2~4	基本畅通	交通运行状况较好,少量道路拥堵,比畅通时多耗时0.2~0.5倍
4~6	轻度拥堵	交通运行状况较差,部分环路、主干路拥堵,比畅通时多耗时0.5~0.8倍
6~8	中度拥堵	交通运行状况差,大量环路、主干路拥堵,比畅通时多耗时0.8~1.1倍
8~10	严重拥堵	交通运行状况很差,全市大部分道路拥堵,比畅通时多耗时1.1倍以上

6.2.2 出口诱导控制模型

1) 控制速度的计算

路段 i、$i+1$ 的畅行速度、阻塞密度、交通量、速度与密度分别用 v_{fi}、$v_{f(i+1)}$、k_{ji}、$k_{j(i+1)}$、q_i、$q_{(i+1)}$、v_i、$v_{(i+1)}$、k_i、$k_{(i+1)}$,上游路段流入路段 i 的流量为 q_s,下游路段的流量为 q_t。在连续稳定交通流状态下,路段流量预测与控制模型如图6-5所示。

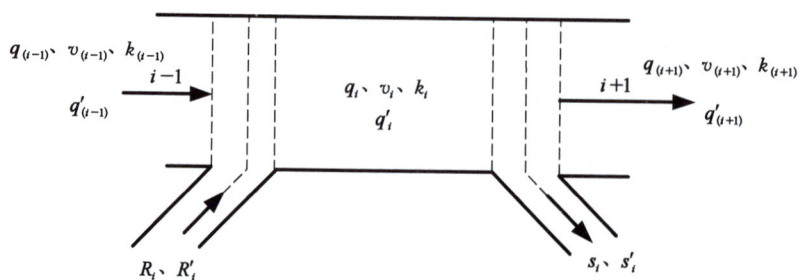

图6-5 路段流量预测与控制模型

图6-5中,$q'_{(i-1)}$、$q'_{(i+1)}$、R'_i、s'_i 可表示对应量的预测值。首先对交通量

进行预测,作为交通分析的基础。在连续稳定交通流状态下,路段入口的交通量:

$$q_t = q_{(i-1)} + R_i \qquad (6-18)$$

由第 i 路段进入第 $i+1$ 段的交通量:

$$q_t = q_{(i-1)} + s_i \qquad (6-19)$$

由稳定流的流量守恒可得

$$q_s = q_i = q_t \qquad (6-20)$$

$$k_i = \frac{k_{ji}(v_{fi} - v_i)}{v_{fi}}, \quad k_{(i+1)} = \frac{k_{j(i+1)}(v_{f(i+1)} - v_{(i+1)})}{v_{f(i+1)}} \qquad (6-21)$$

可得

$$q_i = v_i \cdot k_i, \quad q_{(i+1)} = v_{(i+1)} \cdot k_{(i+1)} \qquad (6-22)$$

由式(6-22)可得

$$\frac{k_{ji}}{v_{fi}} \cdot v_i^2 - \frac{k_{ji}}{v_{fi}} v_{fi} \cdot v_i + q_s = 0 \qquad (6-23)$$

$$\frac{k_{j(i+1)}}{v_{f(i+1)}} \cdot v_{(i+1)}^2 - \frac{k_{j(i+1)}}{v_{f(i+1)}} v_{f(i+1)} \cdot v_{(i+1)} + q_s = 0 \qquad (6-24)$$

联立方程组得到串联路段的速度目标值确定方法:

$$v_i = \frac{1}{2}\left(v_f \pm \sqrt{v_{fi}^2 - \frac{4 v_{fi} q_s}{k_{ji}}}\right), \quad i = 1, 2 \qquad (6-25)$$

$$k_i = \frac{1}{2}\left(k_{ji} \pm \sqrt{k_{fi}^2 - \frac{4 k_{ji} q_s}{v_{fi}}}\right), \quad i = 1, 2 \qquad (6-26)$$

方程组有解的充要条件是

$$\Delta_1 = \left(\frac{k_{ji}}{v_{fi}}\right)^2 - 4 \frac{k_{ji}}{v_{fi}} \cdot q_s \geq 0 \qquad (6-27)$$

为保证连续稳定的交通流,对上游输入交通量的限制条件为

$$q_s \leq \min\left\{\frac{1}{4}k_{ji}v_{fi}, \frac{1}{4}k_{j(i+1)}v_{f(i+1)}\right\} = \min\{q_{mi}, q_{m(i+1)}\} \quad (6-28)$$

根据监控系统检测的上游路段流入路段 i 的流量 q_s,可以确定出相应路段的速度目标值和密度目标值。当高速公路的道路条件、交通条件、气象条件变化时,需要确定相应的 v_f 与 k_j。

2) 路段负荷的调节

对高速公路出口的控制与诱导除上游外,还必须要兼顾下游的承受能力,才能发挥路网整体的通行能力。对于道路交通量的分流,可通过改变部分车辆的速度与行驶路径实现,由路网交通流分析得到路段 i 的允许最大交通量 f_i,并预测即将达到的交通量 q_i'。

首先根据交通量计算路段的交通负荷与路阻,确定该路段的运行速度,如果已经或即将达到饱和,需要调节路段负荷,主要考虑以下三种情况:

(1) 对直接连接、没有分支的路段,如果出现"交通量>通行能力",即下游的路段出现拥挤,导致服务水平降低的情况,需要采取以下措施:① 限制上游道路的行车速度以减少进入下游路段的流量;② 调整上游路段邻接路段的入口交通量。

(2) 对于上游有多条入口的路段,根据交通流分析结果,判断上游各个入口的交通量与预测交通状况,如图 6-6 所示。如果当前上游路段流量之和已经超过了下游的通行能力或预测的交通量即将超过下游的通行能力,则

$$q_{IN\_1} + q_{IN\_2} + q_{IN\_3} = q_{OUT} > c_{OUT} \quad (6-29)$$

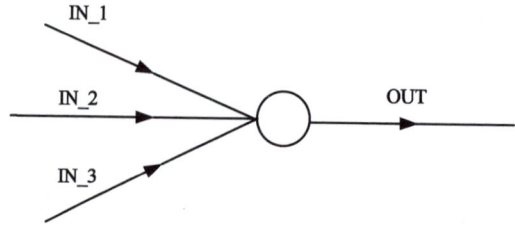

图 6-6 多进单出结点连接路段的交通量分析

对路段 OUT 交通量的控制,需要判断上游各入口道路的交通负荷情况,并控制进入的 IN_1、IN_2、IN_3 的交通量。根据 IN_1、IN_2、IN_3 的控制优

先级,可采取的措施有:① 依次限制非关键路段内的车辆运行速度;② 在路段 IN_1(IN_2、IN_3)的上游路段发布交通控制信息,引导驾驶员选择其他合适的路径。

(3) 对于下游有多出口选择的路段,如果路段 OUT_1(或 OUT_2、OUT_3)发生交通异常导致通行能力下降,发生交通量大于通行能力的情况,即 $q_{OUT\_1} > c_{OUT\_1}$,需要调整由路段 IN 进入 OUT_1(或 OUT_2、OUT_3)的流量,如图 6-7 所示。可采取的措施有:① 在路段 IN 的末端发布实时的分流信息,引导车辆进入 OUT_2 或者 OUT_3 路段;② 在事故发生位置前设置限速标志,预防发生交通事故。如果出现非常特殊的情况,下游三个路段的通行能力同时达到了饱和,即

$$q_{IN} > c_{OUT\_1} + c_{OUT\_2} + c_{OUT\_3} \tag{6-30}$$

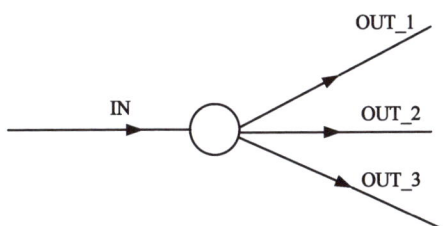

图 6-7　多进多出结点连接路段的交通量分析

则需要控制进入路段 IN 的交通量和路段 IN 的行车速度,以调整进入下游路段的交通量。

3) 诱导策略的效果评价

诱导措施依赖驾驶员的选择特性,需要根据高速公路运行状态不断地调整诱导的策略,如图 6-8 所示。

(1) 速度评价。高速公路的监控系统可以采集道路运行速度,道路实际运行速度 $v_{实测}$ 与控制诱导速度 $v_{控制}$ 的差异即是驾驶员服从速度的误差,并且可以计算诱导速度误差率 e,控制系统必须要根据实际控制速度的效果调整目标速度。

$$e = \frac{v_{实测} - v_{控制}}{v_{控制}} \tag{6-31}$$

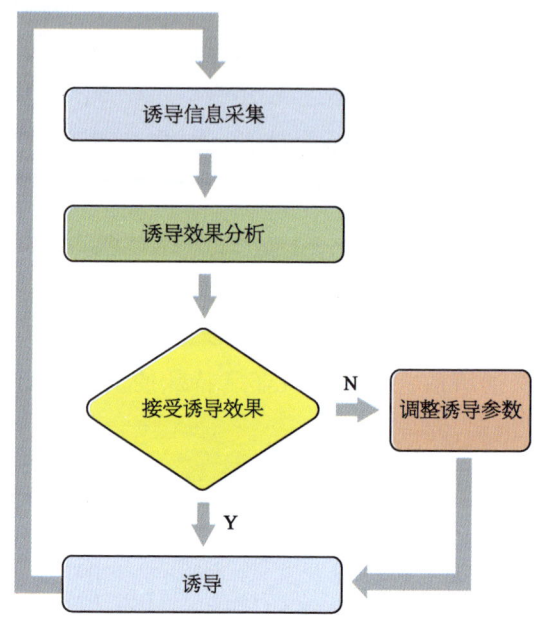

图 6-8　诱导效果分析流程图

（2）出口匝道交通量评价。高速公路监控系统采集路网中车辆的运行情况参数和交通状况信息，经分析、处理、判断后，可调整控制参数，变更可变信息板的诱导内容，实施对交通流的调节和控制。这实际上是一个闭环的系统。其性能的优劣，在一定程度上取决于车辆驾驶员能否按照诱导信息调整行驶状态。

6.2.3　交通诱导信息发布方式

1）交通诱导信息

交通信息服务于交通运输活动相关者，因此对交通运输活动及其相关者进行分析是提供高效交通信息服务的前提。在实际中，这些信息都有一个采集和处理的过程，根据信息的来源和变化频率进一步对其进行分类和描述。

对于各类信息，都有恰当的描述方式，从描述信息的形式方面，可以分为文字、图形、音频和视频。根据对司乘人员的调查，对各类信息的表达效果进行了比较。表 6-2 列出了根据调查结果对各类信息所采用文字、图形形式的意见。

表6-2 各类信息采用文字、图形形式的意见统计

信息变化频率	描述对象	文字	图形
静态信息	道路基本信息	★	★★
	特殊构造物	★	★★
	通行限制	×	★★
	辅助服务	★	★★
	历史交通流	★	★★
	历史交通事件	★	★
	历史气象	★	★★
	救援信息	★	×
动态信息	路况	★	★
	交通流	★	★★
	气象	×	★
	事件	★★	★
	应对措施	★★	×

★表示可以采用；★★表示效果好；×表示效果不好

为了能够通过智能化的实时系统及时发布更新诱导信息，将要发布在可变信息板（VMS）上的信息根据需求分为4种场景、8类模板。

根据与交通事件的关系，信息发布的场景可分为有事件和无事件两类。在无事件的情况下，可以发布部分通知（虽然目前如此使用，但不建议），也可以通过发布通行时间，进行正常情况下的交通诱导；在有事件的情况下（主要指驾驶员能够感觉到事件对交通的影响的情况），可按照事件地点的位置发布诱导信息，可以分为事件路段发布和上游路段发布。

根据位置的不同，驾驶员所关心的信息也不同。如果车辆已经进入事件路段，而且等待事件处理比选择绕行路线更优的时候，驾驶员将比较关注事件处理情况。各种情况下的信息发布模板见表6-3。

表6-3 信息发布模板

编号	场景	关键参数	示例模板
1	无事件,无发布行程时间	行程时间	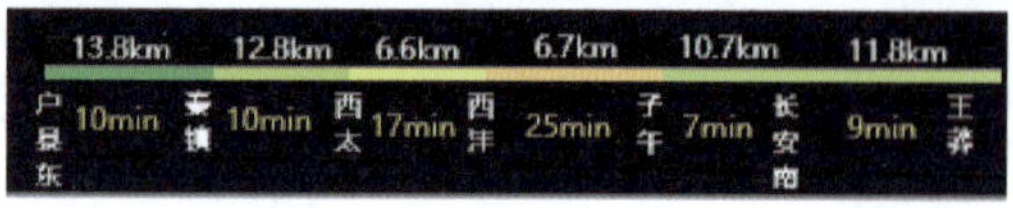
2	无事件,发布通知信息	通知的内容	
3	有事件,不需绕行	相对位置、事件类型、采取措施	
4	有事件,不需绕行	信息类型、事件处理进度、延误估计	
5	有事件,不需绕行	信息类型、事件处理进度、延误估计	
6	有事件,需绕行	事件位置、事件类型、绕行路线	

2) 信息发布方式

高速公路网发布交通信息的目标,是提高高速公路的服务水平,满足交通运输活动对相关交通信息的需求。

VMS 是高速公路发布交通信息的一个重要手段,在高速公路的运营管理中发挥着积极的作用。VMS 的信息传输一般采用高速公路专用通信网,其信息直接来源于高速公路管理部门,具有实时高效的特点。在实际使用中,VMS 一般分为三类:门架式 VMS、F 型 VMS、立柱式小型 VMS,如图 6-9 所示。

图 6-9 VMS 类型

(a) 门架式 VMS；(b) F 型 VMS；(c) 立柱式小型 VMS

6.3 出入口联动控制系统

高速公路出入口控制系统，就是对一些主要交通参数，如交通量、交通密度、速度、占有率、堵塞度及交通状况、路面状况和气象参数等进行实时采集。根据交通数据分析、算法计算，对入口匝道利用交通信号灯调节进入主线的车流量，保障主线最佳的通行状态；在出口匝道前，通过 VMS 提示驾驶员，诱导分流，同时在出口匝道前布设交通信号灯，控制该出口的正常通行或关闭的状态，从而保证高速公路依据不同的交通参数指标，保持在最佳的通行状态，减少交通事故、降低空气污染等。

6.3.1 总体架构

高速公路出入口控制系统包括高速公路入口自适应控制系统和高速公路出口诱导控制系统两个独立的子系统。入口自适应控制系统包括立体监测、气象信息、风险评估、控制方案、系统管理五个模块；出口诱导控制系统包括实时数据、气象数据、风险指数、诱导控制、系统管理五个模块。整个系统如图 6-10 所示。

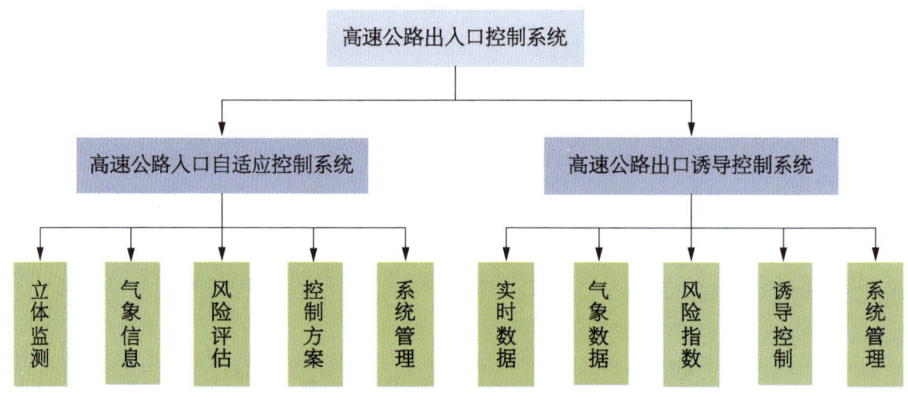

图 6-10　高速公路出入口控制系统总体架构示意图

1) 功能框架

高速公路出入口控制系统按系统功能分为：数据采集层、平台支撑层、应用服务层及图形界面层。数据采集层负责监测数据及气象数据的采集，为系统的运行提供原始数据支撑；平台支撑层包括数据库、入口自适应控制策略和出口诱导模型及算法模型等，主要负责对数据进行分析，通过算法模型模拟最终得出评估结果及相应的控制策略；应用服务层给用户、管理者提供立体监测、气象信息、风险评估、交通控制、交通诱导、系统管理等相关服务；图形界面层通过高速公路入口自适应控制系统界面及出口诱导控制系统界面提供直观服务，结合可变信息板与交通信号灯对交通进行控制及诱导。整个功能框架如图 6-11 所示。

2) 网络拓扑图

高速公路出入口控制系统是通过微波、地磁、视频等检测设备采集交通数据的，经过分析仪处理将获取的数据通过 DTU 借助 4G 无线传输网络发

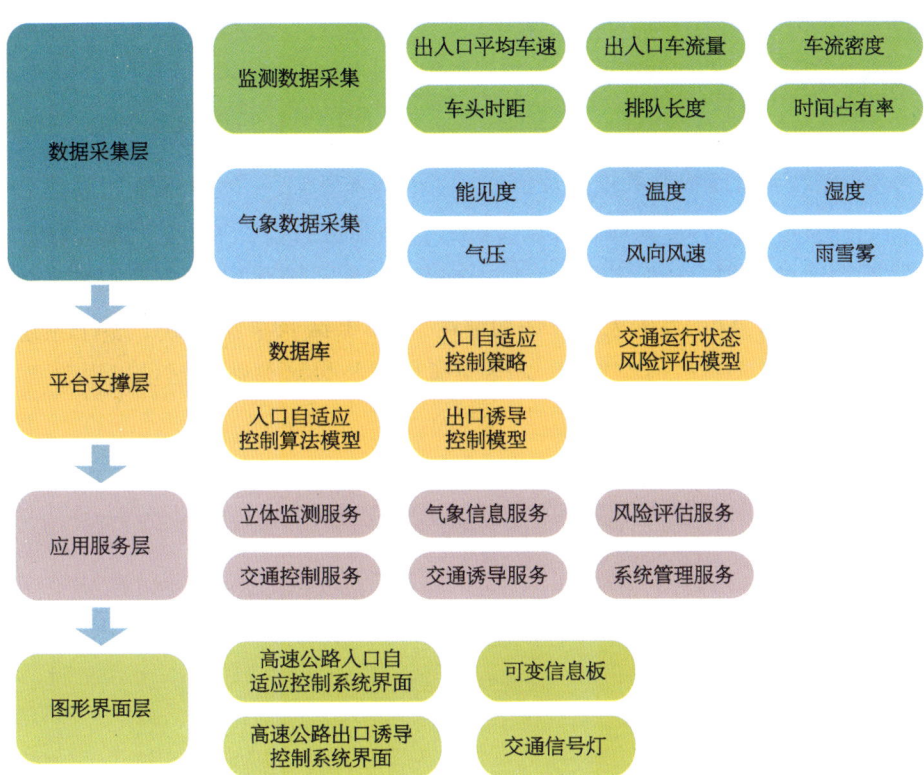

图 6-11 高速公路出入口控制系统功能框架示意图

送至数据中心汇聚交换机,最终通过路由器保存至服务器上,如图 6-12 所示。

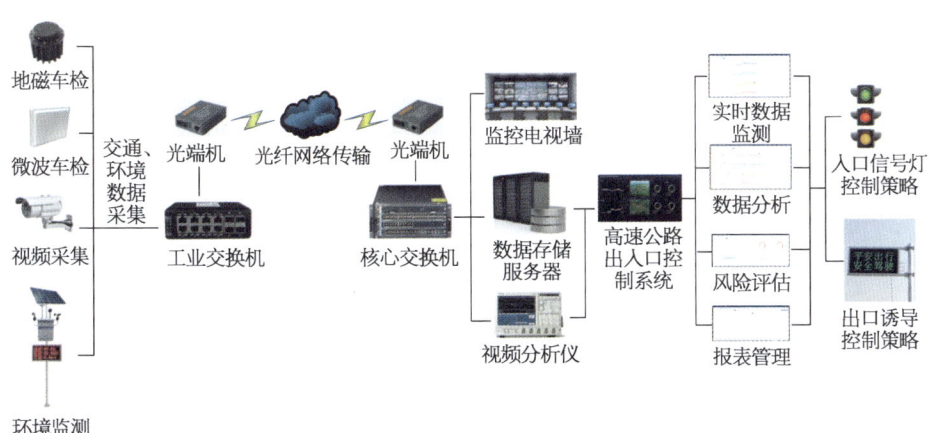

图 6-12 网络拓扑图示意图

6.3.2　数据处理流程

1）入口自适应控制数据处理流程

入口自适应控制数据通过微波、地磁、视频等检测设备采集,经光纤传输至监控中心的数据存储服务器中,入口自适应控制系统将同步读取交通原始数据,经过数据分析,得出风险评估的结论,从而根据风险管控制定入口匝道控制策略,完成入口自适应控制,最终交通数据与风险评估数据可以以报表形式管理,如图 6-13 所示。

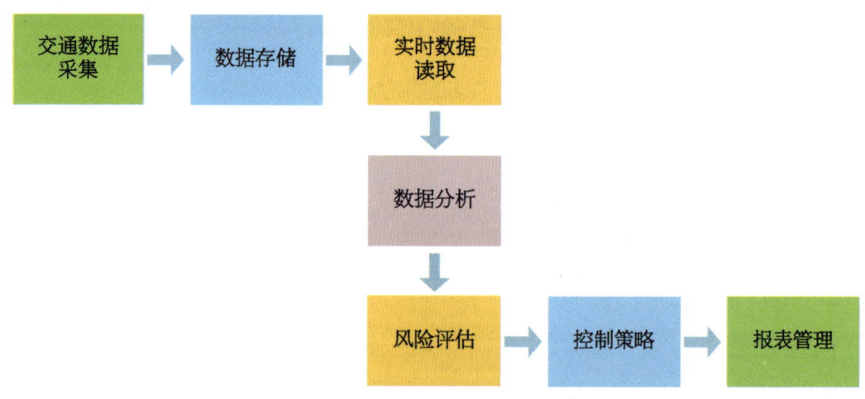

图 6-13　高速公路入口自适应控制数据处理流程图

2）出口交通诱导信息发布及控制流程

出口交通诱导数据通过微波、地磁、视频等检测设备采集,经过对主要交通参数的分析,结合主线通行能力动态评估,制定诱导控制策略,通过自动控制或手动控制的方式将诱导信息发布于信息板上,完成出口交通诱导信息的发布及控制,出口交通信息可以以报表形式查看、管理,如图 6-14 所示。

6.3.3　系统功能模块

如前所述,高速公路出入口控制系统由入口自适应控制系统和出口诱导控制系统组成。

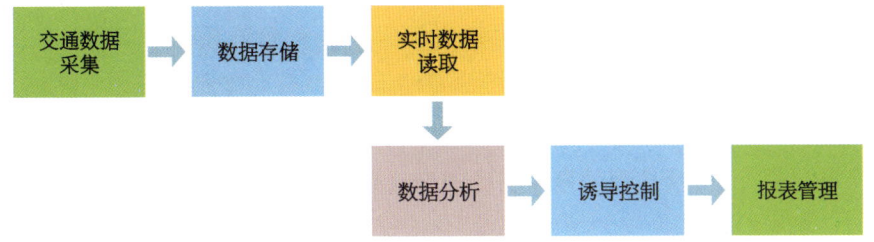

图 6-14 高速公路出口交通诱导信息发布及控制流程图

1) 入口自适应控制系统

高速公路入口自适应控制系统主要包括入口大数据、实时数据、数据分析、风险评估、控制策略、报表管理、系统管理七个模块。出口诱导控制系统主要包括出口大数据、实时数据、数据分析、诱导控制、报表管理、系统管理六个模块。通过各功能模块实现交通数据的采集、分析、风险评估,制定诱导策略,从而完成不同情况下高速公路出入口的诱导、控制,实现系统功能。功能模块如图 6-15 所示,系统主界面如图 6-16 所示。

2) 出口诱导控制系统

高速公路出口诱导控制系统根据主要交通参数如主线车速、主线交通量、车型分类、气象信息等,结合行车安全需求及风险分析与主线、匝道通行能力的动态评估,制定交通诱导策略,通过发布诱导信息保障主线的通行,出口诱导控制系统的主界面可显示高速、互通立交预览及主要交通参数的折线图、饼图等,如图 6-17 所示。

3) 数据库设计

为实现高速公路出入口的联动控制,需要构建统一的数据库信息。高速公路出入口控制系统中的设备包括:摄像机、微波及地磁车检器、气象设备、红绿灯、信息板等,各设备信息表以编号为关联主键,区别关联所属互通立交及高速公路,以此构成完整的数据库信息结构。

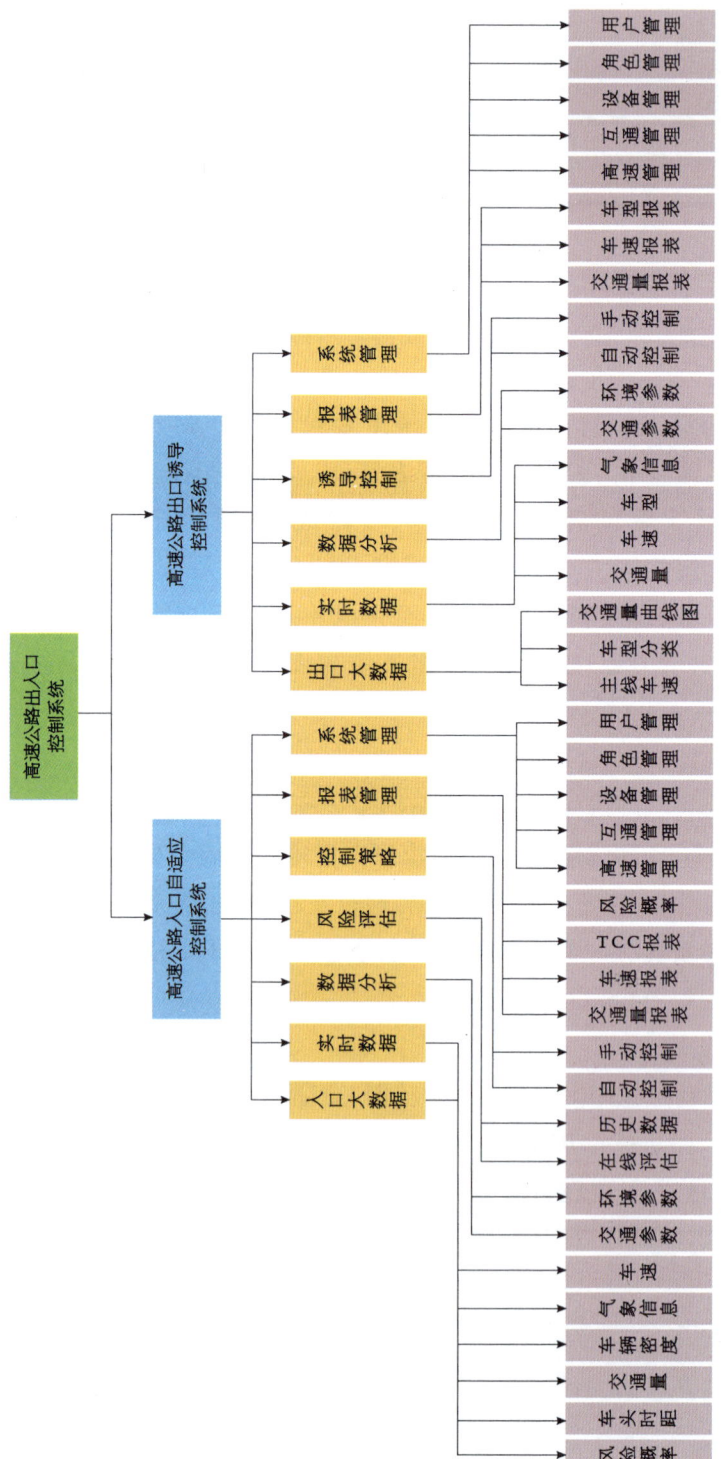

图 6-15 高速公路出入口控制系统功能模块

图 6-16 高速公路入口自适应控制系统主界面

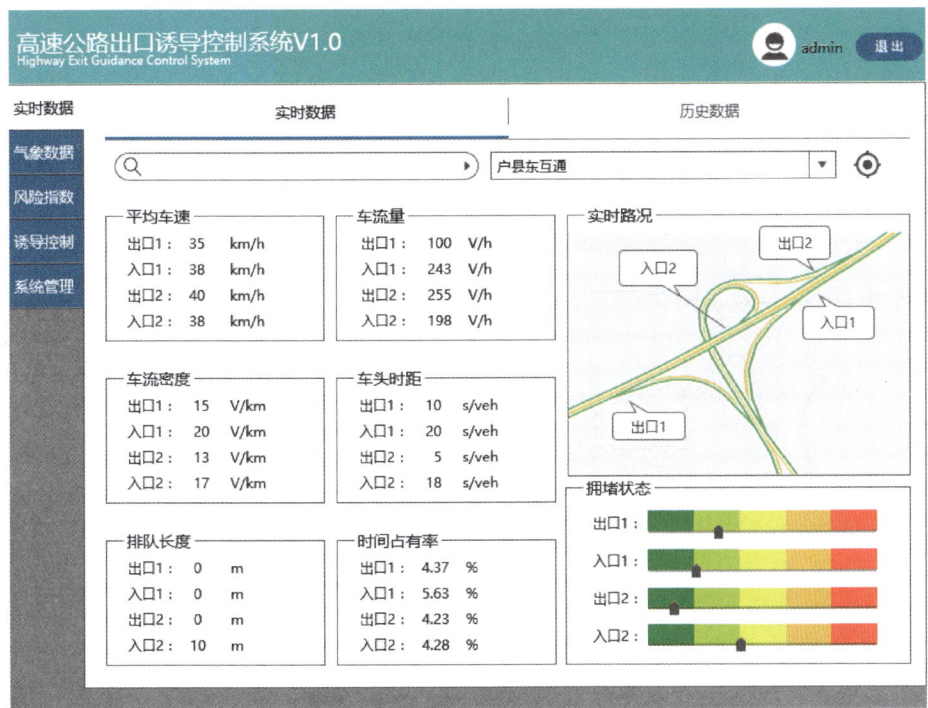

图 6-17 高速公路出口诱导控制系统主界面

6.4 出口车辆智能管控预警装备设置

在互通出口新型可导向防撞垫结构改造的基础上,进行智慧化提升。采用雷达对监控区域进行不间断扫描,并精准检测入侵目标距离、角度、速度等信息,再融合视频进行二次复核,对真实目标主动跟踪和预警。同时,利用基于机器学习的分类技术,实现对人、车、树等入侵目标种类的智能区分。

6.4.1 功能定位

出口车辆智能管控预警装备功能定位如下。

(1) 具有防护等级达到 TS 级、TA 级、TB 级全系列的可导向防撞垫结构,安全性能符合《公路护栏安全性能评价标准》(JTG B05-01—2013)的要求。

(2) 可应用于主线分流端、匝道分流端、隧道入口、跨线桥中墩端部、收费岛、特殊障碍物前端及部分路侧护栏上游端部等。

(3) 可导向防撞垫与护栏标准段具有平顺的过渡连接,满足标准规范的要求。

(4) 具有高效的逐级缓冲吸能结构,经实车碰撞试验验证,结构具有较大安全储备,安全性能高。

(5) 采用模块化设计,易安装,吸能构件可局部更换使用,维修成本低。

(6) 搭载激光雷达,测距范围 0.15~12 m,扫描角度 0~360°,测距分辨率<0.5 mm,角度分辨率 0.9°,单次测距时间 0.25 ms,对出入口车辆进行实时碰撞预警,预警距离 5~50 m。

(7) 低能见度恶劣气象条件下提升出入口识别视距,增大可视距离,降低车辆错过出口的概率。

6.4.2 新型可导向防撞垫

1) 主体结构设计

采用能量守恒原理,通过弹塑性材料变形耗能机理设计新型可导向防撞垫,主要包括:纳米流体耗能鼻首、支撑框架、弹塑性吸能元件、导轨组件、导向板、侧面弹性缓冲元件、尾部支撑座等,如图 6-18 所示。

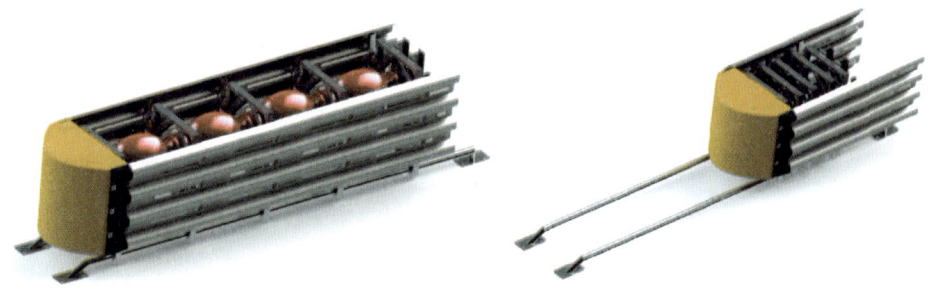

图 6-18 新型可导向防撞垫主体结构

2) 结构特点

(1) 鼻首采用纳米流体吸能材料填充,形成对车辆的弱接触,能够有效降低车辆撞击力峰值,降低车辆加速度,并且纳米流体耗能元件可以在外力卸载后恢复原状,反复使用。

(2) 装置骨架内填充塑性吸能材料吸收撞击能量,采用鼓形结构以实现多级吸能,延长峰值时间和吸能过程,撞后通过更换塑性元件实现装置的重复利用。

(3) 侧板与装置连接处增加侧向阻尼,降低侧撞时车辆"硬碰"造成的车辆和装置本身的损伤。

(4) 尾部采用固定支撑座,可将撞击力有效传递给地面结构,保证整个结构的稳定。

3) 防护原理

(1) 车辆正面撞击时,装置沿导轨逐层向后方收缩,通过结构骨架内填充的弹塑性吸能元件吸收撞击能量,撞击后可仅更换弹塑性吸能元件,易更换维修。

(2) 侧面弹性缓冲元件采用弹簧阻尼机构,侧撞时侧板可在一定程度实现位移退让,最大程度降低侧撞时的车辆和装置损伤。

(3) 鼻首设置纳米流体填充耗能元件,可以在汽车碰撞初期吸收部分动能,起到弱接触效果,降低撞击力。

6.4.3 系统设计

1) 预警范围

出口车辆智能管控预警装备预警范围为互通式立交、服务区出口匝道的出口标线区,如图 6-19 所示。其中四边形 ABCD 为简化有效的预警范围。A、B、C、D 四点坐标可根据现场标线施划情况获取。根据规范要求,BC 边长约为 95~225 m,AB 边长为 0.45 m,CD 边长约为 6 m。

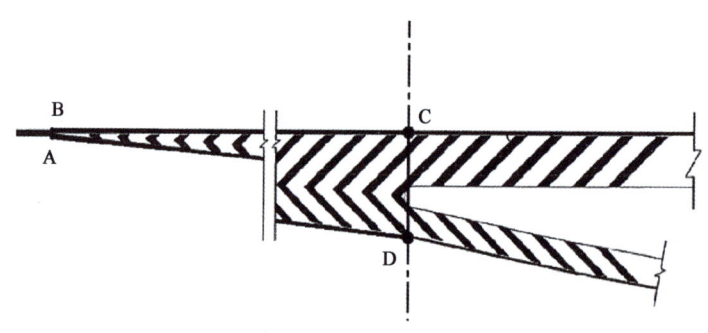

图 6-19 预警范围示意图

2) 识别预警时间

对不规范驾驶车辆的识别和预警时间应尽量小于 0.75 s,预警时间指车辆驶入检测区至设备警报信号发出(t_1)时的时间,如图 6-20 所示。

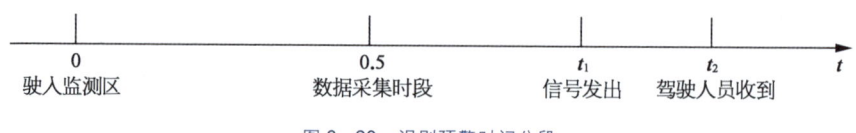

图 6-20 识别预警时间分段

3) 预警目标与判别条件

预判阶段划分如图 6-21 所示。

(1) 快速进入出口标线区 I,且有冲撞分流鼻端防撞垫趋势的车辆。

判别条件:快速进入出口标线区车辆在连续 0.5 s(约为 10 m)内行驶轨迹的延长线与车辆同分流鼻端中心连线近似重合(夹角小于 δ)时,进行预警反馈;当其轨迹延长线与车辆同分流鼻端中心连线夹角大于 δ 时,危险解除预警。

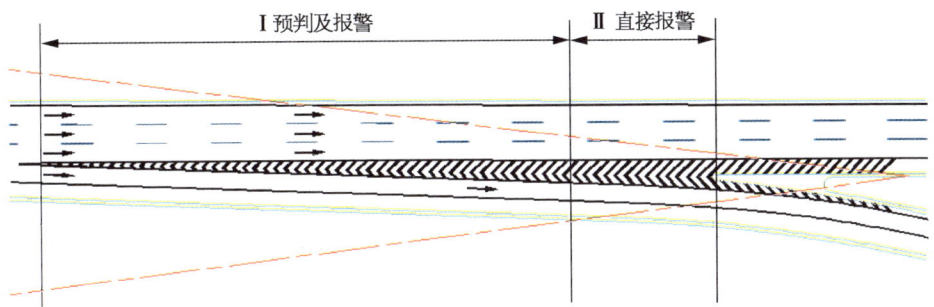

图 6-21 车辆驾驶行为预判阶段划分

$$\delta = \arctan \frac{(Y_i - Y_D) + 2.00/2}{X_i - X_D} \quad (6-32)$$

式中 δ——车辆的轨迹延长线与车辆同分流鼻端中心连线夹角;

X_i,X_D——分别为车辆 i 与 D 点的 X 方向坐标值;

Y_i,Y_D——分别为车辆 i 与 D 点的 Y 方向坐标值。

(2) 进入出口标线区 I,慢速行驶、停滞、反向行驶的车辆。

判别条件:当车辆进入出口标线区,且行驶速度小于 40 km/h 时,进行预警反馈;当行驶速度恢复至大于 40 km 时,危险预警解除。

(3) 对快速穿过出口标线区 I,进行分流的车辆不进行预警及引导。

判别条件:快速进入出口标线区车辆连续的 0.5 s 内行驶轨迹延长线与车辆和分流鼻端中心连线夹角大于 δ 时,不进行预警反馈。

(4) 对于直接驶入出口标线区 II 的车辆,无需预判直接报警。

直接报警区域长度可取 1.5 s 设计速度行程,则本次取 35 m 作为直接报警的距离阈值。(驾驶员发现并判别障碍物的时间为 1.5 s,做出反应的时间为 1 s。考虑使用报警器预警驾驶员的危险判别时间取 0.5 s,做出反应时间为 1 s,所以直接报警区域长度取 1.5 s 设计速度行程。)

4) 主动引导方式

(1) 针对上述两种危险预警情况,使用不同的报警器闪光模式或频率实现不同的主动引导,报警器的设置和安装须满足《道路交通信号灯设置与安装规范》(GB 14886—2016)的要求。

(2) 对于进入出口标线区,慢速行驶、停滞、反向行驶的车辆采用声音及闪光报警同时进行引导或驱离。

5) 区域预警智能系统方案设计

(1) 参数拟定。

如图 6-22 所示，CD 边长为 6 m，以 CD 为 X 轴，CD 中线为原点，建立坐标系，可以得到：C(-3, 0)、D(3, 0)。暂认为 AD 边界为直线，且距离约为 200 m，AB 距离 1.5 m，可以得到：A(3, 200)、B(1.5, 200)。假设 EF 预警分割线为 Y 轴 50 m 处，可以得到：E(3, 50)、F(-1.5, 50)。以上数据皆为初步拟定，具体数值可以根据实地勘测得出，黄色区域界定为预警区域，红色区域界定为报警区域。

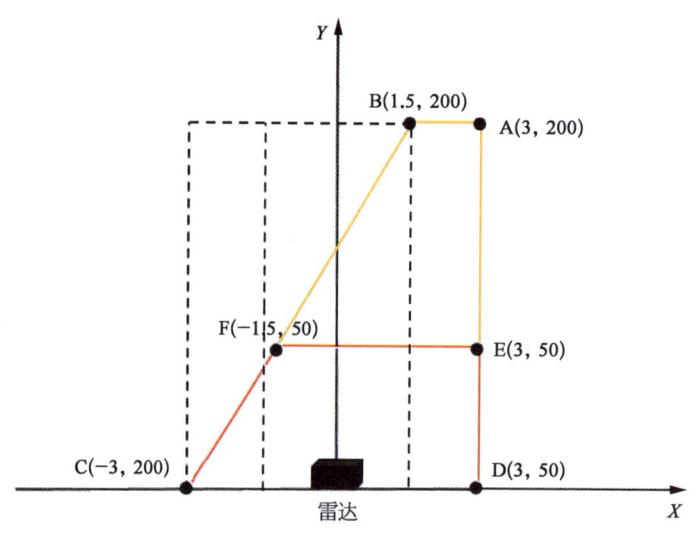

图 6-22 预警区域划分

(2) 方案拟定。

ABCD 为完整的雷达防碰撞诱导系统探测区域，其中 ABFE 为车辆入侵提前预警、防碰撞引导区域，EFCD 为车辆入侵直接触发报警区域，如图 6-23 所示。

一旦车辆入侵 ABFE 区域，雷达防碰撞诱导系统对入侵后的目标 0.5 s 内的轨迹数据进行积累和预判（$ABF'E'$ 区间），同时进行灯光提示和预警声音引导，引导和纠正车辆回归正确行驶轨迹，当判断目标下一步行为会与 EFCD 报警保护区相交时，系统启动报警动作，并录制车辆在 ABCD 探测区域行驶的视频画面，保存在系统中，供日后工作人员调查取证。

图 6-23 智能预警系统设备雷达智能区域警戒系统

（3）算法开发及界面。

目前算法暂时没有设置区域识别目标信息的功能，区域的划分都是在上位机上进行的，具体方案设计需要结合算法的二次开发，使之能够进行区域坐标设定，目标信息在区域内的检测和识别，以及对车辆数据点的详细、准确采样、高速车辆轨迹行为模拟等。

第 7 章

异常天气下高速公路主线交通流智能管控

随着交通需求的增长,安全问题、环境问题在高速公路管理中已成为常发性问题。在各类异常天气下,更易发生拥堵、事件、事故,甚至二次事故,在此场景下,在保证高速公路通行效率的同时,更要保证行车安全。因此,有必要从宏观交通流运行的角度,根据各类异常天气下的高速公路实时运行状态进行动态交通管理,在保证部分通行效率的同时,降低行车风险,进而实现车辆的运行安全。

可变限速控制是高速公路交通管理系统中常用的一种宏观车流控制方法,是利用一种控制算法来根据当前的道路和交通条件调整速度限制,以期实现提高道路交通安全性、降低道路交通风险、提高行车效率,同时减少对环境的影响的目的。在城市群地区,高速公路的自动化、智慧化水平较高,更具备可变限速控制的实施条件。

综合目前可变限速控制的应用场景及控制目标,从风险因素的角度看,采用可变限速的控制方法,控制主线车流的宏观速度、车辆加速度、车头间距等交通风险指标,从一定程度上降低高速公路的运行风险。考虑到不同天气条件下,高速公路的运行状态存在一定的差异,常规天气的可变限速控制方法无法直接应用于异常天气下的速度管理。因此,本章针对雨、雪、雾天气下的高速公路运行特点,综合不同天气下的影响因素,以主线可变限速控制管理为主,并结合动态分流、匝道联动等智能管控联动发布与预警方法,提出不同天气下的分级控制策略,从宏观交通流管理的角度进行智能管控。

7.1 雾天高速公路主线交通流管控

7.1.1 可变限速控制

开展雾天高速公路可变限速控制方法研究时,在可变限速控制中,整体采用 MCS 算法的思路,在限速基础值计算的基础上,考虑风险影响因素,进行风险优化。MCS 算法是根据设置在上下游的检测器检测到的宏观车流运行状态,来进行高速公路主线的限速控制。常规的 MCS 算法只采集宏观交通流速度,考虑到雾天环境的变化,应在速度采集的基础上,以能见度为雾天环境特点的典型指标,补充环境信息。以停车视距变化为基础限速值的计算基础,建立能见度与行车速度关系的模型。根据控制路段上、下游区域的能见度差异,提出对应的可变限速建议值。雾天环境下的可变限速建议值计算思路如图 7-1 所示。

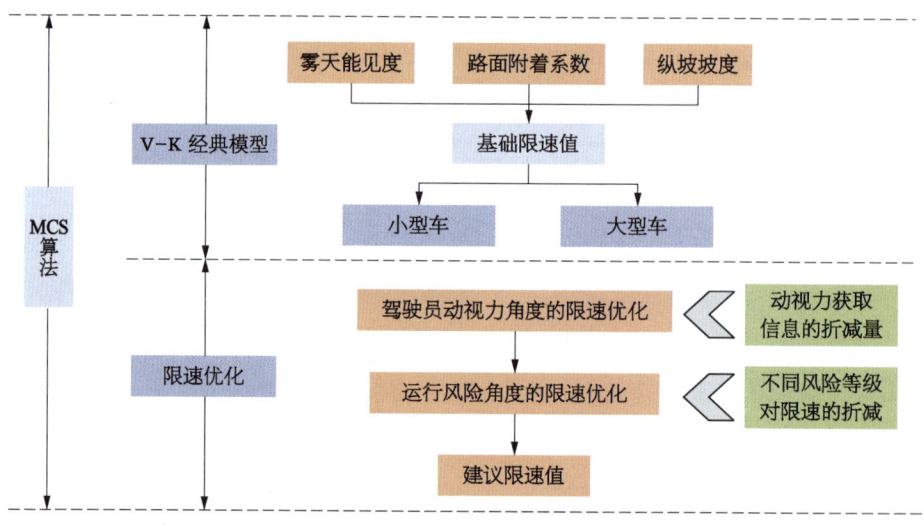

图 7-1　雾天环境下可变限速控制计算思路

1) 速度控制基础值

在雾区低能见度的环境下,为保证驾驶员行车的充分安全,需要有足够的视距。对于高速公路而言,要满足停车视距的要求。停车视距包括三部分:反应时间内的行驶距离 S_1、车辆制动距离 S_2、安全距离 S_3。三个距离的具体分布如图 7-2 所示。

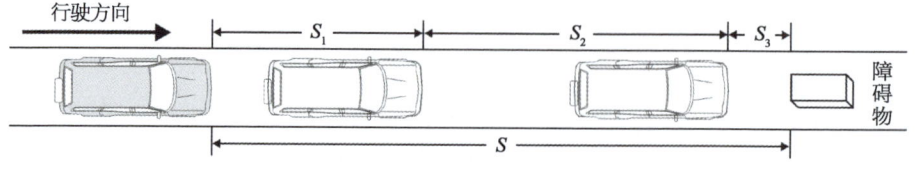

图 7-2　停车视距划分

根据传统的 Greenshield 经典 V–K 模型,可以得到雾天环境下驾驶员行车遵循的计算公式:

$$S = S_1 + S_2 + S_3 \tag{7-1}$$

$$S_1 = Vt/3.6 \tag{7-2}$$

$$t = t_1 + t_2 \tag{7-3}$$

$$S_2 = V^2/2a = V^2/254(f \pm i) \tag{7-4}$$

式中　S——停车视距,m;

S_3——安全距离,一般为 5~10 m,取 5 m;

V——车辆的正常行驶速度,km/h;

t——总反应时间,s;

t_1——驾驶员的反应时间,s(与驾驶员在反应时间内的行驶距离 S_1 对应);

t_2——制动系统的迟滞时间,s(与车辆制动距离 S_2 对应);

i——道路的纵坡坡度(参考《公路路线设计规范》(JTG D20—2017)中对纵坡坡度的要求,高速公路的设计速度一般为 80~120 km/h,对照不同设计速度下的最大纵坡坡度,其最大坡度值为 3%~5%);

f——车轮与路面间附着系数(摩擦系数)(不同路面状态下,附着系数取值不同,能见度越低,路面约湿润,附着系数越低,将能见度与路面附着系数对应,具体取值见表 7–1)。

表7–1　不同能见度下的路面附着系数

能见度/m	1 000	800	600	500	400	300	200	100	80	50
附着系数	0.7	0.7	0.7	0.6	0.5	0.5	0.4	0.4	0.4	0.4

在交通流 Greenshield V–K 模型中,大部分参数都有对应的参考值。但是在雾天环境下,驾驶员反应时间和车辆制动系统的迟滞时间需要进行细化。对于雾天驾驶员行车安全而言,总反应时间 t 是由驾驶员的反应时间 t_1 和制动系统的迟滞时间 t_2 两部分组成。为得到总反应时间,需要分别确定这两个参数。对于驾驶员的反应时间 t_1,可以在驾驶模拟试验中,建立雾天环境

下的三维仿真道路模型,以驾驶员看到标志牌做出反应的时间差为判断标准,测量雾天不同能见度条件下的驾驶员反应时间,进而得到能见度为200 m、150 m、100 m、50 m 环境下的驾驶员反应时间,具体结果见表7－2。

表7－3　高速公路不同能见度下的驾驶员反应时间汇总表

能见度/m	200	150	100	50
驾驶员反应时间t_1/s	2.208 5	1.947	1.720 5	1.655 5

从表7－2可以看出,在能见度为200 m 的情况下,驾驶员从看到标志到产生相应动作的时间为2.2 s,也就是驾驶员的反应时间t_1 为2.2 s。

由于车辆结构的差异,小型车和大型车在行驶中有一定的驾驶特性差异,在本模型中体现在车辆的迟滞时间上。查阅各类参考资料可以发现,小型车的迟滞时间比大型车短,而且大型车的轴数越多,迟滞时间越长。综合查阅的各类资料,将两轴车的迟滞时间作为小型车迟滞时间,则小型车的迟滞时间大约为0.120 s,将八轴车的迟滞时间作为大型车迟滞时间,其迟滞时间约为0.250 s。

基于公式$t = t_1 + t_2$,结合不同能见度下驾驶员反应时间和不同车型迟滞时间的分析结果,可以得到高速公路不同能见度、不同车型的总反应时间,具体结果见表7－3。

表7－3　高速公路雾天环境下不同能见度、不同车型反应时间汇总表

能见度/m	200		150		100		50	
车型	小型车	大型车	小型车	大型车	小型车	大型车	小型车	大型车
反应时间t/s	2.328 5	2.458 5	2.067	2.197	1.840 5	1.970 5	1.775 5	1.906

从表7－3可以看出,对于小型车而言,反应时间t的取值范围约为1.78～2.33 s,大型车的反应时间t 约为1.91～2.46 s。在反应时间确定的基础上,结合高速公路的不同纵坡坡度,对建立的V－K 模型进行形变,即可得到不同车型的停车视距表达式。

$$\text{大型车}: S = 2.5V/3.6 + V^2/254(f \pm i) + 5 \quad (7-5)$$

$$\text{小型车}: S = 2.3V/3.6 + V^2/254(f \pm i) + 5 \quad (7-6)$$

由此可以得到最大安全行车速度的 V_{f0}：

大型车 $V_{f0} = \sqrt{7778.26(f \pm i)^2 + 254(f \pm i)(S-5)} - 88.194(f \pm i)$

$$(7-7)$$

小型车 $V_{f0} = \sqrt{6023.48(f \pm i)^2 + 254(f \pm i)(S-5)} - 77.611(f \pm i)$

$$(7-8)$$

因此，在雾天环境下，已知环境的能见度距离 L、不同环境下的车轮与路面间的附着系数 f、道路的纵坡坡度 i，即可得到最大安全行车速度 V_{f0}，而此时得到的 V_{f0} 可以看作是不同能见度下的限速基础值，对限速基础值进行驾驶员动视力和运行风险角度的优化，即可得到最终的限速值 V_f。

2）优化基础限速值

从驾驶员动视力和运行风险的角度，优化基础限速值。

（1）动视力角度的限速优化。

在计算基础限速值时，没有考虑车辆运动环境下，驾驶员动、静视力下停车视距的差异。因此，在得到基础限速值后，需要结合静视力与动视力下驾驶员对目标物的识别差异，修正基础限速值。动静视力获取信息差异比是指在某速度下，运动和静止状态下驾驶员获取信息量的比值。

对应到具体数值中，当车速为 100 km/h 时，如果驾驶员静视力为 1，则动视力为 0.6，可以认为动视力获取信息是静视力获取信息的 60%，而且车速越高，动视力获取信息的折减量就越大。一般情况下，人的静视力比动视力高，动视力低于静视力 10%～20%，在一些特殊情况下，动视力甚至会低于静视力 30%～40%。不同车速下，动视力与静视力的信息获取折减情况见表 7-4。

表 7-4 不同车速下动静视力获取信息差异比

车速/(km/h)	100	90	80	70	60	50	40
动静视力获取信息差异比 η	0.6	0.65	0.7	0.78	0.8	0.85	0.9

要保证车辆在行驶过程中，在动视力影响下，驾驶员对信息获取的及时性与完整性。将动静视力获取的信息量比值作为动视力对雾天限速的影响

系数,对基础限速值进行折减,得到动视力角度修正后的大小型车限速值 V_f'。

$$V_f' = V_{f0} \times \eta \qquad (7-9)$$

式中 V_f'——动视力角度修正后的大小型车限速值;

η——动静视力获取信息差异比;

V_{f0}——最大安全行车速度。

（2）运行风险角度的限速优化。

上文在计算基础限速值时,所有参数都是正常状态下的车辆行驶速度值,没有考虑实际情况行驶干扰对车辆行驶速度的影响,可以认为,上文得到的经动视力修正后的大型车限速值是假设车辆在行驶中不受到其他因素影响的理想状态限速值,理想状态是车辆的低运行风险状态。由于在高速公路的实际运行中,车辆的运行风险一直存在,甚至不排除出现高风险的情况,因此需要从风险的角度折减车辆的理想限速值。

对于雾天运行情况而言,雾天属于异常天气,车辆在行驶中面临的运行风险本身就要比正常天气高,易发生事故,事故发生的严重程度、处理成本都比较高。为保证高速公路的运行风险整体处于一个比较平稳的状态,以中低风险(2 级风险)为雾天的速度控制目标,将运行风险作为雾天环境下高速公路运行的考虑因素,从运行风险的角度对速度进行折减。

根据不同等级下的风险值区间,为保证高速公路处于中低风险及以下的状态,对限速值进行二次折减,折减系数 γ 采用 2.25(中低风险与低风险比值的折中数值)。运行风险角度的速度折减公式如下:

$$V_f = V_f' \times \gamma \qquad (7-10)$$

式中 V_f——二次折减后的限速值,即可变限速的建议值;

γ——风险折减系数。

按照雾浓度等级,能见度小于 500 m 时,在气象等级中才会划分雾的等级,但在实际中,当能见度小于 800 m 时,已经对车辆的正常行驶产生影响。因此,在雾天环境下对高速公路可变限速进行控制时,对能见度小于 800 m 的各类情况分别进行控制。在大小型车限速值计算的基础上,结合实际中常规情况下的高速公路限速情况和雾浓度等级,以不同车型限速值的最小值为参考,对限速值进行取整,得到不同能见度区间下的限速值,见表 7-5。

表 7-5 不同能见度下可变限速值汇总表

能见度/m	雾浓度	限 速 措 施
>800		按照高速公路的正常限速值
(500, 800]		小型车限速 80 km/h,大型车限速 70 km/h
(200, 500]	轻雾	小型车限速 50 km/h,大型车限速 40 km/h
(100, 200]	中等雾	小型车限速 40 km/h,大型车限速 30 km/h(大型车速度低,不建议上高速)
(50, 100]	大雾	小型车限速 30 km/h,大型车限速 25 km/h(速度较低,不建议通行)
≤50	浓雾	封闭高速,禁止车辆通行

3) 控制策略验证与效果分析

控制策略验证与效果分析的目的在于验证可变限速值对雾天环境下车流运行的控制效果。由于实际应用中,路侧设备、环境特征、应用场景等因素的限制,很难找到与可变限速各场景契合的实际情况。因此,采用交通流仿真与驾驶模拟仿真相结合的方式,从交通流运行和驾驶员行车适应性两个角度,分析雾天可变限速控制策略的应用效果。

在宏观交通流仿真中,采用 VISSIM 软件,以现实中的交通流数据为基础进行模拟,对比采用可变限速前后的交通流变化情况。在驾驶员适应性中,采用驾驶模拟仿真的方式,对比采用可变限速控制方式前后的驾驶员心理、生理数据的差异,分析驾驶员对可变限速控制的适应情况。

(1) 交通流运行状态分析。

采用 VISSIM 软件,对可变限速控制下的高速公路宏观交通流运行情况进行仿真分析。在建模过程中,通过纬地软件及自编译程序,将实际高速公路的设计文件导入 VISSIM 软件,保留线性设计文件,保证仿真路段的平面、纵面、横断面的线形指标与实际相符。由于 VISSIM 软件无法在软件中直接进行雾天环境下的交通流仿真,故针对交通流运行情况进行仿真调参,路段的实际限速为 100 km/h,在仿真中,按照雾天可变限速的优化建议,进行对应场景的可变限速仿真。

在仿真中,对降速路段和限速路段进行重点仿真,以延误、排队长度、通行时间为评价指标,与常规限速下的高速公路运行情况对比,分析可变限速控制下的道路运行情况。另外，考虑到在不同限速场景下，限速路段和过渡路段的交通运行状态会有一定差异，因此在延误、排队长度、通行时间等指标的基础上，引入 $proportion_{\text{fog}}$、$proportion_{\text{limit}}$ 两项指标，评估中观层面的交通流运行状态。

$$proportion_{\text{limit}} = \frac{V_{\text{limit}} - V}{V_{\text{limit}}} \quad (7-11)$$

$$proportion_{\text{fog}} = \frac{V_{\text{normal}} - V_{\text{fog}}}{V_{\text{normal}}} \quad (7-12)$$

式中　V_{limit}——路段限速值；

　　　V_{fog}——进行可变限速后的雾区平均车速；

　　　V_{normal}——不进行可变限速的车流平均速度。

对应不同能见度下雾天可变限速的建议值，进行 VISSIM 仿真，发现在不同的限速方案下，交通流特性会发生一定的变化。从交通流通行指标的角度看，在各限速方案下，主线均未出现排队现象；在路段平均延误和通行时间方面，随着可变限速值的降低，车辆的通行时间增长，同时延误也随之增加，见表 7-6 和图 7-3。

表 7-6　交通流软件仿真结果

序号	能见度/m	限速值/(km/h)		平均延误/s	通行时间/s	排队长度/m
		小型车	大型车			
1	>800	100	80	30.18	249.19	0
2	(500, 800]	80	70	43.2	338.43	0
3	(200, 500]	50	40	95.6	409.35	0
4	(100, 200]	40	30	120.6	473.52	0
5	(50, 100]	30	25	140.3	500.22	0
6	≤50					

在中观指标分析中，考虑到可变限速值是根据不同的车型特征制定的，故对大、小型车在试验路段的 $proportion_{\text{limit}}$ 和 $proportion_{\text{fog}}$ 分别进行分析，分析

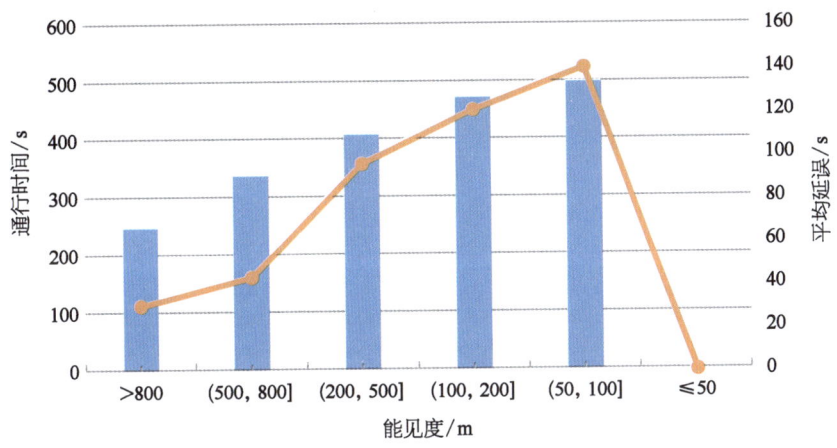

图 7-3 雾天环境下交通流运行仿真评估结果

结果见表 7-7。大型车的 $proportion_{\text{limit}}$、$proportion_{\text{fog}}$ 值普遍比小型车高,整体上 $proportion_{\text{fog}}$ 值比 $proportion_{\text{limit}}$ 大。同时,两项指标都随限速值的降低而升高。能见度在 50~100 m 时,小型车和大型车的 $proportion_{\text{fog}}$ 值大于 0.7,能见度在 100~200 m 时,大型车的 $proportion_{\text{fog}}$ 值接近 0.65。较大的 $proportion_{\text{fog}}$ 也反映了车辆行驶存在比较明显的延误情况,综合考虑此时各车型的延误和车辆的行驶安全性,能见度小于 100 m 时,不建议小型车驶入高速公路,能见度小于 200 m 时,不建议大型车驶入高速。

表 7-7 交通流运行中观交通流运行状态评估指标分析

能见度/m	限速值	小型车		大型车		小型车		大型车	
		平均值	标准差	平均值	标准差	平均值	标准差	平均值	标准差
>800	正常限速								
(500, 800]	小型车 80 km/h;大型车 70 km/h	0.040	0.069	0.064	0.060	0.232	0.055	0.181	0.052
(200, 500]	小型车 50 km/h;大型车 40 km/h	0.136	0.326	0.043	0.327	0.568	0.163	0.521	0.164
(100, 200]	小型车 40 km/h;大型车 30 km/h(不推荐大型车驶入高速)	0.045	0.416	0.060	0.521	0.618	0.166	0.648	0.196

续　表

能见度/m	限　速　值	小型车		大型车		小型车		大型车	
		平均值	标准差	平均值	标准差	平均值	标准差	平均值	标准差
(50, 100]	小型车30 km/h；大型车25 km/h（不推荐大型车驶入高速）	0.050	0.655	0.196	0.731	0.715	0.197	0.749	0.229
≤50	封闭高速								

综上所述，采用不同的可变限速值，道路整体的运行效率会有一定的降低，但是并没有出现拥堵、排队的现象。可以认为，在可变限速控制模式下，高速公路的通行秩序稳定，能够保证一定的通行效率。

（2）驾驶员行车适应性分析。

为验证驾驶员对可变限速值及雾天环境下可变限速方式的适应性，采用驾驶模拟仿真的方式，从驾驶员心率变化的角度，对各能见度下的可变限速控制方案进行适应性分析。

分析驾驶员行车舒适性的目标是为了确定驾驶员对可变限速值及雾天环境下可变限速方式的适应性。通过驾驶模拟仿真的方式评估雾天环境下的可变限速应用情况。相关研究结果表明，人的心率变化越剧烈，紧张感越强，则对环境的适应性越差。因此，在驾驶模拟试验中，让驾驶员佩戴心率检测器驾驶，同时采集驾驶员心率数据和驾驶数据。试验后，从驾驶和心率的对应数据关系分析驾驶员的心率变化，判断其对环境的适应程度。

① 试验设计。试验中，以正常环境下常规限速的方法为基准组，以能见度在(500, 800]（200, 500]（100, 200]场景下可变限速的试验数据为对照组，分别进行试验，获取不同能见度及控制方式下的驾驶员心率。将对照组和基准组数据进行对比，分析不同场景下的驾驶员心率情况，以此判断驾驶员的适应性。

采用的试验设备包括自主研发的大型道路驾驶仿真模拟平台、心生理综合检测设备。该驾驶模拟平台采用了自主研发的六自由度高精度运动平台，如图7-4所示。同时，驾驶员佩戴心率检测器进行驾驶模拟试验，使用的心率检测器型号为BIOPAC MP150。设备通过贴在驾驶员心脏周围的电极片采

图 7-4　驾驶模拟试验设备及行车界面

集心电图(ECG)数据,ECG 指标可以作为驾驶员心理负荷定量测试和评价的依据,其数据测试的详细信息如图 7-5 所示。

② 数据采集。ECG 指数为主要评估指标,主要反映心脏活动。通过交感

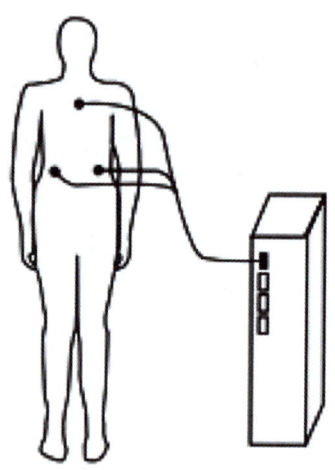

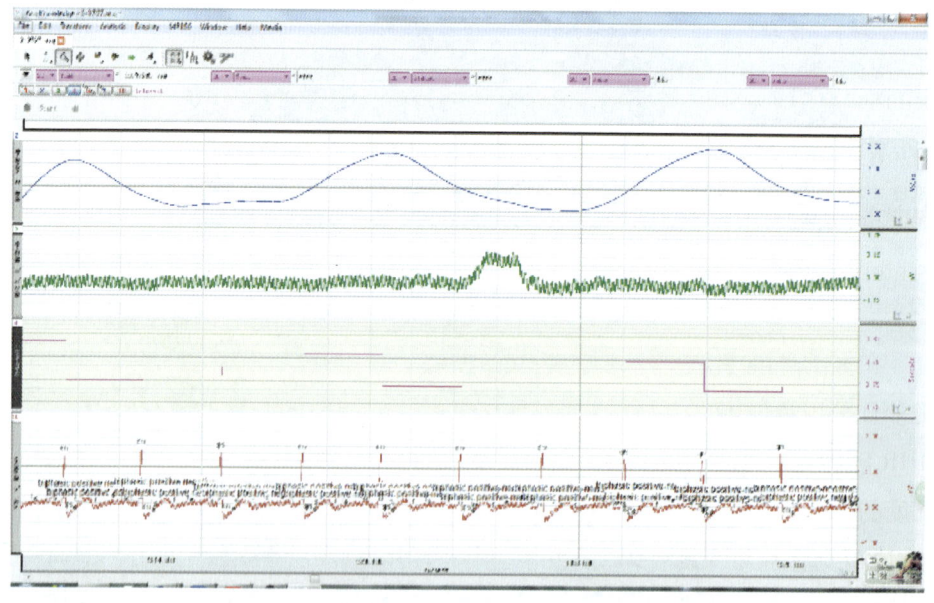

图7-5 ECG指标采集位置及指标数据处理界面

神经和迷走神经之间的共同支配地位,大脑可以处理和判断外部信息资源。被刺激的生物水平指标与驾驶员的精神负荷强度密切相关。因此,模拟试验还会提取 ECG 测试中的其他指标,作为驾驶员多项任务中心理负荷强度的测试指标。

ECG 的原始数据通过生理仪器进行去噪和过滤,然后提取并处理不同任务阶段的生理信号,获得平均心跳间隔(MHR)、低频(LF)、高频(HF)等评估指标。这些指标中，MHR 随驾驶员紧张程度提高而增加，而驾驶员紧张程度会随驾驶难度的增加而提高。另外，在心率变异性功率谱密度中，LF 表示关于交感神经的活动强度，HF 表示在模糊神经的活动强度。LF/HF 表征了两条不同神经之间的张力程度，因此 LF 持续降低表明交感神经兴奋减少，而模糊意识占据了主要频带。

③ 数据分析。不同能见度及限速方案下的指标结果有一定的差异性，具体结果见表 7-8。

表 7-8 心率数据变化统计表

	能见度/m				心率变化		
	正常	(500, 800]	(200, 500]	(100, 200]	方差	95% 置信度	90% 置信度
MHR/ms	73.09	75.50	76.17	77.05	2.890	2.705 0	2.000 3
LF/Hz	0.643 0	0.629	0.620 2	0.553 6	0.001 6	0.063 2	0.046 7
HF/Hz	0.121 2	0.147 1	0.153 8	0.190 5	0.000 81	0.045 5	0.033 6
LF/HF	2.37	2.27	2.15	2.03	0.021 7	0.234 4	0.173 3

在雾天环境下，参与试验的驾驶员平均心率为 75.5 到 77.05，与能见度正常且采用常规限速方案时的 73.086 相比，驾驶员心率升高，同时驾驶员的 MHR 随能见度降低（限速值降低）而升高，说明驾驶员的驾驶紧张程度随能见度的降低而提高。另外，在 LF、HF 的变化中，LF 呈降低趋势，HF 呈上升趋势，说明交感神经兴奋性减弱，意识逐渐模糊。LF/HF 随能见度的降低呈下降趋势，说明随着能见度和限速值的降低，驾驶环境对驾驶员驾驶过程的干扰更加严重。这几个指标的变化，可以认为驾驶员呈现出一定的紧张状态。但是，从几项指标方差变化的角度看，MHR 的方差为 2.890，服从 90% 置信度，LF、HF、LF/HF 的方差分别为 0.063 2、0.045 5、0.234 4，均服从 95% 置信度。

综上所述，根据各项心率指标的变化，可以认为在雾天环境中，驾驶员的心率与正常能见度下的心率相比变化幅度不大，能够满足置信要求。因此可以认为，驾驶员对不同能见度下的可变限速措施具有良好的适应性。

7.1.2　分级控制策略

雾天控制策略主要包括应急准备、交通诱导、限速和出入口控制等几种控制策略。

1）应急准备

根据国内外调研情况，雾天事故一般发生在起雾的初始阶段，事故严重程度主要取决于紧急救援是否及时。如果在起雾的初始阶段能及时探测到雾现象，并加强巡逻力度，提高应急等级，救援人员及早准备或在雾区附近待命，这样就能够及时发现事故并在最短的时间内实施救援，避免二次事故或多次事故的发生，降低事故的严重程度。根据前面能见度及优化后的限速值计算结果分析，在能见度小于 500 m 时，应进行应急准备。

2）交通诱导

交通诱导分为线形诱导和信息诱导两种类型。雾天线形诱导主要是使用雾灯诱导。雾灯是专为低能见度天气设计的，在雾天能够帮助驾驶员辨认道路轮廓和线形走向、提高运行效率和减轻驾驶员心理紧张感。目前研发的雾灯有多种亮度和闪烁频率控制模式，能够在不同浓度的雾中使用。信息诱导就是给驾驶员提供雾况信息，根据雾天事故分析给驾驶员提供必要的雾况信息是提高雾天安全的主要策略之一。通过可变信息板、收费站口头或发卡通知等方式发布雾况信息，让驾驶员知晓前方雾区路段位置和雾严重程度，提高警惕性。

3）限速

限速是高速公路交通管理部门最常用的交通管制方式。当高速公路沿线出现雾情或其他可能影响交通安全的因素而又未达到实施封闭交通管制措施的标准时，通过可变信息板、可变限速标志发布限速值以达到道路行车安全的目的。

合理的限速值能够降低车速和减小车辆速度差。实际运行中，比较科学的做法是，根据能见度指标，计算停车视距小于能见度时的速度，并以此速度作为初始限速值，也可以按照公安部出台的《关于加强低能见度气象条件下高速公路交通管理的通告》中规定的分级限速值作为初始限速值，然后通过分析车辆检测器获得车辆实际运行车速,如果检测数据中车辆速度差较大,那么修正初始限速值,寻找速度适中、车辆速度差较小的限速值。

4) 出入口控制

(1) 车型控制。

由于危险品运输车辆事故后果严重、事故救援困难,因此在雾达到预警状态时就应该限制危险品运输车辆进入。

根据雾区调研和雾天事故分析,货车是除危险品车辆之外最危险的车型,大部分雾天的事故都与货车有关,由于货物的延迟比旅客的延迟影响小,因此在雾浓度达到一定程度后,可以限制货车通行。对应前面能见度技术分析,能见度在500 m时应该限制危险品运输车辆通行,能见度在200 m时应该限制货车通行(表7-9)。

表7-9 雾天控制标准与分级控制策略体系

分级标准			分级控制策略							
是否事故	能见度/m	交通流状态	应急准备	交通诱导		限速	出入口控制	是否事故	能见度/m	交通流状态
				线形诱导	信息诱导					
否	500~300	顺畅	●							
		稳定	●							
		拥挤	●			●				
		堵塞	●			●	●	●		
	300~200	顺畅	●			●				
		稳定	●			●				
		拥挤	●			●			●	
		堵塞	●			●	●			
	200~100	顺畅	●	●	●	●			●	
		稳定	●	●	●	●			●	
		拥挤	●	●	●	●			●	
		堵塞	●	●	●	●			●	

续 表

分级标准			分级控制策略						
是否事故	能见度/m	交通流状态	应急准备	交通诱导		限速	出入口控制	是否事故	能见度/m	交通流状态
				线形诱导	信息诱导					
否	100~50	顺畅	●	●	●	●			●	
		稳定	●	●	●	●			●	
		拥挤	●	●	●	●			●	●
		堵塞	●	●	●	●			●	●
	<50		●	●	●	●			●	●
是	500~300	顺畅	●							
		稳定	●							
		拥挤	●		●	●				
		堵塞	●		●	●	●			●
	300~200	顺畅	●		●	●				
		稳定	●		●	●	●			
		拥挤	●		●	●	●			●
		堵塞	●		●	●	●			
	<200		●	●	●	●	●			●

（2）编队放行。

由于吨位相近的车辆在同等道路条件下，车辆速度差较小，易于编队通行，因此对于急需运送货物的车辆，可以采取吨位相近的货车编队放行的方式。

（3）封闭道路。

封闭道路是极端情况下采取的管制措施，当雾天高速公路能见度降到 50 m 以下时，交通几乎无法正常进行，根据公安部规定，雾天能见度在 50 m 以下时，就应封闭高速公路，除执行任务的警车和高速公路救援专用车辆外，其他机动车禁止驶入高速公路。

7.2 雨天高速公路主线交通流管控

7.2.1 可变限速控制

常见的可变限速算法包括 MCS 算法、MTFC 算法、RCP 算法等,相关研究表明,MTFC 算法对车流运行状态的安全控制能力较好。因此,选择 MTFC 算法作为雨天环境下可变限速的基础算法,在此基础上融合风险管控因素,确定可变限速值。雨天可变限速优化框架如图 7-6 所示。

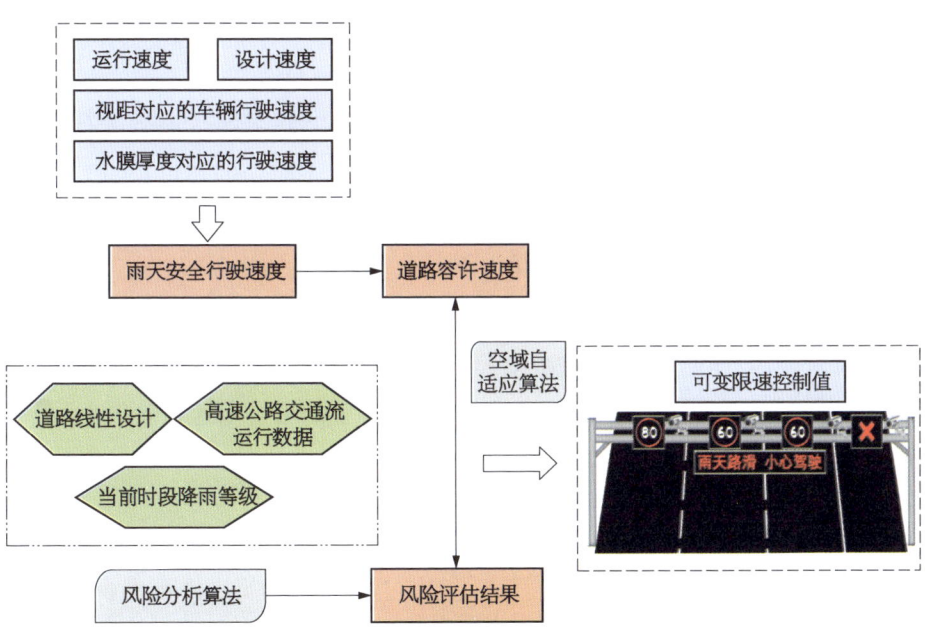

图 7-6 雨天环境下可变限速优化框架

1) 可变限速初始值

MTFC 算法中,t 时刻的可变限速值 $b(t)$ 是由前一时刻的行驶速度和占有率变化确定的。

$$b(t) = b(t-1) + K'_1 e_0(t) \tag{7-13}$$

式中 K'_1——修正系数;

$e_0(t)$——可变限速控制路段与相邻路段之间的占有率误差。

$b(t-1)$ 是由 b_0 推演出来的,在雨天环境下,b_0 可以看作雨天可变限速的基础控制值,可变限速值在 b_0 基础上变化,具体限速值在道路上原始限速和可变限速的初始限速值 b_0 的 20%~100%之间变化,并四舍五入到最接近的 10 km/h。

综合考虑雨天环境下的可变限速影响因素,需要确定雨天环境下可变限速控制的初始限速值 b_0,在此基础上推演可变限速值。初始限速值可以认为是在雨天环境下,车辆行驶对应的安全容许速度,即当速度值超过安全容许速度后,导致风险发生的概率会明显升高。可以认为,雨天环境下,道路容许速度基准值为视距对应的车辆行驶速度 V_s、不同水膜厚度对应的速度 V_{wft}、设计速度 V_d、道路运行速度 V_{85} 中的最小值,即可变限速初始值:

$$b_0 = V_c = \min(V_s, V_{wft}, V_d, V_{85}) \quad (7-14)$$

由于视距、水膜厚度影响下的限速值都是各限制条件下的临界值,从风险分析的角度看,属于中高风险,甚至是高风险状态对应的速度值,因此在确定可变限速初始值时,需要结合风险等级的划分结果,折减限速值,进而得到不同降雨条件下的初始可变限速值。

对于需要进行雨天可变限速控制的道路,选取 n 个历史时段的运行情况进行风险评估,同时结合道路管理人员的主观因素,求取道路运行风险的均值,并以此为折减系数,进而得到不同降雨条件下的可变限速初始值 b_0,即

$$b_0 = V_c = \lambda V_{c0} \quad (7-15)$$

$$\lambda = \frac{\frac{1}{n+1}\left(M_d + \sum_{t=1}^{n} M_t\right)}{M_{c0}} \quad (7-16)$$

式中 M_t——实际道路不同时段道路运行风险熵值评估结果;

M_d——管理人员主观期望道路可达到的运行风险熵值;

M_{c0}——道路容许速度基准值对应的运行风险熵值。

在实际应用中,对于需要进行雨天可变限速控制的道路,选取 n 个历史时段的运行情况进行风险评估,应结合道路管理人员的主观期望,求取道路运行风险的均值,即

$$V_{c} = V_{c0} \frac{\frac{1}{n+1}(M_{d} + \sum_{t=1}^{n} M_{t})}{M_{c0}} \qquad (7-17)$$

式中 M_t——实际道路不同时段道路运行风险评估结果;

M_d——管理人员主观期望道路可达到的运行风险熵值;

M_{c0}——道路容许速度基准值对应的运行风险熵值。

2) 关键指标优化

设计速度 V_d、道路运行速度 V_{85} 可通过查阅道路设计文件或进行实地调查分析后获取。因此,需要细化视距对应的车辆行驶速度 V_s 和不同水膜厚度对应的速度 V_{wf}。

(1) 视距对应的车辆行驶速度 V_s。

对于视距对应的车辆行驶速度 V_s,在雨天环境下,能见度降低,与晴好天气相比,停车视距同样降低,需要重新标定视距影响下的车辆行驶速度 V_s。由于小型车和大型车制动性能存在差异,因此需要细化两类车型的速度计算。

根据交通流 Greenshield 经典 V-K 模型,在障碍物影响的情况下,车辆制动停车视距 S 必须满足反应距离 S_t、车辆制动距离 S_b、安全距离 S_s 三方面的需求,与雾天环境下的视距计算类似,对 V-K 模型进行变形,即可得到视距对应的车辆行驶速度

$$V_s = \begin{cases} \sqrt{7778.26(f \pm i)^2 + 254(f \pm i)(S-5)} - 88.194(f \pm i) & \text{小型车} \\ \sqrt{6023.48(f \pm i)^2 + 254(f \pm i)(S-5)} - 77.611(f \pm i) & \text{大型车} \end{cases}$$
$$(7-18)$$

(2) 不同水膜厚度对应的速度 V_{wft}。

对于不同水膜厚度对应的速度 V_{wft},需针对不同水膜厚度的影响,分情况划分。综合目前认可度较高的水膜厚度对速度影响模型,计算不同水膜厚度下的水滑速度。

$$V_{wft} = \begin{cases} 96.84 W_D^{-0.259} & W_D < 2.4 \text{ mm} \\ 0.914 S_D^{0.04} P^{0.3} (T_{XD} + 0.794)^{0.06} A & W_D \geq 2.4 \text{ mm} \end{cases} \qquad (7-19)$$

其中,$A = \max(12.639/W_D^{0.06} + 3.50, \ (22.351/W_D^{0.06} - 4.97) T_{XD}^{0.14})$

$$(7-20)$$

$$S_D = \frac{W_D - W_w}{W_D} \times 100\% \qquad (7-21)$$

式中 S_D——旋转减速度(在水滑发生初始阶段为10%);

W_D——车轮在干燥路面上的转速;

W_w——车轮在湿滑路面打滑时的转速;

P——汽车胎压,一般取165 kPa;

T_{XD}——轮胎接触地面深度;

A——修正系数。

基于上述公式,以设计速度120 km/h、100 km/h的常见高速公路为基准,计算不同环境下大小型车高速公路建议限速值,结果见表7-10。

表7-10 不同环境大小型车限速值计算结果　　　　　　　　单位:km/h

能见度/m	纵坡/%								
	-4	-3	-2	-1	0	1	2	3	4
(600,800]	118/110	119/111	120/111	121/112	121/113	122/113	123/114	124/115	124/115
(500,600]	100/93	101/93	101/94	102/95	103/95	103/96	104/96	104/97	105/97
(400,500]	90/78	90/78	91/79	92/80	92/80	93/81	93/81	94/82	94/82
(300,400]	79/57	79/57	80/58	80/58	80/59	81/59	81/60	82/60	82/61
(200,300]	66/53	66/53	67/54	67/54	67/55	68/55	68/55	68/56	69/56
(100,200]	51/37	51/38	51/38	52/38	52/39	52/39	52/39	53/40	53/40
(80,100]	42/31	42/32	42/32	43/33	43/33	43/33	42/32	42/32	42/33
(50,80]	38/28	38/29	38/29	38/29	39/29	39/30	39/30	37/28	37/29
≤50	28/21	28/21	28/21	28/22	28/22	28/22	28/22	28/22	29/22

注:1. 表中"/"左侧为小型车限速值,右侧为大型车限速值。
2.《公路路线设计规范》(JTG D02—2017)规定,高速公路纵坡坡度区间为-4%~4%,本表只计算该区间的限速值。

3) 控制效果分析

在实际中,很难找到与不同降雨强度、不同能见度、不同行车速度完全吻合的可验证路段。因此,考虑到实车试验的安全性,结合现有的试验设备,采用仿真模拟的方式,从交通流运行状态和驾驶员适应性的角度,验证可变限速结果的合理性。

（1）交通流运行状态分析。

建立道路 VISSIM 模型,路段仿真交通量取三级服务水平对应的服务交通量 4 800 veh(小客车占 70%、大货车占 20%、大客车占 5%),仿真时间 3 600 s。对应上文提出的限速管理措施,针对不同降雨等级,在试验路段 3 km 处,以 1 km 为单位长度,进行梯度式降速设置,于 9 km 处解除限速,通过分析限速区间段的车流运行指标(延误、延误增长率、通行时间、排队长度),分析可变限速策略的合理性和有效性。仿真界面及评估结果如图 7-7、图 7-8 所示。

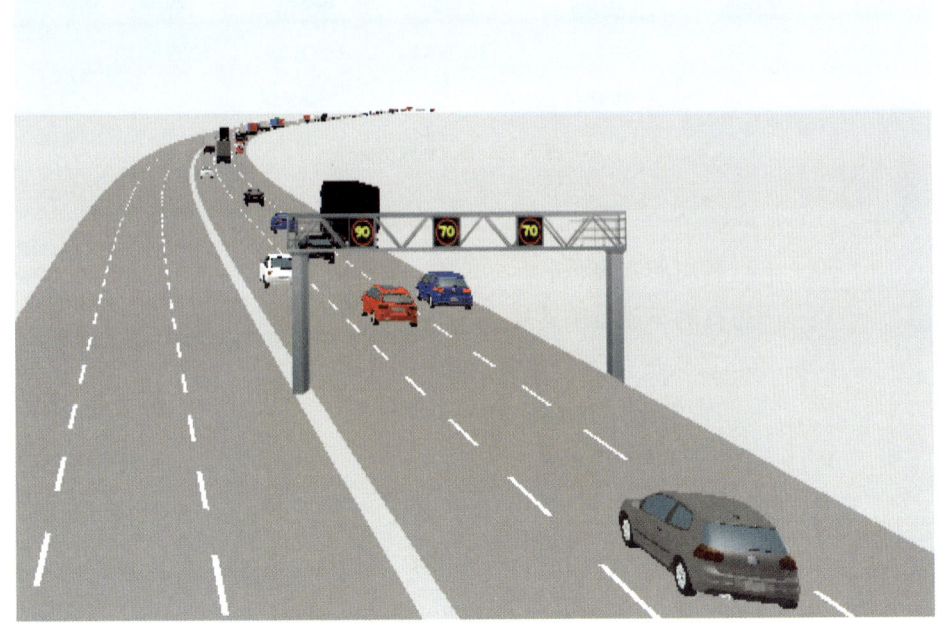

图 7-7　VISSIM 仿真界面

参考与雾天环境下的中观分析指标,补充两项评估小区域交通流潜在平均速度变化的指标,进行精细化分析:

$$proportion_{\text{limit}} = \frac{V_{\text{limit}} - V_{\text{S}}}{V_{\text{limit}}} \quad (7-22)$$

$$proportion_{\text{rain}} = \frac{V_{\text{normal}} - V_{\text{rain}}}{V_{\text{normal}}} \quad (7-23)$$

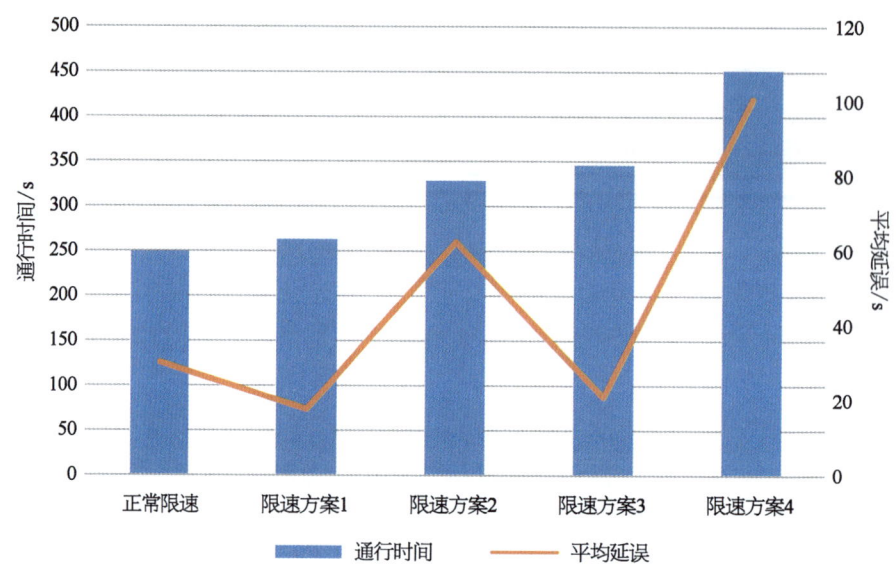

图 7-8　仿真评估结果

式中　$proportion_{\text{limit}}$——限速值变化的均衡评估指标；

　　　V_{limit}——采用的限速值；

　　　V_{S}——仿真的车流行驶速度；

　　　$proportion_{\text{rain}}$——雨天限速值的均衡评估指标；

　　　V_{normal}——正常天气下的限速值；

　　　V_{rain}——雨天可变限速值。

考虑到最终的限速值是根据车型特征制定的,因此对大、小型车在试验路段的仿真结果分别进行分析,分析结果见表 7-11。大型车的 $proportion_{\text{limit}}$、$proportion_{\text{rain}}$ 值普遍比小型车高,整体上 $proportion_{\text{rain}}$ 值比 $proportion_{\text{limit}}$ 大。两项指标都随限速值的降低而升高;较大的 $proportion_{\text{rain}}$ 也反映了车辆行驶存在比较明显的延误情况,与 VISSIM 宏观指标的结果一致,如图 7-9 所示。

综上所述,采用可变限速的方式,道路整体的运行效率会有一定的降低,但是并没有出现拥堵、排队的现象。可以认为,可变限速可以保证一定的通行效率,因此在保证道路通行安全的条件下,可以采用可变限速的控制方式。

（2）驾驶员行车适应性分析。

与雾天分析方法类似,可以通过分析驾驶员的心率变化,判断其对环境

表 7-11 小区域交通流潜在平均速度变化分析结果

序号	限速方案	proportion$_{limit}$		proportion$_{rain}$	
		小型车	大型车	小型车	大型车
限速方案 1	小型车 80 km/h,大型车 80 km/h	0.046	0.060	0.237	0.060
限速方案 2	小型车 80 km/h,大型车 60 km/h	0.096	0.007	0.277	0.255
限速方案 3	小型车 60 km/h,大型车 60 km/h	0.025	0.078	0.415	0.309
限速方案 4	小型车 60 km/h,大型车 40 km/h	0.128	0.038	0.477	0.519

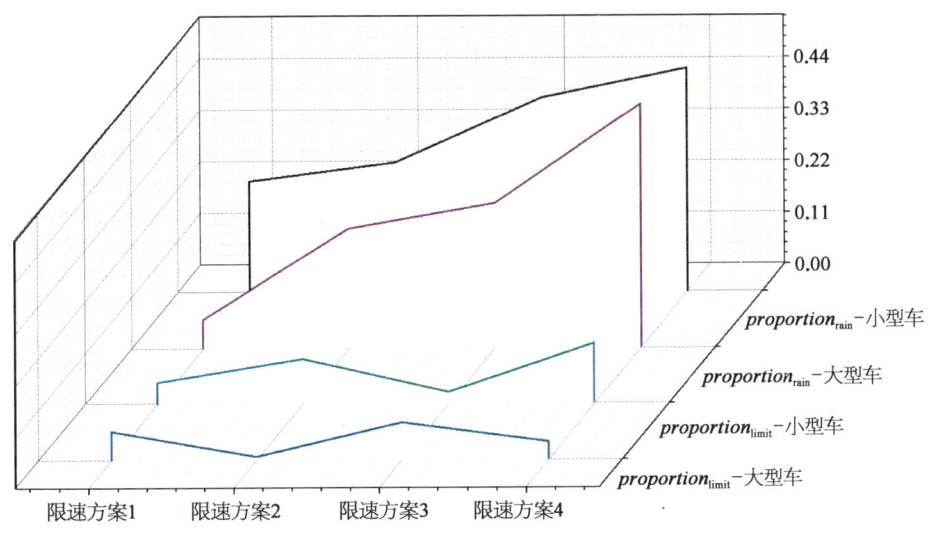

图 7-9 小区域交通流潜在平均速度评估指标变化

的适应程度。采用三维驾驶模拟的试验方式,配合无线生理记录及分析系统,以 MHR、LF、HF、LF/HF 为评估指标,判断不同环境下对限速值的适应性。

为保证验证的针对性,尽量减少影响因素,选取我国某条在运营的高速公路,建立道路三维实景仿真模型,在相同的交通量、正常交通流状态、无异常交通行为的影响下,分别对不同降雨强度进行驾驶模拟试验。以每位驾驶员在晴天环境下的心率数据为基准,对照雨天环境不同行驶速度下的驾驶员心率变化,分析驾驶员的适应性。试验结果见表 7-12。

表7-12 驾驶员行车适应性(心率变化)试验分析结果

指标	正常	小雨	中雨	大雨	暴雨	大暴雨	方差	95%置信度
MHR	73.09	74.13	74.82	76.17	76.97	78.23	3.636 417	3.187 401
LF	0.643	0.639 9	0.624 8	0.614 7	0.596 3	0.567	0.000 83	0.000 728
HF	0.121 21	0.134 7	0.154	0.176 9	0.185 3	0.192	0.000 826	0.000 724
LF/HF	2.37	2.32	2.29	2.17	2.09	2.01	0.020 017	0.017 545

分析获取的数据,雨天环境下驾驶员平均心率数据分布在74.13~78.23,与正常天气下73.09的平均心率相比,平均心率随降雨量的增加(限速值降低)而升高,说明驾驶员的驾驶紧张感随降雨量的增加而加剧。另外,在LF、HF的变化中,LF呈降低趋势,HF呈上升趋势,LF/HF随能见度的降低呈下降趋势,说明随着降雨量和限速值的变化,驾驶员的交感神经兴奋性减弱,意识逐渐模糊,驾驶环境对驾驶员的驾驶干扰更加严重。试验中这几个指标的变化,可以认为驾驶员呈现出一定的紧张状态。但是,从几项指标方差变化的角度看,各指标的方差均服从95%置信度。

与正常天气的常规限速相比,随着雨天能见度降低和降雨量的增大,驾驶员心率会产生一定的变化,但是变化程度不大。可以认为,提出的雨天可变限速的控制方式不会影响驾驶员的行车稳定性,驾驶员对该限速方式具有一定的适应性。

7.2.2 分级控制策略

随着降雨量的增加及车辆速度变化,车辆在雨天首先会发生侧滑,随着降雨量或速度继续增加,车辆会发生侧翻。为保障车辆行驶安全性,以同一环境下取较小限速值为原则,确定不同能见度、不同降雨强度下的雨天可变限速控制建议,见表7-13。

雨天高速公路可变限速控制值是综合考虑降雨等级和能见度的结果。在提出雨天分级控制策略时,需要在雾天分级控制策略的基础上,提出对应的雨天可变限速控制策略,综合能见度和降雨环境,以及分级控制措施,细化不同降雨等级及能见度下的雨天分级控制策略。

表7-13 雨天环境下的可变限速控制建议

降雨等级	日降雨量/(mm/d)	限速建议值/(km/h)	能见度区间/m	限速措施
小雨	0.1~9.9	按照高速公路的正常限速值行驶(120/100)	≥1 500	按照高速公路的正常限速
			800~1 500	按照高速公路的正常限速
			500~800	小型车限速90 km/h,大型车限速75 km/h
			300~500	小型车限速80 km/h,大型车限速60 km/h
中雨	10~24.9		200~300	小型车限速60 km/h,大型车禁行
			<200	封闭高速
大雨	24~49.9	80	>500	小型车限速80 km/h,大型车限速80 km/h
			300~500	小型车限速80 km/h,大型车限速60 km/h
			200~300	小型车限速60 km/h,大型车禁行
			<200	封闭高速
暴雨	50~99.9	80	300~500	小型车限速80 km/h,大型车限速60 km/h
			200~300	小型车限速60 km/h,大型车禁行
			<200	封闭高速
大暴雨	100~250	60	300~500	小型车限速60 km/h,大型车限速60 km/h
			200~300	小型车限速60 km/h,大型车禁行
			<200	封闭高速
特大暴雨	>250	封闭高速		

对应雾天不同能见度下的分级控制策略,在雨天环境下,应在不同能见度管理要求的基础上,根据降雨强度,补充其他措施。在不同降雨等级下,采取的措施如下:

(1)当降雨强度为小雨时,按照高速公路的常规限速行驶,高速公路管理部门需要通过相关检测设备,实时观察道路的运行情况及气象变化,做好处理各类事件的准备;

(2)当降雨强度为中雨时,按照高速公路的常规限速行驶,高速公路管理部门在小雨天气管理方式的基础上,启动沿线相关异常天气的管理设施,在可变信息板显示"雨天路滑,谨慎驾驶"等提示;

(3)当降雨强度为大雨时,高速公路管理部门在中雨天气管理方式的基础上,启动高速公路的恶劣天气管理措施,在可变信息板显示"雨天路滑,禁止超速"等提示语,对于需要驶入高速公路的车辆,在收费站处设置警示牌,并由收费人员提示小心驾驶;

(4)当降雨强度为暴雨时,高速公路管理部门在大雨天气管理方式的基础上,启动相关恶劣天气管理预案,实时观察道路运行情况,在高速公路入口,限制车辆驶入,实施间断放行的管理方式,同时交警、路政联勤,加强路段巡查,做好警车在前压速、警示、清障救援的工作,一旦发生事故,能够保证交警、路政、医疗等部门在最短的时间内到达;

(5)当降雨强度为大暴雨、特大暴雨时,由于模型得到的高速公路限速值过低,与高速公路高效通行的原则相悖,同时考虑到恶劣天气行车不安全,建议封闭高速公路,对于已经驶入高速公路的车辆,采用路政压车引导通行的方式,引导车辆就近驶出降雨区域。如果降雨范围过大,则将车辆引导至就近出口,驶离高速公路。

需要注意的是,上述的雨天高速公路可变限速管理建议是针对高速公路的正常路段,不包括超宽断面、复合高速、长大下坡、大型桥梁、隧道等特殊线形路段。对于雨天环境下的特殊线形路段可变限速建议,可以按照可变限速控制模型,对特殊线形路段的限速值进行针对性优化,进而得到对应的限速值,并提出相关管理措施。

7.3 雪天高速公路主线交通流管控

7.3.1 可变限速控制

雪天可变限速可参考雾天可变限速模型的研究思路。整体采用 MCS 算法的思路，在不同车型限速基础值计算的基础上，考虑驾驶员特性和风险影响因素来进行优化。雪天环境下的可变限速模型思路如图 7-10 所示。

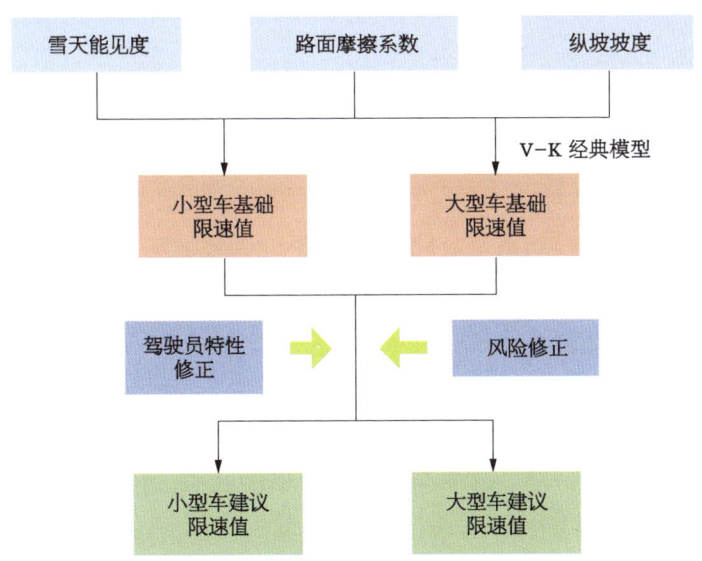

图 7-10 雪天可变限速模型建模思路图

1) 速度控制基础值

在标定不同车型的基础限速值时，与雾天环境下速度控制基础值的标定方法类似，根据传统的 Greenshield 经典 V-K 模型对高速公路行车安全距离进行标定。高速公路上驾驶员在行车过程中，从看到同车道上的障碍物时开始刹车，至到达障碍物前安全停车的最短距离叫停车车距，也称为安全距离，车速越高，行驶所需的安全距离也就越大。在雪天环境下，由于视距不足，道路摩擦系数降低，安全距离随之增加。因此，在分析雪天环境下的速度控制基础值时,重点分析不同道路摩擦系数对速度控制基础值的影响。

与雾天的限速控制类似,在雪天环境下,也需要对大、小型车的行驶速度分别进行控制。在不同能见度、不同车型的限制下,结合反应时间的标定,可以得到不同车型的安全距离表达式:

$$大型车:S = 2.5V/3.6 + V^2/254(f \pm i) + 5 \qquad (7-24)$$

$$小型车:S = 2.3V/3.6 + V^2/254(f \pm i) + 5 \qquad (7-25)$$

由此可以得到雪天的最大安全行车速度的 V_{s0}:

$$大型车:V_{s0} = \sqrt{7778.26(f \pm i)^2 + 254(f \pm i)(S-5)} - 88.194(f \pm i)$$
$$(7-26)$$

$$小型车:V_{s0} = \sqrt{6023.48(f \pm i)^2 + 254(f \pm i)(S-5)} - 77.611(f \pm i)$$
$$(7-27)$$

基于此,在雪天环境下,通过对高速公路的路面状态进行观察,标定路面的摩擦系数 f,同时已知高速公路的能见度 L,纵坡坡度 i,即可得到不同环境下的最大安全行车速度的 V_{s0},即可变限速控制的基础值。下一步,从驾驶员行车特性和道路运行风险的角度,折减限速基础值,即可得到最终的限速建议值即视距对应的车辆行驶速度 V_s。

综合雪天环境下,从高速公路的不同路面状态可以看出,高速公路路面摩擦系数在 0.05~0.55。将路面摩擦系数为 0.1、0.2、0.3、0.4、0.5、0.55 作为特殊值,计算不同摩擦系数、不同能见度下的大小型车高速公路限速值。

从基本限速值的计算结果可以看出,在环境条件相同时,大型车的限速值略低于小型车。但是,大型车和小型车的限速值变化趋势相同,都随着能见度的降低而减低。从纵坡变化的角度看,下坡方向的限速值低于上坡方向,下坡方向限速随坡度的降低而升高,上坡方向车速随坡度的升高而降低。从路面摩擦系数的角度看,路面摩擦系数越大,高速公路的限速值越低。

另外,需要注意的是,当能见度大于 800 m 时,大、小型车的基础限速值都在 300 km/h 以上,经折减优化后,其建议值也远大于我国高速公路的常规限速 120 km/h、100 km/h,在雪天可变限速优化中,只研究能见度小于 800 m 的情况。

2) 优化基础限速值

根据雪天可变限速的建模思路,从驾驶员动视力和高速公路运行风险的角度,对雪天环境下的基础限速值进行优化修正。

(1) 动视力角度的限速优化。

在雪天环境下建立车辆行驶基本限速模型时,没有考虑驾驶员动视力对车辆行驶速度的影响。参考雾天可变限速模型的思路,从驾驶员动静视力比的角度(表7-14),对雪天环境下的车辆限速进行优化。

表7-14 不同车速下动静视力比值关系表

车速/(km/h)	100	90	80	70	60	50	40
动静视力比值 η	0.6	0.65	0.7	0.78	0.8	0.85	0.9

将动静视力获取的信息量比值作为动视力对雾天限速的影响系数,对基础限速值进行折减,得到动视力角度修正后的雪天大小型车限速值 V'_s。

$$V'_s = V_{s0} \times \eta \qquad (7-28)$$

(2) 高速公路运行风险角度的优化。

与雾天的速度管理类似,从高速公路运行情况的角度看,在雪天环境下,车辆在行驶过程中面临的运行风险比正常天气的高。从上文建立的风险模型可以看出,高速公路的运行风险受到道路、交通流、环境三方面因素的影响,在计算雪天环境下的可变限速基础值时,只考虑了道路因素和环境因素。因此,可以将风险因素作为一个综合考量的因素,从风险的角度折减车辆的限速值。

考虑到风险等级及对应的风险区间,为保证高速公路处于中等风险及以下的状态,对限速值进行二次折减,折减系数 γ 采用1.7(中等风险与低风险比值的折中数值)。

在经动视力修正后的限速基础上再次折减,得到通过运行风险折减后的不同能见度、纵坡坡度、路面摩擦系数对应下的高速公路大小型车限速值,再次折减后得到的限速值就是雪天环境下的大小型车高速公路限速值。

以路面摩擦系数为0.1的状态为例,不同能见度下的大小型车高速公路限速基础值见表7-15。

表 7-15　路面摩擦系数为 0.1 的大小型车限速基础值

能见度/m	纵坡/%									
	-5	-4	-3	-2	-1	0	1	2	3	4	5
(600, 800]	39/39	40/39	43/42	45/45	48/48	50/50	53/52	55/55	57/57	59/59	61/60
(500, 600]	36/36	37/37	40/39	40/39	41/41	43/43	45/45	47/47	49/48	51/50	52/52
(400, 500]	37/37	36/36	38/38	38/38	40/38	39/39	41/41	43/42	44/44	46/45	47/47
(300, 400]	34/33	36/35	38/38	37/36	37/36	37/37	39/39	39/39	39/39	41/40	42/41
(200, 300]	31/30	31/31	34/33	35/34	37/37	39/38	39/36	38/37	39/38	37/37	39/38
(100, 200]	26/26	28/28	29/28	30/30	32/31	32/31	33/32	34/34	35/34	36/35	37/36
(80, 100]	17/17	19/19	20/20	21/21	23/22	24/23	25/24	25/25	26/26	27/27	28/27
(50, 80]	15/15	17/16	17/17	19/18	19/19	21/20	21/21	22/22	22/22	24/23	25/24
≤50	11/11	12/12	13/13	14/13	15/14	15/15	16/15	16/16	17/16	17/17	17/17

注："/" 左侧为小型车限速值，右侧为大型车限速值。

同理，可得到不同摩擦系数下的高速公路可变限速基础值。正常情况下，高速公路的限速值为 100 km/h、120 km/h。分析折减后的车辆限速计算结果，与正常天气、雾天、雨天的限速结果相比，雪天的车辆限速结果明显偏低，限速值与路面摩擦系数、能见度的相关性极高。考虑到车辆在高速公路的实际行驶情况，在分析雪天高速公路限速时，对于过低的限速情况，不进行重点汇总。

汇总各类情况下的大小型车建议限速值，可以得到以下结论：

（1）相同条件下，大型车的限速值比小型车低；

（2）对于小型车而言，当路面摩擦系数小于 0.3 时，车辆的整体限速值偏小，在能见度 800 m 的情况下，除个别上坡路段外，车辆的整体限速值小于 80 km/h，具体车速在 40~70 km/h 之间，随着能见度的降低，小型车的限速值越来越低；

（3）对于小型车而言，当路面摩擦系数大于 0.3、能见度大于 400 m 时，小型车的限速值基本在 60~90 km/h，随着能见度的降低，模型得到的限速值越来越低；

（4）对于大型车而言，当路面摩擦系数小于 0.2 时，模型得到的车辆限速值在 50 km/h 以下，对于这种情况，不建议大型车驶入高速公路；

（5）对于大型车而言，当路面摩擦系数小于 0.4、能见度大于 300 m 时，不同坡度下的限速输出为后模型得到的车辆限速值在 50 km/h 以上；

（6）对于大型车而言，当路面摩擦系数小于 0.55 大于 0.4、能见度大于 300 m 时，不同坡度下的车辆限速值基本在 60 km/h 以上。

7.3.2 分级控制策略

保障雪天环境下高速公路安全运行的管理措施可以分为两大类：封闭道路、可变限速。在路面光滑、能见度较低时，车辆在高速公路行驶的安全性极低、风险极高，此时需要采用封闭道路的管理措施；对于能见度较高、路面摩擦性能较好的情况，高速公路本身具备一定的通行能力，也具备一定的抗风险能力，可以通过可变限速控制的方法，针对不同的环境采用不同的限速值，对雪天环境下的高速公路运行情况进行速度管理。

根据雪天可变限速模型的计算结果，结合沥青路面不同积雪状态下的路面摩擦系数，提出不同天气环境下的封闭方式及限速建议值。

1）封闭管理措施

由于雪天对高速公路的道路性能影响极大，雪天环境下的道路性能与正常天气条件下的道路性能差别也极大，按照正常天气条件设置的高速公路运行方式已不再适合雪天的道路通行，因此，对于雪天的高速公路控制方式而言，需要考虑封闭管理的方式。通常情况下，高速公路的封闭措施有：全线封闭、局部封闭、间断放行、分车型放行。

（1）全线封闭。

高速公路全线收费站上道口全部实施封闭。沿线信息板发布全线封闭信息，告知封闭后滞留在高速公路上的车辆速度限制在 20 km/h，或者由交警和路政车辆压速带道，就近驶入服务区或由匝道驶离高速公路。

（2）局部封闭。

封闭通往封闭路段的匝道口，并封闭通往封闭路段收费站的上道口。设置交通标志和隔离设施实施车辆分流，禁止从未封闭路段驶来的车辆驶入封闭路段。在沿线信息板上发布封闭信息，并告知以下内容：封闭路段的车辆限速在 20 km/h，或由交警和路政部门压速带道，就近驶入服务区或驶离高速公路；其他在高速公路上行驶的车辆应通过封闭路段两端的收费站前面的匝道驶离高速公路。

（3）间断放行。

在收费站根据天气情况和道路状况每隔一定时间放行一部分车辆，对进入高速公路的车辆采取限速和控制车头间距的措施。间隔放行的时间间隔和放行的车辆数量应根据不同的气象条件和道路环境确定，从而通过综合考虑上匝道口的开放口数及每个口的放行时间间隔，合理地控制进入高速公路的车辆密度和行车间距，确保行车安全。

（4）分车型放行。

由于不同车型的车辆性能有一定的差别，通过对车辆类型的划分，避免上路的车辆之间产生较大的速度差及大车的吨位优势对小车的威胁。在不同的气象及道路条件下，设计不同的标准，对不同的车型实行有区别的放行。同时，在封闭路段处对限行车型实行 20 km/h 限速、就近驶入服务区或由匝道驶离高速公路，并对允许通行的车型采取限速控制及车头间距控制等措施。

结合高速公路沥青路面不同积雪状态下的路面摩擦系数，对非常光滑的冰膜（摩擦系数范围 0.05~0.15）、非常光滑的压实雪（摩擦系数范围 0.10~0.20）、冰板、雪下有冰板（摩擦系数范围 0.15~0.20）、普通冰膜、积雪、轻度压实雪、湿润的路面条件，采用封闭管理高速公路的方式，具体的管理方式如下：

（1）对于非常光滑的冰膜路面，采用全线封闭的管理措施，禁止所有大小型车驶入高速公路；

（2）对于非常光滑的压实雪路面，一般情况下，采用全线封闭的管理措施，禁止所有大小型车驶入高速公路，对于有紧急通行需求的小型车，如果压实雪路面的摩擦系数在 0.20 以上，当能见度达到 800 m 时，可以采用分车型放行并配合引导车辆的方式，允许小型车驶入高速；

（3）对于冰板、雪下有冰板路面，一般情况下，采用全线封闭的管理措施，禁止所有大小型车驶入高速公路，对于有紧急通行需求的小型车，如果压实雪路面的摩擦系数在 0.20 以上，当能见度达到 800 m 时，可以采用分车型放行并配合引导车辆的方式，允许小型车驶入高速；

（4）对于普通冰膜路面，一般情况下采用全线封闭的管理措施，禁止所有大小型车驶入高速公路，对于有紧急通行需求的小型车，如果压实雪路面的摩擦系数在 0.30 以上，当能见度达到 600 m 时，可以采用分车型放行并配

合引导车辆的方式,允许小型车驶入高速;

(5) 对于积雪、轻度压实雪路面,采用分车型放行的管理措施,禁止大型车驶入高速公路,在沿线信息板发布禁止大型车继续通行的信息,引导大型车驶入就近服务区或驶离高速公路,对于小型车采用可变限速的控制措施;

(6) 对于湿润路面,当能见度小于 300 m 时,采用全线封闭的管理措施,禁止所有大小型车驶入高速公路。

综上可制定出雪天分级控制策略,见表 7-16。

表 7-16 雪天控制标准与分级控制策略体系

分级标准	分级控制策略				
	可变限速	封闭道路			分车型放行
		全线封闭	局部封闭	间断放行	
非常光滑的冰膜路面	◇	●			
非常光滑的压实雪里面 (摩擦系数 0.2 以上,能见度 800 m)	●				●
冰板、雪下冰板路面 (摩擦系数 0.2 以上,能见度 800 m)	●				●
普通冰膜路面 (摩擦系数 0.3 以上,能见度 600 m)	●				●
积雪、轻度压实雪路面	●				●
湿润路面 (能见度小于 300 m)	●				●

注:1. 雪天基本采用可变限速与分车型放行相结合的分级控制策略,并结合局部路段的实时雪天路况,配合采用局部封闭和间断放行方式,以协调用户通行需求和安全的关系。
2. 为有紧急通行需求的小型车,可以放行,严格进行限速。
3. 可变限速根据雪的等级、能见度、设计速度等综合决策,选择与实时路况匹配的安全限速值。

2) 限速管理措施

保障雪天环境下车辆运行安全的措施比较多,在环境允许的情况下,高速公路本身具备一定的通行条件,可以通过可变限速方法,对雪天环境下的高速公路运行进行管理。

雪天环境下,对于不进行封闭管理和进行分车型放行的情况,进行可变限速管理,具体限速管理措施如下:

（1）对于非常光滑的压实雪路面，如果路面摩擦系数在 0.20 以上，当能见度达到 800 m 时，可以采用分车型放行并配合引导车辆的方式，允许有紧急通行需求的小型车驶入高速，限速 55 km/h；

（2）对于冰板、雪下有冰板路面，如果路面摩擦系数在 0.20 以上，当能见度达到 800 m 时，可以采用分车型放行并配合引导车辆的方式，允许有紧急通行需求的小型车驶入高速，限速 55 km/h；

（3）对于冰膜路面，如果路面摩擦系数在 0.30 以上，当能见度达到 600 m 时，可以采用分车型放行并配合引导车辆的方式，允许有紧急通行需求的小型车驶入高速，限速 60 km/h；

（4）对于积雪、轻度压实雪路面，禁止大型车驶入高速公路，对于小型车采用可变限速的控制措施，当能见度低于 400 m 时，禁止小型车驶入高速公路；当能见度低于 600 m 时，小型车限速 50 km/h；当能见度低于 800 m 时，小型车限速 55 km/h；当能见度大于 800 m 时，小型车限速 60 km/h；

（5）对于湿润路面，当能见度小于 300 m 时，采用全线封闭的管理措施，禁止所有大小型车驶入高速公路；当能见度小于 400 m 时，小型车限速 50 km/h，大型车禁行；当能见度小于 600 m 时，小型车限速 65 km/h，大型车限速 50 km/h；当能见度小于 800 m 时，小型车限速 75 km/h，大型车限速 55 km/h。

第 8 章
基于运行风险的区域路网动态交通分配

随着我国经济社会的快速发展,机动车保有量飞速增长,公路交通运输安全及效率的需求与大规模交通拥堵和恶劣交通突发事件的现实情况之间的矛盾愈发突出。因此,国内对多区域路网交通运行状态感知及交通流管控进行了大量的研究,提出了很多模型及策略。但是受限于感知手段、软硬件水平等,导致应用情况和应用效果受到了一定程度的限制。

近年来,随着物联网、大数据、云平台等技术的快速发展,结合机器学习和深度学习软硬件一体化,使得大规模区域路网的交通运行状态全息感知和实时动态交通分配落地性有了极大的提升,对疏解大规模区域路网交通拥堵、提升交通效率具有极大的积极意义。

8.1 区域路网动态交通分配策略

针对异常条件模式及交通事件,从特殊需求所造成的交通拥挤后果及实时交通风险评估角度出发,通过对特殊需求下的匝道交通信号控制系统或收费站的参数进行优化调整来预防与疏解网络交通拥挤及降低交通运行风险。因此,研究对象是特定区域内特殊交通需求下的交通拥挤与运行风险概率。在系统"分而治之""动态反馈"的控制及"交通截流、卸流、分流"相结合的集成思想指导下,遵循"状态评估"—"战略评估"—"路径控制"—"单点控制"—"反馈与优化"的研究过程。

8.1.1 交通事件影响

交通运行风险分析及拥挤预防疏解策略的启动,与交通事件的类型及影响程度有关,主要包括恶劣天气、交通事故、占道施工和大型活动等,其对应的作用对象和影响结果见表8-1。

表8-1 交通事件对应的作用对象和影响结果

交通事件	恶劣天气	交通事故	占道施工	大型活动或节假日
作用对象	运行环境	交通供给	交通供给	交通需求
影响结果	车速下降	通行能力受损	通行能力受损	需求集中分布

8.1.2 交通拥挤及风险发展态势

将事件的影响范围划为"三种形式、七个等级",见表8-2。

表8-2 事件影响范围等级划分

三种形式	点	线		面			
七个等级	非连续路段及交叉口	次干道连续非围合路段	主干道连续非围合路段	次干道-主干道围合区域	主干道围合(单圈)区域	主干道围合(双圈)区域	主干道围合(三圈)区域

8.1.3 事件预防与疏解技术启动阈值

事件等级评价模块主要通过事件影响的持续时间和影响范围进行拥挤等级的划定。事件最终会呈现在拥堵上,因此,我们以拥堵作为我们事件等级的划分指标。根据启动要素分析,持续时间可以分为四个区间,影响范围可分为七个等级,共划分六个事件等级(由高至低为A、B、C、D、E、F),判定依据见表8-3(持续时间小于5 min的拥挤无须考虑特殊控制技术,无需动态配流)。

表8-3将非连续性的短时点事件作为事件的最低等级F,将多圈主干道范围围合的长时间事件作为最高等级A,持续时间越长、影响范围越大将导致事件等级越高。表8-4列出了事件等级的描述和对应的拥挤分布形式。

表 8-3 事件等级判定表

影响范围	持续 5~30 min	持续 30 min~2 h	持续 2~4 h	持续 4 h 以上
非连续路段及交叉口	F	F	E	E
次干道连续非围合路段	E	E	D	C
主干道连续非围合路段	D	D	C	C
次干道-主干道围合	D	C	B	B
主干道围合(单圈)	C	B	B	A
主干道围合(双圈)	B	B	A	A
主干道围合(三圈)	B	A	A	A

表 8-4 事件等级描述及分布形式

事件描述	等级	分布形式	事件描述	等级	分布形式
大范围极其拥挤	A	区域拥挤	一般拥挤	D	线拥挤
大范围严重拥挤	B		初级拥挤	E	
严重拥挤	C		轻微拥挤	F	点拥挤

针对各个特殊需求进行拥挤与风险等级启动阈值分析后得到表 8-5 列出的交通事件对应的拥挤与风险等级启动阈值。

表 8-5 交通事件对应的拥挤与风险等级启动阈值

交通事件	恶劣天气	交通事故	占道施工	大型活动
拥挤与风险等级启动阈值	C	F	E	B

8.1.4 拥挤控制策略与交通拥挤的匹配关系

拥挤预防疏解技术的使用意味着交通管理系统将采取有效的控制策略进行主动干预。然而,交通拥挤及控制目标的多样性导致了控制策略必须是多样的、变化的及具备适用条件的。交通拥挤和控制策略之间存在着相互作用的关系,控制策略可以改变交通拥挤的演变趋势,而拥挤的发展及变化也将决定不同控制策略的实施。因而,分析拥挤与控制策略之间的作用关系及匹配机制,对于策略的实施决策十分关键。经过分析研究,可知特殊需求下拥挤预防疏解技术的控制策略所对应的控制目的,见表8-6。

表8-6 控制目的与控制策略的对应关系

时期	控制目的	控制层面		
		单点	路径	截流控制
拥挤形成初期	预防拥挤形成及传播	全拥挤不溢出控制	分流控制	截流控制
大规模严重拥挤	疏解拥挤	半拥挤控制	绿波带控制	卸载控制

目前,控制技术主要体现在区域、路径和单点三个控制层面,其与交通拥挤的空间分布形式有着十分紧密的联系。当交通拥挤在空间上呈现聚集型的分布时,说明交通流的分布具有明显的非均衡特点。区域控制作为宏观层面的控制技术,能有效地实现交通流分布的调配作用,相比其他技术具有显著的优势;当拥挤呈现空间线型分布时,说明某一流向的出行交通量特别大,且路径相对固定,因此通过关键路径的协调控制,在能达到拥挤预防疏解目的的同时,也能尽量避免对不相关交叉口的影响;当拥挤分布在路网的瓶颈点处时,既可通过独立的单点控制进行拥挤的疏解,也可通过协调的路径控制对到达流量进行控制,这些方法均可实现缓解交通拥挤的预期目的。因此,拥挤的空间分布形式在很大程度上决定了拥挤技术的选取。

当控制目的、对象、目标及技术均选定后,相应的控制策略便启动并开始对拥挤产生影响,在策略的作用下,交通拥挤的发展呈现新的发展趋势,导致产生新的拥挤属性特征,并为下一阶段的控制策略决策提供依据。总体来说,控制策略与交通拥挤的匹配及作用关系如图8-1所示。

8.1.5 控制策略的决策流程

(1)策略决策系统包含两个重要环节,分别是周期时间更新环节与拥挤空间修正环节,这些环节可以确保系统具有动态决策的属性。

(2)针对各控制需求下不同的影响范围及拥挤状态,制定对应的决策流

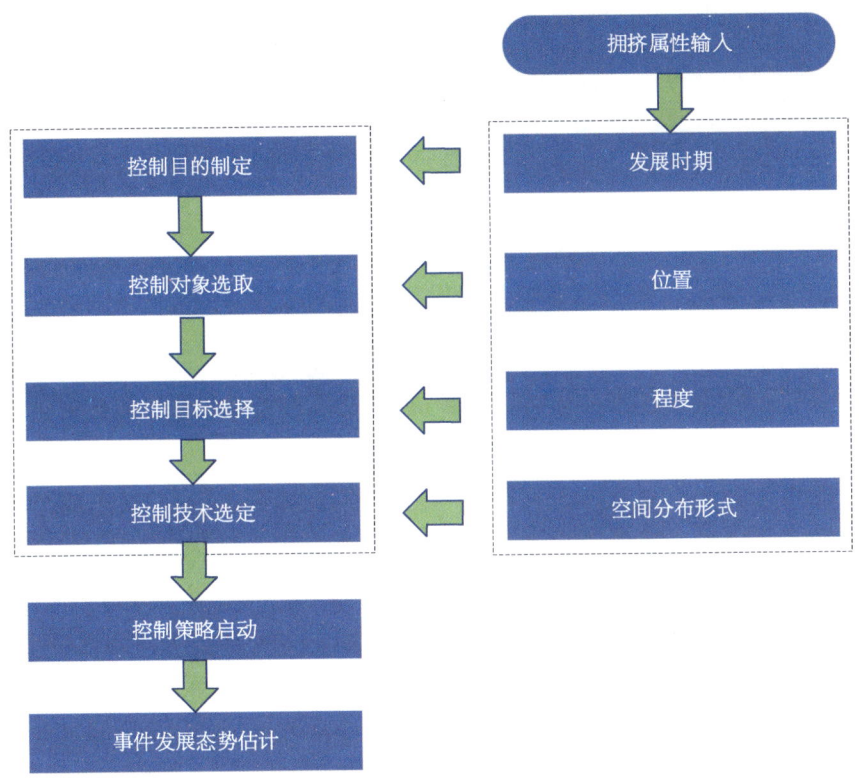

图 8-1　控制策略与交通拥挤的匹配及作用关系

程。例如,大型活动、异常天气的影响范围较大,可能出现多个原发性拥挤,而交通事故、占道施工的影响范围比较有限,可以认为受该事件影响产生的原发性拥挤数量仅为1。

（3）控制策略的选择主要针对是否产生新的原发性交通拥挤,以及关联性影响下的继发性交通拥挤,并根据拥挤进入的决策控制时间,将拥挤分为"初始拥挤"和"后续拥挤",采取不同的策略和模块。其中,初始拥挤指第一次录入信息,成为控制对象的交通拥挤,当下一周期更新后,将变更为"后续拥挤"。

（4）初始拥挤采取的策略决策对应初始拥挤疏解模块,主要是通过拥挤的空间分布形式进行初步判定;后续拥挤采取的决策模块主要是考虑不同层面间策略的转换,即随着拥挤模式的发展和演变,采取相应的控制策略,而非始终沿用初始拥挤控制策略。拥挤预防疏解策略的总体决策流程如图 8-2 所示。

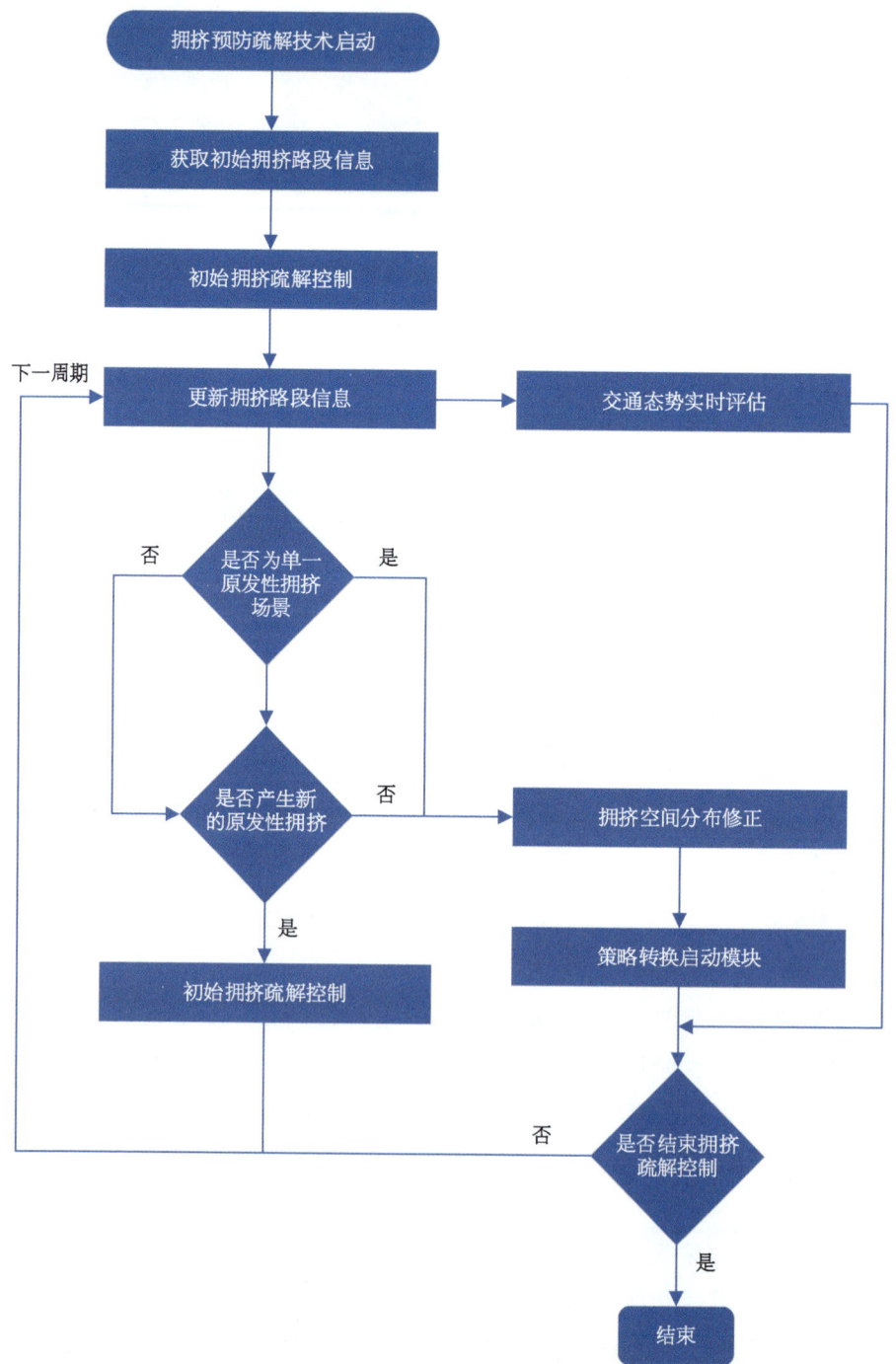

图 8-2 动态分配疏解决策流程

8.1.6 初始拥挤风险疏解控制模块

初始拥挤风险疏解控制主要完成针对初始拥挤的初始策略选择和启动工作,主要包括策略决策和策略启动两个部分。决策部分主要依据拥挤或风险的空间分布特征进行控制策略的选择,并进行实施条件的判别,策略启动部分则分别调用相应的控制策略,具体流程如图8-3所示。

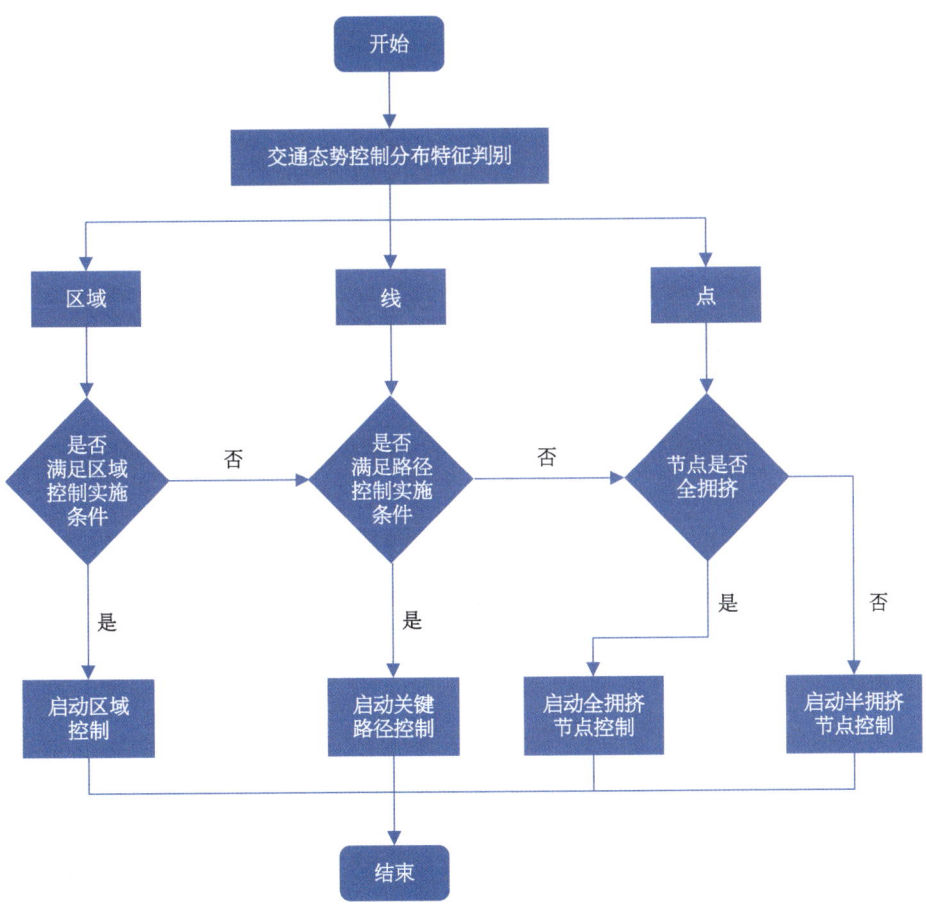

图8-3 拥挤风险疏解控制模块

尽管拥挤或风险分布特征满足控制策略的控制目标,但策略的可实施性仍然是决定策略是否启动的充分条件,进行是否满足实施条件的判断是十分必要的。除此之外,由于不同层面的策略具有差异化的优先等级,因此实施条件的判别也具有明显的优先顺序。例如策略系统将优先对高优先等级的区域控制进行判定,当不满足区域控制的实施条件时,系统转向第二优先路径控制,进行路径控制的实施条件判定,若满足则启动路径控制,否则转向下一优先级别的控制启动判定。

8.1.7 疏解策略转换启动模块

疏解策略转换启动模块的设计思路是通过监测交通的动态变化,判断当前控制策略是否满足控制需求,是否有条件启动上级提出的控制疏解策略,以及是否有条件满足不同层面间的策略启动与结束的控制协议。

按优先等级来分,区域控制高于路径控制与节点控制。策略转换的条件是随着拥挤的扩散和恶化,高优先等级的控制策略可以中断正在执行的低优先等级策略,并立即启动和实施。而随着拥挤的消散和疏解,高优先等级策略未达到中止条件时,低优先等级策略不能中断其执行,以避免策略未完全实施或突然中断所带来的负面影响。图 8-4 根据此过程描述设计了相应的策略转换启动流程。

值得注意的是,策略实施的周期和系统拥挤信息更新的周期是不一致的。一般来说,为了及时获得交通状态的变化,选取拥挤信息更新的时间间隔较短,而为了保证实施效果,控制策略的实施时间一般要持续数个周期或一段时间。因此,系统建议策略实施周期取拥挤信息更新周期的整数倍,以状态更新周期作为决策判断周期,这样既能考虑到拥挤的实时演变情况,又能保持控制策略的完整实施。

综合考虑高速公路及干线公路风险水平,并结合服务水平、出行时间或距离、出行费用等,采用神经网络工具建立基于交通流风险的区域路网的路径阻抗函数,实现区域路网的实时动态交通分配。从动态分流的角度,确定不同风险下交通运行策略的启动、转换及结束的判别条件与阈值,以及风险策略的控制范围、启动时机等,建立风险分配体系、提出实施方法。

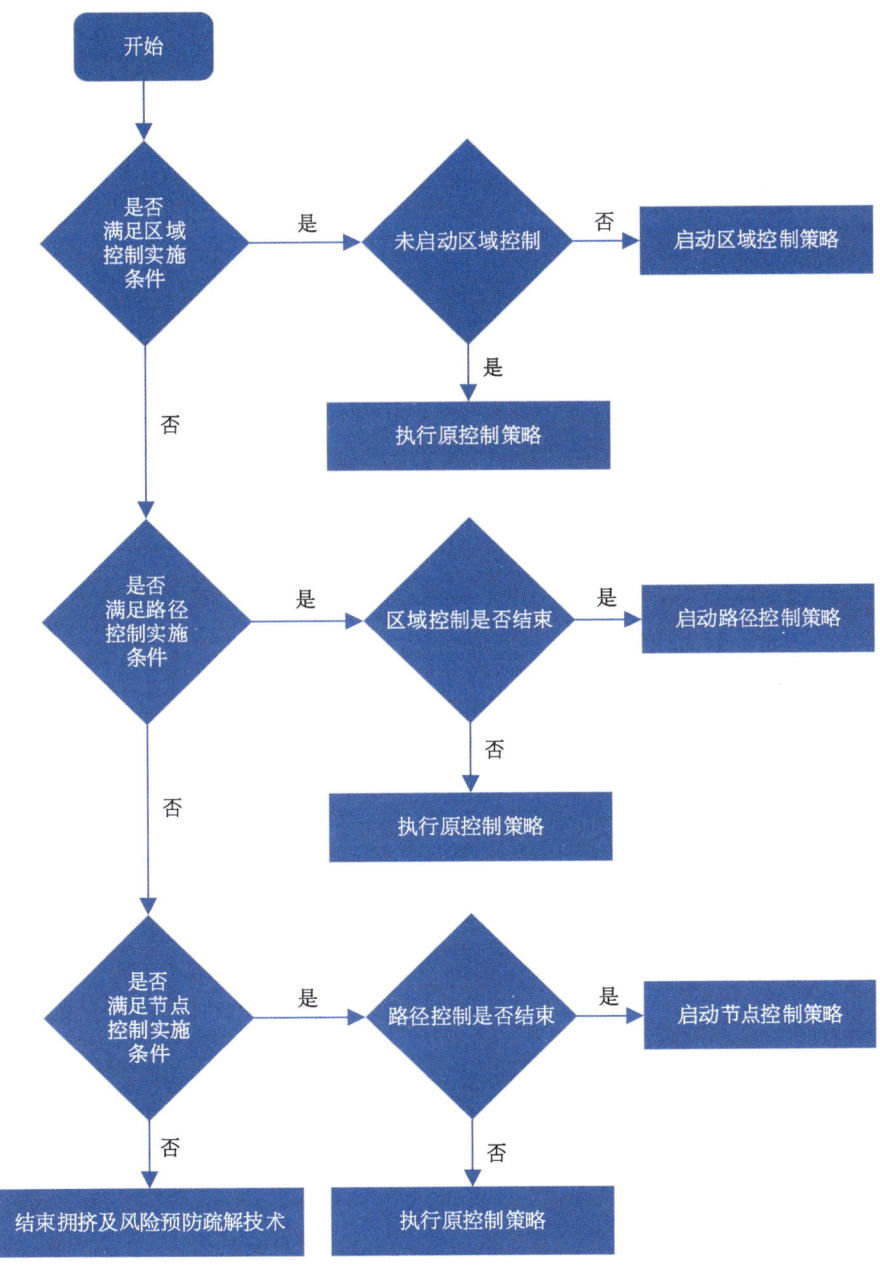

图 8-4 疏解策略转换启动模块

8.2 路网动态交通分配

8.2.1 动态交通分配流程

交通分配主要分为三个阶段,如图 8-5 所示。

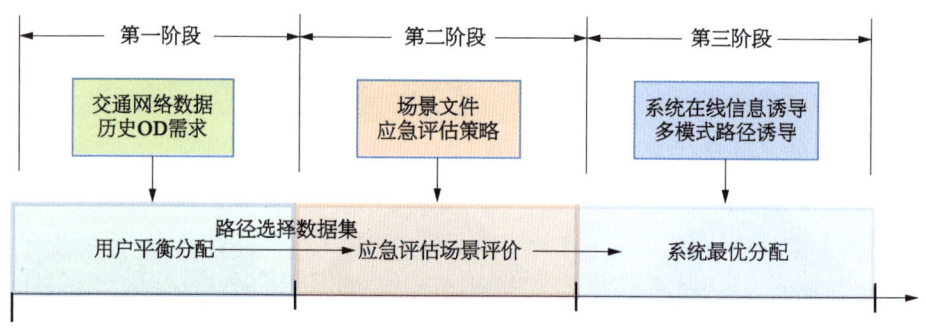

图 8-5 交通仿真阶段

(1) 在普通的路径选择场景中,用户基于历史出行信息,在本次出行开始之前不停地更新迭代出行时间的估计,用基于历史经验估计的出行时间来比较出发地和目的地之间的路径选择。相应地,模拟交通分配的第一阶段则利用交通网络数据来估计每一 OD 对不同路径的出行时间,从而来模拟出行者做出选择,直到达到用户均衡,得到某一历史时刻的路径选择。在此基础上,将历史 OD 需求以相同的时间间隔不断迭代和更新,直到路径选择结果趋于平稳,得到最终的路径选择集。

(2) 在紧急应急或者特殊事故导致路段能力明显下降的场景中,假设用户在出发时按照第一阶段的方法选择路径,则可先通过第一阶段得到每一OD 对各路径的流量比例值,再进行网络加载。面对突发事件,系统管理者会有引导信息诱导用户切换至别的路径以减少系统的总体出行时间。但在实际场景中大部分的出行者还是会坚持或优先考虑原来的路径规划,即使这样的选择意味着较长的等待时间,也只有部分用户会选择其他路径。在交通分配的第二阶段,我们将第一阶段的路径选择结果输入至模拟系统中,在不做任何系统优化的情况下,用系统总出行时间来评价路段能力下降对系统总体出行时间的影响。在此评价阶段可以做很多方案的评估,包括不同的 OD 需求方案、不同路径选择比例值相应的小范围变动等。通过观察系统总体出行时间目标值的变化情况,可以初步识别交通系统对外界变化的适应能力。

(3) 依据系统最优原则进行逐步优化。交通分配模拟的前两阶段首先结合历史 OD 信息得到了用户平衡限制下的路径选择方案,然后通过模拟不同的外界变化实例对系统总体出行能力的影响,很好地识别了系统对外界变化的反应。在此基础上进行不断的系统优化则可以使模型在尽量接近实际场景的同时获得可能的最优分配方案。因此,交通分配模拟的第三阶段以系统最优原则做优化,可得到最小的系统总体出行时间或者系统可达性最高。具体优化的循环迭代流程如下:依据第一阶段路径流量占比给定路径流量的初值,结合分配路径和 OD 总量的对应关系获得路段的流量,结合流量和出行时间的关系计算出路段的出行时间,用路段流量和路段出行时间计算系统总体出行时间,在此基础上不断迭代更新直到目标函数值不再减少,得到最小值。

8.2.2　小型路网动态交通分配数值模拟分析

以上所述交通分配模拟的三个阶段充分挖掘了历史数据中隐含的交通流信息,通过改变外界条件的尝试预先评价了交通系统在应急条件下的适应能力,然后再做系统优化。以此原则进行开发,我们可以更好地还原真实情况,让开发出的支持决策系统具备更好的实时性,提出的优化方案措施效果更真实客观。本部分采用 GAMS 数学规划和优化的高级建模软件对几种简单路网进行数值模拟分析。

1) 基本情况

(1) 路网条件。

路网条件如图 8-6 所示。

(2) 计算流程。

最先假设 ESPATHFLOW(I, J, P)然后按顺序[ESPATHFLOW(I, J, P)→ESLINKFLOW(K)→LINK_TT(K)→PATH_TT(I, J, P)→PHI(I, J)]求出

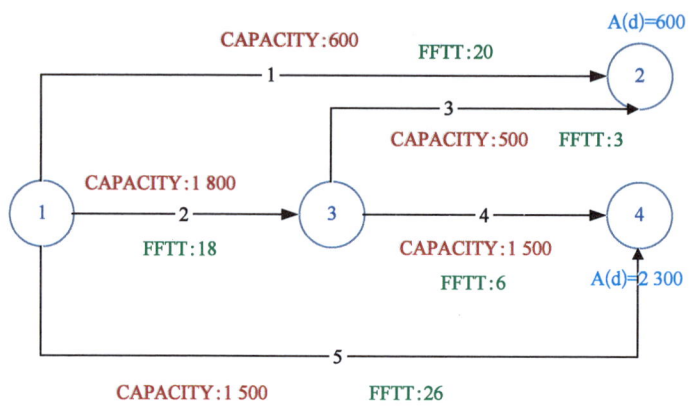

图 8-6 路网条件

PATH_TT(P)和 PHI(I, J),将这三者带入目标函数,不断更新 ESPATHFLOW(I, J, P)的假设值,直到目标函数值最小(图 8-7)。

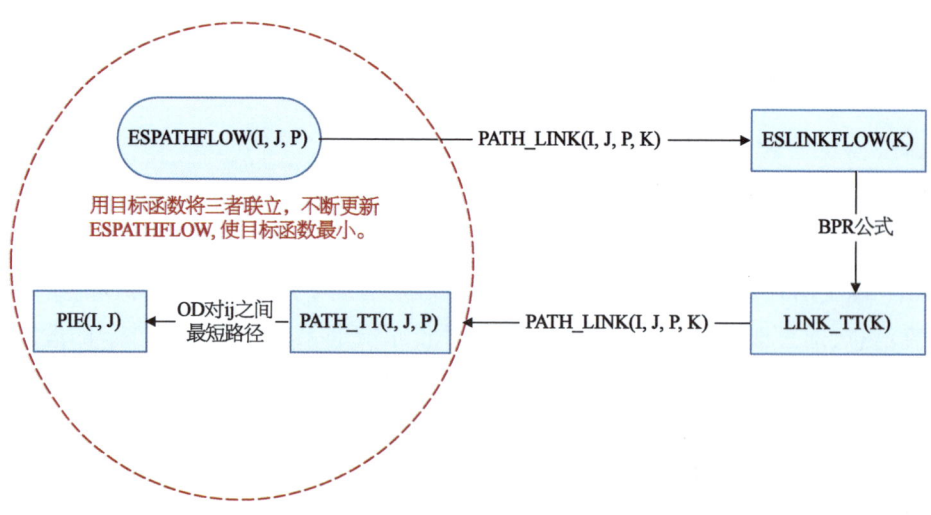

图 8-7 计算流程

GAMS 程序主要包括已知条件(SET 集合、PARAMETER 参数)、变量、约束(即等式)、目标函数、求解模型、输出。

2)存在工作区影响的静态交通分配

(1)基本路网图。

引入了 WORKZONE(恶劣天气、交通事故等紧急情况导致的交通能力下降)情境,将 LINK4 设置为 WORKZONE,其能力值从 5 400 降为 2 800,在其上游设置 VMS 引导部分用户选择正常情况下出行时间更长的 PATH2,实际情况中,乘客计划走行路径为 PATH1,即使 VMS 引导乘客走行路径 PATH2,大部分用户还是会坚持选择 PATH1,即使 PATH1 意味着更长的等待时间,如图 8-8 所示。

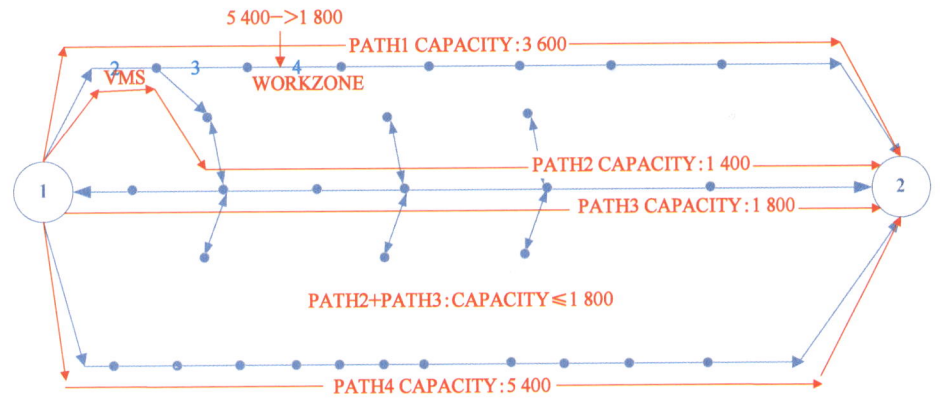

图 8-8 基本路网图

(2) 不考虑 WORKZONE 和 VMS 的情况。

计算流程：最先假设 ESPATHFLOW(I, J, P)然后按顺序 [ESPATHFLOW(I, J, P)→ESLINKFLOW(K)→LINK_TT(K)→PATH_TT(I, J, P)→PHI(I, J)]求出 PATH_TT(P) 和 PHI(I, J),将这三者带入目标函数,不断更新 ESPATHFLOW(I, J, P) 的假设值,直到目标函数值最小(图 8-9)。

结果表明：目标函数值从 2 002 变为 2 247,变化不大,从 ESVMSPATHLINKPRO 可以看出在有 WORKZONE 及 VMS 信息诱导情况下,经过 LINK2 的乘客中还是有 0.778 的比例选择 PATH1,占了大部分,比较符合实际情况中很多乘客明知 PATH1 会堵,需要等待一段时间,却还是不会切换路线到 PATH2 的情况。较好地实现了 WORKZONE 情境下的 VMS 设置模拟问题。

3) 存在工作区影响的三阶段动态交通分配

路网、路段及各阶段通行能力、预设情景都与 1)、2)部分相同。本部分主要为在 GAMS 中运用三阶段法模拟这种情境,模拟结果见表 8-7。

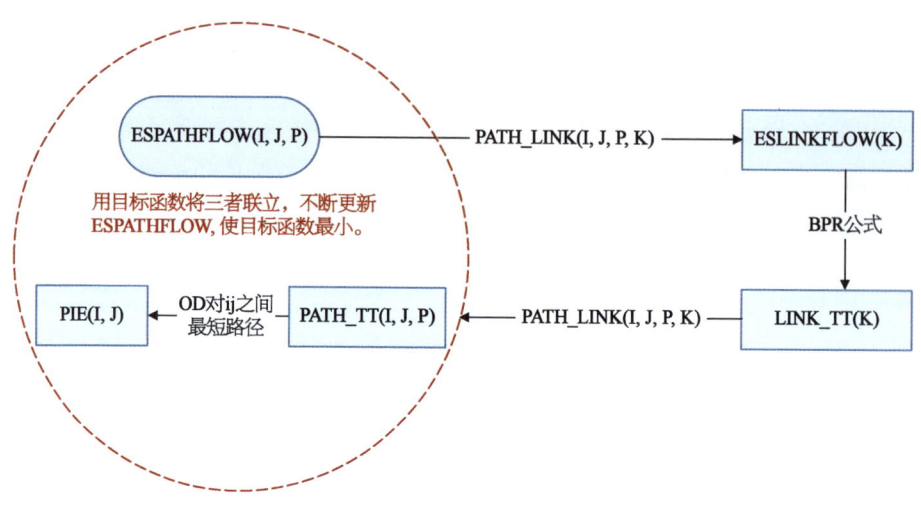

图8-9 计算流程

表8-7 分配三阶段法实例结果

		尝试解决方案1：					
		PATH 1	PATH 2	PATH 3	PATH 4	SO	DEMAND
STAGE1（UE）							
STAGE1		3 600	0	1 800	1 800	39.6	7 200
STAGE2（EVALUATION WITH WORKZONE）							
STAGE2_1	原比例载入	3 600	0	1 800	1 800	2 009.0	7 200
		4 400	0	2 200	2 200	2 502.1	8 800
STAGE2_2	原比例+-（10%）载入	3 420	0	1 800	1 980	2 033.3	7 200
		4 580	0	1 800	2 420	2 513.7	8 800
STAGE3（MINIMIZE SO WITH WORKZONE）							
STAGE3_1	原比例载入	3 600	0	1 800	1 800	2 009.0	7 200
		4 400	0	2 200	2 200	2 502.1	8 800
STAGE3_2	原比例+-（10%）载入	3 420	0	1 800	1 980	2 033.3	7 200
		4 580	0	1 800	2 420	2 513.7	8 800

分析：
STAGE1（UE）：由于PATH_TT2>PATH_TT4>PATH_TT3>PATH_TT1，加上DEMAND较大，所以STAGE1 UE的分配会使得PATH1和PATH3的流量分别达到其CAPACITY限制。

续 表

		尝试解决方案 1：					
		PATH 1	PATH 2	PATH 3	PATH 4	SO	DEMAND

STAGE2(WITH WORKZONE)：在给定 PATH_PROPORTION(由 STAGE1 得)的情况下 PATH1 的流量总会大于其 CAPACITY 限制，而 PATH 2 由于 PATH_TT 太大，加上其与 PATH 3 有共用 LINK，所以 PATH2 分不到任何流量。
STAGE3(MINIMIZE SO)：其分配结果和 STAGE2_1(以及 STAGE2_2)一样，似乎做与不做 SO 的优化没有任何影响，且 STAGE3_2 的系统总体出行时间比 STAGE3_1 大。
问题：
1. 在 STAGE2 和 STAGE3 中限定 PATH1+PATH2 的流量比=STAGE1 中 PATH1 的流量比，目的是为了实现 WORKZONE 情况下 PATH1 能够分流到 PATH2。但由于 PATH3、PATH4 的流量比已经限定好了，且 PATH2 和 PATH3 有很多共用的 LINK，所以没有实现 VMS 的分流，PATH2 流量始终为 0。
2. STAGE3 MINIMIZE SO 和 STAGE2 EVALUATION 的结果一样。
解决方案：
1. 更改路网结构，将 PATH2 和 PATH3 共用的 LINK 复制，解决 PATH2 和 PATH3 能力互相牵制的问题。
2. 减小 DEMAND，使得 STAGE1 分配的时候 PATH2 流量<其 CAPACITY，PATH3 流量为 0。

		尝试解决方案 2：					
		PATH 1	PATH 2	PATH 3	PATH 4	SO	DEMAND
		STAGE1(UE)					
STAGE1		3 600	0	600	0	0.478	4 200
		STAGE2（EVALUATION WITH WORKZONE）					
STAGE2_1	原比例载入	3 599.9	0	600.1	0	994.7	4 200
STAGE2_2	原比例+-（10%）载入	2 800	740	660	1 980	1 132.3	4 200
		STAGE3（MINIMIZE SO）					
STAGE3_1	原比例载入	3 599.9	0	600.1	0	994.7	4 200
STAGE3_2	原比例+-（10%）载入	2 800	440	945	15	1 084	4 200

尝试结论：
STAGE2_2 中可以体现出 VMS 的分流作用，PATH2 有值，且 STAGE3 对 STAGE2_2 有优化作用。

8.2.3　大型路网动态交通分配模型

1）动态交通配流原则

一般在实际路网中有多个起讫点，起讫点之间有很多路段，这些路段又会排列组合成不同的路径。每个起讫点之间又会有多条路径,且这些路径会相互重叠,因此实际的路网是错综复杂的。研究者最早研究的是静态交通网络配流原则,而最早成为最优交通配流基础的是 Wardrop 提出的有关用户路径选择第一和第二原理,这些研究奠定了动态交通分配的基础。

满足 Wardrop 第一原理和第二原理的交通流状态分别为用户最优(UE)和系统最优(SO)。由于研究者对问题抽象化所用的假设条件并不一定相同,所以最优的定义并不只有上述两种。通常,在出行者相互协作的情况下,系统最优是一种网络交通流的最优分布状态,而这种状态正是系统规划者所期望达到的。可以看出这种状态不容易获得,因为仅通过用户自身的维持是不够的,还需要出行者之间相互配合,因此实际交通用户行为的最优状态不能被系统最优交通模型完全描述。系统最优是从交通管理者的角度出发的,动态系统最优(DSO)也不例外,因此 DSO 仍然具有静态系统最优的概念。交通管理的目的不同,SO 的含义也就不同,通常情况下,交通管理者的控制目的可分为以下几种:

① 总的出行时间达到最小化;

② 总的出行费用达到最小化;

③ 总的延误时间达到最小化;

④ 平均拥挤程度达到最小化等。而基于动态系统最优的动态交通网络配流原则就是把动态的交通需求在所要求的时间段内,按照交通管理者的控制目的分配到路网中。

与上述动态系统最优一样,动态用户最优也具有静态用户最优的概念。由于交通网络始终处于运动的状态,其实很难达到均衡,因此应用最优的概念比较合适。动态用户最优能够评价交通管理对策的效果,它与动态系统最优的不同是,它是从用户自身的角度出发,根据其意愿进行不同的路径选择,也就有不同的含义,其含义有:

① 用户出行时,使每个用户的出行时间达到最小化;

② 用户出行时,使每个用户自身出行费用达到最小化;

③ 用户出行时,每个用户自身的延误时间达到最小化;

④ 用户出行时,每个用户自身的拥挤程度达到最小化等。动态用户最优配流原则就是把动态的交通需求在所要求的时间段内按照用户自身的某种意愿分配到路网中。

2) 模型算法实现

动态用户均衡(DUE)是研究最广泛的动态交通分配(DTA)形式,其中公路出行者参与的具有出发时间和路线选择的非合作过程类似纳什均衡博弈。

DUE 模型描述和预测网络上随时间变化的交通流量,符合交通流理论和出行行为。

结合综合交通流理论和 DUE 建模理论和数值方面的研究进展,参考近年来在 DUE 理论和动态网络加载(DNL)中的各种研究成果,提出引入风险系数改进 DUE 的整体计算理论,并采用 MATLAB 进行模拟仿真的方法。特别是,DNL 子问题被公式化为基于 Lighthill - Whitham - Richards 流体动力学模型的微分代数方程系统,该模型能够辅助交通流物理队列的形成、传播和消散及拥堵车辆的后溢过程。之后,采用定点算法,解决几个大规模网络上同时由路和出行时间选择的用户均衡问题。

(1) 动态用户均衡公式。

首先做一些定义:

P——路网中的路径设置;w——路网 O - D 对;$Q_{ij}[(i,j) \in w]$——固定 O - D 需求;P_{ij}——O - D 对路径子集(i,j);t——固定时间段的连续时间参数$[t_0, t_f]$;$h_p(t)$——在时间t沿路径p的离开率;$h(t)$——出发率的完整向量$h(t) = (h_p(t) : p \in P)$;$\Psi_p(t, h)$——出发概况$h$下在时间$t$沿路径$p$的出行成本;$v_{ij}(h)$——所有路径和出发 O - D 对$(i, j)$之间的最小出行费用。

我们规定路径离开率是平方可积的:

$$h_p(\cdot) \in L^2_+[t_0, t_f], h(\cdot) \in (L^2_+[t_0, t_f])^{|P|} \quad (8-1)$$

定义有效延迟运算符如下:

$$\Psi: (L^2_+[t_0, t_f])^{|P|} \to (L^2_+[t_0, t_f])^{|P|} \quad (8-2)$$

$$h(\cdot) = \{h_p(\cdot), p \in P\} \to \Psi(h) = \{\Psi_p(\cdot, h), p \in P\} \quad (8-3)$$

术语"有效延迟"是出行成本的广义概念,不仅包括出行时间和到达罚款的线性组合,还包括其他形式的成本,如道路收费、风险等级、通行能力等。有效延迟算子对于 DUE 模型至关重要,因为它可以捕获路段、交织点、路径和网络级别的交通动态指数来封装交通网络的物理特性。

出行需求满意度约束表示为

$$\sum_{p \in P_{ij}} \int_{t_0}^{t_f} h_p(t)\,\mathrm{d}t = Q_{ij} \qquad \forall\,(i,j) \in W \qquad (8-4)$$

因此,可行路径离开矢量可表示为

$$\Lambda = \left\{ h \geqslant 0 : \sum_{p \in P_{ij}} \int_{t_0}^{t_f} h_p(t)\,\mathrm{d}t = Q_{ij} \quad \forall\,(i,j) \in W \right\} \subset (L^2[t_0, t_f])^{|P|}$$
$$(8-5)$$

动态用户平衡的相关定义首先由 Friesz 等人在量度理论的背景下提出。离开向量 $h^* \in \Lambda$ 为具有相同路线和出发时间(SRDT)选择的动态用户均衡:

$$h_p^*(t) > 0,\, p \in P_{ij} \Rightarrow \Psi_p(t, h^*) = v_{ij}(h^*) \qquad \mathrm{a.e.}\ t \in [t_0, t_f]$$
$$(8-6)$$

使用测量理论论证,确定 SRDT DUE 在适当的规律性条件下等效于以下变分不等式:

$$\sum_{p \in P} \int_{t_0}^{t_f} \Psi_p(t, h^*)[h_p(t) - h_p^*(t)]\,\mathrm{d}t \geqslant 0 \qquad (8-7)$$

VI 可以通过调用 Hilbert 空间中的内积⟨·⟩,以更通用的形式写成 $(L^2[t_0, t_f])^{|P|}$:

$$\langle f, g \rangle \doteq \sum_{p \in P} \int_{t_0}^{t_f} f_p(t) g_p(t)\,\mathrm{d}t \qquad \forall f, g \in (L^2[t_0, t_f])^{|P|} \qquad (8-8)$$

DUE VI 可以用下式表示:

$$\langle \Psi(h^*), h - h^* \rangle \geqslant 0 \qquad \forall h \in \Lambda \qquad (8-9)$$

(2) DUE 的非线性互补公式。

变分不等式等效于以下非线性互补问题:

$$0 \leqslant h_p^*(t) \perp \Psi_p(t, h^*) - v_{ij}(h^*) \geqslant 0$$
$$\forall p \in P_{ij},\,(i,j) \in W,\,\mathrm{a.e.}\ t \in [t_0, t_f]$$
$$(8-10)$$

$$0 \leqslant v_{ij}(h^*) \perp \sum_{p \in P_{ij}} \int_{t_0}^{t_f} h_p^*(t)\,\mathrm{d}t - v_{ij}(h^*) \geqslant 0 \qquad \forall\,(i,j) \in W$$
$$(8-11)$$

(3) DUE 的差分变分不等式公式。

DUE 的 VI 公式相当于差分变分不等式(DVI),这个最容易看出需求满意度的约束可以重新表述为

$$\left.\begin{array}{l}\dfrac{\mathrm{d}}{\mathrm{d}t}y_{ij}(t) = \sum_{p \in P_{ij}} h_p(t) \quad \forall\,(i,j) \in P_{ij} \\ y_{ij}(t_0) = 0 \quad \forall\,(i,j) \in P_{ij} \\ y_{ij}(t_f) = Q_{ij} \end{array}\right\} \qquad (8-12)$$

这被认为是一个两点边值问题。因此,DUE 可以表示为 DVI:

$$\sum_{p \in P} \int_{t_0}^{t_f} \Psi_p(t, h^*)[h_p(t) - h_p^*(t)] \mathrm{d}t \geqslant 0 \qquad (8-13)$$

得出:

$$\Lambda_0 = \left\{ h \geqslant 0 : \dfrac{\mathrm{d}}{\mathrm{d}t}y_{ij}(t) = \sum_{p \in P_{ij}} h_p(t),\ y_{ij}(t_0) = 0,\ y_{ij}(t_f) = Q_{ij} \quad \forall\,(i,j) \in W \right\} \qquad (8-14)$$

(4) DUE 固定点公式。

将 $P_{\Lambda_0}[\,\cdot\,]$ 重新定义为空间中的最小范数投影算子 $(L^2[t_0, t_f])^{|P|}$。然后,以下固定点问题等同于 DUE 问题:

$$h^* = P_\Lambda[h^* - \alpha\Psi(h^*)] \quad \text{或} \quad h^* = P_{\Lambda_0}[h^* - \alpha\Psi(h^*)] \qquad (8-15)$$

其中 $\alpha > 0$ 是固定常数。

(5) 动态网络加载。

DUE 公式的一个重要组成部分是有效延迟算子,它是使用 DNL 程序构建的。研究引入的 DNL 模型,称为 Lighthill-Whitham-Richards(LWR)模型。该模型包括其各种离散形式,被广泛用于 DTA 研究及应用中。

① LWR 链接模型。

LWR 模型能够描述运动波的物理特性(例如冲击波、稀疏波),并允许网络扩展形成车辆队列、传播车辆队列及车辆后溢。

LWR 模型使用以下偏微分方程描述道路链路上车辆密度 $\rho(t, x)$ 的空间

和时间演变：

$$\partial_t \rho(t, x) + \partial_x f(\rho(t, x)) = 0 \quad x \in [a, b], t \in [t_0, t_f] \tag{8-16}$$

其中，最优链接表示为空间区间 $[a, B]$。基本 $f(\cdot)$ 为连续凹曲线，并且满足 $f(\rho) = f(\rho^{jam}) = 0$，其中 ρ^{jam} 表示 jam 密度。此外，存在唯一的临界密度值 c，其中 $f(\cdot)$ 达到其最大值 $f(\rho^c) = C$，C 表示链路的流量。

一些广泛采用的 $f(\cdot)$ 形式包括 Greenshields、梯形和三角形基本图。主要关注以下三角形基本图：

$$f(\rho) = \begin{cases} llv\rho & \rho \in [0, \rho^c] \\ -w(\rho - \rho^{jam}) & \rho \in [\rho^c, \rho^{jam}] \end{cases} \tag{8-17}$$

其中，$v > 0$ 且 $w > 0$ 分别表示前向和后向运动波速度。

② 链接需求和供应。

假设一个有 m 个驶入车道和 n 个驶出车道的道路交叉点。每个 $m+n$ 的动态车流状态由 LWR 模型控制；然而，这些 $m+n$ 方程通过它们的相关边界条件耦合。特别是，其必须遵守以下保护约束：

$$\sum_{i=1}^{m} f_i(\rho_i(t, b_i)) = \sum_{j=1}^{n} f_j(\rho_j(t, a_j)) \quad \forall t \in [t_0, t_f] \tag{8-18}$$

其中，在不引起任何混淆的情况下总是使用下标 i 或 j 来表示与链接 i 或 j 的关联。意味着通过交叉点的总流量是守恒的。然而，仅这一条件并不能保证在这些 $m+n$ 车道上具有独特的流量，并且需要施加额外的条件。为此，确定链接需求和供应，其中需求（供应）被视为链接出口（入口）附近密度的函数：

$$D[\rho(t, b-)] = \begin{cases} llf[\rho(t, b-)] & \rho(t, b-) < \rho^c \\ C & \rho(t, b-) \geqslant \rho^c \end{cases} \tag{8-19}$$

$$S[\rho(t, a+)] = \begin{cases} llC & \rho(t, a+) < \rho^c \\ f[\rho(t, a+)] & \rho(t, a+) \geqslant \rho^c \end{cases} \tag{8-20}$$

直观地，需求（供应）表示为可以流出（流入）链接的最大流量。

$$f_i[\rho_i(t, b_i)] \leqslant D_i[\rho_i(t, b_i-)], \quad f_j[\rho_j(t, a_j)] \leqslant S_j[\rho_j(t, a_j+)] \tag{8-21}$$

$$i \in \{1, \cdots, m\}, j \in \{1, \cdots, n\} \tag{8-22}$$

③ 链路动力学的变分表示。

Hamilton-Jacobi 方程的变分解表示已广泛应用于基于 LWR 的 trac 建模。考虑采用 Moskowitz 函数,它测量在时间 t 沿着链路通过位置 x 的车辆的累积数量:

$$\partial_t N(t, x) = f[\rho(t, x)], \quad \partial_x N(t, x) = -\rho(t, x) \tag{8-23}$$

很容易证明 $N(t; x)$ 满足以下 Hamilton-Jacobi 方程:

$$\partial_t N(t, x) - f[-\partial_x N(t, x)] = 0 \quad x \in [a, b], t \in [t_0, t_f] \tag{8-24}$$

接下来,我们分别用 $f^{\text{in}}(t)$ 和 $f^{\text{out}}(t)$ 表示流入流量和流出流量链接。流入和流出车辆计数的累积链接定义为:

$$N^{\text{up}}(t) = \int_{t_0}^{t} f^{\text{in}}(s) ds, \quad N^{\text{dn}}(t) = \int_{t_0}^{t} f^{\text{out}}(s) ds \tag{8-25}$$

其中,上标 up 和 dn 分别代表链接的上游和下游边界,推导出链接需求和供给的显式公式如下:

$$D(t) = \begin{cases} f^{\text{in}}\left(t - \dfrac{L}{v}\right) & \text{if } N^{\text{up}}\left(t - \dfrac{L}{v}\right) = N^{\text{dn}}(t) \\ C & \text{if } N^{\text{up}}\left(t - \dfrac{L}{v}\right) > N^{\text{dn}}(t) \end{cases} \tag{8-26}$$

$$S(t) = \begin{cases} f^{\text{out}}\left(t - \dfrac{L}{w}\right) & \text{if } N^{\text{up}}(t) = N^{\text{dn}}\left(t - \dfrac{L}{w}\right) + \rho^{\text{jam}} L \\ C & \text{if } N^{\text{up}}(t) < N^{\text{dn}}\left(t - \dfrac{L}{w}\right) + \rho^{\text{jam}} L \end{cases} \tag{8-27}$$

其中, $L = b - a$ 表示链路长度。注意,上式分别表示链接需求和供应,它们是结点模型的输入,以 $N^{\text{up}}(\cdot)$ 和 $N^{\text{dn}}(\cdot)$ 或 $f^{\text{in}}(\cdot)$ 和 $f^{\text{out}}(\cdot)$ 表示。这意味着不再需要计算链接中的动态,而是将焦点集中在链接的两个边界处的 ows

或累积计数上。

④ 包含路线信息的交叉点动力学。

LWR 模型在网络扩展中必不可少的是连接模型。与许多现有的连接模型不同，在基于路径的 DNL 过程中，必须将已建立的路由信息合并到连接模型中。

这样的信息表现在内生的流量分布矩阵中，制定该矩阵从某个链路进入，从定向链路流出。这可以通过明确跟踪链路上每个单元中的路径组成来完成。

首先定义链接进入时间函数(t)，其中 t 表示流出时间。这种函数可以通过评估累积曲线 $N^{up}(\cdot)$ 和 $N^{dn}(\cdot)$ 之间的水平差异来获得。接下来，对于链路 i 和路径 p，将 $\mu_i^p(t, x)$ 定义为属于路径 p 的链路 i 上的流量百分比。先进先出原则产生以下特征：

$$\mu_i^p(t, b_i) = \mu_i^p(\tau_i(t), a_i) \tag{8-28}$$

考虑一个带有标记为 $i \in \{1, \cdots, m\}$ 的传入链路的 J 交叉点和标记为 $i \in \{1, \cdots, n\}$ 的传出链接。分布矩阵 $A^J(t)$ 可以表示为：

$$A^J(t) = \{\alpha_{ij}(t)\}, \qquad \alpha_{ij}(t) = \sum_{p \notin i, j} \mu_i^p(\tau_i(t), a_i) \tag{8-29}$$

结点模型有很多选择，它们都需要满足流量约束条件，需求-供应约束条件，并且取决于流量分布矩阵 $A^J(t)$。任何此类模型都可以在概念上表达为：

$$([f_i^{out}(t)]_{i=1,\cdots,m}, [f_j^{in}(t)]_{j=1,\cdots,n}) = \Theta([D_i(t)]_{i=1,\cdots,m}, [S_j(t)]_{j=1,\cdots,n}; A^J(t)) \tag{8-30}$$

其中，Θ 表示交叉点模型，$D_i(t)$、$S_j(t)$ 和 $A^J(t)$ 被视为其输入参数。模型的输出包括传入（传出）链接的输出（内部）。

⑤ 原点节点的动力学。

路径交通流 $h_p(\cdot)$ 是基于原点（源）节点处的模型，在这种情况下，如果离开率超过第一条链路的容量，则在起始节点处需要排队模型。

我们对原始节点 o 使用简单的点队列类型动态。用 $q_o(t)$ 表示点队列的流量，并让链接 j 成为连接到源节点的链接。得出：

$$\frac{\mathrm{d}}{\mathrm{d}t}q_o(t) = \sum_{p \in P^o} h_p(t) - \min\{D_o(t), S_j(t)\} \qquad (8-31)$$

其中，P^o 表示源自 o 的路径集。右侧的第一项表示进入点队列，而第二项表示离开点队列，其中原点的需求定义为：

$$D_o(t) = \begin{cases} M & q_o(t) > 0 \\ \sum_{p \in P^o} h_p(t) & q_o(t) = 0 \end{cases} \qquad (8-32)$$

并且 M 是一个非常大的数字，例如大于链路 j 的容量。

⑥ 计算路径行程时间。

DNL 程序使用给定的路径离开率计算路径行程时间。路径行程时间包括链接行程时间加上原点的可能排队时间。通过测量累计进入和离开计数之间的水平差来确定链接退出时间函数(t)：

$$N^{\mathrm{up}}(t) = N^{\mathrm{dn}}(\lambda(t)) \qquad (8-33)$$

对于表示为 $p = \{1, 2, \cdots, K\}$ 的路径，路径行程时间 $Dp(t, h)$ 计算为

$$\lambda_s \bigcirc \lambda_1 \bigcirc \lambda_2 \cdots \bigcirc \lambda_K(t) \qquad (8-34)$$

其中，$f \bigcirc g(t) \doteq g(f(t))$ 表示两个函数的组合。$\lambda_o(\cdot)$ 是原点 o 潜在排队的消散时间函数。

⑦ DNL 的微分代数方程。

需要结合完整的必要代数方程（DAE）系统公式，进行动态网络加载。

首先做一些定义：

P——所有路径；S——源；P^o——路径起源于 $o \in S$；I^J——输入链路 J；O^J——输出 J 的连接 J；A^J——流量分布矩阵；$h_p(t)$——离开率路径 $p \in P$；$f_i^{\mathrm{in}}(t)$——链接 i 输入流量；$f_i^{\mathrm{out}}(t)$——链接 i 输出流量；$N_i^{\mathrm{up}}(t)$——累积链接输入计数；$N_i^{\mathrm{dn}}(t)$——累积链接退出计数；$\mu_i^p(t, x)$——属于路径 p 的 i 路段的流量百分比；$q_o(t)$——原始节点处的点队列 $o \in S$；$\tau_i(t)$——链路 i 的进入时间对应于离开时间；$\lambda_i(t)$——对应于进入时间 t 的链路 i 的离开时间。

DAE 系统：

$$\frac{d}{dt}q_o(t) = \sum_{p \in P^o} h_p(t) - \min\{D_o(t), S_j(t)\}, \quad D_o(t) = \begin{cases} M & q_o(t) > 0 \\ \sum_{p \in P^o} h_p(t) & q_o(t) = 0 \end{cases}$$

(8-35)

$$D_i(t) = \begin{cases} f_i^{in}\left(t - \dfrac{L_i}{v_i}\right) & \text{if } N_i^{up}\left(t - \dfrac{L_i}{v_i}\right) = N_i^{dn}(t) \\ C_i & \text{if } N_i^{up}\left(t - \dfrac{L_i}{v_i}\right) > N_i^{dn}(t) \end{cases}$$

(8-36)

$$S_j(t) = \begin{cases} f_j^{out}\left(t - \dfrac{L_j}{w_j}\right) & \text{if } N_j^{up}(t) = N_j^{dn}\left(t - \dfrac{L_j}{w_j}\right) + \rho_j^{am} L_j \\ C_j & \text{if } N_j^{up}(t) < N_j^{dn}\left(t - \dfrac{L_j}{w_j}\right) + \rho_j^{am} L_j \end{cases}$$

(8-37)

$$N_i^{dn}(t) = N_i^{up}(\tau_i(t)), \quad N_i^{up}(t) = N_i^{dn}(\lambda_i(t)) \quad (8-38)$$

$$\mu_j^p(t, a_j) = \frac{f_i^{out}(t)\mu_i^p(\tau_i(t), a_i)}{f_j^{in}(t)} \quad \forall p \text{ s.t. } \{i, j\} \subset p \quad (8-39)$$

$$A^J(t) = \{\alpha_{ij}(t)\}, \quad \alpha_{ij}(t) = \sum_{p \ni i,j} \mu_i^p(\tau_i(t), a_i) \quad (8-40)$$

$$([f_i^{out}(t+)]_{i=1,\cdots,m}, [f_j^{in}(t+)]_{j=1,\cdots,n})$$
$$= \Theta([D_i(t)]_{i=1,\cdots,m}, [S_j(t)]_{j=1,\cdots,n}; A^J(t)) \quad (8-41)$$

$$\frac{d}{dt}N_i^{up}(t) = f_i^{in}(t), \quad \frac{d}{dt}N_i^{dn}(t) = f_i^{out}(t) \quad (8-42)$$

$$D_p(t, h) = \lambda_s \circ \lambda_1 \circ \lambda_2 \cdots \circ \lambda_K(t) \quad p = \{1, 2, \cdots, K\} \quad (8-43)$$

上式构成 DNL 程序的 DAE 系统,建议 DAE 系统可以按时间离散化并以前向方式求解。

(6) 用于计算 DUE 的固定点算法。

DUE 的计算通过等效数学公式来进行,例如变分不等式、差分变分不等式、xed 点问题和非线性互补问题。提出模型:

$$h^{k+1} = P_{\Lambda_0}[h^k - \alpha \Psi(h^k)] \qquad (8-44)$$

其中,α>0 是常数,hk+1 和 hk 分别代表第 k+1 和第 k 次迭代的路径偏离率矢量;$\Psi(h^k)$ 表示有效延误。

离散化 DAE 系统的时间递进逻辑流程如图 8-10 所示。这里,t=0,1,2,表示步长为 t 的离散时间步长。

求解 DUE 的不动点算法:

步骤 0:初始化。设置 k=0 并选择初始离开率向量 $h^0 \in \Lambda$,修复在所有迭代中使用的合适常量 a>0。

步骤 1:动态网络加载。执行具有离开率向量 $h^k \in \Lambda$ 的动态网络加载过程,以计算 $p \in P$ 和 $t \in [t_0, t_f]$ 的所有有效路径延迟 $\Psi_p(t, h^k)$。

步骤 2:定点更新。对于每个起始-目的地对 $(i, j) \in W$,求解双变量 v_{ij} 的以下代数方程(其中 $[x]_+ \doteq \max\{0, x\}$,确保非负性):

$$\sum_{p \in P_{ij}} \int_{t_0}^{t_f} [h_p^k(t) - \alpha \Psi_p(t, h^k) + v_{ij}]_+ \, dt = Q_{ij} \qquad (8-45)$$

对于所有 $t \in [t_0, t_f]$ 和 $p \in P_{ij}$,计算:

$$h_p^{k+1}(t) = [h_p^k(t) - \alpha \Psi_p(t, h^k) + v_{ij}]_+ \qquad (8-46)$$

步骤 3:停止测试。对于预定的公差 $\epsilon > 0$,如果

$$\frac{\| h^{k+1} - h^k \|^2}{\| h^k \|^2} \leq \epsilon \qquad (8-47)$$

则停止并声明 h_{k+1} 为一个 DUE 解决方案,否则设置 k = k + 1 并转到步骤 1。

(7)链路传输模型仿真。

该模块通过网络传播流量,该流量由节点处的预定义分流比例(或分流率)引导。拥塞和溢出使用三种不同的排队原则建模。标准排队方法(对于交通建模最为现实)基于一阶运动波理论和三角基本图。

设定一条单向双车道高速公路,车辆移动方向为从右向左,该路有两处入口匝道,设定一定的需求模式使得下游合流区形成临时瓶颈,如图 8-11 所示。

针对模拟的每个时间间隔绘制每个 O-D 组合之间的交通需求,如图 8-12 所示。

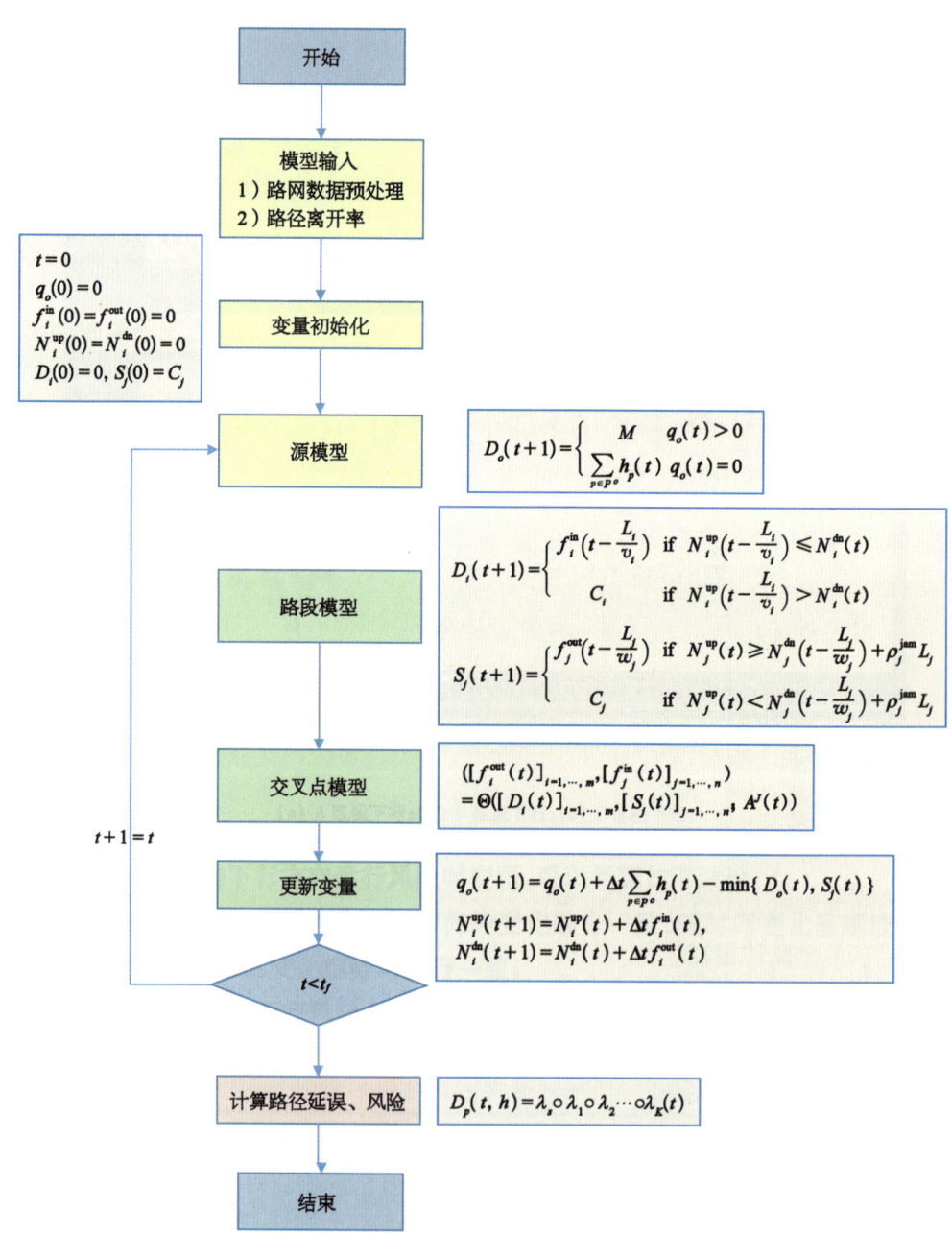

图 8-10 离散化 DAE 系统的时间递进逻辑流程

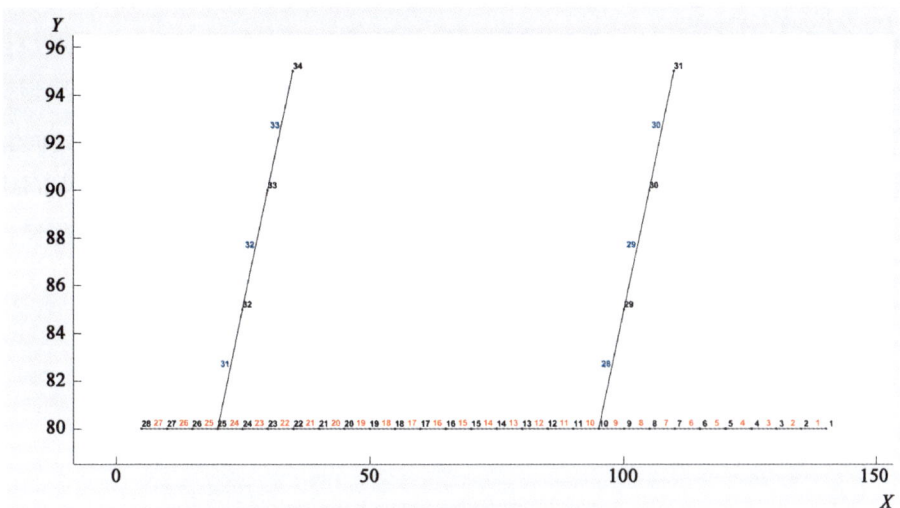

图 8-11 路网结构

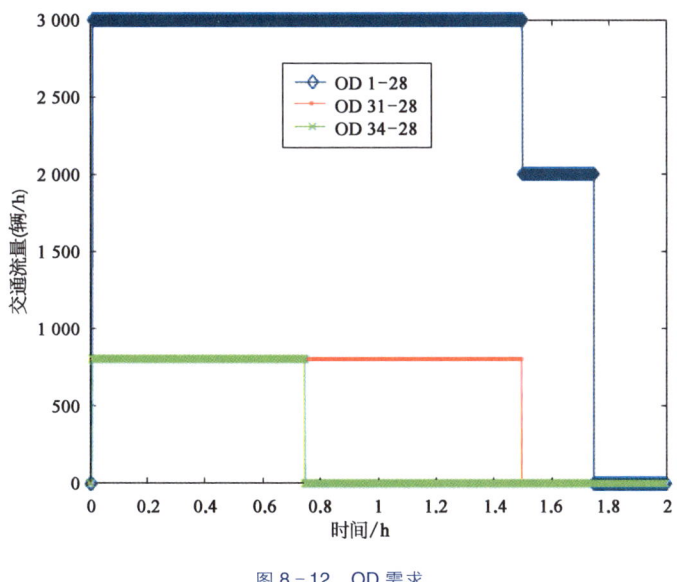

图 8-12 OD 需求

链路传输模型在模拟中传播流量。它由链路模型和节点模型组成,它们与一阶交通流理论一致,具有三角形基本图。因此,每个链路都需要定义自由流速、容量和堵塞密度。

链路传输模型的结果表示为在时域上的每个链路上游、下游端的累积车辆数(CVN)。在后处理阶段计算流量和密度,结果作为这些 CVN 函数的时间和空间导数。密度和流量在主要道路的时空(或 XT)图中体现(图 8-13)。

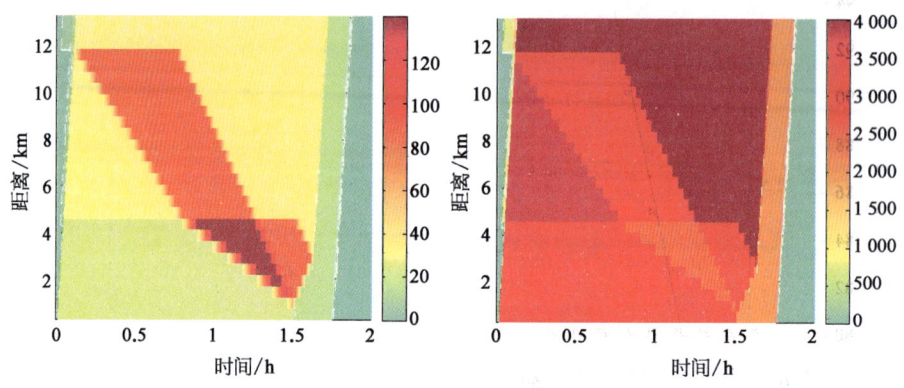

图 8-13 主要道路密度和流量时空分布

行程时间可视化如图 8-14 所示:

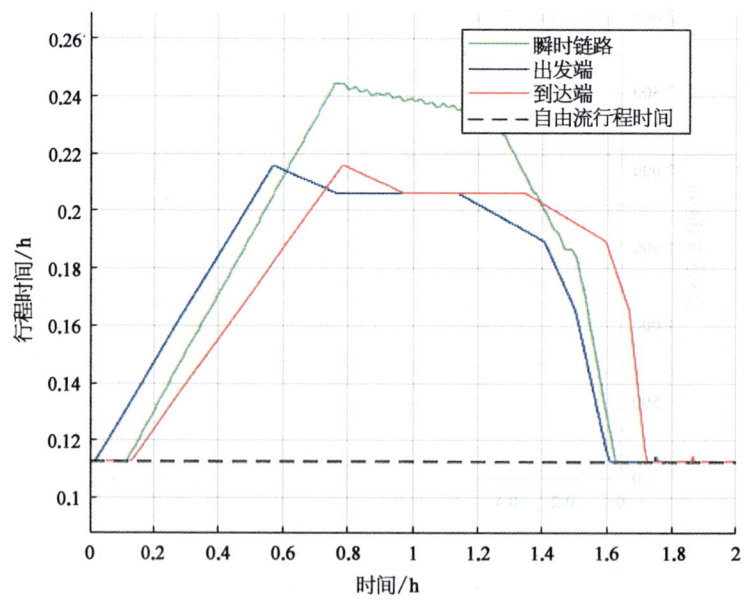

图 8-14 行程时间

(8) 动态交通分配仿真。

首先定义一个简单的路网结构,如图 8-15 所示。路段 5 为一处瓶颈路段(存在事故或施工),通行能力仅为 1 000,路段 6 通行能力为 4 000,其余路段通行能力均为 2 000；各路段自由流速度均为 100 km/h；路段 7 长度为 5，其余路段长度均为 1。

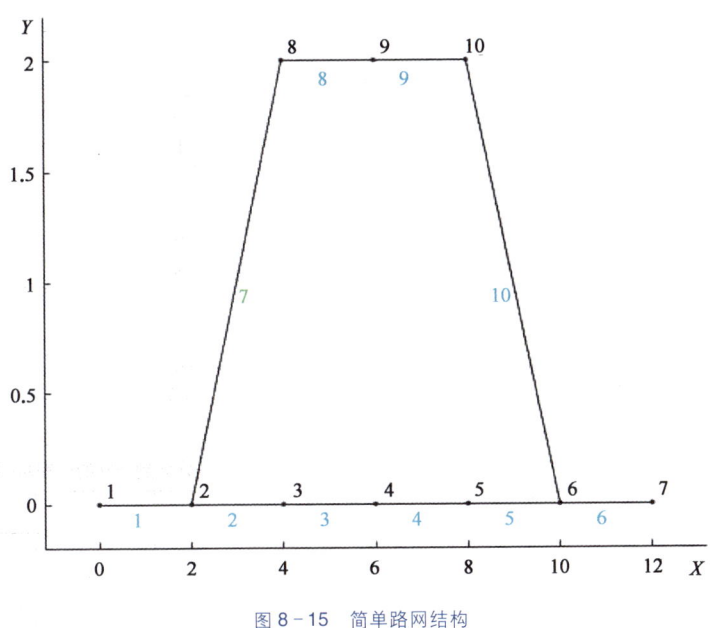

图 8-15 简单路网结构

动态用户平衡（图 8-16）中的通行行为在较大的时间间隔聚合，从而实现加速计算。路线选择时间间隔在实际中比模拟的典型间隔频率变化低。用近似梯度投影方法将两个可选路径的行程时间差投影到分裂率空间中，投影可用于加速过程的参数（较大值）缩放。但是，对于太大的值，算法变得不稳定，甚至无法找到解决方案。

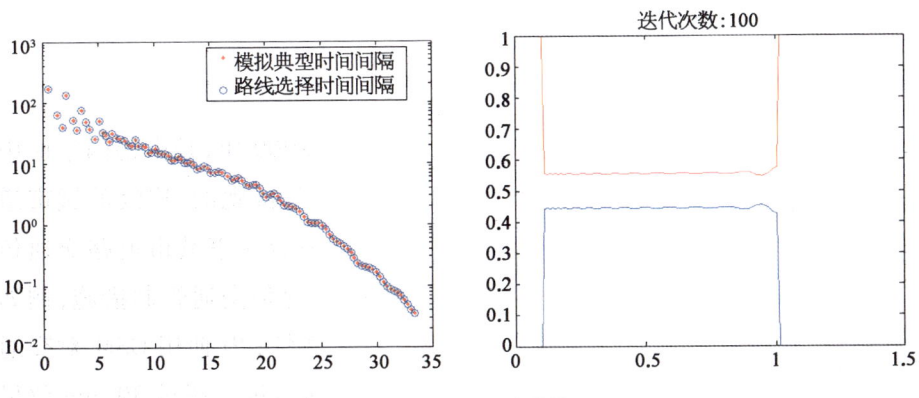

图 8-16 动态平衡模拟

链路传输模型的上游和下游 CVN 功能可以转换为网络中每个链路的传输时间。图 8-17 是主要路线（从拆分到合并）和替代路线的行程时间对比。

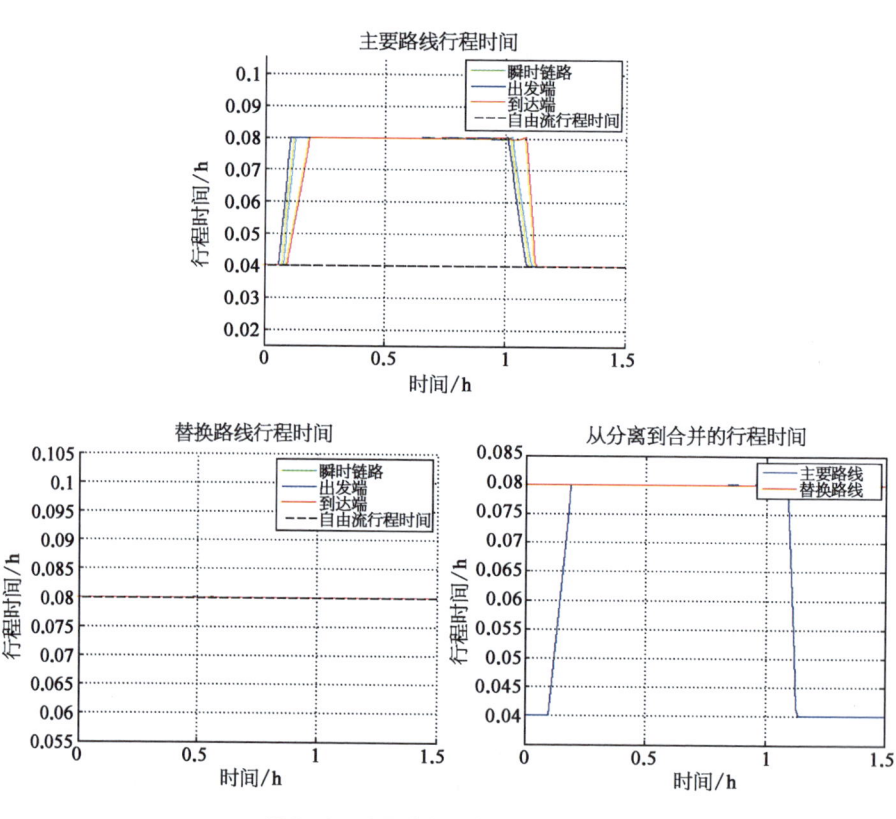

图 8-17　主要路线与替代路线行程时间

8.2.4　大型路网动态交通分配仿真

simulation of urban mobility(SUMO)最早始于 2000 年,是由德国宇航中心开发的一款开源交通仿真软件,它主要仿真的是微观的、连续的城市道路,也可用于大型路网动态交通分配仿真,十分适合从事城市道路交通仿真的研究人员。SUMO 主要的应用有：① 实现并评估交通管制措施,例如在实际应用前,可以评估新的信号灯控制方案有效性；② 使用 GSM 对交通监督进行评估；③ 可以用来做短时交通预测(<30 min),超过 30 min 效果

不理想。

SUMO 相较于其他的交通仿真软件具有以下优点：① 高度的可移植性，只用标准的 C++库和兼容类库；② 高互操作性，只用 XML 格式的数据；③ 可以导入多种网络格式，如 VISUM、OSM、VISSIM、XML 描述等；④ 可由用户自定义路径或随机产生路径；⑤ 较真实的仿真环境，不会出现车辆碰撞的情况；⑥ 执行速度块，在 1 GHz 的机器上可每分钟更新 60 万辆车。SUMO 仿真软件还包含许多用于仿真的应用，其具体应用见表 8-8，路网如图 8-18 所示。

表 8-8　SUMO 仿真软件应用包

应用名字	简　要　描　述
SUMO	无可视化界面的微观仿真命令行应用
GUISIM	有图形界面的微观仿真应用
NETCONVERT	用于路网导入和生成，将不同格式的道路网转换为 SUMO 格式的应用
DUAROUTE	找出通过网络的最短路径的应用
JTRROUTER	计算路径和通过交叉口的转弯比率的应用
DFROUTER	使用感应线圈计算路径的应用
OD2TRIPS	将 OD 矩阵分为单个车辆路径的应用

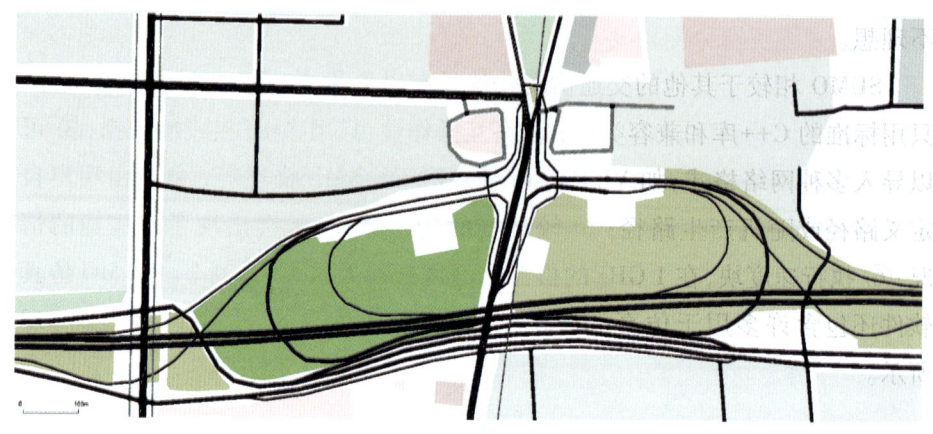

图 8-18 SUMO 建立的区域路网和局部路网

可以使用 SUMO 仿真验证模型算法,求解动态交通系统最优模型,并分析动态交通用户最优模型的有效性,进而得出路网中各路段的流量分布情况。

通过大量的数据,分析得出蚁群算法适用于求解动态交通最优控制模型,并用具体的实例分析了在动态系统最优和动态用户最优中出现不同交通状况、风险水平时各路段的车流量和阻抗的变化情况。

8.3 区域路网动态交通分配应用情况

8.3.1 区域路网动态交通分配发展

1) 区域路网动态交通分配理论研究

动态交通分配(DTA)可以反映路网交通的拥挤性和交通需求的时变性,是下一代先进交通管理和规划的技术核心之一。通过准确预测网络交通规律,大规模交通仿真系统可以运用有效手段通知和疏导驾驶者,从而缓解大城市中常规和突发的交通拥堵。国内外专家学者对基于仿真的动态交通分配理论及其应用进行了大量研究并取得了丰硕的成果。

1952 年,著名交通问题专家 Wardrop 提出了网络平衡分配的第一、第二定理,带来了交通分配理论的一次大飞跃。第一原理主要是建立使道路使用者出行成本最小化的行为模型,而第二原理旨在使交通在最小行为成本方向上分配,从而达到出行成本最小的系统平衡。针对如何求解 Wardrop 平衡问题,1956 年 Beckmann 等提出了描述平衡交通分配的数学规划模型。1975 年,LeBlanc 等学者应用 Frank‑Wolf 算法,设计出了求解 Beckmann 模型的算法。

1977 年,美国加州大学伯克利分校的 Dganzo 教授及麻省理工学院的 Sheffi 教授提出了随机性配流理论,其前提是认为出行者对路段阻抗的估计值与实际值之间的差别是一个随机变量,出行者会在"多条路径"中选择,同一起迄点的流量会通过不同的路径到达目的地。随机性配流理论和方法的提出,在拟合、反映现实交通网络实际的进程中又推进了一大步。

为了将交通分配扩展到交通控制与诱导中,研究者在静态交通分配思想和方法的基础上提出了动态交通分配的理念。1978 年,Merchant 和 Nemhauser 首先应用数学规划方法对动态交通分配问题进行了研究,提出用离散时间、非凸的非线性规划来表达系统的最优分配模型。1987 年,Carey 对 M‑N 模型进行改进,构造了一个非线性的凸规划模型,并在 1992 年首次将先进先出约束加入数学规划模型。

在路阻函数的研究中,美国联邦公路局的路阻函数模型——BPR 函数是最有代表意义的一个研究成果,许多国内学者也在交通分配和路阻函数方面进行了相关研究。陆化普和殷亚峰于 1996 年依据最优控制理论提出了一个动态系统最优交通分配模型,用于多 OD 对拥挤路网上的短时交通流形态的预测,利用 Pontrvasin 最小值原理求得了模型的最优解。马寿峰等于 2007 年考虑了道路最大通行能力对交通配流策略的影响,从用户到达的时间要求和控制约束角度考察了交通流到达目的地的时间限制,建立了针对拥堵交通网络状况下具有到达时间限制的动态配流模型,并且利用遗传算法对离散化后的模型进行了求解。陆化普、蔚欣欣等在 2010 年研究了基于效用理论的均衡交通分配方法,假设路段走行时间为随机变量,使用摩根斯坦效用函数描述用户的决策问题,构建了新的均衡准则和分配模型。王文静、敬明等于 2011 年使用 MATLAB 软件进行交通网络的仿真和流量分配,研究了待分配流量、分配次数、Logit 模型参数取值等对分配结果的影响,研究表明道路的平均阻抗随分配流量的增加而增大,阻抗方差随分配流量的增加而减小。王元庆、周伟等于 2004 年在广义交通阻抗概念的基础上,考虑时间、费用、交通流、收费站和城市节点的影响,通过参数标定提出综合路阻函数模型,有效避免了时间价值指标难定量的缺点,通过等式关系将综合路阻函数转化成交通规划软件 TransCAD 内部函数形式,实现了模型与交通规划软件的结合。张莹莹于 2007 年通过对出行费用、出行时间及交通运输方式的服务水平等因素的分析,把服务水平这一影响因素融入阻抗模型中,利用两两比较法、专家评判法和 AHP 法对服务水平进行量化,对模型进行修正后得到新的交通阻抗函数修正模型。查伟雄和王世彬于 2010 年在不考虑市内收费站的情况下,针对不同道路条件下不同流量之间的相互影响构建了路段阻抗函数,构建了城市交通混合流非饱和状态下的节点阻抗函数,采用最大似然法对参数进行标定。孟梦、邵春福等于 2014 年运用超级网络理论构造了适用于组合出行模式的交通超级网络,在出行者出行模式及路径选择均具有随机性的基础上,给出广义费用下的路段费用函数,应用交通平衡与变分不等式理论,分析弹性需求下组合出行模式的交通平衡条件。何南和赵胜川于 2014 年在考虑限速、车道数、信号交叉口密度、公交站点密度、饱和度等城市交通拥堵和道路阻抗函数影响因素的基础上改进了经典 BPR 函数。

目前国内外动态交通分配流程大致如下。

(1)网络加载:给定一组选择路径,即路径和路径流量,结果路径的行程时间是多少?

(2)路径集更新:根据当前路径的行程时间或风险,新的最短路径(每个 O-D 对和出发时间间隔)是多少?

(3)路径分配调整:给定更新的路径集,应如何为路径分配车辆(或流量)以更好地近似动态用户平衡?

虽然整体模型结构基本一致,但大多数 DTA 模型在如何实现这些组件方面彼此不同。在路线评估步骤中,通过网络加载过程确定在给定一组路线之后车辆产生的效果(就时变链路流量和行程时间而言)。存在各种基于分析和仿真的网络加载方法:分析模型通常使用流出函数来预测流量在网络中的传播方式,而大多数基于仿真的方法使用某种类型的介观模拟方法来表示流量的变化。

路径集更新涉及分析网络加载的结果。基于在网络加载步骤中识别的拥挤模式、风险程度和行程时间,每个 O-D 对之间经历最短行程时间的路线和每个出发时间周期由 TDSP 算法计算得出。针对特定 O-D 对和离开时间段新发现的 TDSP,将其与先前迭代中针对相同 O-D 对和出发时间找到的所有 TDSP 组合,以形成更新的路径集。

路径分配调整遵循逻辑上的路径集更新:如果驾驶员将他们的路线选择转向经验最少的出行时间路线(并且远离更长的路线),则可以使分配更接近平衡。由于寻找均衡解决方案的主要复杂因素是不同驾驶员的路线选择和行程时间之间的相互依赖性,因此必须在此步骤中采取一些谨慎措施。如果所有驾驶员都转移到上一步中发现的最短路线,那么这些路线将变得非常拥挤并且不再是最优路线。所以只应调整一些驾驶员的路线选择,以避免过度矫正。通常,该步骤需要考虑如下问题,如:是否增加或删去某段路线,增长或缩短多少路线长度,进而为车流分配路线。通常情况下,新发现的 TDSP 及其他几条良好的路线(其行程时间接近最短的路线)的行程时间都是随流量增加而增加的,表现不佳的路线(长行程时间)会随着流量减少而减少。值得注意的是,在该步骤中,并非所有车辆都会选择(或被分配)新路线。

在执行路径分配调整之后,算法返回到路线评估步骤,以便确定由新路线选择(路线流)产生的交通模式。这三个步骤以顺序方式工作:网络加载的输出提供路径集更新的输入;路径集更新的输出提供路径分配调整的输入;路径分配调整的输出提供网络加载的输入。重复这三个步骤直到满足停止标准。算法结构如图 8-19 所示。通常在网络加载步骤结束时计算停止标准。较旧的 DTA 解决方案算法应用称为连续平均法(MSA)的解决方案方法。MSA 在每次迭代时施加预定的固定量的流量调整,这意味着较慢的收敛,但是最近的算法使用相对间隙的概念作为停止标准。

如果路径集和流量是预定义的并且在整个仿真过程中保持不变,则被称为静态分配。

决策节点是在节点的两个或多个传出链路中的至少一个可行路由的节点。由于自上次路线选择(在较早的决策节点或原点节点处)以来链路行程时间有变化,该方法允许驾驶员放弃当前路线以获得用于剩余行程的更好路线。这种方法有时被称为带反馈的一次性动态分配(图 8-20)。

尽管剩余行程分配用于上述一次性非迭代模拟方法,但通过增量路由更新来调用此网络负载会更精确,因为它不会尝试实现用户平衡,并且不会使链路生成中使用的行程时间和经验丰富的路径行程时间达到一致。

在上述两种情况下,驾驶员都会根据即时行程时间选择最短路线。这意

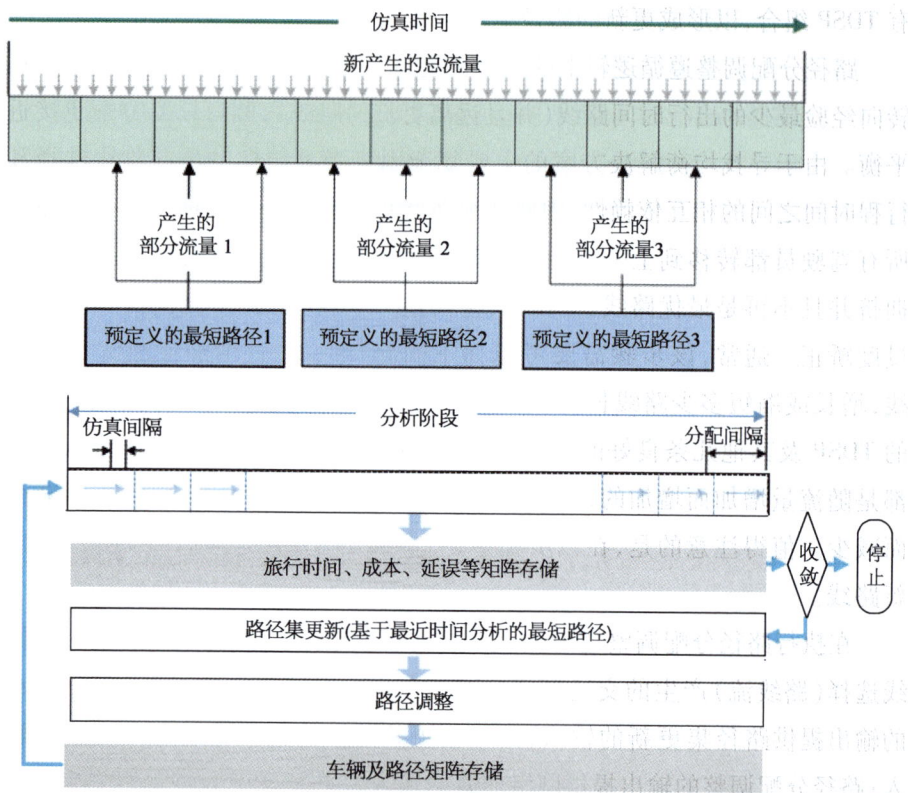

图 8-19 一般 DTA 算法流程

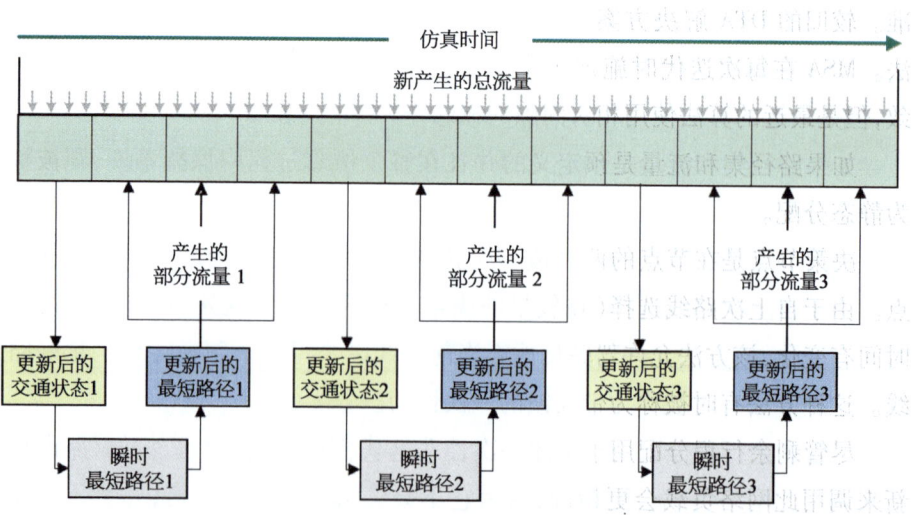

图 8-20 动态交通分配算法流程

味着他们的选择是基于一些近点决策,而不是沿途的预测交通状况,以尽量减少实际经历的出行时间。

2) 区域路网动态交通分配系统开发

2009年4月,美国运输研究委员会的网络建模分会通过美国联邦公路局出行模型改善计划邮件列表进行了动态交通分配仿真模型用户调查。其反馈结果表明,超过85%的受访者计划在2年内应用动态交通分配仿真工具。但受访者亦明确指出动态交通分配存在一些障碍,主要包括:对于大多数用户而言,动态交通分配比静态交通分配需要更多的数据,甚至需要难以获取及使用的数据(如信号配时数据);建立较完整的动态交通分配模型需要消耗大量人力财力;模型构建投入成本的收益不确定;动态交通分配模型运行时间过长;底层建模方法不明晰。

早期的动态交通分配仿真软件以美国联邦公路局支持的DynaMIT、DynaSMART最为典型,在这两个平台基础上,研究者们相继开发了CUBE Avenue、TransModeler、Dynameq和DTALite(图8-21)等动态交通分配仿真软件。

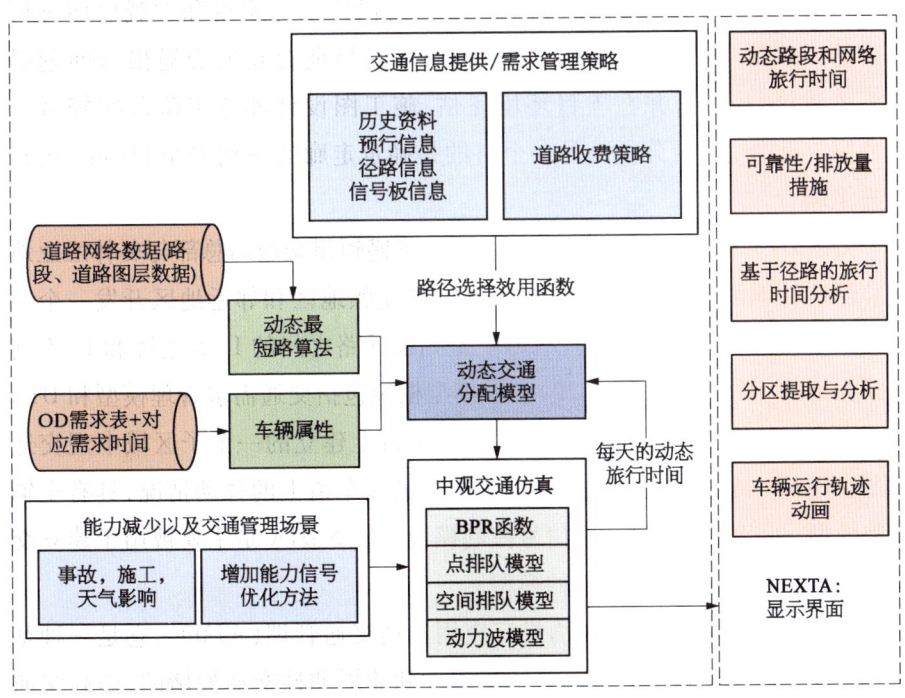

图8-21 DTALite软件平台构架说明

8.3.2　国外区域路网动态交通分配应用

国外 ITS 经历了多年的发展和应用,技术和功能越来越先进,对交通运行效率和交通安全性的提升发挥了重要作用。而 ITS 中核心技术之一就是动态交通分配技术,其在国外有大量的应用。

美国亚特兰大纪念大道 DTA 案例研究,ARC 的战略区域大道计划(2011 至今):在中宏观层面通过使用 DTA 来解决机动车驾驶员在拥堵期间选择不同路线的问题,以及在拥堵时间段内改变这些路线。这个 DTA 过程可以感知与拥堵相关的队列和延迟。DTA 程序已在亚特兰大 20 个县的大都市地区成功测试,确定了其在大规模应用中的可行性。通过集成宏观和中观分析结果,进行有机融合,确保了分析的一致性和兼容性。模型的微观分析层主要处理特定地点、走廊沿线或整个走廊孤立区域内交通网络的详细运行特征。这种微观分析是通过从中观模型中提取需要详细研究的区域,并使用微观交通模拟模型进行更细致的分析。在中观分析中建立的交通量和交通行为被纳入微观分析中,从而保持了与宏观和中观层面分析结果的一致性。DTA 分析的最终目的是针对目前存在的交通出行问题提供改善建议和方案,并在项目环境评估、施工图设计和施工阶段减轻潜在的冲突。此外,DTA 分析的另一个目的是确定走廊的短期安全和(或)运营改进策略。

美国 DTA 模型(I-5 DTA):2018 年,华盛顿州交通局总部与奥林匹亚地区和瑟斯顿地区规划委员会达成合作,为瑟斯顿地区和邻近地区开发一个交通建模框架,重点是图姆沃特 93 号大道到山丘路之间的 I-5 走廊和 I-5 到黑湖大道的 SR-101(图 8-22)。该模型框架包括交通需求管理模型和 DTA 模型平台。I-5 DTA 是在 Dynameq 建模平台上建立的一个子区域中观交通模型。Dynameq 建模平台允许模拟单个车辆在车道上的移动情况,具有车辆跟驰模型、可接受间隙模型和信号控制模型。I-5 DTA 是主要被用于建立交通流、交叉口运行和交通延迟的模型。

近年来,美国各州都在大力推广应用主动交通管理(ATM),它是一种基于当前和预测的交通状况动态管理周期性和非周期性交通拥堵的,提高交通安全的管理平台。ATM 着眼于行程的可靠性,最大限度地提高了设施的效率

图 8-22　I-5 DTA 模型的地理范围

和效益。它通过使用带有新技术（包括动态部署自动化）的综合系统，可在公路运营管理部门必须手动部署操作管控策略时快速和实时地优化性能，从而提高通行能力和交通安全。ATM 的重点是影响车道和设施的选择及操作方面的交通出行行为，主要功能包括：动态车道控制、动态硬路肩控制、拥堵警告、自适应匝道分合流控制、潮汐车道控制、自适应信号控制、大通道控制等，其优点见表 8-9。

表 8-9　ATM 系统优点

ATM 管理方式	出行人员吞吐量增长	降低意外事件	降低二次事故	提高出行可靠性	延迟交通流突变状态的转折点	减少废气排放	减少油耗
动态硬路肩管理	√			√	√	√	√
动态车道控制	√	√	√	√	√	√	√
排队警告		√	√				
匝道适应性控制	√	√	√	√	√	√	√

续　表

ATM管理方式	出行人员吞吐量增长	降低意外事件	降低二次事故	提高出行可靠性	延迟交通流突变状态的转折点	减少废气排放	减少油耗
可变车道管理	√			√	√	√	√
自适应交通信号控制	√	√		√		√	√
公交信号优先				√		√	√
主线管理	√	√		√		√	√

美国马里兰州 ATM 系统：近年来，马里兰州交通部国家公路管理局创新利用 ATM 技术来提高交通管理能力。并且持续开发了很多交通建模的工具，主要用于交通运营、动态交通模拟、规划分析和出行需求预测。并已将动态交通监测信息、驾驶员信息、天气信息等进行深度融合用于实时管控和交通事件处置中。马里兰州交通研究所的研究团队在中观层面上开发了一个集合出行行为和动态交通分配的建模工具 AgBM-DTALite，并采用该工具对 ATM 策略进行实时和动态分析。工具内嵌基于 Agent 的行为模型和 DTALite 流量模拟的集成模型。将 2015 年作为基准年，对模型进行了充分的校准和验证，用于校准的数据包括每小时交通量、以 15 min 为间隔的通道级行程时间、车辆轨迹及能源消耗等。然后应用该模型对通道上提出的几种 ATM 策略进行评价，包括限速控制、动态匝道控制、动态交通分配及各种道路功能调整（车道增加、加减速车道扩展等），并以交通事故、通行能力、能源消耗等各种绩效指标评价 ATM 策略的有效性和综合效果。由于缺乏合适的交通行为模型和数据，为了填补这一空白，马里兰州交通研究所采用并进一步开发了集成的 AgBM-DTALite 建模系统（即基于 Agent 的行为模型和 DTALite 流量模拟的集成模型），用于 ATM 策略的建模和评估。行为模型主要考虑了出发时间选择、路径选择、出行方式选择和路径分流选择等完整的出行行为维度，增强了 DTA 和中观交通仿真模型捕捉交通影响和出行行为对 ATM 的反应。AgBM-DTALite 的集成及其内嵌的行为用户平衡极大地提高了中观模拟的计算效率，使其具有了大规模应用的能力，同时具有较好的实时性。系统框架和区域路网如图 8-23、图 8-24 所示。

加拿大 401 高速交通管理系统：安大略省是加拿大人口最多的省份，超过 1 300 万人口，约占加拿大总人口的 38%。该省南部的 400 系列高速公路

第 8 章　基于运行风险的区域路网动态交通分配

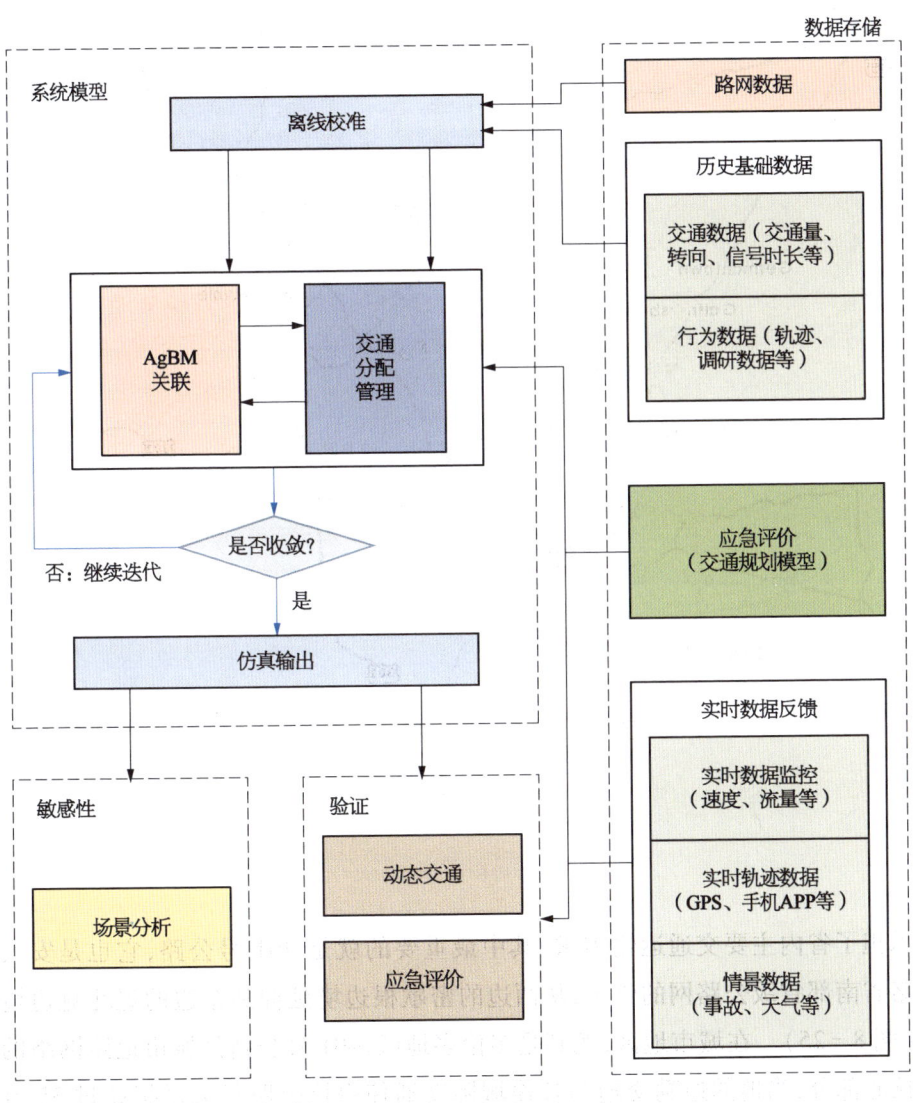

图 8-23　系统框架

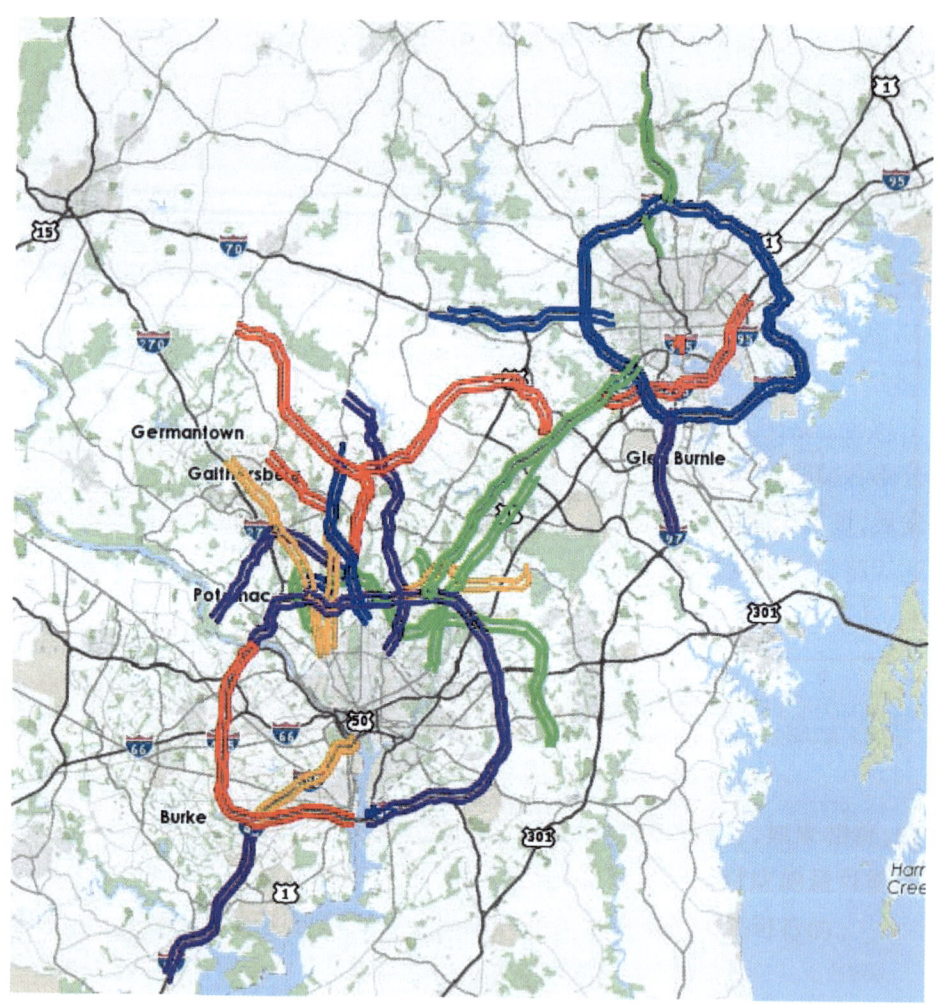

图 8-24 区域路网图

承担了省内主要交通运输需求,其中最重要的就是 401 号公路,它也是安大略省南部省级公路网的骨干,从西边的密歇根边境延伸到东边的魁北克边境(图 8-25)。在城市地区,尤其是多伦多地区,401 号公路是城市道路网络的核心部分,当地的通勤交通与长途城际交通使得该公路每天承担超过 35 万辆的交通运输需求,其中包括 45 000 辆货车。超负荷交通量使 401 号公路穿越多伦多的路段成为最繁忙的公路,同时它也是北美最繁忙的高速公路之一,仅次于洛杉矶的圣莫尼卡高速公路。

1991 年初,安大略省运输部在穿越多伦多的 401 号高速公路上建立了一

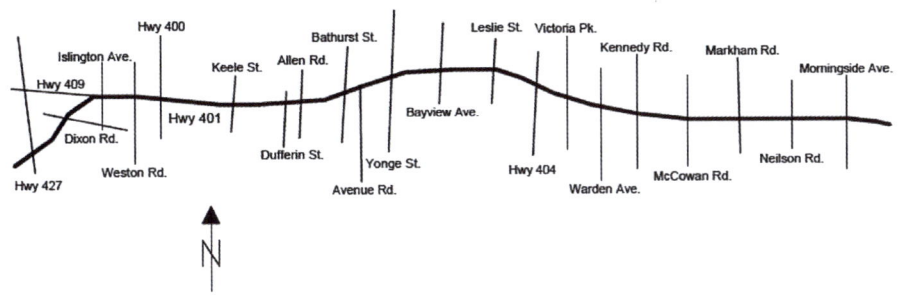

图 8-25　加拿大 401 高速公路网络结构

个高速公路交通管理系统,名为 COMPASS。这个系统最初包括 16 km 的高速公路和辅路,系统在路中每隔 600 m 嵌入感应环圈测器。随着近年来的不断发展,该系统的覆盖范围和功能也在不断完善,通过增加更加精准的视频、雷达等路侧感知设备,可实时感知道路交通运行状态,实现车道管理、可变限速、动态交通管控等。

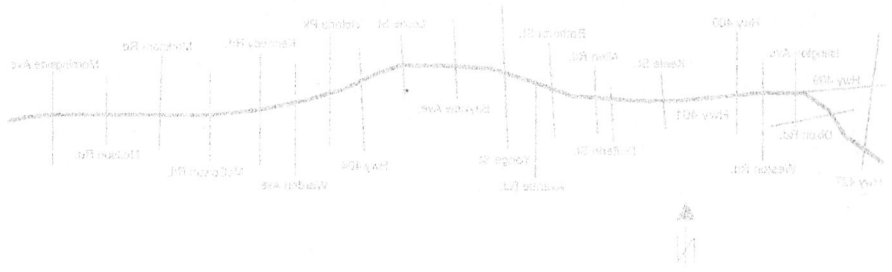

第 9 章

高速公路网络化综合智能防控体系

综合智能防控体系网络化构建是高速公路实现智能防控的重要环节,同时也是对高速公路智能防控技术的总结,将高速公路智能防控技术按照一定的逻辑顺序串联起来,可构成一个全方位、多层次的立体化综合防控干预网络体系。

综合智能防控体系在国外已有应用,例如欧洲部分国家通过监控观测不同层级下交通安全功能性活动的体系状态,设计了交通安全体系的功能性模块,将其转换为系统功能预期目标,该方法在当前应用于真实的交通安全实践中,从理论角度看,能够显著加强交通安全系统的功能,防止道路交通死亡事故的发生。目前,国内各项目对于高速公路综合智能防控体系的应用尚未形成,各项目对于综合智能防控体系需求的侧重点不同,需要根据项目类型、建设区位、交通量等情况,有针对性地搭建综合智能防控体系。

9.1 高速公路网络化综合智能防控体系概述

高速公路网络化综合智能防控体系从六个方面对高速公路运行风险进行感知、分析、预警和干预。通过无人机、北斗卫星、地磁线圈、路侧视频和雷达设备、车载终端等多类型设备获取车辆、道路、交通流等多方面的高速公路路网运行信息,提出区域路网的交通运行风险评价指标与参数,对高速公路路网的运行风险进行全面分析,同时针对异常事件和异常天气等突发状况的发生规律和影响程度及分布进行分析,为高速公路综合智能防控提供基础信息和理论依据。同时从点、线、面三个不同层面对高速公路路网运行风险进行网络化的综合智能防控。

"点"层面,面向道路工程交通安全、灾害应急预警与智能管控等重大需求,基于高精度卫星定位和物联网等主动交通安全保障技术,构建车、路实时通信的交通运行状态监测和预警体系,针对高速公路路网高风险路段,进行短临预警预报,提高公路交通运输系统的效率和安全性;针对高速公路路段交通流风险,从高速公路匝道联动控制的角度,开展交通流风险主动干预。以降低主线行车风险为目标,在入口匝道控制方面,从单点和协同控制的角度,对比 ALINEA 控制、神经网络控制、ZONE 控制、Link-ramp 控制等算法,标定模型参数,进行带入型仿真验证对比,实现降低匝道及其影响区域行车风险的目标。

"线"层面,在高速公路风险分析的基础上,从高速公路运行风险的角度,对容易产生高速公路道路运行高风险情况的天气(雾天、雨天、雪天),综合考虑气象因素、环境因素、交通因素、道路因素等,建立高速公路主线段的可变限速模型,应用各类天气的速度管理方法及速度控制管理措施。针对大区域内连续交通流、单双向多条车道的交通流异常状况、不良交通行为,基于多通道的雷达天线技术,采用一发多收雷达天线主动扫描式技术,结合视频图像识别技术,开展不良交通行为和异常交通流主动干预。

"面"层面,针对异常条件模式及交通事件,从特殊需求所造成的交通拥挤后果及实时交通风险评估角度出发,通过对特殊需求下的匝道交通信号控制系统或收费站的参数进行优化调整,来预防与疏解网络交通拥挤及降低交通运行风险。

整体架构如图 9-1 所示。

1) 区域路网运行风险分析

综合提出区域路网的交通运行风险评价指标与参数,从而实现路网级的交通流运行风险的主动干预,针对区域路网的交通流运行风险,分析异常事件及各种异常天气模式下高风险情况的发生规律、影响程度及分布,降低路网整体的风险水平、提高路网的交通运行安全水平。

2) 基于高精度定位的不良交通行为短临预警预报

面向道路工程交通安全、灾害应急预警与智能管控等重大需求,应用基于高精度卫星定位和物联网等主动交通安全保障技术和基于车载终端运行信息的道路交通流状态辨识关键技术及监测设备,实时精确地监测、获取与感知复杂路况下车辆危险状态信息和行驶环境状态,构建车、路实时通信的交通运行状态监测和预警体系,解决人、车、路、环境协同问题,为优化配置、管理道路交

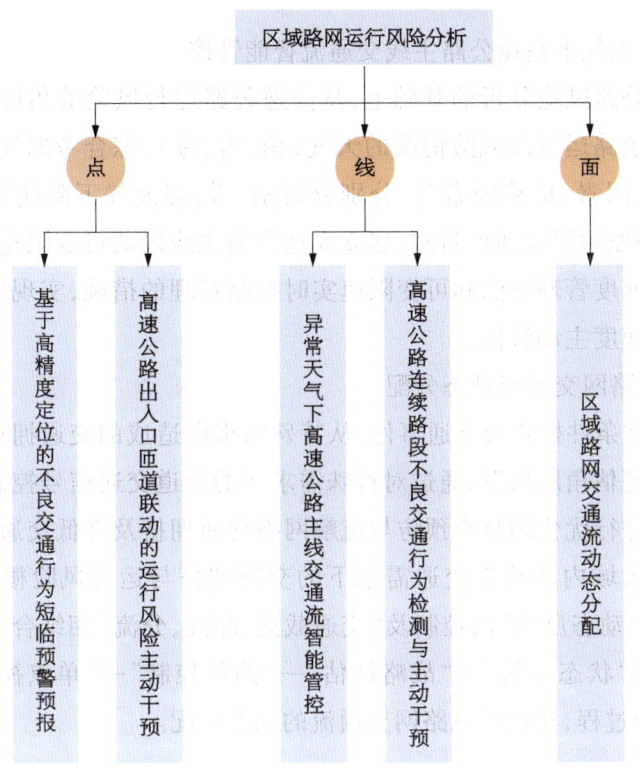

图 9-1　高速公路网络化综合智能防控体系架构

通打下了坚实的数据基础,提高了公路交通运输系统的效率和安全性。

3）高速公路连续路段不良交通行为检测与主动干预

针对连续路段上大区域内、单双向多条车道的交通流异常状况、不良交通行为,基于多通道的雷达天线技术,采用一发多收雷达天线主动扫描式技术,结合视频图像识别技术,应用多目标空间转换混合识别算法,同时,依据不良交通行为参数表达,建立路侧识别边缘技术端、应用交通信息识别检测技术,对交通流异常状况和不良交通行为进行主动干预。

4）高速公路出入口匝道联动运行风险主动干预

针对路段交通流风险,从高速公路匝道联动控制的角度,构建各种异常事件及异常天气模式下的交通流风险主动干预技术及策略。匝道联动控制以降低主线行车风险为目标,在入口匝道控制方面,从单点和协同控制的角度,对比 ALINEA 控制、神经网络控制、ZONE 控制、Link-ramp 控制等算法,标定模型参数,进行带入型仿真验证对比,实现降低匝道及其影响区域行车风险的目标。

5) 异常天气下高速公路主线交通流智能管控

在高速公路风险分析的基础上,从高速公路运行风险的角度,对容易产生高速公路道路运行高风险情况的天气(雨、雪、雾),综合考虑气象因素、环境因素、交通因素、道路因素等,分别分析雨、雪、雾天气下限速影响因子机理,综合考虑路网风险速度折减,建立高速公路主线段的可变限速模型,应用各类天气的速度管理方法和可变限速实时控制管理的措施,实现异常天气下的高速公路速度主动管控。

6) 区域路网交通流动态分配

针对异常条件模式及交通事件,从特殊需求所造成的交通拥挤后果及实时交通风险评估角度出发,通过对特殊需求下的匝道交通信号控制系统或收费站的参数进行优化调整来预防与疏解网络交通拥挤及降低交通运行风险。即针对特定区域内的特殊交通需求下的交通拥挤与运行风险概率,在系统"分而治之""动态反馈"的控制及"交通截流、卸流、分流"相结合的集成思想指导下,通过"状态评估"—"战略评估"—"路径控制"—"单点控制"—"反馈与优化"的过程,实现区域路网交通流的动态分配。

9.2 高速公路网络化综合智能防控体系服务集

高速公路网络化综合智能防控体系是一个涵盖了人、车、路、环境、管理等多类要素的复杂体系,这个体系中的各类要素包含不同特性的个体,不同个体之间存在着一定的差异,并由需求驱动,产生了错综复杂的联系。伴随着物质和信息的传递,这些不同的要素构成了一个复杂的体系,体系中的各个要素通过联系进行耦合,找到了自身在体系中的位置和作用。要对这个体系进行深入的研究,需要先将体系中各要素之间的关系进行解耦,将体系分解为不同的部分甚至是不同的个体,通过不同要素的分析,再次进行耦合,从而构成更加完备的综合智能防控体系。体系构建的解耦和耦合两个过程中,解耦是分析架构的前提,针对综合智能防控体系,可以从服务入手对体系进行解耦研究,沿着智能防控的服务脉络,构建智能防控的服务集,从而完成体系解耦和组分分析。

高速公路综合智能防控体系的目标是提供交通运输安全领域内的相关服务，提供的是有关高速公路交通安全智能防控的技术服务，主要面对的是高速公路车流交通运行风险智能防控的领域，其服务领域又包含了不同的子服务，它们共同构成了高速公路综合智能防控体系的服务集，见表9-1。

表9-1 高速公路综合智能防控体系服务集

服务用户	子服务集	子服务
公路区域路网的交通流风险分析及动态交通分配	区域路网交通流风险分析	风险特征因素分析
		风险熵值模型
	基于交通流风险的区域路网动态交通分配	区域路网动态交通分配策略
		动态交通分配
路段交通流风险智能防控	可变限速控制	雨天环境下的可变限速控制
		雾天环境下的可变限速控制
		雪天环境下的可变限速控制
	出入口匝道联动控制	匝道控制算法
		出口动态分流与入口自适应控制模型及系统
	互通、服务区出口智慧雷达视频融合警戒系统	
	可变信息联动发布	雾天分级控制
		雪天分级控制
高速公路拥堵状态交通风险智能防控	高速公路拥堵状态风险分析	静止障碍物造成全部车道封闭的拥堵风险分析
		静止障碍物造成部分车道封闭的拥堵风险分析
		移动障碍物造成全部车道封闭的拥堵风险分析
		移动障碍物造成部分车道封闭的拥堵风险分析
	高速公路拥堵状态交通风险智能防控	全部车道封闭的拥堵智能防控
		部分车道封闭的拥堵智能防控
		全部车道缓行的拥堵智能防控
		部分车道缓行的拥堵智能防控

9.3 针对不同对象涵盖不同层次的高速公路网络化综合智能防控体系

在通过构建服务集完成智能防控体系解耦后,对构成智能防控体系不同服务的组分进行分析,按照防控的层次、信息获取、实施措施、方法、对象等不同组分,从高速公路重要交通节点、交通流等方面,梳理了不同防控措施的防控条件、防控对象、防控方法集中的不同组分,分析了涵盖"人、车、路"不同对象、覆盖"点、线、面"不同层次的网络化防控体系中的关键组分要素,如图9-2所示。

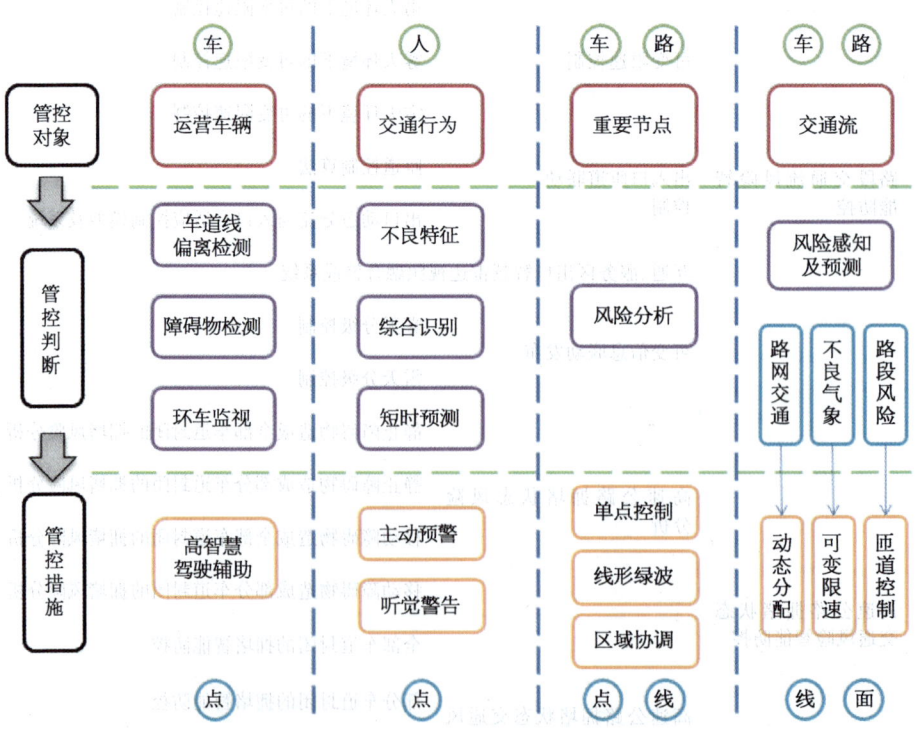

图9-2 网络化综合智能防控体系

9.4 高速公路网络化综合智能防控体系的物理架构

9.4.1 信息获取体系

按照"空""地""侧""车"立体空间布设感知设备,形成综合防控信息获取体系。"空"中,通过无人机视频和卫星遥感获取数据,自动提取交通信息,辅助高分遥感卫星的亚米级观测能力,实现了从点到面的多尺度观测,同时兼顾了细节和宏观信息的获取,有效提高了交通行业信息化水平;"地"层面,结合光电技术、超声波技术、微波技术、视频技术等,通过检测汽车对地磁信号的扰动,判断车辆的到位及通过,实现车辆信息的分析、控制及管理;"侧"层面,通过路侧设备实时获取道路现场真实信息,对道路交通综合防控的策略制定和决策具有十分重要的意义;"车"层面,通过车载设备采集车辆自身信息和驾驶员行为信息,真实反映车辆内部情况,为主动的精准化防控施策提供准确的依据。该体系如图 9-3 所示。

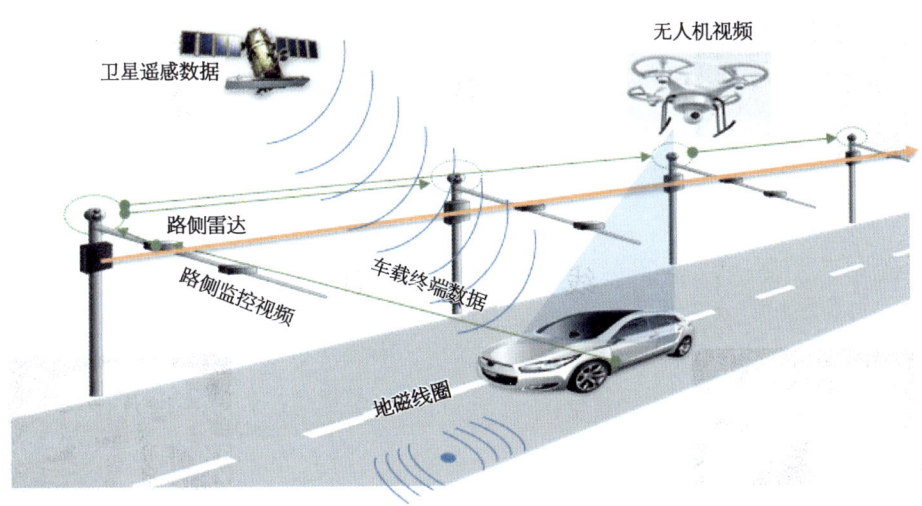

图 9-3 智能防控信息获取体系

9.4.2 层次体系

从"点""线""面"三个层面建立智能防控的层次体系如图9-4所示。"点"层面的防控指的是针对单一车辆、单一交通行为人、重要道路节点的防控,针对风险相对集中的关键节点和组成防控体系对象内的每一个"点"进行精细化防控;"线"层面,从空间上对路线上的车流、车辆内驾驶员、道路范围内的基础设施等进行防控,从时间上,强调防控措施的时间连续性,针对不同时间的不同情况,制定相适应的防控措施;"面"层面,通过自适应控制、动态调配等措施,合理地分配路网中每条道路运行风险,分散了风险,从而降低了风险,同时针对路网中的车辆建立车联网系统,车辆之间形成信息互联互通,对路网中的风险事件进行短临预警预报,及时控制事件带来的运行风险。

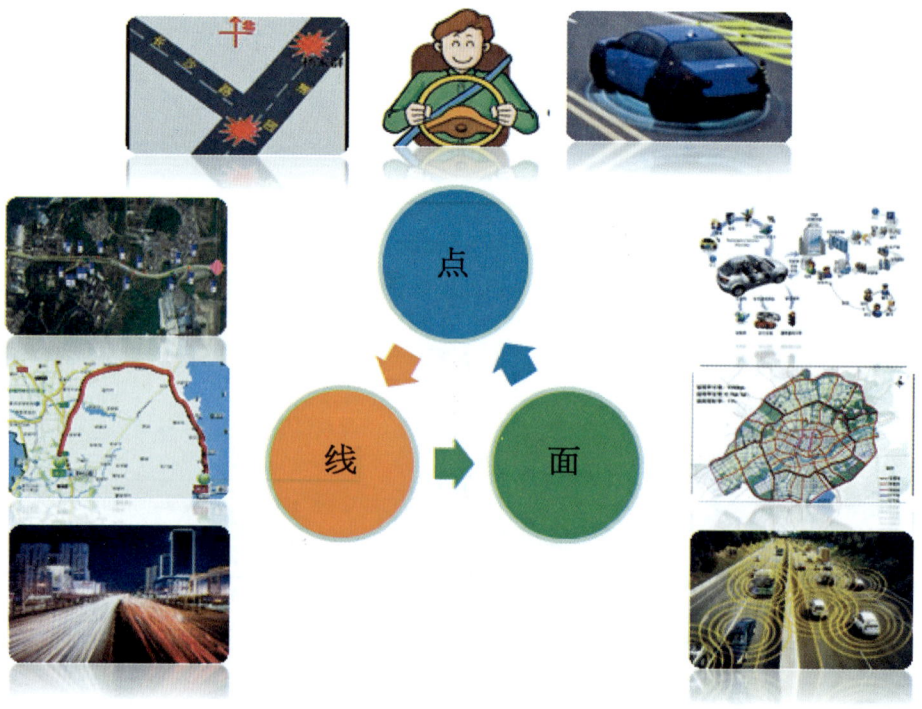

图9-4 智能防控层次体系

9.4.3 实施体系

对于防控的实施,从"运输企业""建设运营企业""交通安全管理行政部门"构建的综合智能防控实施体系如图 9-5 所示。"运输企业"包括客运车辆运输企业和货运车辆运输企业,在管理中承担着新技术、新设备应用推广的重任,每一项新技术和设备的推广,在使用未成熟、行业未强制推广的前提下,首先由运输企业对设备进行选择性使用;"建设运营企业"负责道路基础设施建设的投入、运营和维护,路侧和路面防控设备的安装和使用必然要通过建设运营企业实施;"交通安全管理部门"包括公安交通管理部门、路政管理部门、运政管理部门,公安交通管理部门负责驾驶员及车辆的安全管理,路政管理部门负责路产的安全保护,运政管理部门负责营运车辆的安全管理,行政部门的安全管理具有强制性,其管理也往往能够在短期内快速见效。

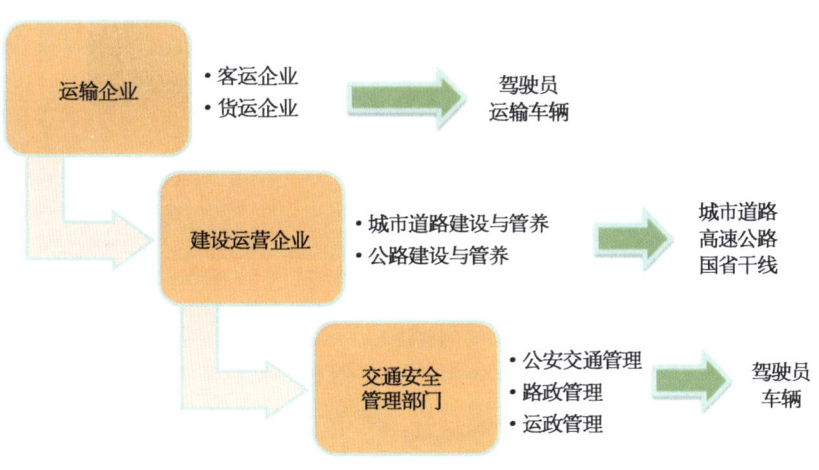

图 9-5 智能防控实施体系

9.4.4 方法体系

在智能防控的方式或者方法层面,按照"车载终端""车辆""道路设施""执法"四种类型构建智能防控的方法体系。"车载终端"直接面向驾驶员,通过车辆自身监测信息和网络级车辆状态诊断结果,对车辆驾驶员进行风险预警预报,也可通过系统平台,向车载终端发送防控信息,对驾驶员进行及时和有效的预警预报;"车辆"指通过车辆性能和车辆结构改进,安装高智慧辅助驾驶装备中的车道偏离预警、碰撞预警、车辆环视等功能,采用客运车辆新型结构和自主逃生装备进行智能防控,从而提高车辆的安全性、降低事故损失,起到智能防控的作用;"道路设施"通过在路面和路侧设置智能防控设备,对道路上行驶车辆的危险状态及驾驶员的不良驾驶行为进行防控;"执法"是指对通过智能防控的不同信息获取方式获得的信息进行交叉互证,确认违法行为后,进行精细化执法,形成有效震慑。

9.4.5 对象体系

按照对项目的梳理,可以从"驾驶员""乘客""营运车辆""客运车辆""国省干线""城市道路""高速公路"七种对象建立综合智能防控的对象体系(图9-6)。

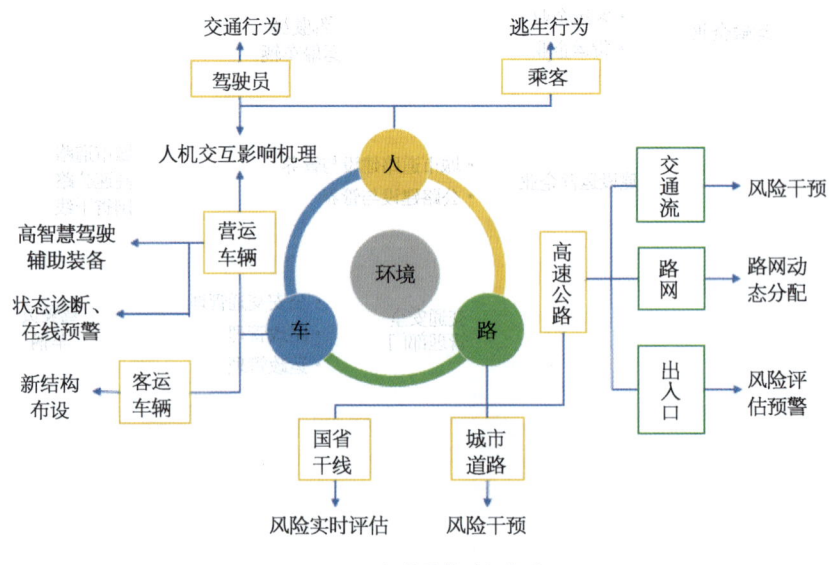

图9-6 智能防控对象体系

9.5 综合智能防控体系的逻辑架构

单线条智能防控针对的是单一的智能防控对象,其中的单措施智能防控是综合智能防控体系的基础,单一的风险包括来自"人""车""路""环境"等方面的风险,风险来源于单一的因素,针对风险的信息获取方式、防控层次、防控主体、防控措施也是单一的,是目前最经常采用的防控方式,见表9-2～表9-5。

表9-2 单线条智能防控的信息获取方式

风险来源		信息获取方式						
		无人机视频	卫星遥感	地感线圈	路侧视频	监测设备	车辆自身信息	车载设备
人	驾驶员不良驾驶行为	●		●	●	●		●
	司乘人员逃生自救行为	●			●	●		●
车	车辆自身性能						●	●
	车辆结构布置						●	●
	车载自救设备						●	●
路	高风险路段	●	●	●	●	●		●
	城市道路交叉口	●		●	●	●		●
	区域路网	●	●	●	●	●		●
环境	雨天	●	●		●	●		●
	雪天	●	●		●	●		●
	雾天	●	●		●	●		●

注:"●"表示针对该对象的信息获取可以通过该方式进行。

表9-3 智能防控的层次

防控对象		防控层次		
		点	线	面
人	驾驶员不良驾驶行为	●		
	司乘人员逃生自救行为	●		
车	车辆自身性能	●	●	●
	车辆结构布置	●	●	●
	车载自救设备	●		
路	高风险路段	●		
	城市道路交叉口	●		
	区域路网			●
环境	雨天	●	●	●
	雪天	●	●	●
	雾天	●	●	●

注："●"表示针对该对象可以采用该层次的防控。

表9-4 智能防控的主体

防控对象		防控主体			
		交安管理部门	建设运营企业	运输企业	驾驶员
人	驾驶员不良驾驶行为	●	●	●	●
	司乘人员逃生自救行为	●	●	●	●
车	车辆自身性能	●		●	●
	车辆结构布置	●		●	●
	车载自救设备	●		●	●
路	高风险路段	●	●		
	城市道路交叉口	●	●		
	区域路网	●	●		
环境	雨天	●	●		
	雪天	●	●		
	雾天	●	●		

注："●"表示针对该对象的防控可以由该主体发出。

表 9-5 智能防控的措施

防控对象		防控措施			
		车载装备	车辆	道路设施	执法
人	驾驶员不良驾驶行为	●		●	●
	司乘人员逃生自救行为	●		●	●
车	车辆自身性能	●	●		●
	车辆结构布置		●		●
	车载自救设备		●		●
路	高风险路段			●	●
	城市道路交叉口			●	●
	区域路网			●	
环境	雨天		●	●	
	雪天		●	●	
	雾天		●	●	

注:"●"表示针对该防控对象可以采取该项防控措施。

经过单线条防控防控体系的梳理,综合防控体系的组成脉络已经清晰。从对象出发,依次确定信息获取方法、层次、实施者、方法,进而形成一个立体的防控网络,建立网络化综合智能防控体系,其逻辑架构如图 9-7 所示。

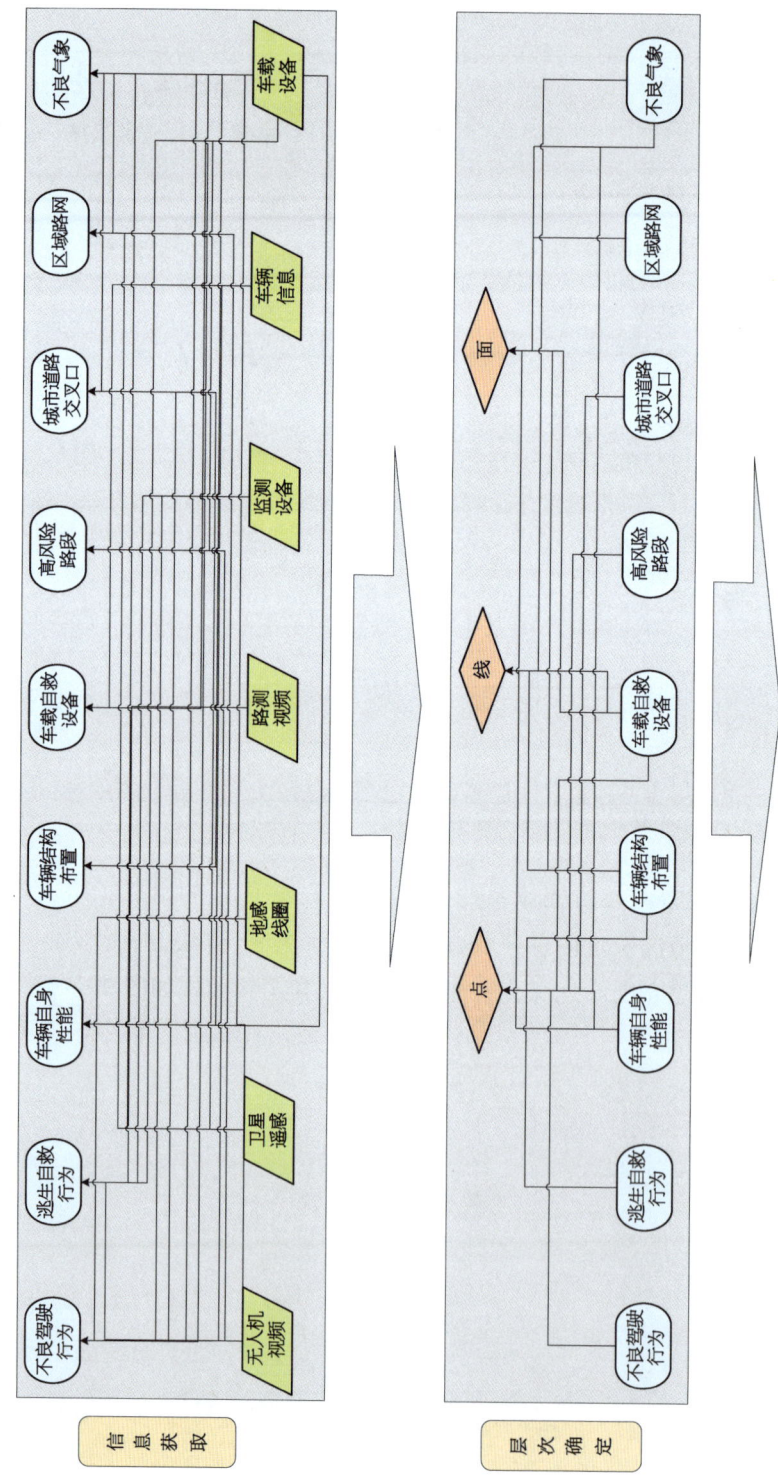

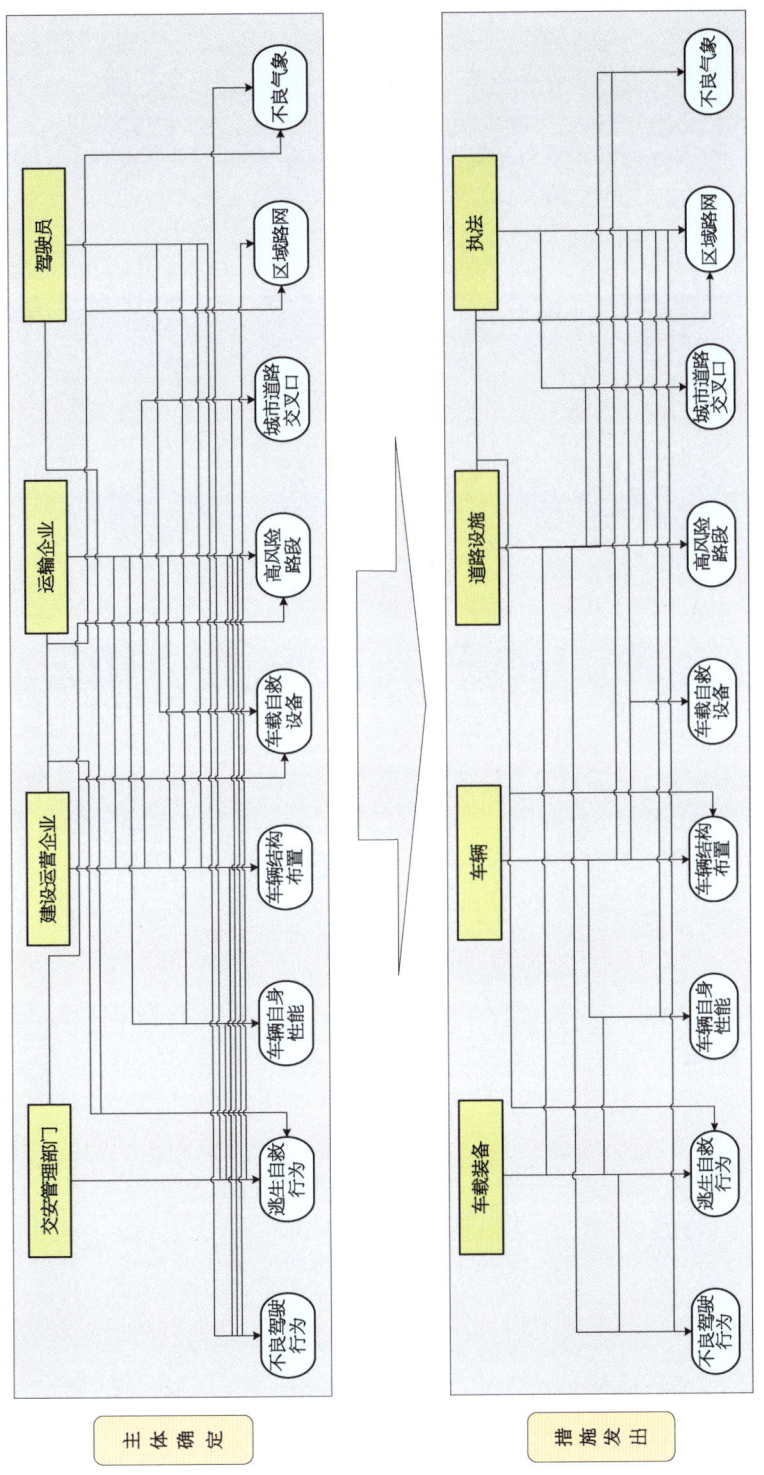

图 9-7 网络化综合智能防控体系逻辑架构

第 10 章
工程应用与示范

10.1 车辆运行风险实时评估与短临预警在示范工程中的应用

10.1.1 示范工程概述

本节将着重介绍基于高精度定位的高速公路车辆风险短临预警系统在示范工程中的应用情况,以及系统测试及效果评估相关结论,以期为该技术的推广起到促进作用。

示范工程位于武(汉)深(圳)高速广东境内的一段,示范路段长约30 km,双向长约60 km,设计速度120 km/h,路段含互通立交4处,服务区1处,总体线形指标较高,卫星信号接收条件良好。选择示范路段时,综合考虑自然地理环境、交通量及其分布、交通构成及示范车辆投放等因素。由于系统的效果测试需要车辆群组完成,因此选取在背景交通流干扰较小的路段进行。

10.1.2 示范工程建设

根据现场勘察、观测情况,对应第三章提出的北斗地基增强系统建设技术要点,结合路侧基站建设条件要求,确定了示范工程路侧基站选址及北斗CORS系统建设方案。

选取能够在示范路段附近构成三角网,且网形较佳、地基稳定、无多路径干扰的路用建筑楼顶为三处北斗地基增强站的建设位置,最终选取2处收费站、1处服务区,如图10-1所示,楼顶钢标观测墩架如图10-2所示,接收机

图 10-1　北斗地基增强站布设方案

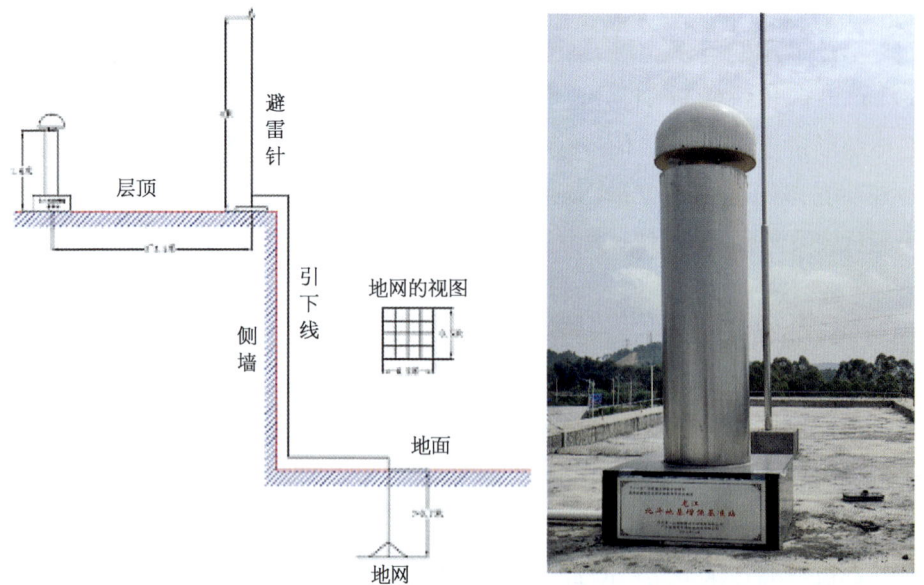

图 10-2　楼顶钢标观测墩架

及机柜设置于收费站及服务区机房内,北斗地基增强系统中心服务器及短临预警平台部署于示范路段监控中心。

系统平台集数据存储和计算功能为一体,不仅肩负高精度地图发布任务,还要进行大量的后台运算以处理高并发定位数据,因此为其配备两台服务器,一台用作 RTK 地基增强服务器,一台用作短临预警平台的发布服务器,并配置 5 台光纤收发器与一台以太网交换机组成环路,接北斗主交换机与服务器构建闭合网络传输系统,服务器提供相关外网接口以实现 4G 通信及远程访问,如图 10 – 3 所示。

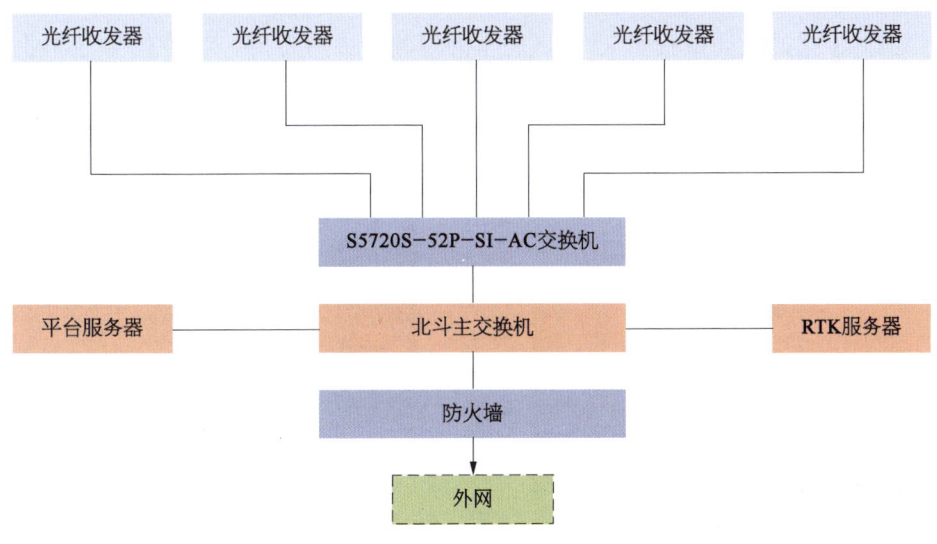

图 10 – 3　预警平台网络拓扑结构

10.1.3　示范效果评估

1) 总体方案

本研究以 15 辆安装高精度定位预警终端的车辆为试验车,形成车辆群组,在高速公路试验路段运行。试验分为预备试验和正式试验,经培训后,试验人员首先进行 20 km 预备试验,用于熟悉路段、检测车载终端是否正常工作、熟悉预警系统语音提示,以及适应保持群组运行状态。正式试验分两次进行,第一次预警终端语音提示功能关闭,但后台仍记录数据,第二次语音提示功能开启。为模拟典型风险场景,车辆在行驶中需按要求执行既定数量的变道、减速、汇入、驶出等任务。

将车载预警终端采集的高精度定位、速度信息与试验路段矢量地图车道线信息匹配,可进行驾驶行为分类和行车安全事件提取,并对交互行为指标和交通流特征指标进行对比分析。试验完成后,每位试验人员需根据试验情况如实填写调查问卷,以了解其对预警系统的认可度。

2) 试验车辆及场景设计

试验车均为自动挡小型客车,并在驾驶舱内加装基于高精度定位的车辆碰撞预警终端。为便于参试人员辨认试验车辆并保持群组运行,对试验车辆四周进行易识别的外观标记。为排除性别、驾驶专业程度等因素对预警效果评估的干扰并保证试验安全性,试验车的驾驶人员均为25~55岁的男性职业司机。试验开展前,对参试人员进行驾驶路线、驾驶任务、终端工作状态、语音预警等内容的培训。图10-4为车内预警终端和平台界面。

图10-4 车载预警终端及平台界面

试验中,要求车辆以80~100 km/h的速度保持群组形式行驶,并尽量减少其他社会车辆对群组的干扰。为模拟实际交通流条件中的典型风险事件,在运行过程中,给试验车辆规定执行减速、变道超车、汇入、驶出等任务,具体任务分配见表10-1。

3) 数据处理与分析

试验获取的原始数据主要包括通过车载终端和平台采集的车辆实时运行状态数据和试验路段线位数据。为进行后续行车安全事件提取和运行风险干预效果评估,对原始数据进行处理分析,包括车路映射关系分析、车车交互定量描述等。

表 10-1 试验车辆驾驶任务分配

车辆编号	任务描述	起终点	试验里程
1~4	① 运行速度由 100 km/h 降至 70 km/h,单程执行 10 次 ② 在龙门服务区驶出再汇入 ③ 在龙门互通驶出主线,在收费站掉头后等待群组返程时从匝道汇入	蓝田互通 — 龙门互通	49 km
5~15	① 单程执行 6 次超车任务 ② 在各互通出入口 2 km 预告标志处需执行一次变道任务	蓝田互通 — 龙江互通	60 km

为判断车辆交互关系进而提取典型行车安全事件片段数据,首先要利用车辆定位数据和高精度地图中的道路中线矢量信息进行车、路位置映射。对于高速公路上行驶距离较近而产生交互关系的前后车辆,当存在碰撞风险时,后车为避免与前车碰撞,可能采取的避险行为包括减速后跟驰、减速后变道、超车变道三种。由于减速后变道与前车无时空冲突风险,且在变道的前一瞬间仍属于减速跟驰行为,因此可进一步简化为减速跟驰和超车变道两类避险行为。这两类行为的车辆运动方式、交互特征存在较大差异,因此本研究在车路位置映射的基础上,根据试验车辆群组中产生交互关系的前后车相对速度、加速度、车头时距、方向角等数据,将跟驰、变道两类行为进行识别后,再分类对风险特征指标进行对比分析,从而获得更精确的行车风险干预效果评估结论。

在行车风险的研究中,一般采用临近碰撞和碰撞来区分行车风险事件。碰撞是小概率事件,临近碰撞是需要采用迅速且及时的处置操作才能发生的事件。因此,碰撞、临近碰撞事件发生频次少,存在样本量严重不足的问题,无法更好地用于行车风险评估。国外相关学者研究发现,行车安全事件(CIEs)发生频率高(是碰撞的 100 倍,临近碰撞的 10 倍)、严重程度比临近碰撞小,可由高加速度、减速度、较小的车头时距或其他运动特征描述,可作为风险度量指标。

既有研究表明,车头时距小于 5 s 的车辆处于跟驰状态,可认为前后车头时距小于 5 s 时,两车即已发生交互。为简化运算过程,本研究以此为标准进行群组间风险相关车辆的筛选。将车头间距小于 5 s 的车辆交互过程片段进行提取,定义该片段内跟驰、超车变道过程中跟车距离最小的瞬间为 CIEs,以表征前后车辆交互过程中最不安全的瞬时状态,进而提出两类行为 CIEs 提取准则,见表 10-2。CIEs 的提取流程如图 10-5 所示。

表10-2 两类典型CIEs定义及提取准则

CIEs	定义	提取准则
减速跟驰	与前车车头时距小于5 s,后车减速跟随行驶,或变道失败跟随行驶	• 车头时距小于5 s • 行驶车道保持不变 • 前后车辆满足:$a_n(t) = \alpha V_n(t)^\beta \dfrac{\Delta V_n(t-\tau_n)}{\Delta X_n(t-\tau_n)^\gamma}$ • 前后车车头时距持续减小直到最小的瞬间
超车变道	与前车车头时距小于5 s,后车变道并超过前车继续行驶	• 变道前车头时距小于5 s • 前后车辆满足:$y_n(t) - y_m(t) > \dfrac{L_m}{2}\cos\theta(t) + \dfrac{W_m}{2}\sin\theta(t) + \dfrac{L_n}{2}$ • 后车向相邻车道变道离开原车道的瞬间

注:表中公式 V_n 为后车速度,km/h;a_n 为后车加速度,m/s²;ΔV_n 为前后两车的相对速度,km/h;ΔX_n 为前后两车的车头间距,m;τ_n 为反应时间,s;n 为后车;α、β、γ 为参数;L_m 为前车的长度,m;W_m 为前车的宽度,m;L_n 为前车的长度,m;θ 为 t 时刻后车行进轨迹切线方向与车道线的方向的夹角,°。

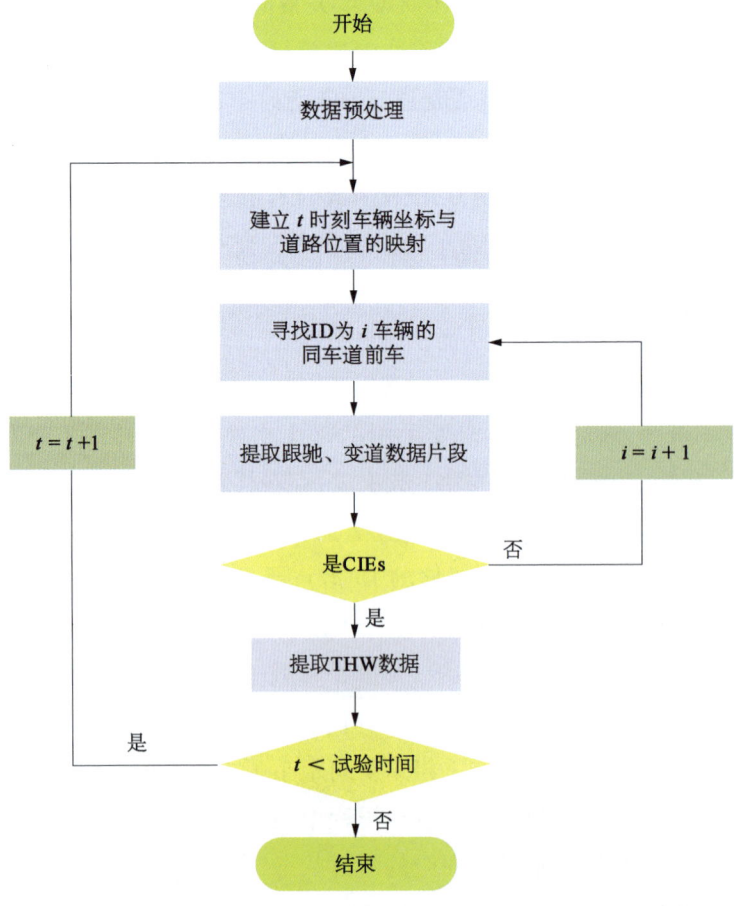

图10-5 CIEs事件提取流程图

根据上述 CIEs 定义及提取方法,使用 Python 编写事件判别函数,从无预警情形、有预警情形两次对比试验采集的海量车辆群组实时位置数据中,提取减速跟驰、超车变道两类车辆交互片段数据和 CIEs 发生时刻的车头时距(THW)。最终总共得到 1 089 组符合标准的 CIEs,其中无预警试验中共有 601 组,有预警试验中共有 488 组,具体 CIEs 提取情况见表 10-3。

表 10-3 CIEs 提取情况

编号	预警状态	减速跟驰(组)	超车换(组)	CIEs(组)
1	无	382	219	601
2	有	321	167	488

4)效果评估

(1)对 CIEs 车辆交互特征影响分析。

THW 是表征车辆微观运行风险的常用指标。利用无预警、有预警试验中提取到的车辆群组内减速跟驰、超车变道两类 CIEs 样本数据,分别对 CIEs 下的 THW,即最小 THW 进行统计及对比分析,通过对比预警开、闭情形下最小 THW 的分布特征变化,评估预警系统对微观层面车辆运行风险的干预效果。

图 10-6 和图 10-7 分别是减速跟驰、超车变道两类避险行为中,行车安全事件下 THW 的概率密度分布情况。从图中可以看出,有预警情形下的概

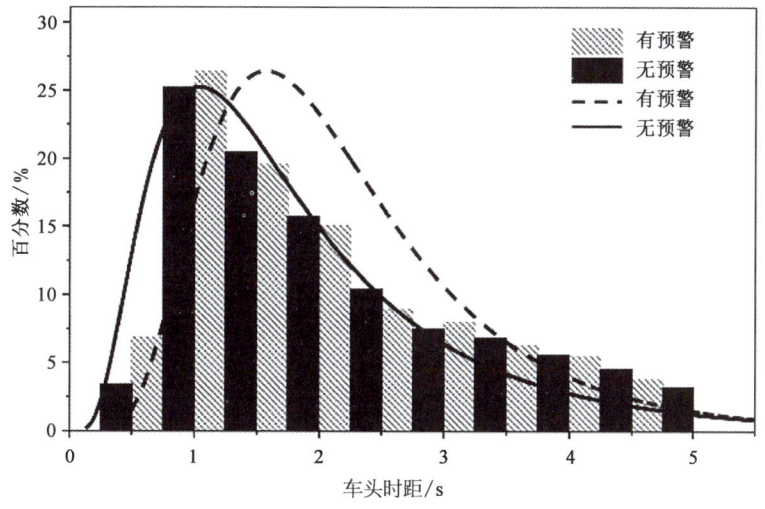

图 10-6 有、无预警情形下减速跟驰行为车头时距分布

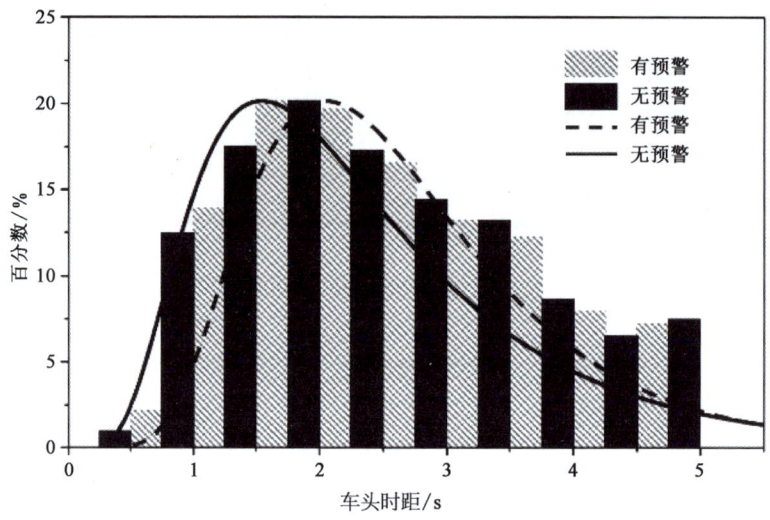

图 10-7　有、无预警情形下超车变道行为车头时距分布

率密度分布较无预警情形下整体右移,表明预警系统开启时,试验车辆群组总体 THW 呈增加趋势。

图 10-8 为有预警、无预警情形下,减速跟驰、超车变道两类行车安全事件 THW 的箱型对比图。从图中可以看出:减速跟驰行为中,预警系统开启

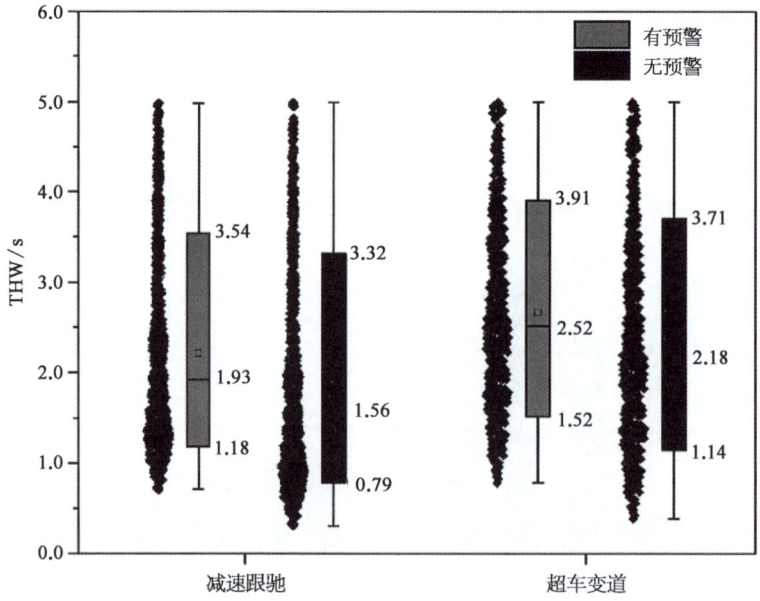

图 10-8　有、无预警情形下 CIEs 车头时距箱型对比图

后,行车安全事件 THW 均值从 1.56 s 增加至 1.93 s,增加了 0.37 s;超车变道行为中,预警系统开启后,行车安全事件 THW 均值从 2.18 s 增加至 2.52 s,增加了 0.34 s。

为进一步研究有、无预警对两类行车安全事件下 THW 影响的显著程度,以预警设备的开启状态(有预警、无预警)为因子对 THW 进行方差分析,见表 10-4。结果表明,预警系统的有无对减速跟驰($F=3.983,p<0.05$)和超车变道($F=3.882,p<0.05$)两类车辆交互行为行车安全事件下的 THW 均有显著影响,说明预警系统在微观车辆运行风险层面能够起到积极干预效果。

表 10-4 预警状态对两类行车安全事件 THW 影响分析

CIE 类型	因子	均值/标准差	d.f.	F	p
减速跟驰	预警状态		2	3.983	0.046
	无	1.562/1.139			
	有	1.931/1.199			
变道超车	预警状态		2	3.882	0.049
	无	2.181/1.063			
	有	2.522/1.095			

(2) 道路交通运行风险干预效果分析。

通过对比分析有、无预警情形下试验过程中减速跟驰、超车变道两类 CIEs 发生频数的变化,以及试验路段车辆运行速度分布特征,可从对道路交通总体运行状态的维度分析评估预警系统对行车风险的干预效果。

从表 10-4 可知,无预警情况下 CIEs 频数为 601 次,有预警情况下 CIEs 频数为 488 次,预警系统启动后,总的 CIEs 下降了 18.8%,其中跟驰 CIEs 下降了 16.0%,超车变道 CIEs 下降了 23.7%,试验路段总体行车安全事件数量在预警系统的干预下明显减少。

速度离散性与交通安全有密切关系,速度离散性越高,事故率越高。因此,将试验路段按照 500 m 长度取 1 个速度检测断面,利用采集的车辆运行速度数据,统计分析各检测断面运行速度分布情况和断面运行速度标准差,用以评估预警系统对道路运行风险的干预效果。由于试验时路段背景交通量较小,社会车辆对试验车辆群组的干扰程度较低,因此认为分析断面运行速度时,车辆群组的速度分布情况可表征交通流总体运行情况,分析结果如图10-9所示。

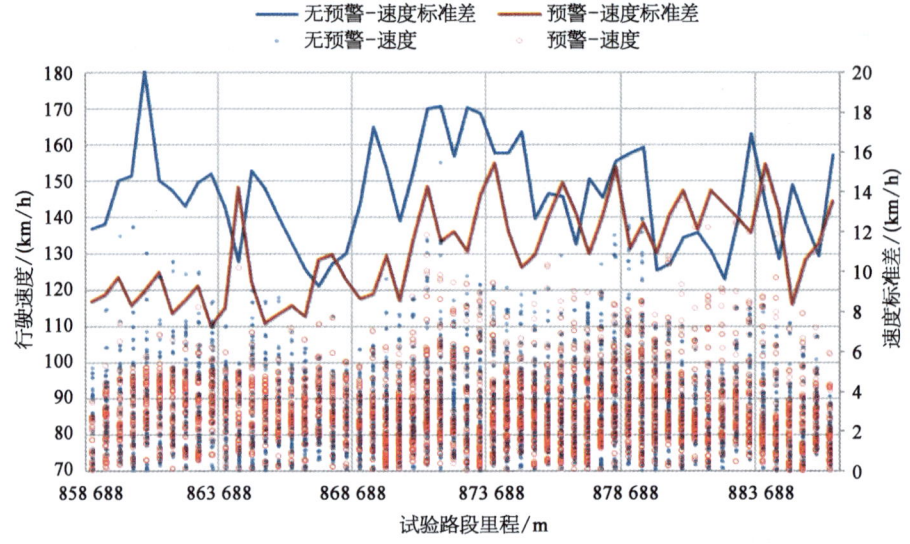

图10-9　有、无预警情形下试验路段车辆断面运行速度分布图(500 m 间隔断面)

结果表明,无预警情形下,断面运行速度分布离散性明显大于有预警情形。无预警情形下断面运行速度标准差区间为[9.24,20.02](单位:km/h),有预警情形下断面运行速度标准差区间为[7.25,15.39](单位:km/h),说明预警系统对降低道路交通运行风险有积极作用。

(3) 对驾驶员主观干预效果分析。

试验完成后,对试验人员开展问卷调查,以评估预警的准确性和驾驶员对该系统的认可度。问卷调查采用量表题形式,从 1 到 5 表示不认可到非常认可,包括:与驾驶员对风险感知的一致性、与车辆自带 ADAS 预警的一致性、是否愿意遵从预警信息调整行为、预警信息对驾驶行为的改善作用、该系统推广应用对道路交通安全提升的预期、是否愿意长期使用该车载终端 6 个方面。

15 名试验人员均参与问卷调查,采用 Spss 软件对问卷结果进行信度和效度分析,得到 Cronbach α 系数为 0.857(>0.8),KMO 取样适切性量数为 0.746(>0.7),说明调研问卷的信度和效度较高。

问卷调查统计情况如图 10-10 所示。46.7%、40%的试验人员分别认为被试系统风险预警与自己对风险感知的一致性好或较好。驾驶自带 ADAS 功能车辆的 9 名试验人员中,22.2%、66.7%分别认为被试系统与自车 ADAS 一致性好或较好,而认为一致性一般(打分为 3)的试验人员,反映该系统较自车 ADAS 对风险的预警更为保守。86.7%的试验人员在接收到预警信息后会采取趋于安全的措施(打分≥4)。66.7%、73.3%的试验人员分别对预警系统在自身驾驶行为改善、道路交通安全提升方面的积极作用非常认同(打分为 5),普遍体现为认为语音预警开启后驾驶过程中的避险行为总体有所减少,这也是本研究分析得到的有预警情形行车安全事件下 THW 均值增加、行车安全事件频数下降的主要原因。

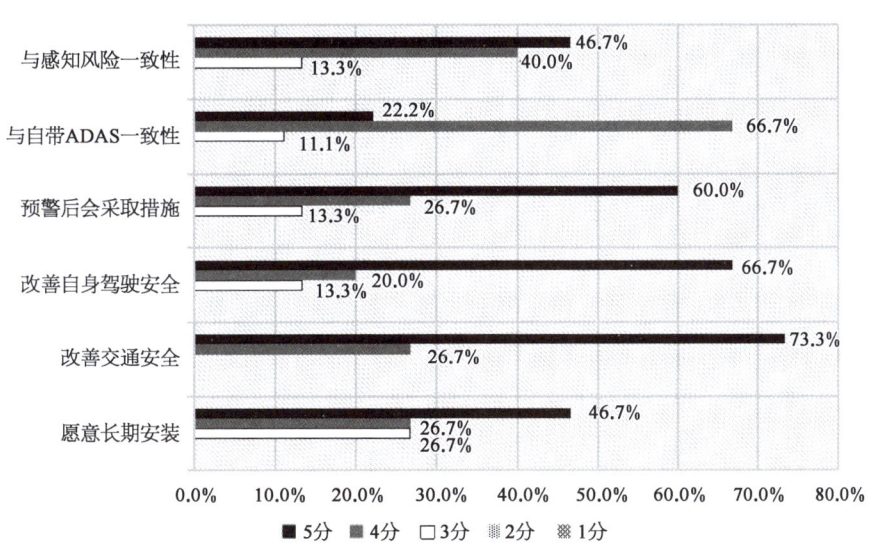

图 10-10 问卷调查统计情况

(4) 评估结论。

通过车辆群组实车试验,在高速公路真实道路环境中模拟了车辆跟驰、超车状态下的典型风险场景,利用车载预警系统采集的车辆高精度定位信息及其与道路的映射关系,通过对行车安全事件的提取,从车辆交互运行特征、道路运行风险特征、驾驶员对系统认可度 3 个维度,提出了 1 种车辆碰撞预警系统对行车风险干预效果的试验及综合评估方法。

有预警情形下,减速跟驰、超车变道两类车辆交互避险行为产生的行车安全事件 THW 均值分别增加了 0.37 s 和 0.34 s,且预警系统开闭状态对两类 THW 均有显著性影响,问卷调查显示 86.7% 的试验人员在接收到预警信息后会采取趋于安全的措施。

有预警情形下,两类行车安全事件频数分别下降了 16.0% 和 23.7%,断面车辆运行速度标准差分布区间从 [9.24,20.02] 下降至 [7.25,15.39](单位:km/h),速度分布离散性带来的道路总体运行风险明显下降,问卷调查显示 73.3% 的试验人员非常认同预警系统在道路交通安全提升方面的积极作用。

采用具有车路协同定位及预警功能的车载终端进行车辆群组试验及分析,可在一定程度上模拟智能网联环境下车辆交互行为及风险特征。

10.2 交通事件检测与预警系统在示范工程中的应用

10.2.1 示范工程概述

河北省某高速公路,示范路段(图 10-11)全长约 30 km,设计速度 80 km/h,为连续长陡下坡及隧道群耦合段,且坡底接连续急弯,货车比例超 80%,雨雾等恶劣天气事故多发,事故较为突出。

本次示范拟采用在隧道内及隧道出入口段每隔 200~300 m 布设一个雷达视频一体化设备(简称雷视一体机)用于多车道多目标交通信息(流量、车速、车型等)、火焰、异常天气等的实时检测,雷视一体机间则依靠光纤、4G、Wi-Fi 等互联互通及组网,实现连续交通流观测全覆盖,当雷视一体机检测到异常交通事件时,本地控制机则发送指令至 IoT 智能路侧设施或可变信息板等预警设施,预警设施则根据交通事件的类型进行实时预警,提醒驾驶员注意不良交通事件,避免发生二次事故或其他不良次生危害。

通过融合雷达及视频检测信息,不仅能够为高速公路智慧化管控提供更准确的车流量和平均速度,还能提供更多综合检测功能,包括区间路况检测、超速检测、流量检测、事件检测和数据可视化等。一台具备执法、管理和安全防范等综合功能的设备即全息路况检测雷达,可以更好地满足智慧高速系统的需要,其也是车路协同系统的核心检测设备。

图 10-11 示范路段

全息路况检测雷达在高速公路的隧道和其他路段均可以可靠地使用,一旦检测到重要事件,就可立刻在监控中心的大屏上直接显示对应的现场视频和可视化数据,实现自动检测、自动处理和自动报警。

10.2.2 设备布设

该高速公路上行方向为连续上坡,由于坡度较长、纵坡较大,部分车辆由于动力性能差加之满载运行,容易无意识降速,这是导致交通拥堵的一个原因,同时也容易引发交通事故;此外,隧道中发生交通事故的危害性较大,且极易发生二次甚至连环事故。对隧道的交通事故、异常交通事件进行预警及引导是目前提高上坡方向隧道入口段交通安全及通行能力的主要措施,但即使有措施,还是会经常因隧道内发生事故或隧道施工等情况,导致对车辆的预警不及时、引导不合理,严重降低了上坡段的通行能力。下坡路段为连续长陡下坡与急弯耦合段,交通事故频发,亦会造成严重的交通拥堵。

根据现场调研结果发现,隧道群段由于施工、发生交通事故等容易导致严重的交通拥堵。且与交警座谈时对方也期望能够进一步增加主动、可视化的方式对隧道内的交通异常事件进行检测,从而对后方驶入隧道的驾驶员提供及时的预警,避免继续驶入隧道或由于驾驶不当引发连环事故。

示范路段下行方向存在长度约 8 km 的隧道群,其中最后一个隧道全长 2 km,因此,拟在最后一个隧道出口及出口外 10 km 范围内,每隔 200~300 m 布设一个雷视一体机,用于多车道多目标交通信息(流量、车速、车型等)实时检测,并通过 3 km 布设一处可变信息板实时发布预警信息,结合道路监控平台的全线反向视频监控设施(60 路),部署自主开发的视频交通时间检测算法,实现全路段视频交通事件(起火、倒车、逆行、事故、拥堵等)的实时检测与预警。

设备布设方案如图 10 - 12 所示。

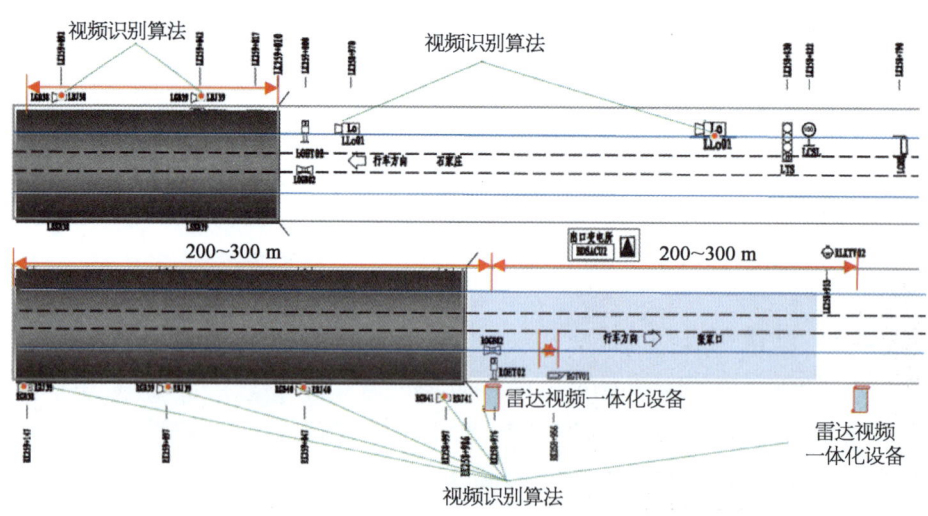

图 10 - 12　交通事件检测与预警系统示范工程设备布设方案图

10.2.3　系统平台搭建

通过对微观交通参数及宏观交通流运行规律进行分析,利用雷视融合车辆检测数据,实时检测交通事件,包括拥堵、超速行驶、低速行驶、非法变道、紧急停车、逆向行驶、占用应急车道、事故等。该系统可应用于高速公路、低等级公路及城市道路，尤其适用于事故多发路段，包括立交区、服务区、长下坡段、曲线段、隧道、交叉口等。系统界面如图 10-13、图 10-14 所示。

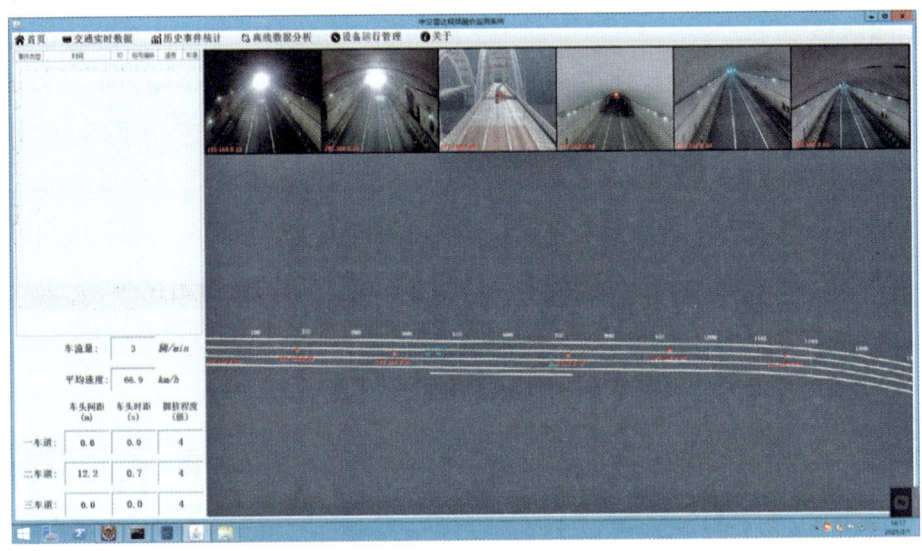

图 10-13　雷达交通事件检测与预警系统整体界面

图 10-14 视频交通事件检测与预警系统整体界面

10.2.4 示范效果评估

在评估方式方面,采用离线后台分析的方式,使用2项指标评估示范效果。

区域路网整体运行效率:以示范路段为整体评估单元,通过收集交通事件干预的地点、时间等信息,后台提取路段交通流信息,分析干预时的通行效率变化情况,以旅行时间、延误、饱和度、流量等为评价指标,评估示范路段整体通行效率的改善情况。

交通事故:以示范路段为整体评估单元,通过收集交通事件干预的地点、时间等信息,后台提取路段交通事故信息,分析交通事故时空分布、伤亡人数、事故原因、事故严重程度等的变化,以事故次数、百万车公里事故率、万车伤亡率、单位客运周转量死亡率等为评价指标,评估示范路段的整体交通安全水平的改善情况。

具体示范工程效果评估方案、评估指标汇总见表10-5。

1)交通事件检测准确性验证

为评估系统交通事件检测的准确性,通过录制视频人工对比分析的方式对11种交通事件检测的准确性进行验证。经过单位时长的系统检测,交通事件分布如图10-15所示。

表 10-5 示范工程效果评估方案

考核指标	评估周期及各阶段安排	评估方式	评估指标
提高区域路网整体运行效率 20%	共 9 个月 第 1~2 个月：不进行示范干预，只采集交通流信息 第 3~5 个月：根据采集的交通流信息，优化智能管控系统，调整后台软硬件设备 第 6~7 个月：收集主动方干预子系统开启后交通流及交通事故数据 第 8~9 个月：对比设备启用前后运行效果，完成评估	➢ 收集交通事件干预的地点、时间等信息 ➢ 后台提取路段交通流信息，分析干预时的通行效率变化情况 ➢ 分析方式：离线后台分析	◇ 旅行时间 ◇ 延误 ◇ 饱和度 ◇ 流量
降低整体交通事故 20%		➢ 收集交通事件干预的地点、时间等信息 ➢ 分析交通事故时空分布、伤亡人数、事故原因、事故严重程度等的变化 ➢ 分析方式：离线后台分析	◇ 事故次数 ◇ 百万车公里事故率 ◇ 万车伤亡率 ◇ 单位客运周转量死亡率

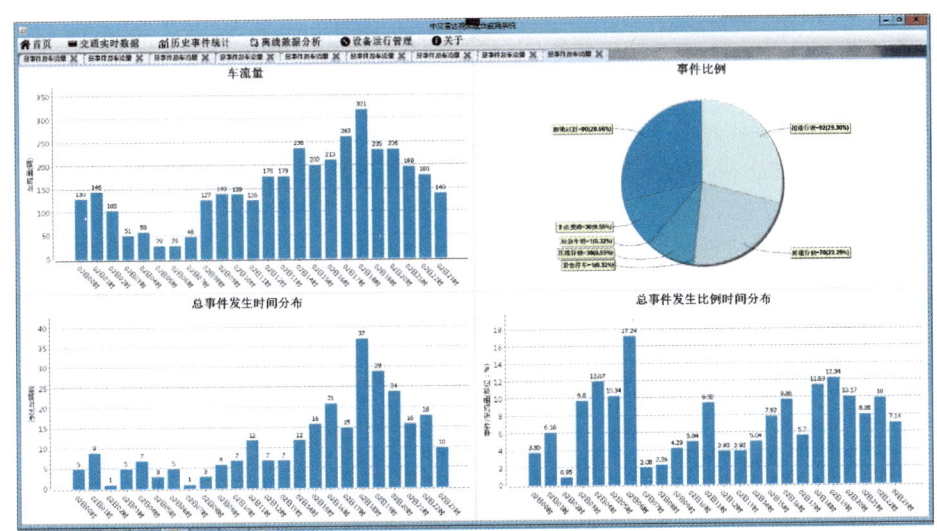

图 10-15 单位时长内交通事件分布

通过人工观看视频，统计分析各种交通事件数量与系统检测对比，如图 10-16 所示。

经交通事件精度验证，各种交通事件的检测准确率均在 98% 以上。

2) 运行效率评估

以示范路段为整体评估单元，通过收集的交通事件干预地点、时间等信息，

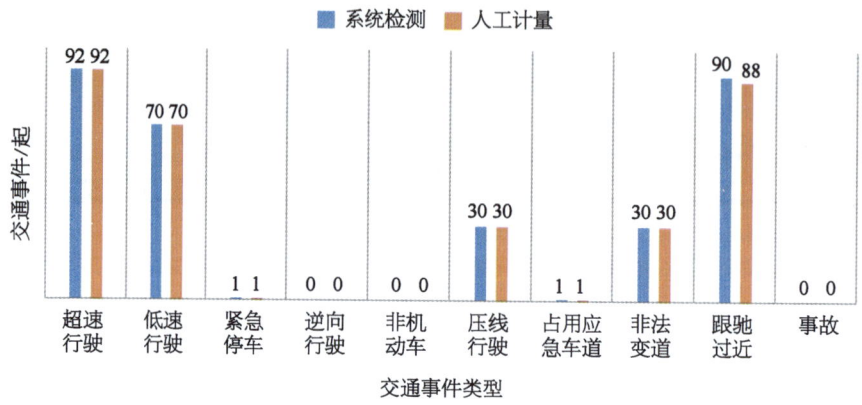

图 10-16　单位时长内交通事件精度对比验证

后台提取路段交通流信息，分析干预时的通行效率变化情况，以旅行时间、延误、饱和度、流量等为评价指标，评估示范路段的整体通行效率的改善情况。

随机挑选一个雷达路段进行效果评估，如图 10-17 所示。

图 10-17　隧道 4 号雷达

采集系统未运行时连续7天和系统运行后连续7天的数据,进行有、无对比分析,结果如图10-18、图10-19所示。

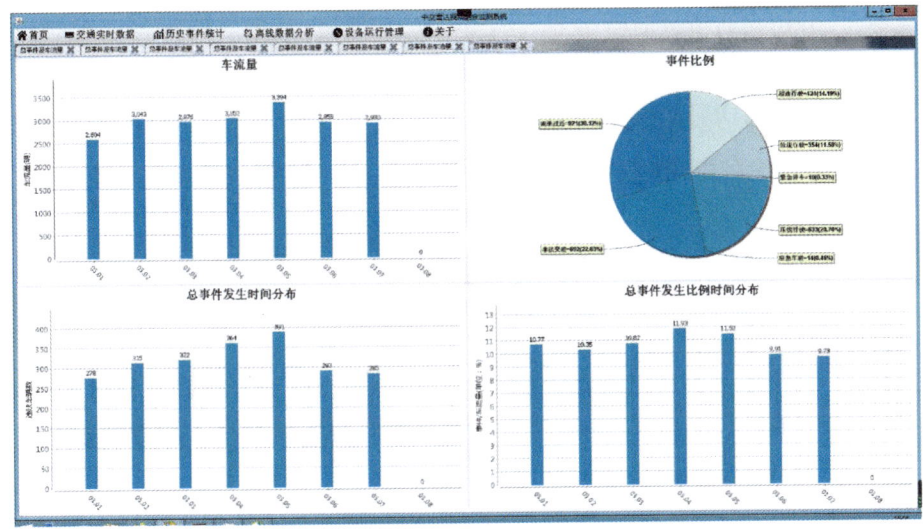

图10-18 系统未运行时连续7天的交通量及交通事件检测结果

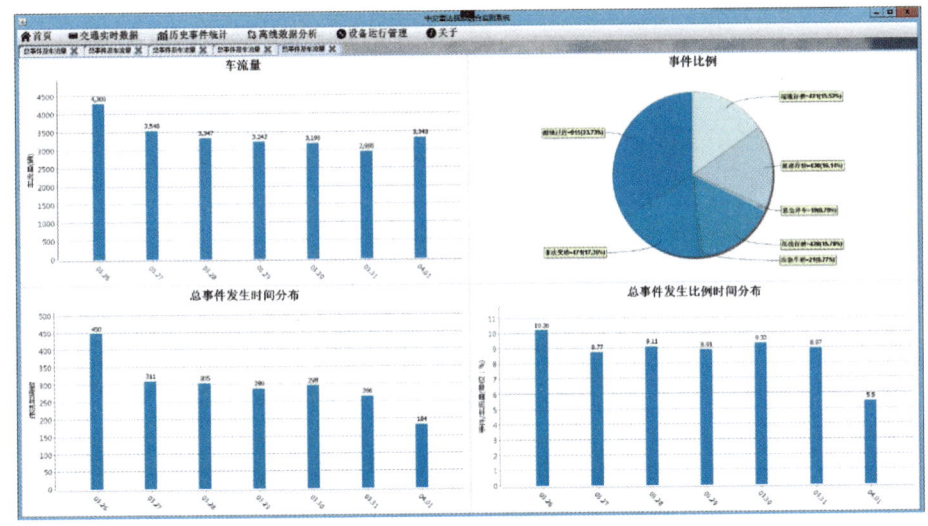

图10-19 系统运行后连续7天的交通量及交通事件检测结果

从图中可以看出,系统运行期间,流量有一定程度的增加,表明该路段整体车辆的通行情况有所改善,经计算得出,通行效率提升了25%。

3) 整体交通安全水平

以示范路段为整体评估单元,同样对比系统运行前后连续7天的道路运行情况。通过收集交通事件干预的地点、时间等信息,后台提取路段交通事故信息,分析交通事故时空分布、伤亡人数、事故原因、事故严重程度等的变化,以事故次数、百万车公里事故率、万车伤亡率、单位客运周转量死亡率等为评价指标,评估示范路段的整体交通安全水平的改善情况,事件检测数量及比例如图10-20、图10-21所示。

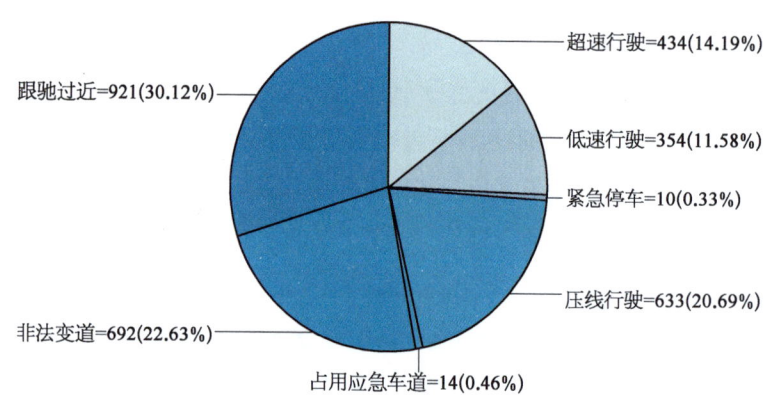

图10-20 系统未运行时连续7天交通事件检测数量及比例

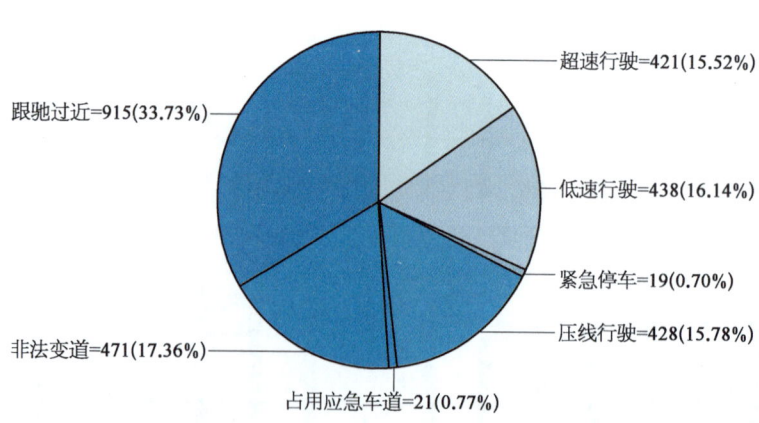

图10-21 系统运行后连续7天交通事件检测数量及比例

通过图中可以看出,各种交通事件的比例均有一定程度的变化,经计算,交通事故率降低约30%,可认为示范应用的交通事件检测预警系统对提高车辆通行效率和交通安全水平均有积极作用。

10.3 互通、服务区出口主动引导防撞预警在示范工程中的应用

10.3.1 示范工程概述

将河北省某高速公路的互通、服务区出口作为示范地点。示范路段隧道群限速 70 km/h，车辆行驶速度普遍偏低，但是下行方向最后一个隧道出口后由于连续下坡的作用，车辆速度普遍提升较快，服务区出口段处于长陡下坡的底部，车辆行驶速度较高导致事故多发。互通及服务区出口均设置了被动性可导向防撞垫，但不具备主动车辆引导功能，在低能见度的恶劣气象条件下，部分出口识别视距较差，尤其容易导致驾驶员在出口处判断失误、不合规驾驶等，产生碰撞防撞垫的风险。

因此，在示范路段下行方向互通及服务区出口采用项目研发的防撞垫主动引导防撞预警系统。该系统装置不仅能够起到对车辆的主动防撞预警作用，还具有边缘引导（能够提高出口段识别条件）、防撞提示、恶劣天气时同步闪烁引导等功能。

10.3.2 设备开发功能

在示范路段下行方向某服务区出口端部采用项目研发的主动引导防撞预警系统(图 10-22)具有以下特点：

(1) 具有防护等级达到 TS 级、TA 级、TB 级全系列的可导向防撞垫结构，安全性能符合《公路护栏安全性能评价标准》(JTGB 05-01—2013)的要求。

(2) 可应用于主线分流端、匝道分流端、隧道入口、跨线桥中墩端部、收费岛、特殊障碍物前端及部分路侧护栏上游端部等。

(3) 可导向防撞垫与护栏标准段具有平顺的过渡连接，满足标准规范的要求。

图 10-22　服务区出口效果图

（4）具有高效的逐级缓冲吸能结构，经实车碰撞试验验证，结构具有较大安全储备，安全性能高。

（5）采用模块化设计，易安装，吸能构件可局部更换使用，维修成本低。

（6）搭载激光雷达，测距范围 0.15~12 m，扫描角度 0~360°，测距分辨率<0.5 mm，对出入口车辆进行实时碰撞预警，预警距离 5~50 m。

（7）低能见度恶劣气象条件下提升出入口识别视距、增大可视距离，降低错过出口的概率。

10.3.3　检测原理及设备结构

区域的划分可以在上位机上进行，相关方案设计涉及算法的二次开发，使之能够进行区域坐标设定、目标信息在区域内的检测和识别，以及对车辆数据点的详细准确采样、高速车辆轨迹行为模拟等。

在目标检测中，图 10-23 中 ABCD 为完整的被雷达防碰撞诱导系统（图 10-24）探测的区域，其中 ABFE 为车辆入侵提前预警、防碰撞引导区域，EFCD 为车辆入侵报警触发区域。

当车辆入侵到 ABFE 区域，雷达防碰撞诱导系统对入侵后的目标 0.5 s 内的轨迹数据进行累积和预判（ABF′E′区间）、同时进行灯光提示和预警声音引导，引导和纠正车辆回归正确行驶轨迹，当判断目标下一步行为会与 EFCD 报

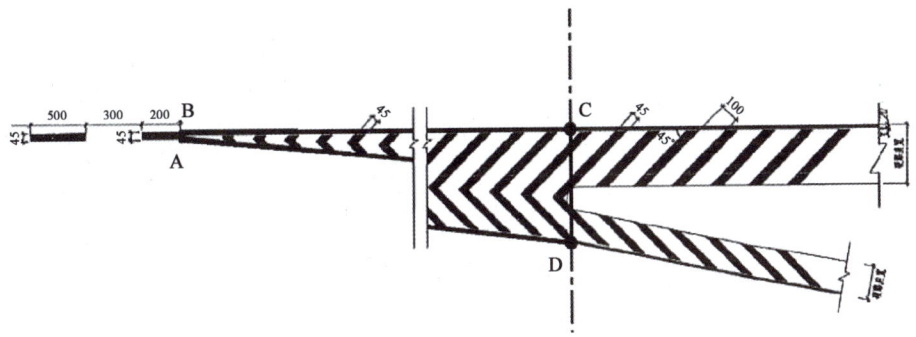

图 10-23 防碰撞原理图

警触发区域相交时,系统启动报警动作,录制车辆在 ABCD 探测区域的行驶路线视频画面并保存在系统中,供日后工作人员调查取证。

图 10-24 雷达防碰撞诱导系统

10.3.4 系统平台

探测器使用智能算法,能够主动学习,具有对目标自主分辨能力和环境适应能力,对应的系统可接入各种综合平台。防区检测到目标时雷达立杆蜂鸣器以声、光形式持续报警;警戒系统对应防区地图位置持续发出脉冲提示,并记录报警信息,系统平台如图 10-25 所示。

图 10-25 雷达智能区域警戒系统平台

第 11 章
创新成果及前景效益

11.1 科技成果与创新

本书针对高速公路的车流状态，结合道路交通运行风险分析的结果，研究区域路网交通流管理，以及一系列的路段交通风险主动干预技术，并集成研发对应的主动干预设施，综合各类软硬件设备，实现面向交通流的路段、路网层面高速公路智能管控。其成果集中体现下以下几方面。

（1）提出了基于高精度定位的车辆运行冲突风险实时评估与短临预警技术。

依托北斗高精度卫星定位技术，以车、路、中心多模式信息交互为基础，研发监测、预警、管控一体化车辆主动安全协同辨识与运行风险短临预警成套技术装备，实现车辆运行风险实时评估和短临预警。研发智能车载高精度定位预警终端，获取入网车辆的属性信息和厘米级实时动态位置数据，实现微观交通流运行状态实时监测。研究提出了立体通信高效传输网络布设方案，实现数据实时采集、瞬时分析、及时反馈。基于高精度、高频率车辆定位数据，结合高精度地图信息精确匹配，开发风险评估算法，综合提出高速公路车辆主动同步风险评估与短临预警预报技术及装备，实现车车、车路冲突风险秒级预警。

（2）提出了高速公路交通运行风险评估模型。

分析了道路拥堵与道路运行风险间的映射关系，针对高速公路的车辆、路段、路网交通特征，分别建立了对应的运行风险分析模型。在路段运行风险分析中，以熵理论为基础，针对道路、交通、环境等不同风险特征因素，建立了对应的正、负熵影响模型，确定熵值权重，划分对应的风险等级；在路网运行风险分析中,引入了深度学习方法,采用随机森林方法提取交通运行态势的关键影响因素及优先级,并通过 AHP 和 Fine Kinney 相结合的方法对各关键影响因素进行风险分析,得出了风险分级指标,并引入隐马尔可夫模型来预测运行态势,构建基于 CHMM 的运行态势预测模型,应用 HMM 模型中的 Baum-Welch 算法和 Viterbi 算法阐述预测原理和对模型进行风险验证。通过交通运行风险态势的科学评估及预测,能够为路段及区域路网的智能管控提供基础支撑。

（3）提出面向高速公路不良驾驶行为的主动干预技术。

通过对不良驾驶行为进行特征分析与动作分解,建立驾驶行为特征分析表,主要涉及挡位信息、离合深度信息、加速踏板深度信息和制动踏板深度信息等。根据分析结果建立基于规则匹配的不良驾驶行为综合识别模型,实现不良驾驶行为的辨识。在此基础上将驾驶行为和驾驶意图进行关联,通过动态贝叶斯网络和隐马尔可夫模型预测驾驶员在高速公路正常路段的驾驶行为,及时干预和控制不良驾驶行为,同时利用 K-means 聚类算法从指标偏离度和持续时长两方面对各类不良驾驶行为进行分级评价,并通过驾驶模拟实验得到最佳预警方式,通过车载端的声音提示实现不良驾驶行为实时主动预警。

（4）提出了基于雷达、视频融合的连续交通流感知与交通事件预警技术。

针对高速公路连续路段上大区域范围内、单双向多条车道的交通流异常状况、不良交通行为,基于多通道的雷达天线技术,采用一发多收雷达天线主动扫描式技术,结合视频图像识别技术,研究多目标空间转换混合识别算法,组网连接路侧雷视检测器,同时,依据不良交通行为参数表达,建立路侧识别边缘技术端,研制交通信息识别检测技术。

（5）提出了大型区域路网动态交通分配技术。

综合高速公路及干线公路风险水平,结合服务水平、出行时间或距离、出行费用等,采用神经网络工具建立基于交通流风险的区域路网的路径阻抗函数,并基于 DUE 建模理论,以流体动力学模型的微分代数方程改进动态网络加载模块,建立了动态交通分配模型,能够更好地捕获物理队列的形成、传播、消散、车辆后溢,解决了大规模网络动态交通分配的用户均衡问题。

（6）提出了系统性的路段交通运行风险主动干预措施。

基于高速公路交通拥堵及交通运行风险机理研究成果，从可变限速控制、出入口匝道联动控制、路段交通流状态全面感知、可变信息联动发布策略等方面，结合自主攻关的主动安全系统，提出高速公路拥堵状态交通风险主动干预措施及系统平台。

研究的创新点集中体现在以下三个方面。

（1）创新集成微波雷视设备组网及数据融合方法，研发了高精度、高准确度的不良交通行为跟踪、识别与防控技术。针对连续路段上大区域范围内、单双向多条车道的交通流的异常状况和车辆不良交通行为，基于多通道的雷达天线技术，采用一发多收雷达天线主动扫描式技术，结合视频图像识别技术，研究多目标空间转换混合识别算法，基于路侧识别检测的边缘技术端进行传感设备组网协同，实现静止车辆、车辆遮挡、半挂多节车辆的识别和车辆分类，同时依据不良交通行为参数表达，研发交通流异常运行状态和车辆不良交通行为等交通信息自动识别与检测技术，搭建项目级运行状态预警决策平台，实现异常事件和不良行为的实时预警和交通状态决策。

（2）基于面向路段、路网的交通运行风险分析理论，综合关键节点智能管控、高风险路段综合管控、路网动态交通分配等方式，提出一整套面向高速公路交通运行风险的智能管控技术。根据高速公路交通运行风险的时变规律，建立面向路段、路网运行状态、数据特点的运行风险分析模型，针对高风险路段、区段的运行情况，并考虑异常天气交通运行特征，分别提出关键节点及连续路段全要素信息检测及预警方法、基于运行风险的出入口匝道联动控制方法、路段可变限速管控措施、可变信息联动发布与预警措施等一系列高速公路运行风险智能管控技术，为高风险路段及区域的交通安全保障提供关键技术支撑。

（3）突破面向"人、车、路、环境"的交通风险识别、检测与预警的关键技术、方法和指标，创新集成适应我国交通特征"点、线、面"多层次、多维度的综合智能管控技术、装备和系统。面向城市道路和等级公路不同的交通风险、不良交通行为规律，建立综合智能管控体系的要素分类方法，以及空、地、侧、车等管控基础设施的协同机制，研究智能管控体系的分层重构方法及融合演化理论，建立智能管控体系的物理架构和逻辑功能架构，建立道路交通智能管控系统体系架构设计方法及理论体系,面向驾驶员、营运客车、重载货车、危化品运输车、车流等对象,建立全方位立体化信息获取结构,涵盖点、线、面不同层次,通过"车载终端、车辆、道路设施、执法"等采用不同措施的智能管控体系,首次全面构建了我国道路交通安全智能管控综合体系,为我国公共交通安全保障提供了关键技术支撑。

11.2　应用前景与效益

本书针对高速公路交通运行状态变化快、安全水平要求高的特点,以提升交通安全产业技术、融合新兴技术在交通行业应用为目标,采用智慧化的管控方式,从风险管理的角度,开展协调各个交通参与方的管控技术研究。本研究的完成将对降低高速公路运行风险、提升高速公路本质安全、保证运行质量等方面带来可观的经济效益和社会效益,详列如下。

（1）提高我国高速公路安全管理的技术手段和水平,提升高速公路的生命保障能力。

相较于以往传统的对高速公路宏观、静态的安全分析,本研究在高速公路高风险情况下,融合智慧化、信息化的防控方法,采用主动干预的技术手段,突破了以往管控方式实时性差的限制。研究成果在交通安全防控管理行业的示范和应用,将大幅度提高我国高速公路交通管理的技术手段和水平,有益于推动交通安全管理行业在大数据、"互联网+"时代的行业转型升级,有助于高速公路的人性化发展,对于改善交通安全现状、提高安全管理、推进行业技术进步具有重大现实意义。

（2）在高速公路的管控中,拓展出多学科融合的落地应用技术路径。

在"新基建"背景下,仅依靠传统的管理方式无法实现运行风险"质"的保障,需要结合新的技术手段,运用先进的智慧化感知、检测、控制设备,突破以往安全管理的限制,在高速公路运行风险智能管控中,研发大量的软件平台、硬件装备,促进交叉学科的协同创新和科技成果推广应用与转化,实现大数据、物联网、人工智能等多项新兴技术在交通安全领域的应用,为从主动防控角度降低高风险隐患提供实现路径。

(3) 提高高速公路经济效益,经济发展前景广阔。

从直接效益看,高速公路要实现智慧化的管控,首先要有完善的基础设施,智能管控的系统、平台、装备属于新技术发展下的科技产物,具有广阔的市场发展与应用前景。从间接效益看,通过推广应用,可降低高速公路运行风险,有效缓解高速公路通行压力,减少由事故造成的交通拥堵、二次事故,降低灾害损失和经济损失。

参考文献

[1] 缪帅.干线公路交通安全风险评估与安全保障技术研究[D].长安大学,2018.
[2] 奚坤.基于可变限速的高速公路拥堵路段控制算法研究[D].重庆交通大学,2018.
[3] 林炜鑫.数据驱动的城市快速路匝道自适应控制研究[D].浙江大学,2019.
[4] 秦少臣.绕城高速公路多匝道协调控制研究[D].兰州交通大学,2019.
[5] Tomás V R, Pla-Castells M, Martínez J J, et al. Forecasting Adverse Weather Situations in the Road Network[J]. IEEE Transactions on Intelligent Transportation Systems, 2016, 17(8): 2334-2343.
[6] Snelder M, Calvert S. Quantifying the impact of adverse weather conditions on road network performance[J]. European Journal of Transport & Infrastructure Research, 2016.
[7] Chao Lu, Jie Huang, Lianbo Deng, et al. Coordinated Ramp Metering with Equity Consideration Using Reinforcement Learning. Journal of Transportation Engineering, Part A: Systems. 2017, 143(7): 04017028.
[8] 韩艳,刘叶,黄静文,等.考虑车桥间气动干扰的桥上车辆行驶安全性分析[J].湖南大学学报(自然科学版),2019,46(07):76-85.
[9] 翟春杰.基于分布式模型预测控制的智能车辆协同控制[D].华南理工大学,2019.
[10] Transportation Research; Study Data from University of Lisbon Update Knowledge of Transportation Research (Assessing the Impacts of Driving Environment On Driving Behavior Patterns)[J]. Journal of Transportation, 2020.
[11] Beck Melissa R., Goldstein Rebecca R., Moen Katherine C., et al. The impact of leaving a voicemail, environment familiarity, and pedestrian predictability on driving behavior[J]. Transportation Research Part F: Psychology and Behaviour, 2020, 74.
[12] 刘建蓓,罗京,郭腾峰.基于安全容许速度的雨天公路可变限速方法[J].中国公路学报,2015,28(12):128-133.
[13] Jian John Lu, Shengdi Chen, Xing Ge, et al. A programmable calculation procedure for number of traffic conflict points at highway intersections[J]. Journal of Advanced Transportation, 2013, 47(8).
[14] Jianbei Liu, Shuangjie Wang, Tian Xu, et al. Roadway Safety Evaluation: Methodology and Tools in China[C]. ISHGD2015, 2015.
[15] 胡澄宇,张志伟,李桂林,等.高原山区一级公路路线交叉优化原则及典型方案研究[J].公路交通科技(应用技术版),2016,12(01):273-277.
[16] 周正林,柳春锋,徐泽清.自适应路网拥堵疏导系统的研究[J].黑龙江工程学院学报,2014,28(1):58-60.
[17] 黄大荣,宋军,李淑庆,等.网络化动态调控下城市路网交通拥堵控制技术综述[J].交通运输工程学报,2013,13(5):105-114.
[18] 万佳.基于云模型的路网交通拥堵状态判别算法研究[D].哈尔滨工业大学,2012.
[19] 刘张,李坚,王超,等.基于复杂城市道路网络的交通拥堵预测模型[J].电子科技大学学报,2016,45(1):17-25.
[20] 贺倩倩,马奎杰,任俊学,等.局部拥堵条件下区域路网交通配流问题研究[J].公路与汽运,2014(1).

[21] 李长城. 不良天气下的高速公路交通流特性及引导控制研究[D]. 北京工业大学, 2015.
[22] 王建军, 邓亚娟. 路网环境下高速公路交通事故影响传播分析与控制[M]. 科学出版社, 2010.
[23] 宋文山. 不良天气下高速公路变限速管理系统研究[D]. 南京信息工程大学, 2012.
[24] 张续光, 高建平, 吴国雄. 暴风雪天气下高速公路驾驶员信息获取研究[J]. 重庆交通大学学报(自然科学版), 2015, 34(4): 99-102.
[25] 慈玉生, 吴丽娜, 裴玉龙, 等. 城市快速路入口匝道神经模糊控制. 交通运输系统工程与信息. 2010, 10(3): 126-131.
[26] R. Girshick, J. Donahue, T. Darrell, et al. Rich Feature Hierarchies for Accurate Object Detection and Semantic Segmentation[C]. IEEE Conference on Computer Vision and Pattern Recognition, 2014: 580-587.
[27] He K, Zhang X, Ren S, et al. Spatial Pyramid Pooling in Deep Convolutional Networks for Visual Recognition [J]. IEEE Transactions on Pattern Analysis & Machine Intelligence, 2015, 37(9): 1904-1916.
[28] Ren S, He K, Girshick R, et al. Faster R-CNN: Towards Real-Time Object Detection with Region Proposal Networks[J]. IEEE Transactions on Pattern Analysis & Machine Intelligence, 2017, 39(6): 1137-1149.
[29] Redmon J, Divvala S, Girshick R, et al. You only look once: unified, real-time object detection[C]. IEEE Conference on Computer Vision and Pattern Recognition, 2016: 779-788.
[30] Felzenszwalb P F, Girshick R B, Mcallester D, et al. Object Detection with Discriminatively Trained Part-based Models.[J]. IEEE Transactions on Pattern Analysis & Machine Intelligence, 2014, 47(2): 6-7.
[31] Chen S, Zhang S, Shang J, et al. Brain-inspired Cognitive Model with Attention for Self-Driving Cars[J]. IEEE Transactions on Cognitive & Developmental Systems, 2017, PP (99): 1-1.
[32] Dong J S, Jing W G, Qing-Chang L U, et al. Road Network Vulnerability Assessment Considering Effect of Congestion Propagation[J]. Journal of Chongqing University of Technology, 2015.
[33] Dan-Dan L I, Wang J Q. Studies on Traffic Congestion Evaluation Method of Urban Road Network Based on the Index Model[J]. Western China Communications Science & Technology, 2015.
[34] Jayapal C, Roy S S. Road traffic congestion management using VANET [C]// International Conference on Advances in Human Machine Interaction. 2016: 1-7.
[35] Sheng S. Research on Road Traffic Congestion Controls in Shanghai[J]. Shanghai Highways, 2016.
[36] Tomás V R, Pla-Castells M, Martínez J J, et al. Forecasting Adverse Weather Situations in the Road Network[J]. IEEE Transactions on Intelligent Transportation Systems, 2016, 17(8): 2334-2343.
[37] Snelder M, Calvert S. Quantifying the impact of adverse weather conditions on road network performance [J]. European Journal of Transport & Infrastructure Research, 2016.
[38] Stralen W J H V, Calvert S C, Molin E J E. The influence of adverse weather conditions on probability of congestion on dutch motorways[J]. European Journal of Transport & Infrastructure Research, 2015, 15(4): 482-500.
[39] Zhang G H, Wang Y H. Optimizing Coordinated Ramp Metering-a Preemptive Hierarchical Control Approach [J]. Computer-Aided Civil and Infrastructure Engineering, 2012, 28(1): 22-37.

[40] Rui Jiang, Edward Chung. A Ramp Metering Strategy for Rapid Congestion Recovery[J]. Computer-Aided Civil and Infrastructure Engineering, 2015, 30: 202-216.
[41] Chao Lu, Jie Huang, Lianbo Deng, et al. Coordinated Ramp Metering with Equity Consideration Using Reinforcement Learning[J]. Journal of Transportation Engineering, Part A: Systems. 2017, 143(7): 04017028.
[42] Eustace D, Aylo A, Mergia W Y. Crash frequency analysis of left-side merging and diverging areas on urban freeway segments — A case study of I-75 through downtown Dayton, Ohio[J]. Transportation Research Part C, 2015, 50: 78-85.
[43] Liu W, Yin Y, Yang H. Effectiveness of variable speed limits considering commuters' long-term response[J]. Transportation Research Part B: Methodological, 2015, 81: 498-519.
[44] 马明辉,杨庆芳,梁士栋. 高速公路主线可变限速控制方法[J]. 哈尔滨工业大学学报,2015(9): 107-111.
[45] 段荟,刘攀,李志斌,等. 基于强化学习的汇流瓶颈区可变限速策略研究[J]. 交通运输系统工程与信息,2015,15(1): 55-61.
[46] 孙小端,贺玉龙,马小龙,等. Roadway Geometric Design in Two Countries: Similarities and Differences[C]. ISHGD2015, 2015.
[47] 周晨静,荣建,冯星宇. 2010HCM 交织区通行能力分析方法适用性研究[J]. 公路交通科技,2015(4): 118-123.
[48] 袁伟,付锐,郭应时,等. 基于马尔可夫链的驾驶人视觉转移特征[J]. 长安大学学报:自然科学版,2012,32(6): 88-93.
[49] Tarko, A. Use of crash surrogates and exceedance statistics to estimate road safety[J]. Accident Analysis & Prevention. 2012, 45: 230-240.
[50] 付锐,马勇,郭应时,等. 基于实车试验数据的变道预警规则[J]. 吉林大学学报:工学版,2015,45(2): 379-388.
[51] 游锦明,王俊骅,唐棠,等. 基于支持向量机的高速公路实时事故风险研判[J]. 同济大学学报(自然科学版),2017,45(3): 355-361.
[52] 贾丰源,孙杰,孙剑,等. 快速路交通流运行安全关键参数识别与评估[J]. 同济大学学报(自然科学版),2015,43(2): 221-225.
[53] 周洋. 结合弯道检测的车辆前向碰撞预警系统研究[D]. 北京理工大学,2016.
[54] 甄德印,许建国. 北斗高精度定位人机碰撞预警系统研究[J]. 铁道技术监督,2017,45(02): 43-46.